国防经济与装备建设系列丛书

军事装备法律制度概论

主　编　毛国辉
副主编　刘宗胜
编　著　张　艳　张远军
　　　　旷毓君　朱艳萍

国防工业出版社

·北京·

图书在版编目(CIP)数据

军事装备法律制度概论/毛国辉主编. —北京:国防工
业出版社,2012.3
ISBN 978-7-118-07951-7

Ⅰ.①军… Ⅱ.①毛… Ⅲ.①军事装备－法律－
概论－中国 Ⅳ.①E266

中国版本图书馆 CIP 数据核字(2012)第 020482 号

※

*国防工业出版社*出版发行
(北京市海淀区紫竹院南路 23 号 邮政编码 100048)
三河市腾飞印务有限公司印刷
新华书店经售
*
开本 787×960 1/16 印张 18½ 字数 370 千字
2012 年 3 月第 1 版第 1 次印刷 印数 1—2500 册 定价 38.00 元

(本书如有印装错误,我社负责调换)

国防书店:(010)88540777 发行邮购:(010)88540776
发行传真:(010)88540755 发行业务:(010)88540717

前　言

　　军事装备是国防安全保障中十分重要的物质因素,平时它是制约敌人的威慑力量,战时它是抵抗侵略、打击敌人的重要依托。随着科学技术的不断进步和战争规模的不断扩大,军事装备研制、生产活动日益频繁,地位作用日益重要,规范军事装备工作的法律制度随之产生并不断完善,进而形成了独立的军事装备法律制度体系。军事装备法律制度是国家和军队法律体系的重要组成部分,是由不同层次和不同方面的军事装备法律规范组成的有机整体,包括军事装备领导体制,以及装备科研、装备采购、装备保障、装备技术基础和日常管理、装备及其技术合作与交流、奖励与惩处等法律制度。军事装备法律制度是军事装备活动的基本依据,是国家、军队组织领导与有效控制武器装备发展和使用活动的必要手段,是生成和提高部队战斗力的重要保证,对于增强国防力量、保障国家安全具有十分重要的作用。

　　为了适应中国特色军事变革的发展,认真总结军事装备法制建设的实践经验,研究和探索其运行的基本规律,构建军事装备法学学科理论体系,指导相关的实践活动,是事关军事装备发展的一项前瞻性和战略性任务。军事装备法学就是在当代军事装备法制实践和理论发展的客观需要及可能的情况下,应运而生的一门新兴的军事法学学科,它主要研究军事装备法律制度、军事装备法律秩序、军事装备法律关系等军事装备法律现象,深入研究军事装备法律制度,认真探讨其构成特点、原则作用以及军事装备管理体制、装备科研、生产、采购、管理、保障、动员、技术基础、合作与交流等制度内容,并从理论与实践的结合上,探讨如何完善上述制度,对于促进国防科技及军事装备立法工作,健全和完善相关的法律法规制度,全面提高依法治装、依法管装水平,具有重要的意义。正是基于这一目的,我们在一些领导和专家的鼓励下,集中精力进行了这方面的学习和思考,形成了现有的成果。

《军事装备法律制度概论》在国防科技大学人文与社会科学学院训练部、社会科学系大力支持和指导下,由有关人员合作共同完成。本书由毛国辉撰写编写提纲和统稿,并撰写第 1 章、第 7 章、第 8 章、第 9 章;张艳撰写第 2 章;刘宗胜撰写第 3 章;张远军撰写第 4 章;旷毓君撰写第 5 章;朱艳萍撰写第 6 章。本书在撰写过程中始终得到了国防科技大学人文与社会科学学院社会科学系主任曾立教授的指导和帮助,曾立教授还对全书进行了审查。中央军委法制局张建田法制员在百忙中审阅了本书全稿,提出了许多建设性意见。在此,向对本书给予大力支持的领导、专家和同志们致以诚挚的感谢。

由于军事装备法学是一门新兴学科,目前国内没有相关的理论专著借鉴,且资料所限,加之编写时间仓促,编撰人员水平有限,书中不当之处在所难免,诚请读者批评指正。

作 者

2011 年 9 月于长沙

目　录

第一章　军事装备法律制度概述

军事装备法律制度，是指国家立法机关或授权机关按照法定的职权和程序，制定或认可调整军事装备领域各种社会关系的法律规范及相关政策的统称，其目的是促进军队武器装备研制、生产、采购、维护与保养等环节的制度化、科学化、规范化，加快武器装备现代化发展，提高部队战斗力，以保持武器装备的先进、充足以及有效运作，满足建军、备战以及作战的需求。

第一节　军事装备法律制度体系

一、军事装备、军事装备法与军事装备法学

"任何理论首先必须澄清杂乱的、可以说是混淆不清的概念和观念。只有对名称和概念有了共同的理解，才可能清楚而顺利地研究问题，才能同读者常常站在同一立足点上。……如果不精确地确定它们的概念，就不可能透彻地理解它们的内在规律和相互关系。"①克劳塞维茨在《战争论》中的这一论述，对我们理解军事装备法律制度体系有重要的指导作用。要把握军事装备法律制度，必须厘清几个相关的概念。

（一）军事装备的概念及分类

在我国古代浩如烟海的文献中，可以看到许多有关装备的精辟论述。早在百家争鸣的春秋时代，儒家学派创始人孔丘就在《论语》中提出了"足食，足兵，民信之矣"的论断。另一位大政治家管仲，提出了"故凡兵有大论必先论其器"的主张。在军事名著《司马法》一书中，把属于军事装备范畴的马、牛、车、兵四项列入军队战斗力的六大要素之中。从《周礼》到《大明会典》的许多历史著作，都有涉及军事装备研究、制造、编配、使用、储备与管理等方面的论述。可见，自有战争以来，军事装备不断发展，对军事及相关领域的影响日益广泛和深入，现已成为衡量国防现代化和军队现代化水平最重要的标志之一。

1. 军事装备的概念

军事装备这一客观事物，从产生、发展到现在，人们对其已经有了大体相通的认识。

---

① ［德］克劳塞维茨：《战争论》第 1 卷，北京：商务印书馆，1982 年版，第 110 页。

《辞海》对"装备"一词的解释是:指配备的武器、军装、器材、技术力量。① 1982 年《中国人民解放军军语》(以下简称《军语》)把"装备"一词解释为:"(1)用于作战和作战保障的武器、弹药、车辆、机械、器材、装具等的统称。(2)配发装备。如以某种武器装备部队。"可见,按照人们长期形成的习惯,"装备"一词被认为是军事专用术语。

武器是与"装备"相关的概念。武器亦称兵器,是直接用于杀伤、瘫痪敌方有生力量或破坏、瘫痪敌方军事设施和战争潜力的作战工具。《军语》对它的解释是:"直接用于杀伤敌有生力量和破坏敌作战设施的器械。如刺刀、枪、炮、坦克、战斗飞机、战斗舰艇、火箭、导弹、化学武器、生化武器、核武器等。"武器装备是国防和军事实力的重要物质技术基础,是实现暴力的基本物质手段,是决定战争胜负的重要因素之一。《军语》对"武器装备"一词的解释是:"武器及其配套的弹药、仪器、器材、装备附件的统称。是装备的一部分。"由此可见,我军当时对"装备"、"武器装备"及"武器"的解释是有明显区别的,三者所指的范围由大到小,前者包含后者,后者只是前者的一部分。

1997 年《军语》重新界定了这几个概念。除"武器"一词基本保持原释义外,对"装备"和"武器装备"作了重新规范。对"武器装备"一词的解释是:"用于实施和保障作战行动的武器、武器系统及与其配套的军事技术装备与器材的统称。主要指武装力量编制内的武器、弹药、车辆、机械、器材、装具等。"对"装备"一词的解释是:"(1)武器装备的简称。(2)向部队或分队配发武器及其他制式军用物件的活动。如以武装直升机装备陆军集团军。"由此可见,《军语》把"装备"解释为"武器装备"的简称,使"武器装备"和"装备"由原来具有不同内涵和外延的两个概念,变成了简称与全称的同一概念。

从逻辑上分析,作为一类特殊物理实体,在"装备"这一总(属)概念下不可能再分出武器装备和军事装备两个同位类的分(种)概念。按照人们习惯上的理解,"军事"这一概念比武器的概念及含义要广泛,因此军事装备的概念比武器装备概念的含义也要广泛。例如军队的被装、服装等可称为军事装备,但不属于武器装备。不过,尽管军事装备与武器装备的范围或外延有所不同,但二者的本质特征或内涵是相同的,即军事装备的主体或基本组成部分是武器装备,没有武器装备就无军事装备可言。因此,在很大程度上以及许多情况下,军事装备往往等同于武器装备。对于军事装备概念的这种界定难免会有争议,但对于军事装备学的研究应该是相当明确的了。②

我们认为,"装备"这一概念应界定为:(1)军事装备的简称,是用以实施和保障军事行动的武器、武器系统和其他军事技术器材的统称。主要指武装力量编制内的武器、弹药、车辆、机械、器材、装具等。(2)配发军事装备及其他军用物件的活动。"装备"作为名词单独使用时,通常可不用全称,必要时应用全称;"装备"与其他词组成联合词组形成下

① 见《辞海》(第六版缩印本),上海:上海辞书出版社,2010 年版,第 2530 页。
② 温熙森、匡兴华、陈英武:《军事装备学导论》,长沙:国防科技大学出版社,2002 版,第 7 页。

位概念时,通常不使用全称。"武器装备"的概念有狭义和广义之分。狭义的"武器装备"是武器及其配套的弹药、仪器、器材、备附件的统称(或是武器和武器系统的总称),它是装备的主体部分。此时的"武器装备",是"装备"的种概念。广义的"武器装备",可泛指装备,其内涵和外延可等同于"装备"的内涵与外延,此时的"武器装备"是"装备"的同概念。① 为了避免概念上的交叉与混乱,本书采用广义上的"武器装备",各章节中所提到的"装备"、"武器装备"、"军事装备"均属同一概念,之所以如此使用,是兼顾到我军现行《军语》及近些年来以"武器装备"泛指"装备"的使用习惯,也能比较客观、准确地反映装备这一事物本质的军事属性。

2. 军事装备的分类

现代军事装备种类繁多,世界各国对此有各自不同的分类方法。一般来看,按在战争中的作用,可分为战略、战役、战术军事装备;按毁伤的程度和范围,可分为大规模杀伤破坏、常规军事装备;按能源和构造原理,可分为射击、爆炸、生物、化学、声波、光电、定向能、电磁脉冲、计算机"病毒"、人工障碍等军事装备;按使用的军兵种,可分为陆军、海军、空军、防空军、海军陆战部队、空降部队和战略导弹部队(第二炮兵)军事装备;按对人体的伤害程度,可分为致命、非致命军事装备;按控制导引部的自动化程度,可分为制导、非制导军事装备;按通用程度,可分为专用、多用途、通用军事装备;按操作人员数量,可分为单兵、兵组军事装备;按可携行程度,可分为轻、重军事装备;按高、新技术密集程度,可分为高技术、一般军事装备。

综合上述各种分类方法,现代军事装备可分为以下21大类。

(1)枪械。包括手枪、步枪、冲锋枪、机枪和特种枪等。

(2)火炮。包括压制火炮(加农炮、榴弹炮、加农榴弹炮、火箭炮和迫击炮)、高射炮、坦克炮、反坦克火炮、航空炮、舰炮和海岸炮等。

(3)装甲战斗车辆。包括坦克、步兵战斗车、装甲输送车等。

(4)舰艇。包括战斗舰艇(航空母舰、战列舰、巡洋舰、驱逐舰、护卫舰、潜艇、扫布雷舰艇、猎潜舰艇、炮艇、鱼雷艇、导弹艇等)、两栖作战舰艇(两栖攻击舰、两栖运输舰、登陆舰艇等)和勤务舰船(侦察舰船、防险救生舰船、航行补给舰船、训练舰船、医院船、破冰船等)。

(5)军用航空器。包括作战飞机(轰炸机、歼击机、歼击轰炸机、战斗机、强击机、攻击机、反潜机等)、勤务飞机(侦察机、预警机、电子干扰机、空中加油机、校射飞机、教练机等)、直升机(战斗直升机、勤务直升机等)、无人驾驶飞机、军用飞艇、军用气球等。

(6)军用航天器。包括军用人造卫星、宇宙飞船、空间站、航天飞机等。

(7)核武器。包括原子弹、氢弹(含中子弹)等。

---

① 余高达、赵潞生主编:《军事装备学》,北京:国防大学出版社,2000年版,第7-8页。

（8）化学武器。包括装有化学战剂的炮弹、航空炸弹、火箭弹、导弹弹头和化学地雷、航空布洒器，以及装有毒剂的二元化学炮弹和航空炸弹等。

（9）生物武器。包括生物战剂（细菌、病毒、立克次体、衣原体、毒素和真菌等）及其施放装置、器材等。

（10）防暴武器。包括橡皮子弹、催泪瓦斯、眩目弹、高压水龙等。

（11）弹药。包括枪弹、炮弹、航空炸弹、手榴弹、枪榴弹、地雷、水雷、鱼雷、火炸药等。

（12）制导武器。包括导弹、制导炸弹、制导炮弹等。

（13）新概念武器。正在研制发展中的、其杀伤破坏原理与以往武器有所不同的高技术武器，包括定向能武器、电磁炮武器、光武器、声波武器等。

（14）工程装备。包括工程侦察器材、地雷战器材、反地雷战器材、爆破器材、军用工程机械和工具等。

（15）三防（防原子、防化学、防生物武器）装备。包括观测器材、侦察器材、防护器材、消防器材、预防急救器材等。

（16）军事运输装备。包括军用运输车辆、运输舰船、运输飞机、运输管线等。

（17）作战保障装备。包括指挥自动化装备、通信装备、侦察情报装备、电子对抗装备、气象装备、测绘装备、机要装备等。

（18）技术保障装备。包括各种维护保养器材、储存保管器材、修理器材、检查测试器材等。

（19）后勤保障装备。包括医疗卫生装备、供应补给装备、炊事装备等。

（20）军事训练装备。包括简易训练器材、制式训练器材、模拟训练器材等。

（21）其他装备。包括匕首、指北针、信号灯、军用地图、警报器、马具等。[①]

军事装备是以战争为需求背景的具有高技术特征的特殊商品，它由以毁伤和防御能力为标志的武器系统和以实现毁伤与防御目的配套的装备系统组成。军事装备具有三个属性：本身的高技术特性、使用的战争特性和生产交换的商品特性。

（二）军事装备法

随着科学技术的不断发展和战争规模的不断扩大，军事装备研制、生产活动日益频繁，地位日益重要，规范军事装备工作的法律制度也随之产生并不断完善。为了保障军事装备活动的顺利进行，调整和规范政府、军工企事业单位、军事机关等在军事装备工作中的权利义务关系，我国相继制定了一系列军事装备生产、管理、维护等方面的法律制度，并把国家在军事装备工作中已经成熟的方针政策予以法制化，保证长期稳定地付诸实施。

1. 军事装备法的概念

军事装备法，是指由国家权力机关、授权的国家行政机关和军事机关按照法定的职权

---

① 钱海浩主编：《武器装备学教程》，北京：军事科学出版社，2000 年版，第 10 – 12 页。

与程序制定或认可的,调整军队装备工作各种社会关系的法律规范的总称。军事装备法的概念可以从以下几个方面加以把握。

第一,军事装备法必须由国家立法机关按照法定的职权与程序制定或认可。依据《宪法》、《立法法》、《国防法》等法律规定,我国享有军事装备立法权的机关分为三个层次:全国人民代表大会及其常务委员会享有最高层次的军事装备立法权,有权制定军事装备法律;国务院、中央军委享有第二层次的军事装备立法权,有权制定军事装备法规;国务院各部委和中央军事委员会各总部、军兵种、大军区享有第三层次的军事装备立法权,有权制定军事装备规章。军事装备立法权限层次划分是以立法主体的权威性高低不同为标准,下一层次装备立法主体从属于上一级立法主体。《行政法规制定程序条例》、《行政规章制定程序条例》和《军事法规军事规章条例》是国家立法法律的具体细化,它们进一步明确规定了军事行政法规、军事行政规章和军事法规、军事规章立法组织和权限,因而也是军事装备立法的依据。

第二,军事装备法的调整对象具有综合性与广泛性。它既调整军队内部武器装备管理、使用、维护过程中发生的社会关系,又涉及国家、军队与其他企事业单位之间因装备研制、生产、采购等过程中发生的社会关系,以及军事装备对外援助、贸易、军备控制等涉外法律关系,因而它与民法、行政法、刑法、知识产权法、军事法以及国际法等有着十分密切的联系。

第三,军事装备法的内容涉及军事装备的全寿命周期,包括装备研制、生产、采办、管理、使用、维修、保障等过程。由于军事装备是构成军队战斗力必不可少的重要物质基础,军事装备的质量和数量对军队战斗力具有现实的决定性作用。通过有效的军事装备法律制度提高装备建设水平,从而提高军队战斗力,满足军事行动的需要,是国家或政治集团制定军事装备法并依靠强制力保证其实施的根本原因。

第四,军事装备法是一定历史条件下各种因素综合作用的产物。军事装备法的产生和发展受到诸多因素的制约与影响,生产力水平、政治制度、战争形态、国家军事战略和军队建设方针等都或多或少、或直接或间接地产生着作用。这也表明,必须在一定的历史条件下判断军事装备法是否合理或优劣,不考虑国家实际的情况而移植他国的军事装备法律制度往往是盲目的。

2. 军事装备法律关系

军事装备法律关系是军事装备法在调整军队装备活动中所形成的有关组织和人员间的权利义务关系,它由主体、客体、内容三个要素组成。军事装备法律关系的主体是权利的享有者和义务的承担者,包括国家军事机关、军事单位,现役军官和士兵、文职干部和文职人员、军内在编职工和非现役工勤人员,与军事装备活动有关的国家行政机关、企业事业单位、社会团体和公民。军事装备法律关系的客体是主体的权利和义务所指向的对象,一般包括物、非物质财富和行为。其中的物,主要是指枪支、弹药、战略核设施等;非物质财富是指军事装备科学技术方面的发明创造、军事装备理论研究成果等;行为则包括军事装备活动中的作为与不作为。作为是为完成某项军事装备任务而主动实施的行为,如军事装备的规划、研制和生产等活动;不作为是出于军事装备方面的某种需要而不得实施的行为,如不得泄露军事装备研制方面的秘密。军事装备法律关系的内容是主体享有的权利和承担的义务。主体享有的权利,是军事装备法律规范赋予有关组织和个人的、在军事装备活动中所享有的某种职权或资格,表现为主体能够作出或不作出一定的行为,要求他人作出或不作出一定的行为,以及为前两种行为的实现,要求有关部门以强制性措施排除干扰和妨害;军事装备法律关系主体的义务,是军事装备法律规范要求有关组织和人员在军事装备活动中所承担的某种责任。军事装备法律关系中的权利和义务既有一致性,又具有相对性,在一定条件下还可以相互转化。[1]

3. 军事装备法的地位

一般认为,军事法是指由国家制定、认可或解释的,并由国家强制力保证其实施,用以调整军事社会关系的法律规范的总和。[2] 理论界普遍认为,军事法是中国特色社会主义法律体系中一个独立的法律部门。由于军事关系具有复杂性,调整军事关系的军事法也形成了自己的法规体系,主要包括国防法、军事行政法、军事刑法、军事经济法、军事诉讼法等。不过,由于军事法法规体系是一个动态的发展过程,随着军事法制建设的不断完善,军事法的分支部门相应会越来越多,分工越来越细。从理论上讲,军事装备法已成为军事法的一个独立分支部门或重要组成部分,理由是:第一,在军事关系中,因军事装备工作而形成的社会关系具有相对的独立性,对它的调整可以形成不同于其他军事法律规范的军事装备法律规范。而且这些法律规范具有一定的数量,可以形成相互联系的有机整体,从而成为军事法中的一个分支部门。第二,对军事装备社会关系的调整方法有别于调整其他军事关系的方法,使军事装备法律规范与其他军事法律规范如军事行政法律规范、军事刑事法律规范等区别开来,成为军事法中具有特点的一部分。

军事装备法是军事装备活动的基本依据,是国家、军队组织领导与有效控制武器装备发展和使用活动的必要手段,是生成和提高部队战斗力的重要保证,对于增强国防力量、保障国家安全具有十分重要的作用。

(三)军事装备法学

法学是研究法、法的现象以及与法相关问题的专门学问,是关于法律问题的知识和理论体系,是社会科学的一门重要学科。军事装备法学则是研究军事装备法律规范及装备法制建设一般规律的科学,是军事法学的重要分支学科。军事装备法学包含着丰富的内容,有其独特的内涵和外延。正确把握军事装备法学的内涵和外延,对于科学确定该学科

---

① 《中国军事百科全书·军事法总论(学科分册I)》,北京:中国大百科全书出版社,2008 年版,第 159 页。
② 李佑标等著:《军事法学原理》,北京:人民法院出版社,2005 年版,第 8 页。

性质和在军事法学学科中的地位,确定该学科的研究对象、范畴和内容,建立系统的、科学的学科理论体系,以及在研究中应该采取的研究方法等都有十分重要的意义。在学科性质上,军事装备法学既属于军事法学与军事装备学之间的交叉学科,还涉及国防经济学、军事管理学等多门学科的内容,并与这些学科的部分理论相交叉、相渗透,因此军事装备法学是一门集多种学科知识于一体的综合性法学学科。

军事装备法学作为一门相对独立的军事法学学科,是现代科学技术及其军事装备高速发展的产物。随着军事装备的日益进步,军事装备在军队建设和战争中的地位作用不断提高,军事装备管理向集中统一的全系统、全寿命、全要素、全过程的管理体制转变,有关部门相继制定了数量繁多的军事装备法律法规,因而形成了独立的军事装备法规体系和独特的理论研究领域。同时,军事装备法理论经过长期的研究及其在实践中的运用和检验,不断趋向成熟和完善,并有了稳定的学科体系,这也为它成为一门相对独立的军事法学学科创造了客观条件。军事装备法学就是在当代军事装备法制实践和理论发展的客观需要及可能的情况下,应运而生的一门新兴的军事法学学科,它主要研究军事装备法律制度、军事装备法律秩序、军事装备法律关系等军事装备法律现象。由于军事装备法学与军事装备学、国防经济学、军制学、军事管理学等诸多的学科有着密切的联系及相互交叉关系,因此,还必须理清它与其他相关学科的区别,把握其特定的研究范畴。

一是要划清军事装备法学与军事装备学的界限。两者都涉及军事装备的研制、生产、管理等内容,都属于社会科学范畴,但各自的研究角度、范围及内容、方法不尽相同。军事装备学是研究军事装备发展、保障及管理的规律,指导军事装备实践活动的军事科学,[①]军事装备学是在军事装备的研制、使用、管理和保障的实践活动中产生,并随着军事装备不断发展和在作战中的具体应用而逐步发展起来的。其基本任务是:依据军事装备活动的历史经验、现实条件和可能发展,运用科学的方法,揭示军事装备活动规律,并将其升华为系统、完整的科学理论体系,用以指导军事装备的实践活动。军事装备理论的研究具有很强的动态性,必须及时研究和充分反映当代军事装备及军事装备实践活动的新特点、新规律,因此是一门具有鲜明时代特征的学科。而军事装备法学主要研究军事装备领域的法律法规制度,它侧重于从法律制度、法制建设的角度来研究军事装备的研制、使用、管理等规律,可见,两者在研究的角度和内容上各有侧重。当然,关于军事装备研制、管理中的一些普遍规律应是两者共同的理论基础。

二是要划清军事装备法学与国防科技法学的界限。国防科技是指直接为国防服务的科学技术,主要是武器装备科研活动,包括国防科技研究、国防技术基础、国防技术合作等内容。国防科技法是调整国防科学技术研究、开发及其成果应用和管理活动的法律规范的总和。国防科技法学研究国防科学技术研究和管理活动中的社会关系,与军事装备法

---

① 余高达、赵潞生主编:《军事装备学》,北京:国防大学出版社,2000年版,第11页。

学的研究对象有交叉之处,两者都要涉及装备研发、国防科学技术与国防工业生产及国防技术监督等法律制度,但又各自有不同的研究内容和重点。国防科技法学主要研究国防科技的研发、成果应用与管理等法律制度,军事装备法学还需研究军事装备的采办、使用、动员、维护制度以及军事装备犯罪等内容。因此,我们必须正确合理地区分和把握两者之间研究领域和内容的界限,不能混为一谈。

二、我国军事装备法律制度体系的构成

军事装备法律制度体系是国家和军队法律体系的一个组成部分,是由不同层次和不同方面的现行军事装备法律规范组成的有机整体。不同层次表征着军事装备法律规范之间的纵向关系,不同方面表征着军事装备法律规范之间的横向关系。

(一)军事装备法律制度体系的纵向关系

根据《立法法》规定的我国国防立法的权限及法律规范的效力与等级,军事装备法律规范在纵向上可分为四个层次:一是我国《宪法》中涉及军事装备体制的条款。例如,《宪法》第20条、47条、89条对国防科研的领导、奖励制度作了原则性规定。二是军事装备法律。指由全国人大及其常委会制定的有关军事装备发展的法律及有关条款,包括发展军事装备所必须遵循的国家普通法律,如《国防法》、《军事设施保护法》、《合同法》、《专利法》等。三是军事装备法规。包括由国务院制定的行政法规、中央军委制定的军事法规或由两者联合颁布的军事行政法规,如《装备科研条例》、《国防专利条例》等。四是军事装备规章。包括专门的军事规章和国防行政规章、其他规章中的军事装备条款、装备科研规章性文件,及地方性国防科研法规和规章。国防科工局、总装备部均有权制定规章和规范性文件,如《国防科学技术成果鉴定管理办法》、《国防科研试制费管理规定》等。这一层次的立法具有立法周期短、立法成本低、立法技术成熟、矛盾冲突少、简便易行、操作性强、见效快等特点。

(二)军事装备法律制度体系的横向关系

依据军事装备发展的阶段性与连续性,军事装备法律规范在横向上包括军事装备基本制度,以及装备科研、装备采购、装备保障、装备技术基础和日常管理、装备及其技术合作与交流、奖励与惩处等制度。

依据规范的主体,军事装备法律规范在横向上还包括规范军地双方的法律制度和规范军队系统的法律制度,前者包括军事装备组织、决策程序、规划计划与经费管理、科研生产、试验定型、订货采购、对外交流、动员等方面的法律制度;后者包括军事装备组织、管理、保障、教育训练、科技、人才建设和情报搜集等方面的法律制度。

(三)军事装备工作基本法规

2000年12月,中央军委发布实施《中国人民解放军装备条例》(以下简称《装备条例》),这是我军装备管理体制实行重大改革后全军施行的第一部装备工作基本法规,也

是我军装备建设依法实行集中统一领导和全系统、全寿命管理的重大举措。《装备条例》的颁布施行，是促进和推动装备管理体制高效协调运行的重要保证，是建立适应社会主义市场经济要求新机制的重要依据，是建立军事装备法规体系的重要基础。

《装备条例》规定了装备工作要以新时期军事战略方针为依据，以装备现代化建设为中心，以战斗力为标准，以质量和效益为重点，加快新型装备的发展，加强现役装备的管理，建立和完善具有中国特色的装备体系，提高打赢信息化条件下局部战争的装备保障能力。这些规定，对于生成和提高部队战斗力，实现"保障有力"的总要求，保障军队各项任务的顺利完成，具有重要的促进作用。《装备条例》覆盖了我军装备工作各个领域、各个方面、各个环节的活动，充分体现了新体制下我军装备工作的新情况、新特点和新要求。条例明确了我军装备工作的作用和任务，规定了装备工作应当遵循的指导思想和基本原则，规范了装备工作的基本内容、基本程序、基本要求和有关责任主体的基本职责，对装备建设的中长期计划和装备体制、装备科研、装备订货、装备调配保障、装备日常管理、装备技术保障、战时装备保障、装备技术基础、装备及其技术的对外合作与交流、装备经费管理等装备建设各项工作，进行了宏观性、总体性规范，体现了装备工作的全系统、全寿命集中统一领导，为制定其他装备法规、规章，完善装备法规体系，提供了依据，奠定了基础。

为满足军事装备全系统全寿命管理的需要，在《装备条例》这部装备领域"龙头法"的带动下，《装备维修工作条例》、《武器装备管理条例》、《装备采购条例》等多部法规和近百部装备规章发布实施，将装备建设和管理的各个方面、各个环节完整纳入法规制度的调整之下，使我军装备建设和现代化管理水平不断跃升。

（四）军事装备法律制度体系的基本框架

随着军事装备管理体制的调整改革和形势的变化，新体制下的军事装备法规制度体系覆盖了装备建设和管理的全过程，确保军事装备的总体论证、科研试验、订购验收、使用管理、维护保障、退役报废以及计划、经费、合同管理等各项工作都纳入法制的轨道。

1. 装备管理体制法规制度

中国人民解放军总装备部的成立，标志着我军装备建设的管理由分散走向统一。装备管理体制法规的内容包括：①我军装备实行集中统一的管理体制，作为军事装备建设业务归口的总装备部的主要职能，总装备部与国防科工局及国家其他有关综合部门的关系、与军工企业和科研院所的关系等；②总装备部内部的机构设置和业务分工，各部门的主要职能，与军兵种以及部队装备管理的关系等。涉及装备管理体制的法律规范主要有《国防法》、《装备条例》、《后勤装备条例》、《海军装备工作条例》、《空军装备工作条例》等。

2. 装备科研法规制度

装备科研法规制度包括装备预先研究、装备研制、装备试验、装备定型、装备技术革新等方面的法规制度。装备科研法律规范主要有《装备科研条例》、《装备预先研究条例》、《武器装备军内科研工作管理规定》、《装备科技成果鉴定办法》、《装备预先研究合同管规定》等。

3. 装备生产法规制度

装备生产法规制度包括生产、大型装备的维修等阶段管理办法。现行的法律规范主要有《国防科工委关于非公有制经济参与国防科技工业建设的指导意见》、《武器装备科研生产许可实施办法》、《武器装备科研生产许可管理条例》等。

4. 装备采购法规制度

装备采购法规制度是指按照装备订货计划确定的品种、数量、时限，以合理的价格，购置符合战术技术指标和配套状态合格的装备过程中所涉及的法规制度，如《装备采购条例》、《装备采购计划管理规定》、《装备采购方式与程序管理规定》、《装备承制单位资格审查管理规定》、《装备采购合同管理规定》、《同类型装备集中采购管理规定》等。

5. 装备管理法规制度

装备管理包括装备的动用、使用、保养、保管、封存、启封、定级、登记、统计、点验、配套设施建设、安全管理、检查等内容。装备管理是部队全面建设的基础性工作，应当实行科学化、制度化、经常化的管理，保证装备达到规定的完好率，始终保持应有的配备水平和良好的技术状态。涉及的主要法规制度有《武器装备管理条例》、《防化装备保障规定》、《退役报废通用弹药处理暂行规定》、《空军装备管理工作条例》等。

6. 装备保障法规制度

装备保障主要指装备的技术保障、战时战备保障等工作。装备的技术保障包括装备的维护与修理、技术检查、维修器材筹措与供应、设备建设、专业培训以及维修改革等内容。涉及的法规制度有《装备维修工作条例》、《通用装备保障规定》、《车辆保养规定》、《防化装备维修管理规定》等。

7. 装备经费管理法规制度

装备经费管理工作的任务是组织装备经费供应保障，做好价格管理、成本控制、会计核算和财务监督、检查工作，保障装备建设各项计划的实施，促进军队装备现代化建设。装备经费分为国防科研试制费、装备购置费、装备维修管理费、装备科学研究费、专项和代管经费、装备预算外经费等。装备经费管理工作中涉及的法规制度包括《装备购置费管理规定》、《国防科研试制费管理规定》、《武器装备科研经费管理规定》、《国防科研试制费拨款管理暂行办法》、《装备预算外经费管理规定》等。

8. 装备与技术对外合作交流法规制度

装备与技术对外合作交流包括装备及其技术的引进、装备对外军事援助、军品出口管理及军备控制。我国的军贸、外援通常根据国家外交、国防政策、军事安全及装备发展的需要，以及军品贸易管理的政策，由主管部门会同政府和军队有关部门拟制装备贸易的管理规定，确定敏感军品清单。现行法规主要有《导弹及相关物项和技术出口管制条例》、《军品出口管理条例》等。

9. 装备技术基础法规制度

这是关于军队装备系统开展科技工作以及保障科技工作的技术基础及知识产权等管理工作,包括标准、计量、情报、专利成果和信息网络建设等方面的工作制度。现行法规主要有《国防专利条例》、《装备科技信息工作条例》、《中国人民解放军计量条例》等。

三、我军军事装备法律制度的特点

新时期我军军事装备法律制度坚持以邓小平理论和"三个代表"为指导,贯彻落实科学发展观,坚持依法治国、依法治军的方针,遵照中央军委关于装备建设的一系列指示精神,统筹规划,逐步完善,呈现出以下特点。

(一)军事装备法律制度的内容由国防需求和经济体制决定

军事装备研制、生产制度既要与国家军事战略的需求相适应,又要与国家的经济体制改革相适应。军事装备是伴随战争而产生发展的,战争规律决定军事装备法律制度具有军事属性。军事史、国防科技发展史都表明:国防需求是军事装备发展的动力,军事上的需要牵引着军事装备发展的必要性、发展的规模和速度。从古至今,作为国防科技发展直接成果的数以千计的各种各样的军事装备,都是在国防需求的刺激下研制出来的。因此,军事装备法律制度必须随着国际安全环境和国家安全战略需要不断修改和完善,也必须随着军事斗争的需要而不断修改和完善。

军事装备是商品,具有使用价值和价值。与此同时,它又是一种特殊的商品。国家对军品实行的某些特殊政策只能部分地改善军品生产面临的环境条件,却无法改变它的商品本质。在其价格形成和变化过程中,仍然要遵循商品的一般规律。军事装备的研制、生产也是一种特殊的经济活动,经济规律决定着军事装备的民用属性。军事装备发展规模的大小、水平的高低受制于国民经济的发展,因此还必须重视经济能力和技术条件对军事装备发展的推动作用。经济体制特别是经济能力和技术条件,决定一个国家军事装备发展的可能性及可达到的规模、速度和水平。这些因素共同决定了一个国家军事装备的发展战略、发展方向、发展计划、发展项目,因而也就决定了一个国家的军事装备法律制度。

(二)军事装备法律制度的调整方法具有特殊性

除市场经济手段外,军事装备管理制度还保留相当数量的指令性计划和行政手段,国家计划调控和行政管理是军品科研、生产、经营及管理活动的主要调整方式。不同于一般商品生产经营活动以市场调节为主的调整方式,军事装备制度更多的体现了行政强制性,这也是军事装备法律制度与其他法律制度最大的区别。另外,军事装备法中有很多激励性规范,侧重于鼓励、引导、倡导等调整方法,更多是肯定式的积极性法律后果,因此,军事装备法中不仅具有一般法律制度所具有的强制性,而且具有激励性,它通过建立各种激励性法律机制,激发人们致力于国防科技研究的热情,积极投身于国防科技研发的行列。这对于稳定国防科技队伍,调动国防科技工作者的积极性与创造性,吸引更多的人才去从事武器装备发展事业,有着极其重要的作用。同时,也有利于鼓励自主创新,加速科技成果转化和产业化,从而促进国防现代化建设和国民经济的发展。

(三)军事装备法律关系具有广泛性、复杂性

军事装备法律关系的主体非常广泛而且复杂,涉及大学(包括民营高等院校、军工高等院校和军队高等院校)、科研院所(包括民营科研机构、军工科研机构和军队科研机构)、企业(包括民营企业和军工企业)和中介机构,以及具有"政府管理职能"的部门,而且在不同的时期,军事装备科研活动的"政府管理机构"涉及的部门不尽相同,主要包括承担对国防科研生产单位行使管理职能的部门,如人事管理部门、行政管理部门、计划合同管理部门等。军事装备生产中企业的类型,从合同的层次看,包括主承包商、子承包商和零部件供应商。从企业的性质看,既有国有独资的企业事业单位,也有国有控股企业、上市公司、合资企业以及非国有制企业,有时还涉及国外的科研机构。从国防科学技术的供应者角度看,与国内科研生产单位有关,在一定情况下也与国外技术供应者有关。

军事装备法律关系的客体也包括多个方面:既涉及智力成果,国防科研活动涉及我国所有高新技术领域中的知识产权;也涉及物,如武器系统和先进技术装备;还涉及行为等。

从军事装备法律关系的内容来看,由于军事装备科研活动对国家安全、公共安全、公民人身健康和生命财产安全的危险程度不尽相同,法律制度对其要求也有不同。比如,有的装备科研活动,属于装备总体、系统或者关键分系统的研制生产,不仅研制过程危险等级高,而且涉及重大国家机密,其科研生产活动必须纳入许可管理的范围。甚至一些领域的法律规范不能向全社会公开,只能在特定部门、单位和人员中颁布执行。有的军事装备科研活动,属于装备零部件、元器件和原材料的研制生产,危险等级和涉及国家秘密程度相对偏低,甚至不涉及国家秘密,其科研生产活动的管理相对较为宽松。因此,根据实际需要,综合考虑军事装备的重要程度、危险程度、技术复杂程度和发展水平等因素,法律制度应有不同的规定并适时调整。同时,军事装备法律制度涉及装备科研、生产、订购、使用、维修等多个环节的管理,涵盖了陆、海、空等各个军兵种的主战装备和保障装备,因而法律关系极其广泛和复杂。

(四)部分法规具有保密性

军事装备领域的经济活动和科学研究,许多都与军事有着直接的关系,是涉及国家安全的特殊领域。军事装备法的部分法规具有"保密性"这一特点,就是由它所涉及的国家安全利益决定的。军事装备尤其是现代武器装备,是夺取战争胜利的重要物质基础。国家安全利益是一种特殊的国家利益,事关战争胜败和国家生死存亡的军事机密,诸如军事组织编制、作战及其能力、军事装备部署、国防军费预算、国防科研和生产等军事统计资料、军事情报、军事信息、军事技术规则以及其他的军事机要,不应让局外人(甚至大多数人)知道。因此,在一些领域的装备法律规范不能向全社会公开,只能在特定部门、单位和人员的范围中颁布执行。

第二节　军事装备法的原则和作用

一、军事装备法的原则

军事装备法的原则是指能够反映军事装备法本质内容和基本精神,对军事装备法的制定和实施具有普遍指导意义的基本行为准则,它是装备立法的基本依据和指导思想,是保障装备法制内部和谐统一的基础。因此,作为军事装备法的基本原则必须具备以下两个要素:第一,必须贯穿全部军事装备法规范,具有指导和制约装备立法的意义;第二,必须体现装备法制的基本价值追求。军事装备法的原则主要如下:

(一)坚持装备建设的集中统一领导,实行装备的全系统、全寿命管理

加强集中统一领导,全面规划、科学管理是我国国防科技和武器装备持续、稳定、协调发展的重要保证。1998年4月,中央军委决定组建总装备部,对全军装备管理体制实施重大调整,实现了装备工作的集中统一领导,标志着我军武器装备建设进入了科学发展的全新历史阶段。目前,全军团以上部队相继成立了装备部(处)。总装备部的成立,实现了装备工作的集中统一领导,有利于全军装备建设的统筹规划,有效地提高了部队装备工作水平和保障能力;各级装备部门的成立,在体制上实现了装备计划、经费、管理和技术保障等的集中统一管理。

科学技术的进步和信息化战争的需求,使现代装备正向着复杂化、智能化和信息化的方向发展,实现装备的全系统、全寿命管理已是大势所趋。装备的全系统管理,可以理解为从横向上通观装备的全局,就是把装备全部内在和外在的因素作为一个整体系统来研究和处理。装备的全寿命管理,可以理解为从纵向对装备寿命周期的各个阶段实行统筹管理。只有从全系统全寿命管理角度来筹划和推进武器装备预研、科研、购置、维修保障、退役等各个阶段的工作,对装备寿命周期的各阶段实施有机结合的管理,才能充分发挥装备系统的功能,延长装备的使用寿命。

(二)坚持装备现代化建设与国家经济建设协调发展,满足军事需求,提高部队战斗力

国防建设与经济建设是相互影响和相互制约的两个方面。在党的十七大报告中,胡锦涛同志明确指出,国防和军队建设,在中国特色社会主义事业总体布局中占有重要地位。必须站在国家安全和发展战略全局的高度,统筹经济建设和国防建设,在全面建设小康社会进程中实现富国和强军的统一。坚持用科学发展观统筹国防建设和经济建设,就是要确保军事装备供给能力与经济建设之间相互协调,并努力防止在实践中出现相互偏废现象。一是军事装备供给能力要与国家经济建设的安全环境相协调。没有装备现代化建设,国家经济建设的安全环境就无法得到保障。而脱离国家经济建设安全环境,单纯追求装备现代化将耗费大量的宝贵资源,影响国家经济建设的发展。二是军事装备发展战略要与国家经济发展战略相适应。安全战略和发展战略是国家和民族赖以生存和得以延续、保持稳定和走向繁荣的两个重要支点,只有在装备发展战略和国家经济发展战略相协调的情况下,国防和经济的发展战略目标才能得以真正实现。三是军事装备建设投入要与国家经济的承受力相协调。经济是国防的基础,装备建设超出经济的承受能力,不仅国防建设的目标难以实现,而且经济发展也将因此受到拖累。

在新军事革命条件下,发展信息化武器装备所需的绝大部分军事技术同时也是民用技术。据统计,85%的核心军事技术是民用技术,80%以上的民用关键技术可直接用于军事目的。装备建设和经济建设形成良性互动机制,就是要打破军民分割、相互封闭的传统界限,按照"军民结合、寓军于民"要求,使装备建设和经济建设相互融合和相互促进。也就是,一方面将装备建设根植于国民经济体系之中,形成国民经济对国防建设的强大支撑力;另一方面,充分发挥装备建设对经济建设的促进作用,形成国防对经济发展的强大牵引力。

(三)坚持从国情、军情出发,有所为、有所不为,走投入较少、效益较高的装备建设道路

效益在这里主要是讲军事效益和经济效益。军事效益要求武器装备发展要以较小的损耗获得较大的军事效果,有利于部队战斗力的提高;经济效益则要求厉行节约,节省人力、物力、财力,少花钱,多办事,办好事。军事装备建设科技含量高、涉及范围广、投资规模大、建设周期长,是一项十分复杂的系统工程。目前我国还处于社会主义初级阶段,财力有限,虽然"总体经济实力在不断提高,但是对我们这样一个发展中的大国来说,国家经济实力还不强大,我国国防费规模也一直很有限。我们不能同发达国家比国防投入,必须走一条经费投入比较少而效益比较高,具有中国特色的国防和军队现代化建设路子。"[①]在装备建设上要突出重点,集中力量打"歼灭战",也就是要抓住那些对增强我国国防整体实力和我军高技术条件下作战能力具有关键意义的项目,集中有限的人力、财力、物力,统一指挥、统一调度、团结协作、合力攻关,以求在最短时间取得突破。这是在现时国情、军情下,加快我军装备发展,缩短同发达国家军队差距最有效的途径。

首先,构建提高军事装备发展效益的长效机制。在军事装备研发中,要充分利用现有知识产权,提高研究开发起点和水平,避免人力、财力、物力的浪费,节省更多的资金进行

---

① 《廖锡龙上将详解中国军费》,载《瞭望东方周刊》,2006 年第 3 期,http://www.china.com.cn/zhuanti2005/txt/2006 – 03/13/content _6152997. htm。

其他重要项目的开发与研制,防止搞重复建设、分散建设。目前世界各国纷纷发展"高、精、尖"武器装备,但是这些军事装备的造价非常昂贵,如美国建造的 F－22 战斗机,前100 架这种飞机每架造价就大约达到 2 亿美元。① 因此,如何构建提高军事装备发展效益的长效机制,是世界各国军事装备立法十分关注的重大课题。当前,在经费还不是很充足的情况下,我军军事装备亟待研制的项目很多,因而必须从实际出发,注意发展那些既符合现代作战和国家安全需求,又具有发展前景的装备,集中力量发展那些一旦突破,对提高军事实力有重要影响的军事装备,逐渐淘汰那些已经不适应新的作战环境的"夕阳装备",以自主创新打造"中国特色"。因此,我军军事装备法必须积极适应国家经济发展和高技术武器装备发展规律的要求,坚持改革创新,与时俱进,不断调整深化装备管理体制,努力提高装备建设的效益、质量和水平。

其次,健全竞争机制。竞争是市场经济的基本法则,也是充分利用有限资源,提高国防科研生产能力,降低国防发展研制费用,提高质量和效益的有效方法。江泽民同志曾强调:"要发挥各行各业形成的技术和生产优势,对可以由民用、军工有关部门竞争研制生产的产品,尽可能贯彻竞争择优原则。"因此,军事装备法必须改革、完善装备研制、维护、采购体制,积极引进价格机制、供求机制和竞争机制,进一步打破军工封闭状态,减少重复建设,促进武器装备研制生产管理领域相关体制和运行机制改革,这将有利于以效益最大化原则来配置社会资源。

（四）坚持科技强军,依靠科技进步,推动装备发展

科技强军思想是我军 80 多年建军实践的理论升华,也是我军装备建设发展的重大战略指导思想。进入新世纪,胡锦涛同志运用科学发展观深入思考与研究国防和军队建设问题,进一步指出:"科学技术是第一生产力,也是非常重要的战斗力和保障力。""要进一步实施好科技强军战略,推动部队战斗力的生成提高。"科技强军战略的提出与实施,使我军现代化建设走上了快速发展的道路。

科学技术的每次重大进步,都会推动军队装备的发展,推动着军事领域的发展变革。因而,科技强军的核心是依靠科技创新加快新型军事装备研制步伐,推动装备发展,使军队装备由半机械化、机械化向自动化、信息化迈进。在当前条件下推进我军装备建设,必须牢固树立科学技术是第一生产力的观点,坚持科技强军的指导思想,依靠科技进步和创新推动军事装备发展。坚持科技强军,依靠科技进步,推动装备发展,就是要通过科技进步,努力探索和走出一条投入较少、效益较高的国防科技和军事装备发展的新路子,提高装备体系的整体效能,推动军事装备建设的现代化步伐。

---

① 陈伯江:《信息时代的军事力量与力量平衡——中国军事专家访美国参联会前副主席欧文斯》,载《军事文摘》,1998 年第 11 期。

（五）坚持自力更生为主，借鉴国外先进技术，努力提高装备的自主创新能力

自主创新能力是一个国家科技事业发展的决定性因素，也是军事装备建设创新发展的重要保证。军事装备的发展涉及国家安全和国际战略地位，这就决定了军事装备发展必然是一个高强度、持续的自主创新过程。军事装备法确立坚持自力更生为主、努力提高自主创新能力的原则，既是科学发展观的重要内涵和要求，也是在新的历史条件下的必然趋势。

战争史一再昭示我们：缺乏原始创新技术，军事装备依靠进口，就只能受制于人。同时，军事斗争的敌对性和残酷性，决定了任何国家、任何军队都会保守高端军事技术秘密。因此，最先进的军事装备是买不来的，军工核心技术是买不来的，国防科技工业的创新能力也是买不来的。唯有自己掌握核心技术，拥有自主知识产权，才能将国家的发展与安全的命运牢牢掌握在自己手中。当然，我们强调自力更生，并不是关起门来搞建设。军事科学技术是没有国界的，因此，要积极创造条件，善于抓住一切可以抓住的机遇，借鉴一切有用的经验，有选择有重点地引进国外关键装备和技术，把自主创新与必要引进有机结合起来，在更高的水平上实现跨越。

（六）坚持质量第一，加强科学管理，推进装备的通用化、系列化和组合化

胡锦涛同志曾指出："要充分认识到，保质量就是保安全、保战斗力、保胜利，有关部门和单位，尤其是承担装备研制生产任务工业部门一定要以高度负责的精神，严把质量关，为部队提供技术先进、质量优良、安全可靠的武器装备。"质量是军事装备的生命，是战斗力的重要保证，也是夺取战争胜利的客观基础。

纵观军事装备的发展历史可以发现，具有优良质量和高可靠性的装备是军队战斗力的高级倍增器。质量差、可靠性低的装备常常会导致意想不到的事故，造成较大经济损失，甚至人员伤亡。市场经济条件下，军事装备投资主体多元化、利益分配市场化和企业行为自主化等特点，加上武器系统科技含量的增加，质量和可靠性问题显得越来越重要。新一代军事装备技术密集、系统复杂、投入巨大、管理复杂，更加讲求系统配套，大力协同，对科学决策、科学管理提出了更高要求。装备研制生产单位要树立"军工产品、质量第一"的意识，始终把质量作为装备建设的主题和生命，把质量工作放在首位。同时，军事装备建设又是一个集高技术、高智能于一体的复杂系统工程，科学高效的管理，对于提高装备建设的质量和效益至关重要。因此，要准确把握现代军事装备和管理的新特点、新要求，坚持技术发展与科学管理并重，发展新装备与培养管理人才同步，走出一条高起点、高质量、高效益和低成本的武器装备现代化建设路子。着力加强重点环节的质量管理，着力加强质量建设的基础工作和制度建设，努力建立健全军事装备质量建设长效机制，不断提升全系统装备质量管理水平，全面提高整体质量和效益。

（七）坚持依法治装，严格规章制度，保持良好的装备工作秩序

装备管理是部队现代化、正规化管理的重要内容，是战斗力生成、巩固和提高的基础性工作，平时关系到训练、执勤、战备等各项任务的完成，战时直接影响胜负成败，因而也是关系军队建设全局的一项重大工作。近年来,为贯彻新时期军事战略方针,扎实做好军事斗争准备,我军装备建设步伐加快,众多新型装备陆续配发部队,装备构成体系发生了较大变化,管理工作面临许多新情况、新问题。坚持依法治装、依法管装,严格规章制度,是贯彻落实从严治军方针、加强新形势下装备管理的必然要求。部队要以战斗力为标准,以打得赢为目标,加强依法管装力度,严格规范装备机关业务工作秩序、装备战备秩序、装备训练秩序、装备管理秩序,严格监督,严格奖惩,狠抓落实,推动部队装备管理水平上一个新的台阶。

(八) 坚持人才为本,尊重知识,尊重人才,培养和造就高素质的装备人才队伍

在新的历史时期,无论研制发展先进的军事装备,还是掌握运用先进的军事装备,都离不开优秀科技人才。因此,必须坚持人才为本,尊重知识,尊重人才,加快装备人才的培养步伐,把人才建设作为装备现代化建设的重中之重来抓。要着力解决影响装备建设效能发挥的人才制约瓶颈问题,重点培养一批具有一流水平的科学家和工程技术专家,建立和完善装备人才培养、选拔、使用、管理的新机制,培养一支高素质的装备人才队伍,并不断优化其结构,使装备人才建设尽快走上良性循环轨道,实现人才与装备的协调发展,从而为我军装备的发展奠定坚实的人才基础。《国防法》第 33 条规定:"国家采取必要措施,培养和造就国防科学技术人才,创造有利的环境和条件,充分发挥他们的作用。"同时规定:"国防科学技术工作者应当受到全社会的尊重。国家逐步提高国防科学技术工作者的待遇,保护其合法权益。"《国防法》之所以特别强调国防科技人员的培养,强调保护他们的合法权益,就是因为他们在国防科研生产活动中具有极为重要的地位和作用。因此,完善吸引、稳定、激励国防科研人才的政策和制度,改革科研单位的人才激励、人才成长机制,具有十分重要的意义。

针对近年军事装备科技含量不断提高的趋势,中央军委、总装备部在干部队伍建设规划中,明确提出要着重选拔一批学历高、素质好、发展潜力大的优秀年轻干部,充实到装备系统各级领导班子中去,以形成更替有序、人才辈出的良好局面。为适应新体制、新任务的要求,全军部队采取各种方式,加大人才培养力度,总装备部每年都组织军以上装备部门领导集训,定期举办装备系统领导干部集训班、驻厂军代表培训班、装备采办管理研讨班,研究了解世界军事科技发展动态,学习掌握与军事装备发展相关的高科技知识,提高科学管装用装的能力。

(九) 坚持继承优良传统,积极改革创新,建立符合装备建设规律和社会主义市场经济体制要求的运行机制

继承优良传统,积极改革创新,是我军装备工作正确对待和处理传统与发展二者关系的基本准则。我军装备建设长期以来形成了许多优良传统,如"两弹一星"精神,它是我国国防科技发展和装备建设不竭的精神动力,必须继续保持和发扬光大。同时,要积极适应新时期军事斗争和市场经济体制的要求,坚持制度创新,不断深化国防科技体制改革,

健全竞争机制、激励机制、评估机制和监督机制,建立符合装备建设规律和社会主义市场经济体制要求的装备工作运行机制,促进和保障装备现代化建设的发展。

二、军事装备法的作用

军事装备法的作用,主要表现在通过运用法律手段,调整武器装备研制、生产、管理中的社会关系,推动国防科学技术的发展和进步,满足军事斗争的需要,从而为国家安全提供保障,提升我国国防科技国际竞争力。

(一)确保国家国防安全需要

国防安全是一个国家、一个民族生存和发展的基本条件,丧失了这种安全保障,国家和民族的生存发展就无从谈起。军事装备是国防安全保障中十分重要的物质因素,在平时它是制约敌人的威慑力量,在战时它是防御侵略、打击敌人的重要依托。当前,以高科技为主导的军事装备发展,正日益成为争夺未来信息化战争制高点的关键因素。因此,作为调整军事装备规划、研制、采办、供应、管理、维护及保障等内容的法律必须把满足国家国防安全需要作为军事装备法的根本目标。

自从国家产生以后,为了维护和获取国家的根本战略利益,或维护国家的领土主权,便产生了国家间的战争和国防。为了夺取战争的胜利,巩固国防,各国都力图掌握更先进的军事技术手段,于是便组织专门力量研制军事装备。恩格斯曾指出:"社会一旦有技术上的需要,则这种需要会比十所大学更能把科学推向前进。"①作为与科学技术密切相关的军事装备,正是社会的特殊需要——国防需要的产物,而且这种需要比任何力量都更能把军事装备推向前进。正如科学学创始人丁·贝尔纳所认为的:"自古以来,改进战争技术,一直比改善和平生活更需要科学。这并不是由于科学家具有好战的特性,而是因为战争的需要比其他需要更加急迫。各国君主和政府不那么乐于向其他研究工作提供津贴,都乐于向军用研究工作提供经费,因为科学界能研制出新的装备,而这种装备由于十分新颖,在军事上极为重要"。② 可见,是国防安全需要促进了军事装备的发展,并成为军事装备发展的根本动力。当今世界各国军事装备发展战略也表明,装备研制和发展不仅要靠新技术推进,更有国防安全战略需求的牵引。正因为各国的国防战略需求不同,军事装备立法在总体目标一致的情况下表现出不同的特色。如我军《武器装备管理条例》就明确规定,我军武器装备管理必须贯彻新时期军事战略方针,立足现有武器装备,以保障打赢现代技术特别是高技术条件下局部战争为目标。因此,我国的装备法制建设必须坚持服从服务于国家发展战略、安全战略,坚持积极防御的军事战略方针,发展适合未来信息化条件下作战的军事装备。

---

① 《马克思恩格斯全集》第 4 卷,北京:人民出版社,1972 年版,第 505 页。
② 转引自匡兴华:《国防科技与军事》,载《中国国防科技信息》,1998 年第 3 期,第 33 页。

我国国防政策的基础是积极倡导的新安全观,其核心是各国在国际关系上应坚持互信、互利、平等、协作的原则,努力发展与各国军队的友好关系,积极开展军事交流与合作,反对军备竞赛,主张通过公正、合理、全面、均衡的原则,实行有效的军备控制和裁军,防止大规模杀伤性武器的扩散,维护世界和平。因此,与一切军事扩张主义者不同的是,我国发展军事装备不是为了炫耀武力,更不是要凭借武力对外扩张,攫取不正当利益。我国军事装备的发展始终服从我国国防的防御性质,其目的主要用于维护国家主权与安全,因而我国从不超出国家的经济承受能力搞装备建设,更不会穷兵黩武,不会与其他国家搞军备竞赛。近年来,我国军事装备在维护国家传统的生存利益方面有了可靠保障,但在信息化时代的今天,军事技术不进则退,因此,我国必须拥有能应对信息化要求的先进军事装备,满足最低限度的国防安全需要。

随着国家利益的拓展,我国发展利益日益突出。我军不仅要维护国土之内的安全利益,还要维护发生在国土之外的国家安全利益;不仅要维护陆地国土利益,也要维护海洋国土利益;不仅要维护政治、军事等传统领域的安全利益,也要维护金融、能源、信息等非传统领域的安全利益;不仅要确保粉碎任何针对我国的武装入侵,而且要尽可能预防与慑止针对我国的战争挑衅,确保国家发展所必需的战略机遇期。可见,不断拓展的国家利益对军事装备防御能力提出了越来越高的要求。因此,军事装备法必须以国家安全战略和军队使命任务的实现为根本目标,以战斗力生成模式的转变为牵引,用与时俱进的战略眼光,在充分调查、分析国防安全需求的基础上,正确定位军事装备发展规划。当前,军事装备法必须瞄准不断提高我军战略威慑能力和实战能力,考虑未来可能的作战概念、作战样式,确立"打什么仗、怎么打,需要具有什么作战能力来发展武器装备系统"的思路,保证实现作战需要与武器装备发展的良性互动,为高新武器装备建设提供法律支持和法制保障,以有效维护我国和平发展与世界和平发展。

(二)为军事装备发展创造良好的法制环境

为军事装备发展创造良好的法制环境,是军事装备法的主要任务。随着高新武器装备在国家发展和安全中的决定性作用凸显,无论是发达国家还是新兴的发展中国家,都非常重视确立国防科技在军队建设中优先发展的战略地位,明确军事装备的发展方向,并通过多种具体法律措施和手段保证其贯彻落实。

军事装备的发展和使用涉及到军队、政府部门、企业、科研院所等多种社会关系,因此对其管理需要集中统一的领导指挥和社会各个领域的协调配合。这就决定了对装备的发展和使用,国家和军队必须以法律法规来加以规范,保证其有计划地顺利进行,对国防安全发挥应有的作用。同时,由于装备的特殊商品属性和在研制、生产和消费过程中所具有的特殊规律性,决定了装备的发展目标、发展重点、品种、结构、数量、价格等不能完全按照普通商品生产和流通原则来确定,不能把经济效益作为装备发展的唯一目标,而应把满足国家安全和军队作战、训练的需求作为装备发展的首要目标。所以,世界各国对装备发展管理的一切重要活动,从提出需求、论证决策、规划计划,直到研制、生产、采购、部署使用、维修、改进、退役报废等,普遍由国家或军队进行统一组织和协调,通常都以法律、法规和规章的形式作出明确的规定,作为规范军事装备发展过程中各个部门行为的准则,作为组织进行军事装备发展决策、研制、生产、编配与使用的基本依据,以保证国家和军队军事装备发展和使用管理目标的实现。①

军事装备发展还有一个特殊性,即它的消费主体是国家,如果没有国家的组织和强有力的支持,很少有人会主动地进行研究和生产。② 因此,法律制度对装备科研的作用比对其他科技活动的作用更重要,装备科研生产活动引起的各种社会关系也更需要法律加以调整。从武器装备的研制生产到投入使用,牵涉到许多部门,不仅有军队内部的活动,还有地方部门的活动。这些部门都有各自的利益和要求,这些利益和要求引起的矛盾和冲突,如果依照计划经济的模式、仅凭借政策和行政措施很难得到合理解决。军事装备法规制度通过规定民事、行政手段,综合调整各类科技社会关系,使国家能强有力地组织和规划国防科学技术的发展,充分调动科技人员的积极性和创造性,保护科技民事主体的利益,促进科学研究、科学技术开发和科技成果的市场流通,为武器装备发展创造良好的法制环境。

(三) 促进国防科研成果的应用,提高部队战斗力

国防科研的直接目的在于研制新型军事装备,提高部队战斗力。正如恩格斯所指出的那样:"一旦技术上的进步可以用于军事目的并且已经用于军事目的,它们便立刻几乎强制性地,而且往往是违反指挥官的意志而引起作战方式上的改变甚至变革。"③由于我国国情决定,大多数科技创新者对其创新成果缺乏产业化的自主能力,因此需要国家运用法律制度或运用国家协调力量,调动其他社会力量来促进科技成果的产业化,使科技创新成果转化为现实生产力,并推动更高层次上的新一轮科技创新。

首先,法律的规范性是促进科技成果转化的基础。科学技术迅速合理地向生产力各要素渗透,与生产力各要素的结合,客观上需要法律的调整。一方面,为保证生产工具的先进性,客观上要求将规范技术改进的政策制定成法律固定下来,并要求人们加强技术革新和技术改造;另一方面,法律可以用其特有的强制力保障科学技术与生产工具的结合,对积极推广国防科研成果的单位,法律还可以规定给予优惠的条件并减轻其承担的风险与责任。

其次,法律的稳定性和普遍性是促进科技成果转化的有力保障。科学技术转化为现实生产力工作的风险性和复杂性,客观上需要法律的调整。只有法律对科学技术转化为

---

① 温熙森、匡兴华、陈英武:《军事装备学导论》,长沙:国防科技大学出版社,2002 年版,第 103 页。
② 朱红祥:《论我国国防科技法体系的建构》,载《科技进步与对策》,2004 年第 9 期,第 19 页。
③ 《马克思恩格斯全集》第 20 卷,北京:人民出版社,1956 年版,第 187 页。

现实生产力工作的范围、性质、地位、作用、结构、组织、领导、权利义务关系和纠纷处理办法等问题做出明确的规定并且赋予国家强制的效力，才能保证这个过程不因行政、经济状况的变化而变化，保证科学技术推广、应用工作的稳定、持续。① 军事装备法很重要的一部分内容就是关于科研成果的鉴定、定型、奖励、专利转让等方面的规定，从法律上鼓励、促进技术成果的应用与推广，做到预研一代、研制一代、生产一代、使用一代和淘汰一代，使武器装备的发展走向良性循环的轨道，这对于增强军队技术保障能力和提高部队的战斗力是十分必要的。

总之，国防科研成果的推广转化是一项涉及面广的复杂工作，需要有相应的政策法规，建立行之有效的管理制度。目前，原国防科工委已先后制定颁布了一些法规，各国防科技工作主管部门、省市国防科工办也结合本部门、地区的实际，制定了若干规章。航空、兵器、船舶、核工业总公司制定了本部门的科技成果推广管理办法，各省的国防科工办也制定了本地区的国防技术市场管理办法或技术合同登记管理办法，为避免国防科技项目的重复研究，促进国防科技成果转化为现实战斗力起到了重要作用。

（四）提高军事装备研制的自主创新能力和质量效益

提高军事装备研制的自主创新能力和质量效益，是建设创新型国家的必然要求，是中国特色军事变革和国家经济科技发展的紧迫需求，也是党的十七大报告提出的强军目标。科学技术表现为人的智力成果，要取得在国防科学技术领域的领先地位，只能靠人的创造性劳动——科技创新。国防科技的发展涉及国家安全和国际战略地位，这就决定了国防科技发展必然是一个高强度、持续的自主创新过程。因此，必须把提高科技自主创新能力摆到全部工作的突出位置，把发展的基点放到自主创新上，这是我国国防科技增强核心竞争力的必由之路。而提高国防科技的自主创新能力，需要有激励自主创新的法律制度。

军事装备法对提高军事装备研制的自主创新能力的作用表现在以下几个方面：首先，确立自主创新的基本战略和方针政策，健全科技管理制度，协调科技创新过程中的各种社会关系。科技创新是一种创造性的社会活动，代表着先进生产力，因此必然要有与之相适应的生产关系来维护和推动。这种由科学技术带来的新型社会关系，包括了创新主体的法律地位，政府、产业和国防科研机构之间的相互关系，科技创新权益关系等。只有依法规范和保护这种体现先进生产力要求的新型生产关系，才可能为科技自主创新提供良好的社会条件。其次，确立自主创新的激励制度，激励创新主体发明创造的积极性，促进国防科技的自主创新走向良性循环。科技创新的个体性特点和自主性要求特别强烈，因此创新活动的质量主要取决于创新者的主观精神状态。而创新者的精神状态则取决于社会对其从事的创新活动的态度。其中创新者的社会地位是最重要的因素。由于知识分子群体的局限性，其很难通过自身的力量来直接攫取政治与经济利益，因而其社会地位在很大

---

① 李芳梅、李阳：《国防科技成果转化法律问题探讨》，载《科技与法律》，2003 年第 1 期，第 50 页。

程度上依赖国家通过立法来赋予。再次,确立保护创新成果的产权关系制度。科技创新成果在本质上是一种知识或技术信息,信息本身具有无限扩散性,也就是说创新成果很容易被他人模仿,从而使得创新者的利润被无偿瓜分,这样就会挫伤创新者的热情,因此,必须依赖法律对其利益进行界定,并依法予以维护。现代科学技术发展表明:正是有了专利制度这样的一大批科技立法,保障了科技创新活动的顺利开展,从而促进了近现代科技事业的突飞猛进,使人类能在短短的 100 多年时间内创造出了以往几千年都无法实现的文明和繁荣。世界知识产权组织权威资料证明,充分运用专利文献可以有效配置有限的技术创新资源,不仅能提高科研的开发起点,而且能避免低水平重复研究造成的浪费。① 因此,建立健全军事装备法律制度,对国防科技成果发明者的合法权益予以积极保护,能对我国国防科技进步、科技创新和我军装备的跨越式发展产生积极的推动作用。

第三节　我国军事装备法律制度建设

早在古代,我国就有了兵器生产管理的一些规范。夏、商、西周的战斗装备以戈、弓箭和战车为主,保障装备以辎重车、舟船为主。这些军事装备的制造和管理,夏和商的前期主要是在各部落内完成,商的后期和西周主要由各宗族负责。春秋战国时期,铁兵器日益增多,军事装备的制造日趋国家化和制式化,其管理层级也逐渐严密。秦朝在各县建立了"库蔷夫",专门负责军事装备的生产与供应。汉朝《九章律》规定了"乏军兴罪",对不能按时完成军需战备物资等任务的人员进行处罚。隋唐时期,国家对军事装备的制造和管理建立了比较严格的制度,中央和地方都设立了专门的机构和主管官员。宋代开始使用火兵器,大规模官营兵器工场出现。明代的军事装备由中央和地方所设立的专门机构制造,并颁有统一的制式标准,有专门的建造制度。《大清律·兵律》和《钦定工部则例》对武器装备的制造与管理有较为具体的规定。古巴比伦的《汉穆拉比法典》也有军队装备供应方面的规定。古罗马军队有扎营制度,其中对营地的选择、建筑和设施有着严格、具体的规定。② 近代以来,随着工业化的不断深入和军事工业的快速发展,军事装备方面的法律制度也越来越发达。中华民国时期,国民党政府曾颁布过《兵工厂组织法》、《海军马尾造船所暂行组织条例》等法律法规。两次世界大战期间,各国根据战争的需要,为促进军事装备的发展,不断颁布新的法律法规。

自新中国成立后的 60 多年来,我国装备立法取得了重大进步。特别是党的十一届三中全会之后,我国军事装备法律制度伴随着改革开放和社会主义市场经济体制不断发展而逐步完善起来。1997 年的《国防法》以专章规定了国防科研生产的目标和基本方针,为军事装备立法提供了法律依据。

---

① 付毅飞:《知识产权制度为国防科技自主创新护航》,2005 年 11 月 18 日《科技日报》。

② 《中国军事百科全书·军事法总论(学科分册Ⅰ)》,北京:中国大百科全书出版社,2008 年版,第 165 页。

一、新中国军事装备法制建设概况

新中国成立以来,我国装备法制建设顺应国家社会、经济体制的改革以及国防和军队建设的发展,逐步发展和完善,主要经历了计划经济体制时期、社会主义市场经济体制转轨时期两个阶段。

(一)计划经济体制时期(1949年至1978年)

新中国成立之初,共和国的国防工业基础十分薄弱。为抵御侵略,我国相继组建了航空、船舶、兵器、电子等军事工业部。国家先后成立了国防部国防科学技术委员会和中央军委国防工业办公室,分别负责管理国防科技发展和装备生产供应活动的法制建设相关工作。为了加强国防科研生产活动的管理,1961年11月25日,中共中央、国务院发布了《中国人民解放军驻厂军事代表工作条例》;1964年1月11日,国务院发布了《军工产品定型工作条例(草案)》;1964年10月13日,中共中央、国务院发布经修订的《中国人民解放军驻厂军事代表工作条例》;1975年6月10日,国务院、中央军委批准发布试行《国防尖端武器定型工作条例》。这些军事装备科研生产法规的制定和实施,保障了我国军事装备事业的开创和"两弹一星"的研制成功。为了加强装备订购和部队装备使用管理工作,1961年4月16日,总参谋部发布了《关于各总部、军、兵种和军区武器装备、器材的补充、调整和接收、报废权限的规定》;1962年12月,国防部发布了《关于非军事系统单位申请购置军事装备器材的规定》;1972年10月1日,总参谋部、总后勤部发布了《部队武器装备管理规定(试行)》,初步形成了较为完整、系统、综合的部队装备管理法规制度。

在此期间,装备科研生产法规建设也曾经受到"文化大革命"极左思潮的干扰和破坏。例如,1975年中国人民解放军驻厂军事代表制度被认为是对军工企业的"管制"而一度被取消。粉碎"四人帮"后,在邓小平同志的亲自过问下,1977年10月,驻厂军事代表制度得以重新恢复。[1]

(二)社会主义市场经济体制转轨时期(1978年至今)

从1978年起,装备法制建设经历了从多个部门分段管理转变到全军集中统一管理和建设的两个主要发展阶段。

1. 军事装备建设由多个部门分段管理的阶段(1978年至1998年)

1982年5月10日,国务院、中央军委批准由国防科委、国防工办、军委科装办合并组成中国人民解放军国防科学技术工业委员会,同时称中华人民共和国国防科学技术工业委员会(简称国防科工委),由它负责对军事装备研制和生产进行统一管理,并领导装备科研生产的法制建设工作。

随着国家经济体制改革的深化,军工企事业单位转换经营机制,实行军民结合,逐步

---

[1]　赵澄谋:《装备法制建设60年回眸》,载《中国军法》,2009第4期,第15页。

进入市场。在邓小平同志关于军队和工业部门、公司就是订货关系的指示下,装备科研订购开始实行合同制。1987年1月22日,国务院、中央军委发布《国防科研试制费拨款管理暂行办法》和《武器装备研制合同暂行办法》,军队装备部门和装备承制单位开始建立新的订货关系,实行国家指令性计划下的合同制。1987年6月5日,经国务院、中央军委批准,国防科工委发布《军工产品质量管理条例》;1989年9月26日,国务院、中央军委发布了经修订的《中国人民解放军驻厂军事代表工作条例》;1995年7月5日,财政部、国防科工委发布《国防科研项目计价管理办法》;1995年8月14日,总参谋部、国防科工委、财政部联合发布《武器装备研制合同暂行办法实施细则》;1995年8月28日,国家计委、财政部、总参谋部、国防科工委发布《战略武器装备研制程序》、《常规武器装备研制程序》、《人造卫星研制程序》;1995年12月12日,国务院、中央军委批准发布《军品价格管理办法》等。这些法规、规章适应了经济体制改革的需要,加强了对装备科研生产的管理和质量控制。

为了加强全军装备管理,保证部队完成作战、训练、执勤和试验等项任务,1990年4月12日,中央军委发布《武器装备管理工作条例》。1997年3月14日,全国人大公布的《国防法》设置了"国防科研生产和军事订货"一章,这对我国军事装备法规体系建设产生了极为重要的作用。

2. 军事装备法制建设实行集中统一管理时期(1998年至今)

1998年3月,国家决定组建新的国防科学技术工业委员会,统一负责全国国防科技工业管理。为了适应国家经济体制和国务院政府机构调整,加强军事装备建设的集中统一领导和全系统全寿命管理,1998年4月3日,中央军委作出组建总装备部的决定,由原国防科工委、总参谋部装备部,以及总后勤部有关单位合并整编为中国人民解放军总装备部,改变了以往全军装备建设以及装备法制建设工作多头分段管理的状况。

总装备部成立以来,大大加快了装备建设的立法工作。1998年年底,江泽民同志明确指出,"总装备部要积极适应新的管理体制,边调整边建设,尽快建立符合武器装备建设规律,反映社会主义市场经济要求,同新体制相适应的政策法规和运行机制"。为此,中央军委、总装备部分别发布了《装备条例》、《装备维修工作条例》、《军品出口管理条例》、《战役装备障条例》、《装备采购条例》、《武器装备管理条例》、《计量条例》、《装备科研条例》、《合成军队战斗装备保障条令》、《装备预先研究条例》、《军工产品定型工作规定》、《装备科技信息工作条例》等一批重要军事法规、规章,并对新中国成立以来发布的有关军事装备方面的军事规章多次进行全面清理,共清理和废止装备方面的军事规章(含规范性文件)近3000件,[①]不仅填补了我军装备立法项目的一系列空白,初步形成了覆盖装备工作主要方面,门类比较齐全、配套比较完善的军事装备法规体系,也为我军依

---

① 赵澄谋:《装备法制建设60年回眸》,载《中国军法》,2009年第4期,第17页。

法从严治装管装提供了依据。全军装备主管部门主要从装备建设的全局谋划装备立法工作,抓紧装备法规体系论证,搞好总体规划和顶层设计,指导和规范立法工作。各军区、军兵种则着重结合各自部队装备建设的实际,依据上位法规体系,加快配套法规立法计划的制定,使各层次、各系统的装备立法工作综合集成、整体推进,形成依法治装、依法管装的合力。同时,各级领导和部门高度重视新颁布条令条例的宣传贯彻工作,确立了立法是前提、执法是关键、监督是保障的理念,陆续开展了计量条例、武器装备管理条例、装备采购条例、装备维修工作条例等一系列军事法规的执法检查活动,维护了装备法制的严肃性和统一性。

1998年国防科工委成立后,国家装备立法工作也取得了较大的进展和成效。2001年7月,国防科工委以建立规范国防科研生产管理活动的法律制度为出发点,印发了《国防科技工业"十五"法制建设指导性意见》。该《意见》在立法总体目标上明确了要按照"分类科学、结构合理、层次清晰、突出重点、配套协调、实用可行"的原则,围绕军品科研生产管理和行业管理,从法律、法规和规章三个层次构筑国防科技工业法律、法规体系,使国防科技工业领域的主要方面、主要环节有法可依,有章可循。

依据改革与发展的中心任务,努力适应军事装备建设和社会主义市场经济的新要求,国防科工委在对原有武器装备科研生产管理规章进行清理的基础上,从行业准入、监督管理、投资管理、技术基础等关键环节着手,组织制定并发布了《国防科学技术成果鉴定管理办法》、《武器装备科研生产许可实施办法》、《国防科技工业基础科研管理办法》、《武器装备科研生产合同审核管理暂行办法》、《武器装备科研生产协作配套管理暂行办法》、《武器装备科研生产许可现场审查规则》、《国防科技工业软科学研究管理办法》、《国防科技工业标准化科研管理实施细则》等一系列规章和规范性文件,有力地保障了军事装备科研生产和行业发展的顺利进行,为推进装备法制建设打下了基础。

多年来,装备法规规章政策在指导、规范和推动国防科技体制改革方面发挥了重要作用。2002年党的十六大报告中明确提出:"深化国防科技工业体制改革,坚持军民结合、寓军于民,建立健全竞争、评价、监督和激励机制,增强自主创新能力,加快国防科技和武器装备发展。"由此,军事装备科研体制展开了新的一轮改革。2005年2月国务院印发了《关于鼓励支持和引导个体私营等非公有制经济发展的若干意见》,其中提出"允许非公有制企业按有关规定参与军工科研生产任务的竞争以及军工企业的改组改制。鼓励非公有制企业参与军民两用高技术开发及其产业化"。《意见》首次把允许非公有制经济参与武器装备科研列入政府文件,为非公有制经济参与装备研制生产提供了政策保障。为此,国务院、中央军委先后制定和修订了一系列法规,对建立健全适应社会主义市场经济特点的国防科技生产管理制度和运行机制产生了重要作用。近年来,国防科技工业领域逐步打破了军品行业部门界限,引入竞争机制,支持非军工国有企业和高技术民营企业进入军品科研市场。据资料显示,陆装科订部对许多军选民用装备,通过竞争采购形成了"三自一参与"的订购模式,即:企业自筹资金、自主研制、自主开发,军方参与,军方前期投入和科研费为零。在短短3年间,运用邀请招标、竞争谈判等多种方式,引领100多家非公企业参与军品市场竞争,打破行业垄断,实现了近100项陆军武器装备的竞争采购,节省经费2亿多元。①

近10多年来,国务院、中央军委和总装备部高度重视法规制度在军事装备建设中的重要作用,不断加大军事装备法律制度建设力度,相继制定、修改有关军事装备方面的军事法规、军事行政法规10多件,军事规章50多件,规范性文件近50件,初步形成了一个覆盖军事装备工作主要方面,满足调整装备建设所涉及的多种社会关系需要,层次清晰、结构合理、整体协调、科学严谨的装备法规体系。但是也要看到,我国现行的军事装备法规和制度还不够健全和完善,特别是实行社会主义市场经济体制后,原有的一些法规和制度不可避免地需要进行相应调整和改革。面对社会主义市场经济体制的不断完善和装备日益高技术化的新形势,我国军事装备的发展和使用管理正面临新的机遇和挑战,加强军事装备管理法规和制度建设,已经成为我国国防和军队现代化建设的一项迫切任务。

二、我国军事装备法制建设的基本经验

依据法律规范调整军事装备发展中的各种社会关系,不仅是发展国防高新技术的需要,也是依法治军的要求。胡锦涛同志指出:"在推进中国特色军事变革的过程中,我们要高度重视军事法制建设,自觉按照依法治军的要求,把军队建设逐步纳入法制化的轨道。"几十年来,我国在装备法制建设上创造了辉煌的成绩,积累了宝贵的经验。回眸装备法制建设不平凡的发展历程,认真总结经验,有利于探索和把握新的历史条件下军事装备法制建设规律,推动我军法制建设健康发展。

(一) 坚持以科技强军为指导,装备法规体系初步形成

科学技术是第一生产力,也是非常重要的战斗力。因而,科技强军、依法治军已成为我军现代化的必由之路,从某种意义上说,它们如车之两轮、鸟之两翼,缺一不可。我军几代领导人一直非常重视科技强军。毛泽东军事思想阐释了科学技术是战争制胜的重要因素,指引了"科技强军"的探索之路。毛泽东在《论持久战》中深刻阐述了战争制胜的诸多因素,指出武器是战争的重要因素。1939年,他告诫部队:"如何加强技术装备以便战胜敌人,成为八路军在抗战新阶段中的严重任务。"后来他又指出:"依靠我们过去和较为落后的国内敌人作战的装备和战术是不够的了,我们必须掌握最新的装备和随之而来的最新的战术。"毛泽东在长期的军事实践中,十分重视提高官兵的科技文化水平,因地制宜地创办军事学校,大胆吸纳和起用科技人才,适时创建科技含量高的军兵种,大力推动整体配套的现代国防工业建设,积极筹建完备的国防科研和军事教育体系,并亲自决策尖端

---

① 《民企"从军"带来了什么》,2008年11月20日《解放军报》,第3版。

技术武器的研制,成为我军科技强军实践的伟大奠基人。① 邓小平同志任中央军委主席的时期,全面调整了国防科技管理体制,成立了国防科学技术工业委员会,负责对武器装备研制和生产的统一管理及装备科研生产的法制建设工作。当时确立的尊重知识与人才、尊重科技工作者的创造性劳动等政策,都体现了科技强军思想。

1995 年 12 月,中央军委明确提出科技强军的重大战略,强调人民解放军要依靠科技进步和创新推动武器装备发展,依靠科技进步提高战斗力。科技强军战略为新时期的装备立法指明了方向。为此,装备立法增强了军事装备发展的针对性,确定了军事装备发展的重点,当时的国防科工委及相关部门发布了《国防科研项目计价管理办法》、《战略武器装备研制程序》、《常规武器装备研制程序》等一批军事规章。1998 年 4 月,隶属于中央军委领导的总装备部成立,加强了我军装备建设的集中统一领导和装备全系统、全寿命管理。

依法治军、从严治军,是中央军委的既定方针。依法管装、从严治装,是我国装备建设的客观要求。完善法规体系是依法治装的基础,几十年来,我国装备立法取得了重大进步,特别是党的十一届三中全会之后,军事装备法制建设伴随着改革开放和社会主义市场经济体制的发展而不断完善起来。鼓励自主创新,推动国防科技进步,保护国防知识产权,已成为军事装备立法的重点。目前,已形成了以《国防法》和国家相关基本法为主干,由法律、行政法规、规章形式构成的包括国防科研工业领导和管理、国防科研经费管理、国防科研许可、武器装备研制、国防科研成果管理和保护等多方面的法规体系,初步实现了军事装备领域有法可依,有章可循,为依法行政、依法管理奠定了基础,有力地保障了军事装备科研生产和行业发展的顺利进行,对我国国防科技进步、科技创新和我军武器装备的跨越式发展产生了积极的推动作用。②

(二) 坚持与国家改革进程相一致,装备法制建设与时俱进

新时期装备法制建设与我国改革开放是同时展开的。计划经济到市场经济的转变,是改革开放以来中国经济社会进程中最深刻、最广泛的变化。武器装备的研制与生产是我国国防工业最主要的组成部分,国防工业制度的市场化改革,必然会影响到武器装备科研生产体制。国家和军队改革实践证明,只有把改革纳入法制轨道,充分发挥法制的指引、促进和保障功能,才能使改革取得预期的效果。因此,顺应国家社会、经济体制改革以及国防和军队建设的发展,及时将成熟的经验通过立法予以肯定,巩固国防科研体制改革的积极成果,为国防科技健康发展创造良好的法治环境,是我国装备法制建设的一条基本经验。

---

① 《坚持和发展中国特色科技强军之路》,2007 年 7 月 17 日《解放军报》,第 6 版。
② 毛国辉、郝悦:《筑建自主创新、科技强军的法律基石——国防科研法制建设 60 年回眸与展望》,载《国防技术基础》,2009 年第 12 期,第 3 页。

建国之后很长一段时间里,我国装备管理主要采用计划模式和"封闭"体制,国防科研完全依靠政府投入,科研任务由国家下达,科研以完成国家任务为目标。党的十一届三中全会以后,国家实行以经济建设为中心的战略转移,邓小平同志提出了"军民结合,平战结合,军品优先,以民养军"的十六字方针。军事装备研制和生产项目在加强计划管理的同时,实行国家指令计划下的合同制。为此,国务院、中央军委发布了《武器装备研制合同暂行办法》和《国防科研试制费拨款管理暂行办法》。20 世纪 90 年代末,国防科研管理体制进行了重大改革,进入了一个从"军民结合"向"寓军于民"转型的重要时期,国防科研生产实行军事订货制度。1997 年 3 月,全国人大公布的《国防法》设置了"国防科研生产和军事订货"一章,体现了市场经济条件下国防科研生产的新特点和新要求。1998年总装备部成立不久,江泽民同志就提出,总装备部要积极适应新的管理体制,边调整边建设,尽快建立符合装备建设规律、反映社会主义市场经济要求、同新体制相适应的政策法规和运行体制。以立法促改革,以立法促创新。为了适应经济体制改革的需要,中央军委发布了《装备条例》和《装备科研条例》,规定了深化装备科研等方面改革的基本原则和要求,在实施竞争、评价、监督机制等方面作出了规范,为加快形成适应社会主义市场经济要求的装备科研机制提供了法规保障。2008 年 3 月,国务院、中央军委在总结武器装备科研生产许可证管理的实践经验基础上,发布了《武器装备科研生产许可管理条例》,就民营企业参与装备科研生产作了进一步的规定,为武器装备研制、生产领域面向社会开放,为军民结合、寓军于民,促进军品市场体系建设提供了制度保障,推动了军品研制的竞争局面。

在我国,市场化改革是一种不可逆转的趋势,而这种渐进式的改革方式具有很大的不确定性,是一个不断创造的过程。建立适应社会主义市场经济要求的法律体系是经济社会发展的客观要求。武器装备法制建设紧密结合国家及军队的改革发展大局,合理运用法制这把利剑,在探索中实践、在实践中探索,坚持与时俱进地制定法律与修改法律,努力提高依法治军水平,实现了装备法制建设与改革发展的良性互动。

(三)装备法制建设与国家法制建设协调发展

我国社会主义法制的统一性和权威性,决定了装备法制建设必须纳入国家法制建设轨道。新中国成立以来,装备法制建设的一条重要经验,就是与国家法制建设协调发展。

首先,装备立法与国家国防科技工业军民融合的法律法规相协调,与国防科技工业发展的基本目标和任务相适应。国防科技工业的发展是一项复杂的系统工程,它承载着军工企业、军队及国家之间的利益,涉及国防、军队体制与经济体制的双重改革。党的十七大报告指出:"建立和完善军民结合、寓军于民的武器装备科研生产体系。"根据社会主义法治建设的基本要求,原国防科工委以《国防法》、《合同法》、《行政许可法》等法律为依据,从行业准入、监督管理、投资管理、技术基础等关键环节着手,制定并印发了一系列规范性文件,特别是围绕建立适应军事装备建设要求与社会主义市场经济特点的竞争机制、评价机制、监督机制和激励机制,重点抓好了武器装备科研生产主体资格、科研生产活动、基础保障等方面的立法工作。总装备部积极会同科技部、国防科工委、财政部,制定有关规章,以加强对装备科研经费的审查、监督、审计,保障国家高技术研究发展项目的顺利实施。同时,还制定和颁布了一系列规范我军装备采购工作的规章。除此之外,国务院及其部门还联合相关军事机关,加强立法沟通与合作,共同颁布了一系列规定,以保证军事装备领域中军用标准化管理、技术安全及保密的有关规定与国家规定协调一致。

其次,装备法制建设与国家执法和司法机制的协调发展。随着"依法治国,建设社会主义法治国家"观念不断深入人心,武器装备法制建设获得了宝贵的时代契机。目前,国家在国防科研生产领域,依法设立和健全了从中央到地方的监管机构,并加强了对国防科研重大事项、经费使用过程的监控,明确了法律责任,规范了军品科研生产秩序。为了落实国务院印发的《全面推进依法行政实施纲要》,推进国防科技工业依法行政、依法治理,原国防科工委根据国家的法律法规,加强行业法制建设,相继出台了行政复议、行政诉讼应诉、听证、处罚等制度,并就法规规章的贯彻执行问题提出具体要求,妥善化解法律纠纷,最终实现武器装备法制与国家法制建设的良好契合,为进一步加强法治政府建设,推进依法行政作出了应有贡献。

(四)坚持科学发展理念,装备法制建设水平全面提高

针对军事装备研制周期长、风险大、协作面广、管理系统复杂以及保密程度高等特点,军事装备法制建设坚持以科学发展观为指导,确保装备研制走上一条投入较少、效益较高的发展路子。

一是建立了保证军事装备长远发展的国防知识产权制度。对一个单位、一个国家来说,一次创新并不难,难的是持续创新,特别是高水平的持续创新,这就需要通过法律手段来调动创新者的积极性,同时对涉及国家安全的发明创造给予特殊的法律保护。以国防专利为核心的国防知识产权制度就集中体现了二者的统一。《国防专利条例》的制定与实施,对防止国防科技成果流失、维护国家安全具有积极的推动作用,有利于形成自主知识产权,提高科技创新能力。目前,全军和国防科技行业逐步形成了尊重国防知识产权的良好氛围,国防知识产权意识不断增强,国防专利数量和质量加速增长。

二是完善了军事效益和经济效益协调发展的成果与技术转化机制。军事装备法规很重要的一部分内容就是关于科研成果的鉴定、定型、专利转让等方面的规定,从法律上鼓励、促进技术成果的应用与推广,这对于增强军队技术保障能力和提高部队的战斗力是十分必要的。为了促进国防专利技术的推广实施,克服国防科技项目的重复研究,国务院有关主管部门、我军有关主管部门充分发挥国防专利制度的作用,加强专利战略研究,并制订了规章制度、管理办法,注重运用法律手段促进和保护国防科学技术向现实战斗力的转化,在力争创造和依法获得更多自主知识产权的同时,利用有效的利益趋动机制加速创新成果的市场化,实现了军事效益和经济效益的双丰收。

三是完善了人才为本、激励自主创新的法律制度。对于肩负着国家安全使命的国防科研院所及科研人员来说，虽然他们站在科技创新的最前沿，并具备了摘金夺银的实力，但由于保密和其他特殊的原因，他们往往与许多科研奖项失之交臂。为此，原国防科工委、中央军委坚持人才为本理念，制定和发布了《国防科学技术奖励办法》、《国防科学技术奖励办法实施细则》、《军事科学技术奖励工作规定》，并建立起以国防专利制度为保护的科技进步激励制度，完善对国防科技自主创新的奖励制度，营造一个尊重知识、尊重创造的氛围，调动了国防科技工作者的积极性与创造性，促进了国防科技的自主创新走向良性循环。

三、我国军事装备法制建设展望

党的十五大确立了"依法治国，建设社会主义法治国家"的基本方略，十六大、十七大报告都进一步提出要贯彻依法治国基本方略，全面推进法制建设，形成和完善中国特色社会主义法律体系。军事装备领域的法律制度是中国特色社会主义法律体系的一个重要组成部分。落实依法治国、依法行政，建设法治政府，需要加强军事装备领域的法律制度建设，同时，强化行政执法监督，确保行政权力在法制的轨道上运行。对装备工业领域的典型经验与行之有效的政策和做法，要进行总结、提炼、深化，有的上升为部门规章，有的可上升为行政法规，有的还可上升为国家法律。同时，还要根据新的情况对某些不合时宜的法律法规及时进行修订完善，确保其有效性，通过法律法规来切实保障装备领域的健康发展。

改革开放以来，我国的装备法制建设取得了显著成绩，但相对于市场经济改革进程和新军事变革需求来说，装备立法还有些滞后，装备研制的竞争机制、监督机制和激励机制亟待完善，我们期待着社会主义市场经济条件下的装备法制建设有更好更快的发展。

（一）制定、完善国防科技基本法及配套法规

为了适应未来高技术战争的需要，加快我军装备的更新和研制，当前必须由全国人大或常委会制定、完善具有时代特点、适应国防建设需求的国防科技基本法及配套法规，以此来统率国防科技领域的其他法律制度。要加强国防科技立法的前瞻性和创新性，对国防科技发展与国家整体科技发展的协调作出规定；对国防科技与军队其他方面建设的关系作出规定；确立国防科技在军队建设中的优先地位；确立国防科技发展的指导思想和基本原则；规定国防科技政策、组织和重点研究方向；确认国防科技的法律主体制度、国防科技成果的转化制度、国防科技组织管理制度等。同时，军地有关方面要积极推进《装备采购供应法》、《驻承制单位军事代表条例》、《军用标准化管理条例》的制定，积极推进装备采购重大政策制度的调整改革。

（二）营造非公有制企业积极参与装备生产的法制环境

军事装备法制建设的重要任务，就是要关注经济社会发展中的实际问题。《国防科

工委关于非公有制经济参与国防科技工业建设的指导意见》和《武器装备科研生产许可管理条例》相继出台,为非公有制经济参与国防科研活动创造了良好的政策环境。当前最重要的任务是,根据相关法律法规,健全、完善促进军民结合、寓军于民的国防科研生产的配套制度和运行机制。一是完善信息发布制度,完善政府、军方、承研单位和全社会互信沟通、信息共享的体制机制;二是加强政策引导,营造良好的竞争、评价、激励机制;三是完善对非公有制经济参与武器装备研制的监管机制,为武器装备建设和国防科技工业健康、协调、快速发展营造良好的法制环境。

(三) 严格依法治装,规范军事装备生产秩序

从事军事装备科研生产,需要有可靠的技术条件、质量管理体系和严格的保密制度。在装备科研、生产等各项工作中,必须严格执行法律法规和有关规章制度,狠抓落实,规范生产秩序。要加强国防科技的计划管理,规范计划的编制、实施、监督检查和验收工作;要切实做好对武器装备科研生产活动单位的资质审查;要加强对武器装备科研生产活动的监督管理,保证科研项目质量合格稳定。同时,严格执行行政处罚措施,制止擅自从事武器装备科研生产的违法行为,保证武器装备科研生产活动有序进行。另外,严格落实国防科技工业执法责任制,进一步完善推广执法公示制度和执法过错责任追究制度,建立科学的执法质量考核评议制度,全面提高军事装备生产领域的法治化水平。

第二章　军事装备领导管理体制

　　装备领导管理是指国家对军事装备的发展和使用所进行的一系列领导管理活动的总称。从装备全寿命管理的角度来看,装备管理由装备发展管理和装备使用管理两部分构成,其中,装备发展管理主要包括规划计划管理、科研生产管理、采购分配管理等;装备使用管理是指装备交付部队后对装备的使用、修理、维护和退役报废等活动实施的管理,主要由各级部队组织实施,因此又称为部队装备管理。本章仅指装备发展管理。装备领导管理体制是国家和军队对装备发展和使用实施有效管理的组织基础,对国防与军队现代化建设具有重要作用。只有建立科学完善的装备领导管理体制,才能实现对装备的全系统全寿命管理,保证装备的发展工作顺利进行,保证军队及时获得数量合适、结构合理、质量可靠的武器装备,保证军队武器装备的效能得到充分发挥,促进国防与军队现代化建设水平不断提高,国防能力和军队战斗力不断增强。

第一节　军事装备领导管理体制概述

一、装备领导管理体制的构成

　　装备领导管理体制是国防领导体制的重要组成部分,指国家对武器装备建设实施领导和管理的组织制度,主要包括管理机构的设置、职权划分、相互关系和相应的法规制度等。根本职能是为装备管理提供组织和制度保障,由管理机构系统、运行机制、管理法规和制度三部分构成,但主要体现为装备管理的组织机构系统,因为运行机制和管理法规与制度是由管理机构来实施或执行的。①

（一）装备管理机构系统

　　装备管理机构系统是实施装备管理的组织保证,一个比较健全的管理机构系统通常是由决策、规划计划和组织实施三个基本层次的管理机构组成的。

　　1. 决策机构

　　装备管理决策机构是武器装备管理的最高层次机构。其主要职能是:确定装备发展的基本方针政策、发展战略和总体目标、重大发展项目,确定国防科研、生产的总体布局和

---

　　① 温熙森、匡兴华、陈英武:《军事装备学导论》,长沙:国防科技大学出版社,2002 年版,第 94 页。

规划,颁布武器装备方面的法律法规,以及决定装备发展和使用方面的其他重大问题等。各国武器装备管理决策机构,一般都是国家最高领导和最高权力机构。

2. 规划计划机构

装备发展管理规划计划机构是贯彻落实决策机构制定的方针、政策的机构。其主要职能是:对装备发展工作进行全面规划和组织领导,制定装备发展规划、计划,组织协调装备科研、生产、采购各环节、各部门的关系,监督控制规划、计划的实施等。各国装备发展规划计划机构因国情不同而各不相同,西方国家装备采办的规划计划机构大多是国防部。

3. 组织实施机构

装备组织实施机构是装备管理的具体执行机构。其主要职能是:负责装备采办计划、项目的组织实施。该类机构主要有以下几种:①常设组织实施机构。西方国家常设组织实施机构的设置,一般包括国防部下属的装备科研和采购部门、军兵种装备科研和采购部门、政府所属的国防科研和工业部门等。②临时性组织实施机构——型号办公室。型号办公室(美国亦称计划办公室),是为完成某一项重要装备系统计划而设立的临时性组织实施机构。

在部队的装备使用管理中,还设有武器装备调配和维修保障机构,指承担武器装备从接收起到退役报废止的各级装备管理部门。其主要职责是:装备的请领、补充、动用、封存、保管、维护、修理、转级、退役、报废和技术革新等。随着军事技术的飞速发展,新型武器装备不断投入使用,武器装备的使用管理越来越复杂,对部队装备调配、使用和维修管理机构的要求也越来越高。军队装备维修管理系统既要适应军队的领导指挥体制和综合保障体制,同时又受到装备维修保障客观规律的制约,因此各国装备维修管理系统的构成各有不同,但一般都由全军、军兵种、部队管理机构组成。

(二) 装备管理运行机制与法规制度

装备管理的运行机制与法规制度是管理体制的重要组成部分,涉及国家、军队、地方诸多部门和领域。要保证装备管理活动正常有序地进行,必须按照一定的运行机制,并遵循相应的法规和制度,确保装备管理有章可循、有法可依。

运行机制是指工作系统的工作原理运作方式过程和功能结构及相互关系的内在规律。科学的装备管理体制,不仅要有合理的组织系统,还必须建立或形成良好的运行机制,这样才能保证整个体制有效地运转。装备管理的运行机制主要包括宏观调控机制、评价监督机制和竞争激励机制。

军事装备管理法规,是进行装备管理活动所必须遵守的各种法律法规的统称,它是调整政府、军队、企业特定部门有关装备发展和使用管理行为关系的基本准则,是军队各级机关和部队进行装备管理活动的根本依据。武器装备管理制度,是国家、军队和地方有关部门、企事业单位、人员共同遵守的关于装备发展决策、研制、生产、使用等管理活动的程序、标准、规定的统称,它既在一定程度上体现了国家意志,又反映了一定历史条件下人们对装备发展和使用管理规律的认识,同时根据国家的需要并随着装备和管理理论、手段、方法的发展而不断完善。

二、装备领导管理体制的类型

各国对武器装备的发展和使用,普遍强调由国家统一规划、决策和领导。但由于受国防领导体制,国家经济和科技管理体制,军工科研、生产的规模、结构和能力,军队指挥体制,装备发展的基本规律,管理思想、方法、手段和水平等多种因素的制约,各国装备领导管理体制具有不同的类型和特点。[①] 加上国情的差异,世界各国装备领导管理体制的机构设置、职权划分及运行机制、法规制度各不同,有的甚至差异很大。总体上看,装备领导管理体制大致有以下几种类型。

(一)美国的政府集中指导、分散实施的管理体制

美国是实行这种管理体制(即"采办管理")最典型的国家,丹麦、巴西等国装备管理体制也与美国的相似。美国军队受总统、国防部的领导和管理,军事装备科研生产主要是私营企业,还有少量一些政府、军队的科研生产力量。国防部组织军兵种提出武器装备需求,经国会批准和总统签署指令后,由国防部组织军兵种实施武器装备科研生产计划。

美国的国防工业管理体制,纵向管理层次清晰且权限分明,由核心决策层、管理协调层、咨询服务层到执行主体层,逐层递进,形成一个自上而下的有序管理体系;其横向管理则组织机构职责明确,既独立运行又相互制衡,如采办管理体制中需求制定、资源分配管理、采办项目管理、合同管理、合同监督审计、合同审议处理分别由不同部门负责,但在管理过程中又相互制约。其管理体制、宏观上的体制结构,由于其稳定的文职官员系统,始终保持相对稳定的状态,即使在总统换届的情况下,其组织机构、部门领导职能乃至大多数部门的主要领导职位都保持相对稳定,使国防政策的延续性得以保证。但在微观上,变动则比较频繁,这其中有政府换届因素,更主要的还是军事战略思想的调整,如信息技术的发展、联合作战要求"基于能力"的采办需求,都会带来微观管理体制的组织和机构调整。[②] 美国国防采办的最高决策层是总统和国会。美国总统是武器装备发展的最高决策者,重大装备采办计划都是由总统亲自批准、宣布的,由总统主持的国家安全委员会负责对重要装备计划提出决策性建议。美国国会执行对装备采办的立法权和预算审核权,参、众两院的军事委员会、拨款委员会和预算委员会以召开听证会的方式,审议装备采办计划,并作出批准、否决和修改装备采办计划及其预算提案的决定。国防部是装备采办的最高领导机构,负责依据国会批准的预算和总统下达的指示来编制防务政策指南,承担装备采办的规划、计划、协调、审查和监督工作。陆、海、空军种部是装备采办的具体实施机构。

---

① 温熙森、匡兴华、陈英武:《军事装备学导论》,长沙:国防科技大学出版社,2002 年版,第 94 页。

② 郭朝蕾:《美、俄、日国防工业管理体制的特色与启示》,载《财贸研究》,2007 年第 4 期,第 149 页。

它们的主要工作有:分析军事任务,提出装备需求,编制采办预算,安排采办、计划,探索技术途径,验证研制方案,选择承包厂商,签订研制合同,组织试验鉴定,进行生产部署和提供后勤保障。即国防部组织军兵种提出武器装备需求,经国会批准和总统签署指令后,由国防部并组织军兵种实施武器装备科研生产计划。在国防部提供的采办经费(包括武器装备购置费和必要的科研生产条件建设费)支持下,政府、军队、私营的科研院所和企业进行武器装备的论证、设计、研制、生产。对核武器、军用航天系统的研制生产,国防部要和能源部、宇航局共同组织实施。[①]

(二)法国的国防部集中统一领导的管理体制

西欧国家大多实行这种装备管理体制,如法国、英国、德国、瑞典、荷兰、奥地利、比利时、瑞士、西班牙等。这些国家均在国防部设立统一的装备发展管理机构,统管全军的装备工作。陆、海、空三军作为装备的用户,不设立相应的全面管理机构,各军种的装备部门只负责提出装备需求和战术技术要求,并在装备采办活动中协助国防部主管部门的工作。以法、英、德三国为例,法国装备管理机构是国防部下属的军事装备部,英国是国防部下属的装备采购部、管理预算局和国防参谋部的武器系统局,德国是国防部下属的装备部及该部所属的国防技术与采办总署。这三个国家装备发展管理机构的组成人员与工作是有所区别的。

具体说来,法国的国防科技工业管理体制由以下层级的机构组成。

(1)总统与内阁会议:法国总统是武装力量的最高统帅,在其领导下的内阁会议、国防委员会和限制性国防委员会是三个军事决策机构,其中内阁会议是最高决策机构。法国战略核武器、重大常规武器的发展规划、计划和预算也都必须经总统主持下的国防委员会讨论通过,然后报内阁会议审批,最终由议会以法律形式批准实施。总理在总统的领导下全面负责国防事务,国防部长则保证由内阁会议批准的国防政策和五年(或六年)军备计划法的实施。

(2)总理和政府:法国政府由总理和各部部长组成,政府确定和管理国家政策、监督行政机构和武装部队。法国政府较之议会具有更大的优势,这是因为根据宪法它可以制定议会日程、要求,对被搁置的议案进行重新投票。内阁部长,如国防部长不仅要在自己职权范围内签署文件,还要在议会中维护自己部门的政策,以及监督政府决议是否得到有效执行。

除了国防部以外,在政府部一级参与国防科研和生产管理工作的还有财政部、国家审计法院和国家公共交易委员会;行政总秘书处主管财务处、人事处和司法事务处;武器装备总署具体负责研究和生产。三大部门各司其职的同时又要相互协调配合。由于武器项目管理本身是一个非常复杂的过程,而且总是处于不断变化的环境之中,因此负责组织和

---

① 苗宏、周华:《美、俄、日国防科技工业管理体制及特点》,载《中国军转民》,2009 年第 1 期,第 58 页。

管理项目的任务由三军参谋长和武器装备总署分担,而且因形势的发展不断进行改组。

(3)议会:议会的权力在于拥有监督政府和立法的双重职权,如在国防方面的防务组织、兵员募集、军事规划等方面法律的制订;定期审议年度武器装备建议报告、军事进展年度报告;国防部年度计划授权、年度预算等。其中,国民议会内设与国防事务有关的委员会,如外交委员会,国防和武装部队委员会,财政、宏观经济和规划委员会;参议院有外交事务、国防和武装部队、财政和法律事务等委员会。

(4)国防部:国防部负责军事防务政策的执行与管理,如武装部队的组织和训练、人员招募和管理、武器装备和基础设施采办等。与多数西欧国家一样,法国实行国防部高度集中统一管理与军种不同程度参与的管理模式。国防部分为三部分:武装部队参谋部、行政总秘书处和武器装备总署。

(5)武器装备总署:法国的国防科技工业管理体制所实行的是集中统一的决策管理体制,由隶属国防部的武器装备总署全面负责军队的国防科研和武器装备采购工作,统一归口管理国防科研、武器装备采购和国防工业。

法国武器装备总署是国防科技工业管理体制的核心,负责对国防科研和装备采购实行统一管理。武器装备总署与三军参谋部并列,直接向国防部长负责。总署的主要职能:一是制订武器装备发展的长远规划;二是研究和制订与武器装备发展相协调的国防工业与技术发展战略并组织实施;三是负责武器装备和国防工业的国际合作。具体地说,武器装备总署集国防科研、武器装备采购和国防工业管理的职能于一身,根据三军提出的军事需求,综合评估技术、经济的可行性,统一制定全军武器装备发展的规划、计划和年度预算,对武器装备发展的全过程,即从预先研究、研制、采购、装备使用到大型装备(主要是飞机和舰船)的工业维修以及武器出口实行统一管理。陆、海、空三军基本上不设科研生产机构,但与武器装备总署保持密切联系参加武器装备的规划计划和研制、生产、试验、鉴定全过程的管理。国防科研生产任务除一部分由武器装备总署下属的企业(舰船制造局所属船厂)和试验鉴定机构完成外,大部分由军外军工企业承担。法国军用航天器和核武器战斗部、核动力装置的研制工作,在国防部武器装备总署的统一规划下,分别由作为国立机构的国家航天研究中心(CNES)和原子能委员会负责实施,武器装备总署参与领导和管理工作。在国防部内,行政秘书处和三军总监处参与国防科研和生产的管理,主要负责预算协调、工作监督和行政管理工作。①

(三)日本的政府统一管理的管理体制

政府序列——首相:日本政府首脑是首相,又称内阁总理大臣,同时又是日本自卫队司令。首相代表内阁与国会进行工作交往,并向其递交有关国际和国内事务的议案、报告。同时,控制和监督各行政机构。首相亲自掌管国防事务,审批有关武器装备发展方

---

① 马杰:《法国国防科技工业管理体制和运行机制》,载《国防科技工业》,2008年第6期,第60页。

针、政策、规划、计划及其他重大事项,必要时召开安全委员会会议进行审议。

内阁:内阁由首相和其他国务大臣组成,内阁成员在履行职责时要向国会负责。内阁中,与国防事务相关的部门有防卫厅、通商产业省、大藏省以及外交部。其中,按宪法第九条规定,防卫厅不是内阁级部,防卫厅长官通过首相官房汇报工作,但防卫厅长官拥有国务大臣的地位。大藏省直接影响防务厅的财政预算计划。防卫厅通过大藏省所组织的听证会,根据军事需求提出预算开支报告,然后由大藏省审核确定并报请国会批准。同时,大藏省还通过各种财政政策,如税收鼓励、税率控制,从不同方面影响国防科技工业企业的选择方向。通商产业省是日本政府管理军工生产的职能机构,其主要职责是对军工生产实行宏观调控,制定相关的法规政策并负责监督、检查实施情况。在通商产业省所属的各局中,机械产业情报局具体负责制订兵器工业、机电工业、电子工业和信息工业等产业的法规政策以及具体实施。

安全委员会和内阁会议:安全委员会是首相有关国防事务的最高审议机构和综合咨询机构,由首相任主席,其成员有外务大臣、大藏大臣、防务厅长官、内阁官房长官、国家公共安全委员会主席和经济企划厅长官。必要时,总合幕僚长会议(参谋长联席会议)主席或其他人员会被邀参加。安全委员会的议事内容包括军事和非军事安全领域内的重大问题,与军事相关的议题有国防基本方针、防卫计划大纲、国防科技工业调整大纲等。内阁会议是国防问题的最高决策机构,负责审查并决定向国会提交有关国防问题的法律草案、预算草案,制订与国防问题相关的政令,决定有关国防的重大方针和计划。

立法机构序列——日本国会:日本国会由众议院和参议院组成,国会议员对政府工作的监督通过两个途径进行:一是通过众议院发言人或参议院议长向内阁递交书面询问(紧急问题口头询问);二是通过常设委员会或特别委员会检查政府活动,常设委员会和特别委员会有权开展调查活动,传唤证人,并要求提供证据。

(1)众议院。在众议院中,与国防事务有关的委员会有预算委员会和国家安全委员会,其中每年的国防预算审议由预算委员会负责,审议时该委员会将召集首相和相关国务大臣,并要求他们就国防预算开支问题做出必要的解释。一般情况下,内阁提交的国防预算大都能顺利通过。

(2)参议院。在参议院中,与国防事务有关的委员会有预算委员会、外交事务委员会和国防委员会。其中,国防委员会主要负责安全和国防问题、相关的国际合作项目问题。此外,经济产业委员会所管辖的经济计划、专利、中小企业发展等事务,也有与军工生产相关的问题。

(3)审计委员会。审计委员会负责检查政府支出,并向国会提交年度报告。

除了国家的行政机关和立法机关外,还有防卫厅来具体负责武器装备建设。防卫厅是日本最高军事统帅机关和军工产品的国内唯一用户,但它不具备管理民间企业军工生产的政府职能,而是通过合同方式实施武器装备发展和采购计划,并对军内的科研工作实行计划管理。有关武器装备的规划计划及其他重大事项,均由机关归口部门呈报防卫厅长官审批,必要时召开装备审议会审议,审议结果报总理大臣审批。装备审议会是防卫厅长官在发展武器装备和军事技术方面的审查和咨询机构。在防卫厅系统涉及国防科技工业的部门有内务局、技术研究本部、采购实施本部、国防设施管理厅和自卫队。

(1) 内务局。内务局是辅助防卫厅长官的参谋机构,该局有三个部门与国防科技工业有关:装备局局长是国家武器装备主管,该局主要负责武器装备采办管理工作;国防政策局负责起草国防政策、计划,情报收集和数据分析,并确定自卫队日常作战活动;经理局通常由大藏省派员负责,主要承担防卫厅预算编制、防卫厅和自卫队重点开支计划等工作。

(2) 技术研究本部。技术研究本部是防卫厅国防科研的管理机构,直接受命于防卫厅长官,在业务上与采购实施本部密切协作,负责武器装备的研究、发展、试验与鉴定工作。同时,还负责跟踪技术发展进程,鉴别并确定民用技术的引进。

(3) 采购实施本部(或称合同本部)。采购实施本部是防卫厅采办合同签订机构,其主要任务是成本评估、签订合同和管理合同。

(4) 国防设施管理厅。国防设施管理厅是政府行政机构,履行与国防设施有关的管理工作,包括设施采办、产权管理和基本建设等。

(5) 自卫队。自卫队参与武器装备需求采办的全过程,各军种的不同机构或共同或分别负责确定武器装备需求及其制订采购计划、武器装备的计划管理、新装备系统和武器的试验与鉴定等工作。

(四)俄罗斯的政府和军队分阶段管理的武器装备领导管理体制

俄罗斯国防科技工业管理体制主要由总统、总理以及包括国防部在内的联邦部委组成,其中国防部是核心部门。

(1) 总统。俄罗斯1993年通过的《宪法》规定,俄罗斯是以总统制为核心的国家权力体制,总统为国家元首,武装力量的最高统帅,直接负责所有权力部门。从宪法赋予的权力看,俄罗斯总统所享有的权力大大超过苏联时期最高苏维埃主席和苏联总统的权力。

(2) 总理。在总理层面与国防科技工业管理相关的机构有两部分,即总理直接领导的机构和联邦制局部委。

(3) 国防部。国防部是俄罗斯武装力量的领导机关,下设武装力量总参谋部、武装力量装备部、联邦国防军事订货局、联邦军事技术合作局、联邦技术与出口监督局等。在国防科技工业管理方面,国防部负责提出装备订货需求,武器贸易管理、监督装备的研制生产,这些工作均由武装力量装备部具体负责。武装力量装备部由三个局组成:装备部长局、总汽车装甲坦克局和总导弹火炮局。武装力量装备部作为国防部具体执行武器装备的采办机构,根据总参谋长的指示,并在国防部负责装备的副部长的领导下,通过各军兵种主管装备的副司令及其领导的军兵种装备部门,统管装备的科研、采购和维修工作,管理和协调各军兵种武器需求,组织有关国防科研的可行性论证等方面工作。具体而言,武装力量装备部主要负责以下方面工作:根据各军兵种提出的技术需求、武器装备需求和武器采购计划,汇总全军所需的武器装备种类、型号和数量;制定武器装备研究和采购计划,并监督武器装备发展规划的实施,推动各军兵种武器装备标准化工作;直接管理优先发展,且不确定因素较多或费用开支巨大的武器装备项目;组织全军武器装备及其他相关项目的科研工作;根据采办合同对武器装备设计、研制、试验和生产进行管理;负责武器装备及相关的经费拨付、核算等工作;武器装备鉴定、试验与验收;确定国防科研发展方向,对新技术在军事上的应用和军事发展提出鉴定性意见等。[①]

总之,军事装备是一个特殊领域,必须对其实施国家或政府的管理调控。理论和实践证明,没有政府的管理调控,军事装备不可能发展起来和发展好。当然,不同国家的装备领导管理体制必须与该国的国家领导体制及军队的领导体制相适应,同时,还必须与国家的经济、科技体制相适应。从世界大多数国家的情况看,都是实行的政府对军事装备集中统一进行投资、管理,政府承担维持国家国防科技工业基础的责任,提出国内(军队)的武器装备需求,进行武器装备采办,管制军品进出口。军队在政府的管理之下,参与国防科技工业建设和管理的有关活动,即军工科研生产单位负责武器装备的具体研制生产任务,自主经营,以赢利为目的。美国自 20 世纪以来将商业化运作模式引入国防科技工业管理与运行中,其目的就在于最大程度地提高国防科技工业管理与运行的效率。无论是从增强国家军事实力的角度,亦或是从国防预算开支有限性的角度,它以现代管理思想为基础,从管理制度、管理组织结构、管理运行程序等方面进行调整和改革的做法,都值得我们借鉴和学习。

(五) 我国军事装备领导管理体制

我国涉及军事装备研制生产的国防体制和政府管理体制与国外有很大不同。在我国,国务院、中央军委平行,国防部非实体(见下图 2-1)。我国对军事装备实行集中领导、统一管理,包括确定军事装备发展的基本方针政策、发展战略和总体目标、重大发展项目,决策国防科研、生产布局和规划,颁布军事装备方面的基本法律、法规,以及决定军事装备管理方面的重大问题等,具体的规划管理工作由国务院与中央军委实施。国务院有主管国防科技工业的机构,军队有专门的武器装备采办和管理机构,两者无隶属关系,军工科研生产单位主要为国有国营,不完全以赢利为目的。

我国的军事装备管理体制是依据《宪法》、《国防法》及其他有关法律来建立和完善的。根据相关法律规定,国务院领导和管理国防建设事业,编制国防建设发展规划和计划,制定国防建设方面的方针、政策和行政法规,管理国防经费和国防资产,领导和管理国防科研生产,领导和管理国民经济动员工作和人民武装动员、人民防空、国防交通等方面

---

① 郭朝蕾:《分分合合——俄罗斯国防科技工业历经艰难改革》,载《国防科技工业》,2008 年第 11 期,第 54 页。

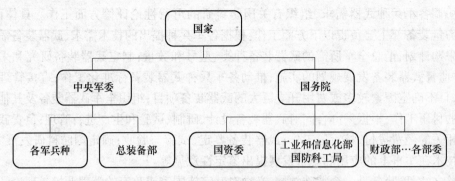

图 2-1 我国现行武器装备领导管理体制图示

的有关工作等。工业和信息化部的国防科工局归口管理军工科研生产单位,负责组织装备的科研生产工作及国防科技工业管理的调控工作,主要内容是发展战略、投资、科研生产、军品采购、军贸,主要手段是政策、法规、规划、标准、监督等。中央军委领导和统一指挥全国武装力量,决定军事战略和武装力量的作战方针,领导和管理人民解放军的建设。总装备部是中央军委领导下负责组织全军武器装备的工作机关,全面负责全军武器装备建设的集中统一领导,归口管理装备使用部门,实施军品的订购。

目前,我国军事装备领导管理权虽然由国务院、中央军委统一集中行使,但在具体实施和执行层面却存在职能缺失、权力边界不清、重大关系不顺等问题。一是部分权力的行使存在法律空白。军事装备建设涉及军地方方面面的工作,军队与地方在装备动员、国防科研生产等方面均存在协作、融合关系,但在《国防法》中,除了规定中央军委协同国务院领导和管理国防科研生产、会同国务院管理国防经费和国防资产之外,对其他方面的协同却没有规定,致使其他国防法律、法规缺乏立法依据。而这些问题集中反映在对地方人力、物力和财力的调整使用上,与地方许多单位和人民群众构成了直接或间接的利益关系,由于没有相应的法律规定,难以推动,甚至是寸步难行,不能适应武器装备发展的需要。二是权力界限不清。比如,《国防法》规定,国务院领导和管理国防科研生产,中央军委协同国务院领导和管理国防科研生产,但法律对各自职权却界定不明。"在涉及国防科技、军工科研生产、军事订货等领域,目前由于两大部门之间的管理体制和运行机制还需要进一步理顺、磨合,导致立法权限的界定比较困难,有的已经影响这两个机构立法工作的开展,影响到国防和军队建设。"再比如,军队装备部门对要进入军品市场的企业实行军方主导的资格审查制度,而国防科技工业主管部门也执行武器装备科研生产许可制度,对新进入企业发放协作与配套许可证。这两套分别由军方和军工产业主管部门执行的许可制度,存在着重叠与冲突,增加了成本,降低了效率。虽然《国防法》第 14 条规定:"国务院和中央军事委员会可以根据情况召开协调会议,解决国防事务的有关问题。会议议定的事项,由国务院和中央军事委员会在各自的职权范围内组织实施。"但由于种种原因,目前在我国的武器装备科研生产体系中还没有建立起重大问题的会商、情况通报等工作协调机制,因而推进军民融合式武器装备科研生产体系发展中的军地协调、资源整合和信息沟通机制不完善的问题依然十分突出。

第二节 我军装备领导管理体制

建国以后的相当长时间里,我国的军事装备及国防工业领导管理体制,一直分设军队和地方两个领导管理系统。政府有主管国防科技工业的机构,军队有专门的武器装备采办和管理机构,两者无隶属关系。

一、我军装备领导管理体制的演变

中华人民共和国成立以来,为了适应国家政治、经济、科技特别是军事的发展和保障国家安全的需要,我军装备领导管理体制进行了多次调整改革,经历了一个从低级到高级、从分散到集中的发展过程,在实践中不断改进和完善,逐步实现了规范化和科学化。

(一)我军装备领导管理体制的形成

众所周知,新中国成立前,人民解放军没有统管全军武器装备的部门,武器装备主要由各野战军自己筹措和管理。新中国成立初期,海军、空军和陆军诸兵种领导机关先后成立,为适应军队现代化建设的需要,全军武器装备的筹措和供应必须相对集中统一。

1950 年 1 月 1 日,中央军委批准总后勤部成立军械部,把全军通用的枪炮和弹药(简称通用军械)统管起来。朝鲜战争爆发后,因志愿军作战的需要,总后军械部把统管的范围扩大到工程、防化、气象等装备。1951 年成立中央军委兵工委员会,周恩来兼任主任。尔后,中央军委又明确由人民解放军装甲兵、工兵、空军、海军司令部分别统管坦克装甲车辆、工兵器材和空军、海军专用装备。这样,20 世纪 50 年代初,人民解放军的武器装备管理就基本上实现了由大分散向相对集中的过渡,形成了由总后勤部军械部、军委通信部、装甲兵、工兵、空军、海军归口统管各类武器装备的体制。

为了加强对武器装备的集中统一领导,中央军委于 1953 年 5 月决定,总参谋部设立兵器装备计划部(后改称为装备计划部),任命万毅为部长,对全军的武器装备建设实行统一计划管理。1955 年 4 月,总参谋部在北京召开第一次全军装备计划工作会议。总参谋长粟裕在会上明确指出,装备计划工作由各大单位司令机关统管,并强调这对军队的现代化建设、对国防工业的建设具有深远意义。会议前后,各军兵种和各军区司令部都相继成立了统管武器装备计划工作的部门。武器装备的具体订货、验收、储存、调拨和维修保养等技术勤务工作,根据装备的不同类型,分别由各军兵种(炮兵除外)、总部有关业务部门分管。这样,全军武器装备统一管理的体制就基本形成了。

为了进一步调动军区和军兵种的积极性和主动性,1964 年中央军委决定,将武器装备的部分分配权、调整权、动用权和报废权,下放到军区、军兵种一级,从而使这一统管体制日臻完善。1968年2月8日,中央军委决定,国防部国防科学技术委员会改称中国人民解放军国防科学技术委员会。1969年10月,总参谋部装备计划部并入总后勤部,各军兵种(空军除外)、各军区的装备计划部门也都作了相应变动。根据中央军委决定,从1975年4月起,装备军械勤务工作再次恢复为总参谋部、总后勤部分别负责的管理体制。总后勤部装备部的装备计划业务划归总参谋部,组成总参谋部装备部;军械、运输装备业务组成总后勤部军械部。同时恢复总参谋部装备部以及各军区、军兵种司令部的装备计划部门,强化了集中统一管理体制。

(二)我军装备领导管理体制的改革发展

1977年10月,中央军委副主席兼总参谋长邓小平在研究部队装备和国防科研问题的专门研讨会上提出要成立国防科学装备委员会,对国防科技和武器装备实行统一领导、统一规划、统一实施。同年11月14日,经党中央批准,国务院、中央军委决定,正式组建国防科学技术装备委员会(科装委),由它负责组织有关部门研究提出人民解放军各个时期武器装备发展的要求,并统一组织各种武器装备的科研、设计、试制、定型、生产,以加强武器装备发展的集中管理。同年还恢复了"文化大革命"中被取消的驻厂军代表制度。1979年又调整、充实了常规军工产品和尖端武器的定型机构。随着我军正规化现代化建设的发展,国防科学技术委员会(国防科委)、国防工业办公室(国防工办)等主管国防科技和武器装备部门重叠并行的管理体制,严重束缚了国防科技事业的发展,使统一领导、统一规划、统一实施变得困难,同时也造成了国防工业科研、生产、销售之间的矛盾不断。为了解决上述矛盾,1979年10月成立了中央科学研究协调委员会,对国防科学技术装备委员会、国防科学技术委员会和国防工业办公室进行统一指导性管理,但是这也并没有从根本上解决问题。1980年8月,中央军委决定,组建和充实各军兵种和总参谋部的武器装备系统分析论证机构,负责论证拟研制装备的先进性、经济性和研制的必要性、可能性以及时间性,以避免和减少武器装备发展中的盲目性。1982年国务院、中央军委又决定将国防科委、国防工办和军委科技装备办公室合并成立国防科学技术工业委员会(简称国防科工委,军队建制),由国务院、中央军委双重领导,仍隶属于军委建制,以实现对国防科研试验与生产、尖端与常规的统一领导管理。这样,就初步理顺了被搞乱了的管理体制,恢复和健全了一些行之有效的规章制度,为武器装备的新发展创造了条件。①

1977年至1979年期间,总参谋部根据中央军委指示,重新颁发了《武器装备管理工作职责分工》和有关规定。根据管理职责分工的规定,总参谋部主要负责领导管理全军武器装备工作,包括研究提出全军武器装备发展的方向、重点,制定全军武器装备体

---

① 《当代中国》丛书编辑部编辑:《当代中国军队的军事工作(下)》,北京:中国社会科学出版社,1989年版,第120—121页。

制、系列、建设规划及平时、战时保障计划；组织提出新型武器装备的主要作战使用要求；管理全军武器装备的选型、订货、分配、换装、退役、报废、储备、封存等组织计划工作；组织武器装备的援外和军品贸易工作；归口管理军内武器装备科研、技术革新等工作。1983 年 5 月，根据中央军委指示，全军驻厂军代表的共同性工作，也由总参谋部归口管理。军区、军兵种和总部有关部门主要负责制定本单位所属部队、学校、机关平时和战时的武器装备保障计划，负责本单位武器装备的请领、补充、调配、退役、报废、储备、封存、动用、动员等组织计划工作，负责武器装备的使用、管理、技术革新以及技术勤务保障工作。军兵种和总部有关部门还负责本系统武器装备的战术技术性能论证，提出要求并负责定型工作。

1998 年总装备部成立之前的武器装备管理体制，在很大程度上是对 20 世纪 80 年代的延续。具体说，武器装备管理体制由总部军(兵)种、军区(舰队)、集团军、师(团、场站)等层次的武器装备管理机构构成，基本上与领导指挥体制相对应。

1997 年公布的《国防法》规定，国家对国防科研生产实行由国务院和中央军委集中统一领导和管理的模式。1998 年 4 月 3 日，中国人民解放军总装备部在国防科工委军事部门以及总参谋部、总后勤部相关部门的基础上在北京正式组建，全军装备勤务工作遂改由总装备部统一领导。总装备部下设司令部、政治部、综合计划部、军兵种部、陆军装备科研订购部、通用装备保障部、电子信息部等主要机构。总装备部成立之后，随即各军兵种、军区直至军、市、团级作战部队均成立了装备部(处)。这样，我军进一步加强了武器装备建设的集中统一领导和武器装备全寿命的管理。成立总装备部，并由它集中管理武器装备的发展规划、计划和订货，这是我军武器装备管理体制调整改革中的一件大事，[①]对于进一步加强中央军委对全军武器装备建设的集中统一领导，促进国防和军队现代化建设具有深远而重大的意义。

综上所述，我们可以看到，新中国成立以后，人民解放军装备管理体制变化频繁，管理的组织形式不断得到改进和完善，有力地促进了我军武器装备总体水平的提高，保证了部队作战和训练任务的需要。特别是经过 20 世纪 90 年代后期全军武器装备管理体制的调整改革，全军真正实现了对装备的集中统一管理，对于推进我军的武器装备整体建设产生了深远的影响。不过，改革发展的进程尚未结束，当前仍存在一些问题需要解决，主要表现为：军事科技和国防工业领导机构的分与合问题；尖端武器和常规武器发展管理机构的分与合问题；研究单位与生产企业之间的分与合问题；中央企业与地方企业管理权限的放与收问题；国务院与中央军委对国防科技工业管理权限的划分与协调问题；军队武器装备研制、采购、分配、使用与维修工作的分管与统管问题等在一定程度上使国防科技和武器

① 苏志荣主编：《国防体制教程》，北京：军事科学出版社，1999 年版，第 172 页。

装备的管理工作和发展进程受到影响。①

二、我军现行装备领导管理机构及其职权

我国武器装备领导管理体制分为三个层级。第一层级是国家最高领导和最高权力机构。主要职能是确定武器装备发展的基本方针、发展战略和总体目标、重大发展项目,决定国防科研、生产的总体布局和规划,颁布武器装备方面的基本法律法规等。第二层级是最高行政机关和军事机关。主要职能是制定武器装备发展规划、计划,组织协调科研、生产、采购各个环节、各个部门的关系,监督、控制规划计划的实施等。第三层级是组织实施机构。由武器装备科研、采购部门、军兵种装备部门和政府有关部门组成。主要职能是负责武器装备科研、生产、采购计划和项目的组织实施。② 我军军事机关对武器装备领导管理的职责具体如下。

(一)决策机构(中央军委)对装备的领导管理职权

我国现行宪法——1982 年《宪法》虽然有关于中央军委职权的规定,但没有涉及其武器装备的领导管理职责内容。直到《国防法》第 13 条才明确规定:中央军事委员会领导全国武装力量,行使下列与装备建设有关职权:根据宪法和法律,制定军事法规,发布决定和命令;决定中国人民解放军的体制和编制,规定总部以及军区、军兵种和其他军区级单位的任务和职责;批准武装力量的武器装备体制和武器装备发展规划、计划,协同国务院领导和管理国防科研生产。此外,我军《装备条例》规定,战斗装备体制由中央军委颁发,保障装备体制由总装备部颁发,专项装备体制由总装备部颁发或者由总装备部报中央军委颁发。

(二)组织领导机构对装备的领导管理职权

总装备部是全军装备工作的领导机关,在中央军委的领导下,主管全军的装备工作。其履行以下职责:编制全军装备建设的规划计划和装备体制,拟制政策法规,制定规章,组织实施和监督执行;组织领导全军装备科研工作,归口管理全军装备的预先研究、研制、军内科研以及技术革新工作;组织领导全军装备保障及其勤务工作,归口管理全军装备的订货验收、储存保管、调拨分配、实力统计、使用管理、技术保障、退役、报废工作以及专业技术人员培训;掌管装备经费,负责装备经费的请领、划拨和预算,组织对装备经费的监督、监察、审计,归口管理全军装备价格工作;归口管理军用标准和与装备建设有关的计量、质量、科技信息、成果、档案和知识产权工作;组织全军通用军械、装甲、工程、防化、通用车辆、陆(空)军船艇等装备的科研、订货验收、储存供应和技术保障工作;归口管理核武器、

① 《当代中国》丛书编辑部编辑:《当代中国军队的军事工作》(下),北京:中国社会科学出版社,1989 年版,第193 页。
② 沈雪哉主编:《军制学》,北京:军事科学出版社,2000 年版,第 274 页。

核技术研究发展的规划计划和有关经费;负责军用核材料战略资源问题统计,承办军用核材料的使用审批工作;归口管理国家载人航天工程、高技术研究发展计划(军用部分)和重大基础技术研究计划(军用部分)等专项工程和经费;组织战略武器、部分常规武器试验和航天器的发射、测控、回收工作;组织装备及其技术的引进与交流工作;会同有关部门负责军品出口管理;办理军队装备的对外军事援助、军备控制以及有关履约工作;领导全军装备机关业务建设和理论研究工作;归口管理全军装备科研机构、试验基地、工程技术院校、专业训练机构、修理机构和装备仓库、特运办事处、驻厂军事代表机构的有关业务工作;领导所属机关、部队、院校、科研机构、驻厂军事代表机构、修理机构等的全面建设和工作;组织协调与国务院有关的装备工作,承办国务院、中央军委专门赋予的工作;负责国务院、中央军委军工产品定型委员会的日常工作;协同国务院有关部门负责军品科研、生产能力调整的有关工作。[①]

总参谋部中分管装备的部门拟制分管装备的装备建设规划计划、装备体制方案和有关规章制度,并组织实施;组织分管装备的预先研究、研制、军内科研以及技术革新工作;组织分管装备的保障及其勤务工作;负责分管装备的订货验收、储存保管、调拨供应、日常管理、技术保障工作以及专业技术人员培训;承办情报、技术侦测、陆军航空、测绘、指挥自动化等装备的申请、补充和陆军航空装备的动用、封存工作;管理和使用本系统装备经费,监督、检查装备经费预算执行情况,管理分管装备的审价工作;管理分管装备的军用标准和与装备建设有关的计量、质量、科技信息、科技成果和知识产权工作;承办分管装备及其技术的引进、出口、对外军事援助以及履行军备控制条约的有关工作;指导本系统装备业务部门及其所属单位的有关业务工作,组织本系统装备理论研究工作;上级赋予的其他职责。[②]

总后勤部中分管相关装备的部门对装备的领导管理职权有:拟制全军通用车辆、陆(空)军船艇使用管理工作的规划计划和规章制度,拟制全军通用车辆、陆(空)军船艇的使用管理、日常维护、监理和相关人员的培训,并管理和使用相关经费;指导全军通用车辆、陆(空)军船艇使用管理部门及其所属单位的有关业务工作;组织全军通用车辆、陆(空)军船艇使用管理方面的理论研究工作;参与有关新型装备的研究论证和研制工作;上级赋予的其他职责。[③]

(三)组织管理机构对装备的领导管理职权

各军区(军兵种)是发展各自武器系统,筹划、组织、协调和实施武器采办过程中各项工作的具体组织者、管理者和实施者。主要职责是提出军事需求、分析论证、制定计划、编

---

① 欧阳国华:《军事经济法原理》,北京:军事科学出版社,2008 年版,第 197－199 页。
② 欧阳国华:《军事经济法原理》,北京:军事科学出版社,2008 年版,第 199 页。
③ 欧阳国华:《军事经济法原理》,北京:军事科学出版社,2008 年版,第 200 页。

制预算等。

军区的装备领导管理职权:军区装备部主管辖区的装备工作;拟制军区装备工作的规划计划和规章制度,并组织实施;组织领导军区部队的装备保障及其勤务工作;负责装备申请、补充、储备、封存、动用、退役、报废的组织计划和装备实力统计工作;组织军械、装甲、工程、防化、通用车辆、陆军船艇等装备的技术保障、技术革新工作以及专业技术人员培训,归口管理其他专业的装备技术保障计划;管理和使用军区装备经费,监督、检查装备经费的预算执行情况;管理军用标准和与装备建设有关的计量、质量、科技信息、科技成果和知识产权工作;会同有关部门组织新型装备的部队试验、试用工作;会同有关部门承办履行军备控制条约的有关工作;领导直属装备专业训练机构、修理机构(工厂)和装备(器材)仓库、特运办事处以及其他直属单位的全面建设和工作;指导军区各级装备机关、分管有关装备的部门、部队和装备(器材)仓库、特运办事处以及其他直属单位的全面建设和工作;上级赋予的其他职责。①

海军、空军、第二炮兵装备部对装备的领导管理职权:海军、空军、第二炮兵装备部即军兵种装备部,是本军兵种装备工作的领导机关,主管本军兵种的装备工作。拟制本军兵种装备建设的规划计划、装备体制方案和规章制度,并组织实施;组织本军兵种专用装备的预先研究、研制、军内科研以及技术革新工作;组织本军兵种专用装备的订货、监造和验收工作;提出有关军品科研、生产能力调整的建议;组织领导本军兵种装备保障及其勤务工作;负责本军兵种装备的申请补充、储存保管、调拨供应、实力统计、封存、动用、使用管理、技术保障、退役、报废工作以及专业技术人员培训;管理和使用本军兵种装备经费,监督、检查装备经费预算执行情况;管理本军兵种装备的审价工作;管理军用标准和与装备建设有关的计量、质量、科技信息、科技成果、知识产权及其测试设备建设的工作;会同有关部门组织新型装备的部队试验、试用工作;承办本军兵种专用装备及其技术的引进、出口和对外军事援助的有关工作;会同有关部门承办履行军备控制条约的有关工作;归口管理本军兵种装备科研机构、驻厂军事代表机构、修理机构(工厂)、专业训练机构、装备(器材)仓库的业务建设;领导直属单位的全面建设和工作;指导本军兵种各级装备机关、分管有关装备的部门和部队的装备业务建设,组织装备理论研究工作;以及上级赋予的其他职责。②

副大军区级及其以下单位装备机关的管理职权:副大军区级及其以下单位装备机关主管本单位的装备工作。履行以下职责:拟制本单位装备工作的规划计划和规章制度,并组织实施;组织领导本单位装备保障及其勤务工作;负责本单位装备的申请、补充、储存保管、调拨供应、实力统计、动用、封存、使用管理、技术保障、技术革新、退役、报废工作以及

---

① 欧阳国华:《军事经济法原理》,北京:军事科学出版社,2008 年版,第 200 – 201 页。
② 欧阳国华:《军事经济法原理》,北京:军事科学出版社,2008 年版,第 201 页。

专业技术人员培训;管理和使用本单位装备经费,监督、检查装备经费预算执行情况;会同有关部门组织新型装备的部队试验、试用工作;会同有关部门承办履行军备控制条约的有关工作;领导本单位直属装备专业训练机构、修理机构(工厂)、装备(器材)仓库以及其他直属单位的全面建设和工作;指导本单位所属装备机关、分管有关装备的部门和部队的装备业务建设,组织装备理论研究工作;以及上级赋予的其他职责。

(四)组织实施机构对装备的管理职权

各基层部队是军事装备的具体使用和维护单位,负责本单位军事装备的日常管理,并且根据部队作战需要提出军事装备需求(管理职权见第六章)。

三、我军装备领导管理体制的特点

我军军事装备领导管理体制是根据我国的国情、军情,并随着国内外政治经济形势发展和我国武器装备发展的历经改革而不断完善起来的,它具有以下特点。

(一)武器装备管理高度集中统一

为适应世界新军事变革命和中国特色社会主义市场经济的发展,进一步强化军事装备发展的集中管理和规划,1998 年,中央军委决定以原国防科工委为基础,整合、合并总部其他资源,成立中国人民解放军总装备部,作为全军军事装备建设的领导机关,在中央军委领导下负责全军军事装备建设和发展工作,这也结束了我军 40 多年的多头、分散的武器装备管理体制,武器装备的管理趋于集中统一管理。同时,各军兵种、各大军区以及所属部队,都组建了相应的武器装备管理部门,形成了自上而下的武器装备管理体系。实践表明,加强武器装备的集中统管,有利于统筹使用全军的管理资源和力量,克服分散管理、职责重复、效率低下等弊端,有利于提高装备采办管理的效能,为新时期我军坚持"质量建军、科技强军",走有中国特色的精兵之路提供了重要保证。

但是,目前我军的装备规划还是采用"分块式"管理,即由各军兵种各自上报装备发展规划。这种管理可能出现装备研发的重复和浪费,各军兵种为确保各自的经费数额而重复上报装备项目,导致装备经费开支的巨大浪费。目前,我军的装备发展论证机构还不是很完善,没有专门负责装备发展论证工作的机构,这既不利于我军装备建设的可持续性发展,同时,也不利于我军装备经费的合理分配和使用效益的发挥。我军的装备发展,可借鉴美军经验,建立健全诸如美军国防科学委员会和国防资源委员会这样的装备论证机构和规划机构,采用 PPBE 系统的规划思想,对我军装备发展进行严格的规划和论证,以增强装备发展的科学性和合理性。[①]

(二)军事装备管理体制与作战指挥体制一致

我军军事装备领导管理体制突出了装备管理与作战指挥体制层次结构的一致性,即

---

① 王自成、陈炳福:《中、美军装备管理比较研究》,载《环球》,2008 年第 4 期,第 55 页。

自上而下分为总部、军兵种、军区、部队几个层次,在各个层次上都设有与作战编成相对应的装备管理机构。同时,注重在纵向上强调上下级装备管理的连贯和顺畅,在横向上强调各军兵种装备管理的衔接和配合。

第三节 我国国防科技工业管理体制

从事军事装备科研生产活动的主要工业行业及配套行业就是国防科技工业。根据当代军事装备的发展状况,国防科技工业主要包括兵器科技工业、军用电子科技工业、军用航空科技工业、军用航天与导弹科技工业、军用船舶科技工业、军用核科技工业。国防科技工业作为军事装备和高技术产业的提供者和推动者,是国防现代化的物质和技术基础,与国家的政治、经济、军事、科技等关系紧密,在国家事务和国防事务中具有重要的地位。我国《国防法》第29条规定:"国家建立和完善国防科技工业体系,发展国防科研生产。"在我国,国防科技工业是一个相对独立的,履行双重功能(军事功能和经济功能)、获取双重效益(军事效益和经济效益)的科研生产领域。从广义上看,我国的国防科技工业由常备军工、储备军工和动员军工组成。常备军工是国家核准保留的军工科研、生产能力的集合,储备军工是国家核准封存的军工动员规划、计划和预案的生产线(生产能力)的集合。目前,我国国防科技工业的产业结构构成,大体有如下三块:一是核心产业,或称武器装备产业,主要是研制、生产和营销武器装备,包括核武器、军事卫星和航天运载、军用飞机、舰船、陆军武器和军用电子等,这是国防科技工业的立足之本和发展之源;二是主导产业,即具有明显的军工特点和国防科工委实行管理的,包括核能的和平利用、民用航天、民用飞机、民用船舶和民用爆破器材等五大行业,这是国防科技工业需要优先发展,并带动国民经济发展的产业;三是优势民品产业。[①]

一、我国国防科技工业管理体制的演变

(一)我国国防科技工业管理体制的创立

新中国成立之初,我国国防工业基础十分薄弱。当时全国共有兵工企业162个,其中解放区建立的人民军工92个,国民党政府遗留下来的兵工企业68个。[②] 这些兵工企业只能进行枪炮等轻型武器的制造,以及飞机和舰艇等重型装备的简单维护,无法满足新中国国防安全需要。这一时期政府不仅是国防工业军品的唯一购买者,而且是国防工业唯一投资者、管制者和调控者,甚至是军工企业的直接经营者。

---

① 范肇臻:《技术创新制度变迁:中国国防科技工业60年》,载《毛泽东邓小平理论研究》,2009年第6期,第49-50页。

② 蒋宝琪:《中国国防经济宏观分析》,北京:国防大学出版社,1991年版,第241页。

  为了加快新中国国防工业的发展,当时的政务院于 1949 年 10 月 19 日成立了重工业部,归口管理兵器工业。1950 年在重工业部设立了航空工业筹备组、兵器工业办公室,成立电信工业局和船舶工业局,负责组织军工生产和军工企业的调整工作。[①] 朝鲜战争的爆发,使得国防工业的重要性日益凸显。为了加快国防工业的发展步伐,中央决定加强国防工业的宏观管理,以加强对武器装备生产和建设的领导,1951 年 1 月 4 日,中央人民政府人民革命委员会兵工委员会(中央兵工委员会)在北京成立。同年 4 月 17 日成立航空工业管理委员会。4 月 19 日,将重工业部兵工办公室改组为兵工总局,统一规划和协调全国兵工的生产和建设,受中央军委兵工委员会领导。同时,为加快航空工业建设,政务院和中央军委将航空工业筹备组改组为重工业部航空工业局。1952 年 8 月 7 日,成立了第二机械工业部,统一管理国防工业,原属于重工业部的兵器工业和航空工业划归第二机械工业部管理。1953 年 4 月,电信工业局划归第二机械工业部管理,至此,我国国防工业实现了全国集中统一管理。

  1956 年 11 月 16 日,我国成立了第三机械工业部,主管核工业建设和核武器研制工作。1958 年 2 月,为了适应军民结合的需要,我国将原来管理国防工业的第二机械工业部与第一机械工业部、电机制造工业部合并,组成新的第一机械工业部,统管全国的机械工业。同时将管理核工业的第三机械工业部改名为第二机械工业部。同年 10 月,中央批准成立国防部国防科学技术委员会(国防科委),其主要任务是:对军内外有关国防科学技术研究工作的组织领导、规划协调、监督检查。国防科委的成立加强了中央对国防科技的集中领导,加速了国防科技事业的发展。[①] 1959 年 12 月,中央决定成立中央军委国防工业委员会,对国防工业进行归口管理。1960 年,将第一机械工业部管理国防工业的职能独立出来,设立第三机械工业部,管理全国的国防工业。同年底,将航空、船舶、电子工业的研究所从工业部门中独立出来,与军队的有关科研单位重组成立专业研究院,建制属于国防部,业务工作由国防科委统一领导。1961 年 12 月 20 日,国务院成立国防工业办公室(国防工办),并将其列入军队编制,归口管理二机部、三机部和国防科委所属范围工作,此后即撤销了国防工业委员会。1963 年国务院设立管理无线电工业的第四机械工业部、管理兵器工业的第五机械工业部、管理造船工业的第六机械工业部。从此,第三机械工业部只管理航空工业。1964 年 11 月 23 日,中央决定组建第七机械工业部,统一管理航天工业的科研、设计、试制生产和基地建设工作。

  1965 年 5 月 5 日,中央军委决定将导弹、核武器、常规兵器试验基地和海军试验基地划归国防科委建制,统一管理。1967 年 3 月 20 日,毛泽东同志批准各国防工业部的研究院、所和中国科学院承担国防科研任务的各研究所,交国防科委实行军事接管并进行调整改组。同时,决定成立国防工业军管小组,对各国防工业部实行军事管制。

---

① 袁和平:《国防科技工业辉煌六十年》,载《国防科技工业》,2009 年第 9 期,第 16 页。

总之,新中国建立以后,在国防工业领导体制和管理模式上,我国完全采用苏联的计划经济模式,这种高度集权模式在当时的历史条件下是必要而有效的。尤其是在国防工业领导体制上,突出表现为三个特征。一是国防工业高度军事化。由中央军委、国务院实行双重领导,军队与政府系统完全融为一体,国防工业体制及管理模式高度军事化。二是以研制生产尖端武器为根本任务。国防工业基本不涉足民品生产。这适应了当时的历史环境、国际形势和军事斗争的紧迫需求,国防工业圆满完成了一系列重大专项任务。三是高度集权、直接配置优势资源。由中央按照指令性计划,举全国之力,采用行政命令管理手段,直接配置优势资源,集中力量办大事,全国大协作。

(二)我国国防科技工业管理体制的调整

1970年,国务院的机构和人员实行大精简,但国防部、第二至第七机械工业部保持不变,并划归军委办事组管辖,同时撤销国务院国防工办和中央国防工业政治部。1973年9月10日,经中央批准,成立国防工业办公室(国防工办),受国务院和中央军委领导,以国务院为主,主要任务是对国防工业的生产、建设和科研进行统筹规划,全面安排,组织实施。

1974年4月,国务院、中央军委决定成立导弹工业总局,对外称为第八机械工业总局,此后又撤销第八机械工业总局,成立第八机械工业部。1977年11月14日,国务院、中央军委决定成立中央军委科学技术装备委员会,统一领导国防科学技术和国防工业生产工作。至改革开放初期,负责管理国防工业和装备生产的机构包括国务院所属的第二至第八机械工业部,以及国务院、中央军委双重领导,列入军队系列的国防科委、国防工办、科装委。其中,国防科委归口管理第二、第七机械工业部的工作,国防工办归口管理第三、四、五、六、八机械工业部工作。通过这一时期军工管理体制的变迁情况可以发现,当时我国国防科技工业领导管理体制有如下特点。

第一,政府对国防工业实行的是高度集中管理的模式。当时,中央高层设立专门的管理机构,如兵工委员会、国防科学技术委员会、国防工业委员会、中央军委科学技术装备委员会等,而且将其置于军事管理部门(中央军委、国防部)的直接领导之下,体现了国防工业完全服务于军事目的的特征。这一时期,政府对国防工业的管理手段主要是行政手段和指令性计划。军工的资源配置、行业发展规划和空间布局都集中体现在政府的指令性计划中,而且军工发展计划在整个国民经济发展计划中处于十分突出的地位。

第二,政府对国防工业的具体管理活动实行"军民分离"、"行业分割"、"科研生产分开"的管理方式。国防工业由专门的政府管理机构进行管理,并进行具体的规划和指导。尽管期间有"军民结合"的思路,比如,1949年成立重工业部对军事和民用工业进行统一领导;1958年2月,将原来管理国防工业的二机部与一机部、电机部合并,组成新的一机部,统管全国机械工业。但不久国防工业就由专门独立的军工管理部门进行领导。不仅如此,国防工业的各行业也由专门的政府管理机构进行纵向管理。至改革开放初,核工业、航空工业、电子工业、兵器工业、船舶工业、航天工业和导弹工业分别隶属于第二至第八机械工业部管理。不仅如此,国防工业的科研和生产活动也相互分离,分别由国防科委和国防工办两个不同的部门进行管理。

第三,军工管理机构调整和变动频繁。一般经过几年就要调整一次,有时一年之内进行几次调整,缺乏相对稳定性。

计划经济体制时期我国政府在国防工业发挥的这种特殊作用,从巩固国防和发展经济的效率角度来讲,既有积极的影响,同时也存在一定的消极因素。其积极作用主要体现在以下几个方面。一是在比较短的时期内建立了比较完备的国防工业体系,实现了国防工业的跨越式发展。政府利用自身在资源配置方面的强制力量作用,集中资源发展国防工业,使我国在"一五"时期就先后建立了兵器、电子、船舶、航空、核、航天等现代国防工业部门。与新中国成立时相比,国防工业的发展已经跨越了好几个发展阶段,走过了西方国家用一二百年时间所走过的道路。二是军工生产能力获得了迅速的提升,武器装备的研制生产实现了质的突破。这一时期的国防工业不仅专业门类齐全,而且科研手段基本配套,人才队伍素质高、力量强,装备生产能力和水平有了显著提高。这时不仅具备生产飞机、舰艇等大型装备的研制能力,而且具有尖端技术装备的研制生产能力,以原子弹、导弹和人造卫星的"两弹一星"为代表的先进军工技术和产品的研制相继获得成功。三是有力地带动了我国高技术产业和内地经济开发。国防工业属于高新技术产业,国防工业的高速发展不仅促进了武器装备生产水平的提高,而且带动了冶金、机械、化工、材料等一大批工业部门的进步和发展。历经十余年的"三线"建设,促进了内地省区的经济繁荣和科技文化的进步,给内地建设带来了发展机遇,为我国区域经济的进一步协调发展创造了必要的条件。

然而,政府在国防工业运行中发挥全能作用,也带来了许许多多消极影响。政府作为唯一投资者,承担了国防工业发展的全部风险,不仅使政府背负着沉重的包袱,而且由于企业缺乏应有的经济利益压力和动力,军工生产的效率和效益低下,使社会资源未能得到有效配置。不仅如此,由于政府在国防工业发展中扮演"全能政府"角色,几乎完全否定市场机制的调节作用,加上政府内在缺陷而导致政府失灵现象的存在,国防工业的运行效率受到不同程度的损失。特别值得一提的是,由于在国防工业发展过程中突出其单纯的军事导向,不仅国防工业的发展日益偏离经济效率目标,而且使国防工业只能发挥服务军事的单一功能,不能有效地发挥其服务经济功能。主要表现在以下几个方面:一是国防工业规模过大,资源投入过多,从而挤占了大量用于经济建设的资源,制约了整个国家的经济发展;二是基于安全考虑的"山、散、洞"的布局结构,导致军工生产的运输成本和协作成本居高不下,生产效率和经济效率较低;三是"军民分离"、"条条分割"和"产研分开"的军工管理体制,不仅使军工和民用部门之间缺乏必要的分工协作,而且即使军工内部不同行业之间和科研与生产之间缺乏有效的分工协作关系,资源的重复配置和浪费现象比较突出,资源配置效率较低。①

由于国防科研生产单位长期被动服从单一的指令性计划,政府与军队、政府与企业的职能不分,职责不清,机构重叠,效率低下,国防科研生产单位的"手脚"受到束缚,"等、靠、要"的思想十分严重,随着这一体制的弊端逐渐显现出来,对国防科技工业的调整改革成为历史的必然。

(三)我国国防科技工业管理体制的转型

随着全国工作重心的转移,国防建设、军队建设指导思想的战略性转变,国防科技、国防工业领导管理体制明显地不适应国家经济建设、国防和军队现代化建设的客观需要了,在新的历史条件下,国防科技、国防工业领导体制的改革调整已势在必行。②

1977年9月28日,国务院、中央军委决定将国防工办列入军队编制,受国务院、中央军委领导,以中央军委为主,仍称国务院国防工办。1977年11月14日,国务院、中央军委决定成立国防科学技术装备委员会(简称科装委)。

1978年12月,党的十一届三中全会开创了改革开放的新纪元,党和国家的工作重点转向以经济建设为中心,国防工业从服从和服务国家战略出发,实行了军民结合的发展方针,由单一面向国防建设转为面向四个现代化服务。为适应改革开放的需要,1979年10月8日中共中央决定成立中央科学研究协调委员会,负责协调国防科委、国防科装委、国防工办三个系统的科研工作。

为了适应国防和军队现代化建设,特别是军队武器装备现代化建设的客观要求,全国人大常委会、国务院、中央军委于1982年同时作出了改革调整国防科技、国防工业领导管理体制的决策,决定实行军地合一的集中统一领导和管理的新体制。其主要内容有以下几个方面。

(1)重新组建国防科工委,统一领导全国全军的国防科技、国防工业工作。根据全国人大常委会、国务院、中央军委关于改革调整国防科技、国防工业领导管理体制的法律和法规文件的规定,将原国防工办、军委科装委办、国防科委撤销、合并,设立国防科学技术工业委员会,在国务院、中央军委领导下,统一领导管理全国全军的国防科技和国防工业工作。

(2)国防科工委隶属军队建制,实行双重领导制度。新组建的国防科技、国防工业领导机构的统一全称为"国防科学技术工业委员会"。国防科学技术工业委员会既称为"中国人民解放军国防科学技术工业委员会"又称为"中华人民共和国国防科学技术工业委员会",这两个全称共同简称为"国防科工委";国防科工委隶属军队建制,其工作受国务

---

① 杜人淮:《新中国成立以来国防工业运行中的政府职能变迁及启示》,载《经济研究参考》,2009年第38期,第7页。

② 陈学会主编:《军事法学》,北京:解放军出版社,1995年版,第343-345页。

院、中央军委双重领导,国防科工委既是中央军委统管全军国防科学技术工作的领导机关,也是国务院统管其所属各国防工业部门的国防科研和国防工业的领导机关。

(3)在业务方面,国防科工委接受国务院有关部委的统筹和指导;由民用工业部及有关地方科研、教育部门所属大专院校承担的国防科技、军工生产任务重的重大项目,由国防科工委会同有关部委审查平衡下达;各国防工业部承担的民用科研、生产任务,由国防科工委组织各部统一编制计划,提请国家经委、国家计委纳入国家计划;属于以军为主的军民共同科研项目,由国防科工委归口统筹等。此外,根据国务院、中央军委的有关法规文件规定,有关的电子工业部门、船舶工业部门要设置精干的机构,承办武器装备的科研、生产任务。有关武器装备的研制经费和业务工作,由国防科工委统一归口,并与国家经委实行双重领导。

(4)在统一制定武器装备发展方向、长期规划,组织新型武器系统的战术性能论证和试验定型工作方面,由国防科工委主持,请各国防工业部门和有关的总部、院校参加;各军兵种、总部有关的科研机构,其科技业务工作同时接受国防科工委领导。国防科工委的职能任务是:根据党中央、国务院、中央军委有关国民经济建设和国防建设的方针政策,组织研究我军武器装备的发展方向,组织武器的改进和新型武器装备的战术技术论证、研究、设计、试制、试验、定量及批量生产等。

1982年5月4日,第五届全国人大常委会第二十三次会议通过《关于国务院部委机构改革实施方案的决定》,第二、三、四、五、六、七机部分别更名为核、航空、电子、兵器、中国船舶工业总公司(由六机部和交通部部分企业合并)和航天工业部。1983年3月14日,国务院、中央军委决定将电子、船舶工业有关武器装备科研、生产业务统一归口到国防科工委,并与国家经委实行双重领导。国防科技工业开始企业制度改革。1986年7月,国务院、中央军委调整了军工管理体制,将原核工业部、航空工业部、航天工业部、兵器工业部改为由国务院直接领导的总公司,为军工企业发展民品纳入国家的统筹规划和国民经济发展规划创造了条件,解决了国防科技工业在上层管理体制上长期存在的军民分离的弊端。此后,我国开始注重发挥军工技术的特长并结合市场的需求,军转民、军民结合的工作开始由无序向有序状态发展。同年12月,第六届全国人大常委会第八次会议决定撤销机械部和兵器部,成立新的国家机械委。1988年4月9日,第七届人大一次会议决定撤销航空、航天工业部,成立航空航天工业部,撤销国家机械委和电子工业部,成立机械电子工业部;撤销核工业部,成立中国核工业总公司,由能源部归口管理。同年5月,国务院总理办公室决定,中国船舶工业总公司由机械电子工业部归口管理。同年8月,国务院批准成立中国北方工业(集团)总公司,与中国船舶工业总公司一起由机械电子工业部归口管理。1990年1月8日,国务院、中央军委决定成立中国兵器工业总公司,在国家计划中单列,由国防科工委归口管理。1991年决定组建中国电子工业总公司。1993年第八届全国人大第一次会议撤销航空航天工业部,组建航空工业总公司,航天工业总公司,撤销机械电子工业部,分别组建机械工业部和电子工业部。①

1991年2月,邓小平在上海视察船舶等军工企业时指出:看来我们抓国防工业的军民结合,抓得比较早,这一条抓对了。有的国家就不行,所以搞得很困难。为此,中央确定国防科技工业的主要任务是:"继续调整国防科研和国防工业结构,力争到本世纪末实现'军民结合、平战结合、军品优先、以民养军'的目标,提高国民经济军民兼容程度,增强军战转换能力。"并采取了一系列重大举措,推动国防科技工业调整结构、转轨变型。尽管进行了政府职能转变,但军工各行业"躲进小楼成一统"的局面也未根本改变。而军委建制下的国防科工委作为武器装备主管部门,工作侧重于武器装备的发展,对军工企业民品发展以及在改革调整中暴露出的问题和困难,难以给予更多的关注,解决的能力和手段也非常有限。在国防科研、武器装备建设上,政府与军队、企业与军兵种、供给与需求诸关系,突出地表现为体制不顺、职责不清、渠道不畅、处断不力。1996年12月,江泽民同志一针见血地指出:"迎接世界军事发展的挑战,千方百计把我军武器装备搞上去。一个重要的问题,就是要理顺装备科研、生产、购置、维修等方面的体制。体制不顺,浪费了资金,延误了时间,这是我们长期以来想解决的老问题。"揭示了深化国防工业改革的必要性和紧迫性。

(四)我国国防科技工业管理体制的改革

在社会主义市场经济体制框架初步确立的情况下,党的十五大作出了"建立和完善与社会主义市场经济体制相适应的国防工业运行机制,逐步更新武器装备"的战略部署。1998年3月10日,第九届全国人大一次会议通过《关于国务院机构改革方案的决定》,撤销1982年5月10日成立的原属国务院和中央军委双重领导的国防科工委,按照"军政分开"、"供需分开"的原则,将原国防科工委管理国防工业的职能、国家计委国防司的职能以及各军工总公司承担的政府职能统一起来,组建新的国防科工委,作为国务院的职能管理部门之一;保留国家航天局和国家原子能机构,对外代表国家、对内作为国防科工委的机构。同时,以原国防科工委和总参谋部装备部为主体,组建隶属于中央军委领导的总装备部。同年4月,新组建的中华人民共和国国防科学技术工业委员会正式成立,掀起了国防工业历史上力度最大的改革。

这次改革的最重要意义在于:彻底地从权、能、事、责、利等方面将军品采办方与军品研制和生产方分开,真正培养出军品采办市场相互独立的交易主体。按照政企分开、军民结合、适度竞争以及科研力量相对集中的原则,1999年7月1日,将核、航空、航天、兵器、船舶工业等五大军工总公司,各自一分为二改组为十大军工集团公司。各集团公司在国家计划中单列户头,自主经营;行业管理由新的国防科工委负责,实现了国务院对国防科

① 袁和平:《坚定走军民结合、寓军于民之路——国防科技工业体制改革历史回顾(上篇)》,载《国防科技工业》,2008年第10期,第40页。

技工业的集中统一管理。这标志着国防科技工业实施战略重组和结构调整等改革,进入了新的攻坚阶段。2002 年又组建了中国电子科技集团公司,其军品管理归口国防科工委。这是第十一大军工企业集团,标志着国防科技工业管理体制改革初步完成,国防科技工业实现了一次具有重要意义的改组,在建立政企分开的国防科技工业新的管理体制方面迈出了关键一步。经过调整,总装备部归口的军队装备使用部门与国防科工委归口管理的军工科研生产单位,构成装备订货和组织生产、需要与供应关系。军工集团公司按照国家确定的"分工协作、发挥优势、各有侧重、有序竞争"的原则,对各军工生产经营企业进行调整、重组、共同发展我国的国防科技工业。①

1998 年对国防科技工业体制实行以"政企分开"为重点的改革,在实践过程中也暴露出来不少新的问题。比如,总装备部与国防科工委的业务分工未能根本理顺;国有资产管理与管人、管事、管发展互相脱节,责权利不统一;在集团公司和军工资产管理上存在的矛盾和问题也相当突出。从 1998 年对国防科技工业管理体制实行重大改革以来,在体制机制的实际运行中,暴露出了一些原有方案设计中和改革推进中产生的新矛盾、新问题,尤其是在原有政府管理思维定势、部门利益驱使和相关体制改革滞后的影响下,国防科技工业管理体制及运行机制都存在着一些亟待解决的矛盾和问题。这些问题说明,鉴于国防科技工业的特殊性和新兴工业化国家体制机制转型的复杂性,搞好其转轨变型、改革发展,可以说是一个世界性难题。②

党的十六大确定了"深化国防科技工业体制改革,坚持寓军于民,建立健全竞争、评价、监督和激励机制,增强自主创新能力,加快国防科技和武器装备发展"的改革目标。党的十七大强调"国防和军队建设,在中国特色社会主义事业总体布局中占有重要地位。必须站在国家安全和发展战略全局的高度,统筹经济建设和国防建设,在全面建设小康社会进程中实现富国和强军的统一"。明确提出,要"调整改革国防科技工业体制和武器装备采购体制,提高武器装备研制的自主创新能力和质量效益。建立和完善军民结合、寓军于民的武器装备科研生产体系、军队人才培养体系和军队保障体系,坚持勤俭建军,走出一条中国特色军民融合式发展路子"。这是以胡锦涛同志为总书记的党中央作出的进一步深化国防科技工业体制改革的重大决策。

2008 年,为了适应社会主义市场经济体制的要求,按照政企分开、供需分开的原则,遵循适度竞争的要求,国防科技工业宏观管理体制进一步调整。在党的十七大关于实行大部门体制的改革构想指导下,国家决定成立工业和信息化部,不再保留国防科工委和信

---

① 范肇臻:《技术创新制度变迁:中国国防科技工业 60 年》,载《毛泽东邓小平理论研究》,2009 年第 6 期,第 49 页。

② 袁和平:《坚定走军民结合、寓军于民之路——国防科技工业体制改革历史回顾(下篇)》,载《国防科技工业》,2008 年第 11 期,第 28 - 29 页。

息产业部,并在工业和信息化部建制下设立国家国防科技工业局,承担原国防科工委管理国防工业的职能。这是国家国防科技工业宏观管理部门,此次调整进一步理顺了国防科技工业中政府与军队、政府与企业以及政府各部门之间的职责和关系,实现了政府对国防科技工业的集中统一管理,为在社会主义市场经济条件下,建立职责明确、办事高效、运转协调、行为规范的国防科技工业管理体系奠定了基础。目前采取的工业和信息化部管理下的国家国防科技工业局体制,在突出军工主业,组织协调武器装备研制生产重大事项,保障军工核心能力建设方面,迈出了坚实的步伐。为了更好地贯彻落实党的十七大精神,国防科技工业局正在制定措施,积极适应新的管理体制,按照缩短战线、突出重点的原则,边调整边建设,尽快建立符合武器装备建设规律、反映社会义市场经济要求、与新的管理体制相适应的制度体系和运行机制。①

纵观国防科技工业发展历程,其领导体制经历了多次变动,变动频率在国务院各部门中是最多的。领导体制变动频繁,说明转轨变型在实施过程中面对的世情、国情是复杂的,不可能长期固化、一成不变,需要循序渐进、适时推进,尽快建立符合武器装备建设规律、适应社会义市场经济发展要求的制度体系和运行机制。在这几十年间的大变革大发展中,国防科技工业始终坚持市场化的改革方向,不仅使军工企业从政府机关的附属物,逐步发展成为真正自主经营、自负盈亏、自我发展、自我约束的商品生产经营者,而且能够在国内国际市场的激烈竞争中发展壮大,呈现出较强活力和国际竞争力。在党中央的坚强领导下,国防科技工业实现了"三大转变":由过去主要为国防建设服务转变到为国民经济和现代化建设服务;由过去的自成体系、自我封闭型体制转变到多层次多领域的开放合作型体制;由过去的单一军品型结构转变为军民结合型的多品种结构,从而使整体经济实力和科研创新能力显著增强。②

军民融合式发展,是我们党适应国家经济社会发展形势变化和当今世界技术和军事革命要求而提出来的重要思想。要进一步完善军民结合、寓军于民的武器装备科研生产体系,充分发挥市场在资源配置中的基础性作用和政府宏观调控作用,就必须加强对国防科技和武器装备科研生产发展战略和规划的总体设计,推进国防科技和民用科技互动发展。今后,要按照适应社会主义市场经济发展的体制机制要求,坚持"军民融合、寓军于民",继续完善与健全国防科技工业管理体制机制。一是要按"经济调节、市场监管、社会管理、公共服务"的要求,转变政府管理职能,重点抓好服务、指导和监督工作;二是要按照分工协作原则,理顺国防科工局、国防科工办和军工集团公司对军工企业领导管理关

---

① 袁和平:《坚定走军民结合、寓军于民之路——国防科技工业体制改革历史回顾(下篇)》,载《国防科技工业》,2008 年第 11 期,第 29 页。

② 袁和平:《坚定走军民结合、寓军于民之路——国防科技工业体制改革历史回顾(下篇)》,载《国防科技工业》,2008 年第 11 期,第 30 页。

系;三是要加强国防科技工业法规建设,规范行业管理,提高行业管理效率;四是要按照现代行业协会治理要求,优化国防科技工业行业协会治理结构,完善沟通、服务、协调、监督的功能。①

二、我国现行国防科技工业管理机构及其职权

现代社会,国家不能没有国防,但国防绝不仅仅只是军事,而是政治、经济、军事、外交、科技、教育、工业、农业等多方面的综合防务。国防科技工业是为国家提供防务产品的特殊产业,事关国家的安全和稳定,政府部门在国防科技工业管理中发挥着独特作用。

(一)国务院对国防科技工业的领导管理职权

我国国防科技工业主要包括核、航天、航空、船舶、兵器、军用电子等行业领域,已形成了比较完整的国防科技工业体系,承担了我国武器装备科研生产和发展军民结合高技术产业的任务。国防建设事业作为国家总体建设中的组成部分,不能孤立存在和发展。如何按照国防建设发展的规律和现代国防与战争的要求,加强统一领导和管理,是许多国家都在努力解决的重大课题。我国《宪法》规定,国务院"领导和管理国防建设事业",这体现了国家作为管理机构在国防建设事业中的基本职能。《国防法》第 12 条将宪法规定的国务院职权具体化了,细分为下列内容:①编制国防建设发展规划和计划;②制定国防建设方面的方针、政策和行政法规;③领导和管理国防科研生产;④管理国防经费和国防资产;以及法律规定的与国防建设事业有关的其他职权。《国防法》把过去分散在国务院、中央军委或其他部门的部分管理权限,进行分类规范,从法律上确定了国务院相应的职权和责任。《国防法》的颁布,为搞好国防科技工业管理体制和顶层设计提供了重要的法理依据,实质上也为后来国务院机构改革中国防科技工业管理体制变革夯实了法律基础,创造了政策环境。

(二)国防科学技术工业委员会(局)的领导管理职权

1. 国防科学技术工业委员会的演变

国防科学技术委员会(简称国防科委)是所有国防科技(工业)领导工作机构中存在时间最长,工作职能调整变化最大的一个部门。1958 年 10 月 16 日国防部航空工业委员会扩大改组为国防部国防科学技术委员会。1959 年 4 月 22 日,为使工作趋于统一,组织机构比较合理,中共中央批准将国防部第五部和总参谋部装备计划部科研处并入国防科委,各试验基地划归国防科委领导。国防科委成为军委主管国防科技的专门机构,统一领导核武器、导弹武器和常规武器装备的科学研究工作,其机关自身建设也逐步得到加强和健全。从 1961 年起,国防部第六、七、十研究院及九所国防科技工业高等院校陆续划归国防科委领导。同时,国务院特种武器定型委员会和军工产品定型委员会的办事机构也设

---

① 舒本耀:《中国国防科技工业改革的现状及发展方向》,载《中国军转民》,2007 年第 6 期,第 21 页。

在国防科委,实现对导弹、原子弹和常规武器装备的研究、试验、制造、定型和人才培养等工作的统一领导和管理。

1965 年 2 月,根据中共中央决定,国防科委所属各研究院全部移交相关国防工业部领导。1967 年 3 月,国防科委奉命对各国防工业部所属研究院所以及中国科学院承担国防科研任务的各研究所实行军事接管,并进行调整改组。

1969 年至 1970 年,根据国防科研管理体制的调整,常规武器的研制和发展任务分别移交总参谋部、总后勤部和军兵种负责,国防科委的工作职能改为专门领导尖端武器的研究和试制任务,直接管理 9 个研究院和 3 个试验基地。

军委国防工业委员会(简称国防工委)是中央军委为统筹安排、全面规划、发展军工生产,于 1959 年 11 月 10 日建议并经中共中央于 1960 年 1 月 5 日批准成立的,是军委领导国防工业的主管机关。1961 年 1 月,国防工委与第三机械部合署办公。1961 年 11 月 8 日,中共中央决定成立国务院国防工业办公室(国防工办),作为国务院管理国防工业的机构。同年 12 月 18 日,中央军委决定将国防工办列入军队编制。由此,国防工办成为代表中共中央、国务院、中央军委统管国防科技和国防工业的业务主管机构。1963 年 9 月第三机械部分建为航空、兵器、造船三个国防工业部后,国防工委撤销并入国防工办。

1982 年 7 月,国防科装委、国防科委、国防工办合并成立中国人民解放军国防科学技术工业委员会,同时称中华人民共和国国防科学技术工业委员会,作为中央军委、国务院归口管理国防科技、国防工业的领导机构,统管全军及各国防工业部范围内常规、尖端武器的论证、研究、设计、试制、试验、定型、生产工作,领导直属校、院、所和 10 个试验基地,从而结束了国防科技、国防工业长期分口管理的体制。

1998 年 4 月组建的总装备部与原国防科工委相比,在工作职能上的调整变化主要是一"并"一"分":一方面将总参谋部、总后勤部的装备、军械业务部门并入,组成中央军委领导下统管全军装备工作的总部机关,使全军的装备勤务管理工作脱离后勤系统,成为一个独立的体系;另一方面,将管理国防工业的政府职能分离,由新的国防科工委承担。在机构编制上,总装备部延续了原国防科工委分设行政、技术两套指挥班子的体制,继续保留技术指挥领导机构——科学技术委员会。

2. 国防科学技术工业委员会(局)的职责

根据第九届全国人民代表大会第一次会议批准的国务院机构改革方案,组建后的国防科学技术工业委员会的主要职责如下:

(1) 研究拟定国防科技工业和军转民发展的方针、政策和法律、法规;制定国防科技工业及行业管理规章;研究国防科技工业的重大问题。

(2) 组织研究和实施国防科技工业体制改革;组织国防科技工业的结构、布局、能力调整;指导军工企事业单位实施战略性重组、企业集团发展和企业改革工作。

（3）根据中国人民解放军总装备部的武器装备发展战略和科研规划,研究国防科技工业的发展规划,做好国防科研、生产、建设的统筹和衔接;组织军品科研生产的资格审查和许可;配合总装备部,负责科研计划的制定和组织实施;审核科研生产单位与军方签订的科研生产合同,负责按照订货合同组织生产,协调、监督、检查订货合同的执行,保障武器装备的生产供应。

（4）编制国防军工固定资产投资、军转民和各专项的规划、计划并组织实施;安排国防军工固定资产投资项目,固定资产投资计划报国家发展计划委员会备案(军转民计划报国家经济贸易委员会备案);组织三线调整搬迁及民用部门承担的军品配套和整机科研工作。

（5）组织管理国防科技工业质量、安全(含国防工业军用核设施安全)、计量、标准、保密、情报、统计、档案、重大科研及其推广。

（6）拟定核、航天、航空、船舶、兵器工业的产业和技术政策、发展规划,实施行业管理;指导军工电子的行业管理;负责国家核电建设、同位素生产和民用爆破器材生产流通的行政管理。

（7）管理国防工业建设资金、划拨军工部门的技术基础科研费、民口配套及整机研制费、民用航天科研费及国家有关专款。

（8）负责国防科技工业的对外交流与国际合作;代表中国政府参加国际航天组织、国际原子能机构、联合国和平利用外层空间委员会科技小组及其有关活动;组织军工企事业单位的军品出口。

（9）归口管理中国工程物理研究院。

（10）承担国务院中央军委专门委员会办公室的日常事务;承办国务院交办的其他事项。

国家国防科技工业局(简称国防科工局),是根据2008年《第十一届全国人民代表大会第一次会议关于国务院机构改革方案的决定》在原中华人民共和国国防科学技术工业委员会的基础上组建的,是工业和信息化部管理的国务院部委管理的国家局。

国防科技工业局主要负责组织管理国防科技工业计划、政策、标准及法规的制定与执行情况监督。主要职能是:研究拟订国防科技工业和军转民发展的方针、政策和法律、法规;制定国防科技工业及行业管理规章;组织国防科技工业的结构、布局、能力的优化调整工作;组织军工企事业单位实施战略性重组;研究制定国防科技工业的研发、生产、固定资产投资及外资利用的年度计划;组织协调国防科技工业的研发、生产与建设,以确保军备供应的需求;拟订核、航天、航空、船舶、兵器工业的生产和技术政策、发展规划、实施行业管理;负责组织管理国防科技工业的对外交流与国际合作;以中国国家原子能机构(CAEA)的名义组织协调政府和国际组织间原子能方面的交流与合作;以中国国家航天局(CNSA)的名义组织协调政府和国际组织间航天活动方面的交流与合作。

3. 国防科工局与总装备部的关系

国防科工局是国务院主要负责国防工业计划、政策、标准及规章制定并对执行情况进行监督的机构。总装备部是中央军委领导下负责全军武器装备工作的领导机关,也是负责全军武器装备从采购、装备、一直到报废退役的领导机关。总装备部与国防科工局归口管理的军工科研生产单位属于装备订货与组织生产、需求与供给的关系。以单件武器为例,国防科工局负责研究制造生产,而总装备部负责论证、采购、装备部队及日常武器的保养、维修等与装备有关的任务。即科工局负责武器装备科研生产的组织管理,承担着军工行业管理职能;总装负责提出需求并采购,承担着装备需求管理职能。

然而,由于我国正处于经济体制转型的历史时期,市场经济体制还不健全,某些消极的传统观念影响作用根深蒂固,政府作用发挥仍然存在一定缺陷。在军政关系上,把军队和行政管理部门关系简单地称为"供需关系",认为国防科技工业主管机构代表国防军工利益,总装备部代表军方利益,容易出现一些政策制定不协调等问题。

(三)地方国防科技工业管理机构及职权

地方国防科工办是省(自治区、直辖市)政府主管地方国防科学技术工业的职能部门。主要职责如下:

(1)贯彻党中央、国务院、中央军委有关国防科技工业工作方针、政策和国家法律、法规;结合本地区实际,组织制定具体政策并组织实施。

(2)督促、检查军工企、事业单位落实国家下达的军品指令性计划情况;协调解决有关问题,保证军品科研、生产、军贸、基本建设、技术改造及协作配套等各项规划、计划的完成。

(3)协调本地区军工企、事业单位的能源、交通运输、物资供应等保障工作。

(4)负责本地区军民结合、军工技术向民用转移工作,组织军工力量参加地方经济建设;承担省军民结合领导小组的日常工作。

(5)负责本地区军民用爆破器材行业管理工作。

(6)根据授权负责本地区军工行业的国防计量、标准、科技情报、科技成果、专利、质量保证等技术基础工作;负责本地区国防科研经费审计和军品安全生产工作。

(7)配合有关部门做好三线企业调整和军品动员的有关工作。

(8)负责本地区国防工业军品外贸、外事、对外合作交流、技术引进等方面的有关工作。

(9)指导本地区军工企、事业单位的经济体制改革工作。

(10)协调处理本地区军工企、事业单位之间,以及同其它单位之间有争议的问题;指导本地区军工企、事业单位做好基本建设的土地征购和环境保护等工作。

(11)协助中央有关部门指导部属军工企、事业单位党的组织建设、思想政治工作、纪律检查、行政监察、保密、安全、保卫工作和工人、青年、妇女的工作。

（12）按照国家有关党政干部管理规定分工，协助中央有关部门做好部属军工企、事业单位党政领导干部的管理工作。

（13）负责本地区军工行业内集体企业的行业管理工作。

（14）负责办理机关的政务、事务及组织、人事、劳资等工作；管理直属单位领导班子；指导办理直属单位的人事、劳资等工作。

（15）承办政府和国防科工局交办的其他工作。

第三章 军事装备科研法律制度

装备科研,是指为发展新型装备和改进、提高现役装备的作战使用性能而进行的科学研究及相关管理活动。装备科研工作就是要贯彻执行党中央、中央军委关于国防科技发展和装备建设的方针、政策,制定装备科研的发展战略、规划和计划,建立科学、高效的装备科研管理体制和运行机制,组织开展装备科研活动,促进装备发展,提高部队作战能力。装备科研是一个应用和发展新技术的过程,采用的新技术越多,不可预见的因素也越多,风险就越大,许多问题很难做出准确的预测,因此,需要用一套严密的法律制度来进行风险防范。

第一节 装备预研、研制法律制度

一、我国装备预研、研制立法概况

装备预研,即装备预先研究,它是指为研制新型装备而先期进行的国防科学研究和技术开发活动。装备预研活动是为研制先进武器装备提供技术储备和技术支撑,为改进现役武器的性能提供实用的技术成果,为国防科学技术进步和武器装备发展提供技术储备,为缩短武器装备的研制周期、降低武器装备的研制风险和研制费用服务。装备预先研究可以提高科研人员的技术水平,造就一支高素质、高水平的科研队伍,能够科学地验证新思路、新技术、新理论的可行性、实用性和经济性,减少型号研制的风险、缩短型号研制的周期。①

装备研制是装备科研与试制的统称,是为发展新型武器系统和先进技术装备(含改进现有武器装备)及其专用配套产品、专用原材料所进行的研究活动。装备研制是生成新武器装备的一种社会活动,是科研成果向作战工具转化的必要过程,主要受到国防科技水平、国家在武器装备研制发展中的投入和军事需求的制约,具有周期长、风险大、协作面广、管理系统复杂等特点。

我国的装备研制按其性质和任务可划分为三类:型号研制、应用基础研究和技术基础

---

① 崔华、赵玉洁:《对国防科研院所加强装备预先研究管理的探讨》,载《国防技术基础》,2006 年第 7 期,第 28 页。

工作。型号研制是指新武器装备(含航天工程系统)及其重要零部件的研制。应用基础研究是指为先进武器装备的研制而研究新原理、新技术、新材料、新工艺、新型元器件及新装置,突破关键技术。技术基础工作是指军用标准化和国防科技情报、计量、成果、质量与可靠性、环境与观测管理等保障、监督、服务工作。[①]

装备预研、研制法律制度,是国家关于新型武器系统和先进技术装备的发明、研制的法律规范及相关政策的总称,它是国防科学技术与武器装备研究的基本依据。其主要形式有国防科研法律、法规和规章以及有关的法律解释、政策等。几十年来,我国装备科研立法取得了重大进步,特别是党的十一届三中全会之后,装备科研法律制度伴随着改革开放和社会主义市场经济体制不断完善而逐步建立和完善起来。1997 年的《国防法》以专章规定了国防科研生产的目标和基本方针,为国防科研生产立法提供了法律依据。

自 2000 年以来,我军先后发布了《装备科研条例》、《装备预先研究条例》、《总装备部专业组管理规定》、《武器装备探索研究管理规定》、《装备预先研究计划管理规定》、《装备预先研究合同管理规定》、《国防科研试制费管理规定》等一系列法规、规章,对装备预研、研制、计划管理等制度作了较为详细的规定。尤其是 2004 年中央军委制定和发布的《装备预先研究条例》、《装备科研条例》,从我军装备管理体制和装备科研管理的实际情况出发,按照社会主义市场经济的特点和规律,以加快装备现代化发展为宗旨,以提高部队战斗力为标准,以质量和效益为重点,对装备科研各个阶段的工作内容、程序、方法和要求作了明确规范,为建立协调有序的装备科研管理体制和运行机制奠定了基础。

自 1998 年以来,国防科研立法工作也取得了较大的进展和成效,原国防科工委组织制定并发布了《国防科技工业基础科研管理办法》、《武器装备科研生产协作配套管理暂行办法》、《国防科技工业软科学研究管理办法》、《国防科技工业标准化科研管理实施细则》等一系列规章,为装备科研建设提供了法制保障。

二、装备预研、研制的计划管理制度

装备预研是武器装备整体水平进步和发展的前提和技术后盾。[②] 装备预先研究必须以新时期军事战略方针为指导,贯彻科技强军战略,依靠科技进步,以加快装备技术发展为主线,以科技创新为先导;坚持集中统一领导,实行分级分类管理;坚持决策、咨询、执行系统的协调与配合;坚持需求牵引与科技推动相结合,近期、中期、远期发展相协调;坚持有所为、有所不为,集中力量突破关键技术。

(一)装备预研的分类

我军的装备预先研究分为应用基础研究、应用研究和先期技术开发三类。

---

① 袁颖:《对我国国防科技成果转化模式的探讨》,载《天水师范学院学报》,2004 年第 5 期,第 66 页。

② 袁俊:《武器装备预研的若干问题讨论》,载《船舶标准化与质量》,2008 年第 2 期,第 13 页。

1. 应用基础研究

应用基础研究是指以军事应用为目的,通过开展探索新思想、新概念、新原理等研究活动,为探索新型装备提供理论依据和基本知识的研究活动。应用基础研究的基本特征有:①理论探索性强,技术目标不是很明确,研究活动中涉及面广、不确定因素较多,研究手段主要是理论计算和各种小型探索性模拟型试验;②成功应用的可能性难以预测,一旦理论上有重大突破,将对武器装备的发展产生深远影响;③应用基础研究阶段所需要的研究经费少,投资强度表现为"先弱、中强、后适当";④研究成果形式一般为论文、著作、研究报告等,研究成果具有普遍性,有潜在的军事效益。

2. 应用研究

应用研究是指利用应用基础研究或其他科学研究成果,研究新思想、新概念、新原理应用于装备的可行性与实用性,确定其主要参数,为研究新型装备提供技术储备的研究活动。应用研究的基本特征是:①应用研究阶段的题目有应用目标范围和比较明确的技术目标,但特定的、具体的应用目标不十分明确;②主要研究手段除理论计算外,还需大量探索性试验研究;③一般来讲,成功应用的可能性比较大,一旦有重大技术突破,将为武器装备型号研制和技术开发活动带来广阔的发展前景;④应用研究阶段所需的研究经费比应用基础研究阶段要多,投资强度表现为"先弱,中、后强";⑤研究成果形式一般为可行性分析报告、试验报告、样品、原理样机、软件等,应用研究成果具有普遍性,有可能的军事效益。

3. 先期技术开发

先期技术开发是指利用应用基础研究、应用研究的成果,通过部件或者分系统原型进行综合集成,演示验证关键技术的可行性和实用性,为研制新型装备和改进现役装备提供实用的技术成果。先期技术开发具有以下基本特征:①先期技术开发针对性比较强,主要解决部件和分系统的关键技术;②先期技术开发的研究方向明确,技术攻关目标和技术关键比较清楚;③通过先期技术开发来完成主要研究工作,一旦关键技术的可行性和实用性得到验证,并满意地通过对原型机的测试,则为武器装备型号研制提供了可靠技术依据和一定的经济可行性分析依据;④先期技术开发所需要的研究经费多,投入强度大;⑤研究成果形式一般为部件和分系统的原型机、示范性工艺流程、验证或鉴定性试验报告等,具有直接的军事效益。

装备预研应根据上述三类不同项目的特点,在规划制定过程中,确保这三类项目的有机结合,从应用基础研究中挑出一批有应用前景的项目进行应用研究,只有经过应用研究的项目才能列入先期技术开发。同时加大对先期技术开发、进行演示验证项目的投入,利用军内科研单位既负责预研规划又负责型号发展论证的有利条件,从型号论证上把关,保证先期技术开发项目与型号研制有机结合起来。①

---

① 张俊科、贺明:《关于加强装备预研管理的探讨》,载《国防技术基础》,2005年第5期,第6页。

（二）装备预研的计划管理制度

1. 装备预研计划管理的概念

装备预研的计划管理，是指装备预先研究计划的编制、审批、下达、执行、评估、调整、检查和监督等一系列有组织的活动。根据 2006 年 6 月总装备部发布的《装备预先研究计划管理规定》，装备预先研究计划包括装备预先研究中长期计划、年度计划和专项计划，通常分为装备预先研究应用开发计划、装备探索研究计划、国家重大基础研究计划、装备预先研究基金项目计划和专项计划。装备预先研究中长期计划分为发展战略、规划、五年计划。

预先研究项目的计划管理是预先研究管理的核心内容，是决定预先研究管理水平和效益的关键环节。为了确保预先研究项目完成，应根据项目需要，分阶段、分层次地编制预先研究工作计划。在计划编制时要注重相关节点的控制，要充分考虑到计划的合理性和周密性、可执行性和可检查性，要体现规划、计划和经费的协调。[1] 在计划实施过程中，要实行计划进度网络节点管理，加强节点的考核和检查，督促项目按计划进行，并对项目进行跟踪管理。为督促项目计划完成和解决技术难点，组织专家对预先研究项目的关键节点进行评审。[2]

2. 装备预先研究发展战略与规划

装备预先研究发展战略，是对未来较长时期装备预先研究发展进行的宏观谋划。装备预先研究规划是对未来十年或者更长时期的装备预先研究发展的总体设计，它们是拟制装备预先研究五年计划的基本依据。

装备预先研究发展战略和规划应当依据军事战略方针、未来军事斗争的需求、新型装备研制的需求、世界军事技术水平与发展趋势、国家科学技术水平与发展趋势、装备预先研究经费投入的预测等制定和编制。总部分管有关装备的部门、军兵种装备部和总装备部授权的单位应当按照总装备部的要求，开展分管的装备预先研究发展战略报告，并将研究报告报总装备部，并拟制分管装备预先研究规划报总装备部。在此基础上，由总装备部拟制全军装备预先研究发展战略报告。总装备部对各单位上报的装备预先研究规划进行审核，编制全军装备预先研究规划，报中央军委批准后下达实施。装备预先研究发展战略报告主要包括国防科技发展的趋势及对装备发展的影响、军事需求分析、战略目标、方向重点和政策措施等内容。装备预先研究规划主要包括军事需求分析、指导思想、总目标、方向重点、预期达到的技术能力水平等内容。

总装备部根据装备建设中长期计划，组织编写国防关键技术报告、制定装备预先研究

---

① 陈国琳、吴鹏炜、冷文军：《国防装备预先研究管理初探》，载《舰船科学技术》，2007 年第 6 期，第 182 页。

② 崔华、赵玉洁：《对国防科研院所加强装备预先研究管理的探讨》，载《国防技术基础》，2006 年第 7 期，第 3 页。

项目指南、编制装备预先研究计划的管理制度。国防关键技术报告是筛选装备预先研究重点项目、拟制装备预先研究五年计划的指导性文件,应当包括军事需求分析、指导思想、选项原则、关键技术领域、研究内容、发展目标和政策措施等内容,应当从技术层面上反映装备发展需求,体现国家未来国防科技发展方向和重点。国防关键技术报告由总装备部组织专家咨询组织以及军内外国防科技领域的同行专家论证编写,并征求总部分管有关装备的部门、军兵种装备部和总装备部授权的单位意见,由总装备部发布。装备预先研究项目指南对有关科研单位定向发布,用于确定装备预先研究五年计划项目的选题范围。这里的装备预先研究项目,是对装备预先研究课题、子课题、子专题的统称。

3. 装备预先研究五年计划

装备预先研究五年计划以装备预先研究发展战略和规划为依据,以国防关键技术报告为指导进行编制。总部分管有关装备的部门、军兵种装备部和总装备部授权的单位,在总装备部机关指导下拟制分管装备预先研究项目指南,报总装备部批准后,定向发布到科研单位。科研单位根据装备预先研究项目指南,向指南发布单位提出项目建议。

总装备部对各单位上报的装备预先研究五年计划进行审查和综合平衡,编制全军装备预先研究五年计划,并下达实施;其中,属于先期技术开发的演示验证项目,按照"成熟一项、批准一项"的原则,总部分管有关装备的部门、军兵种装备部和总装备部授权的单位,还应当将立项审批报总装备部,由总装备部逐项审批后下达实施。

全军装备预先研究五年计划执行中期,总装备部应当组织总部分管有关装备的部门、军兵种装备部和总装备部授权的单位,对计划执行情况进行中期评估,考核装备预先研究项目的研究进展,全面评估装备预先研究五年计划执行情况,对装备预先研究五年计划项目进行调整,进一步优先资源配置。如发现有下列情况之一的,项目应当终止:军事需求或者相关技术发生重大变化;失去研究意义;研究目标不符合计划要求;方案实施出现重大挫折;缺乏解决途径;预计无法完成、研究进展缓慢;组织管理差;研究队伍未落实,且无合适替代承研单位,预计无法完成。有新的重大军事需求,确需尽快开展研究或创新性、基础性研究取得重大进展,预计对装备发展有重大推动作用,确需安排的,可以增加项目。

总部分管有关装备的部门、军兵种装备部和总装备部授权的单位,应当将装备预先研究中期评估报告和装备预先研究五年计划调整意见报总装备部。总装备部对各单位上报的分管装备预先研究五年计划调整意见进行审核,编制全军装备预先研究五年中期调整计划,并下达实施。五年计划完成后,总部分管有关装备的部门、军兵种装备部和总装备部授权的单位应当对计划执行情况进行总结,并将计划执行情况报总装备部。

4. 装备预先研究年度计划

装备预先研究年度计划依据五年计划、本年度经费指标和上一年度计划执行情况编制。其编制程序是确定计划编制方案、编制下达年度计划。

装备预先研究年度计划编制方案由总装备部确定。总部分管有关装备的部门、军兵种装备部和总装备部授权的单位根据总装备部有关要求,组织拟制分管装备预先研究年度计划并报总装备部。总装备部对各单位上报的装备预先研究年度计划进行审核和综合平衡,编制全军装备预先研究年度计划,并下达实施。相关单位应当对年度计划执行情况进行总结,在翌年 1 月 15 日前将年度计划执行情况报总装备部。年度计划总结主要包括计划完成情况、取得的主要成果、经费使用情况、经验总结及下一步工作重点及建议等内容。

目前,我国承担预研的单位主要局限在行业内的工业部门、国防系统的院校、个别军内科研单位等,一般不向行业外或非军工单位或普通高等院校开放,这其实是一种垄断行为。以美国为首的发达国家,其预研工作都是同时依靠三支力量完成的。[①] 一是具有专业特长的军内科研单位;二是人才多、学术气氛浓厚的高等院校;三是实力雄厚、竞争意识强的工业技术部门。引入竞争机制,是提高装备预研经济效益和军事效益的必由之路。我们应根据预研项目的特点,让更多的单位参与到国防预研中来。因此,应向全国高等院校,尤其是名牌院校,开放国防预研。把封闭在行业内的装备预研项目向社会开放,既可以提高装备预研水平,又可提高预研经费的使用效率。

(三) 装备研制的计划管理制度

装备研制计划管理,是指装备研制计划的编制、审批、下达、执行、评估、调整、检查和监督等一系列有组织的活动。根据 2004 年 2 月中央军委发布的《装备科研条例》的规定,装备研制计划分为五年计划和年度计划。总装备部应当依据装备科研的发展战略、装备建设十年规划以及经费保障能力,组织拟制装备研制五年计划和年度计划。

1. 装备研制五年计划

装备研制五年计划应当包括计划的指导思想、发展目标、分类安排、总体评估,以及研制项目的性能要点、研制周期、经费安排等内容。总部分管有关装备的部门、军兵种装备部,应当根据总装备部提出的经费分配意见和有关要求,拟制分管装备研制五年计划。总装备部对各单位上报的分管装备研制五年计划进行审核,编制全军装备研制五年计划。列入战斗装备体制或保障体制、研制经费数额较大的装备或者采购数量较大的全军通用装备,列入主要装备研制五年计划;其他装备列入一般装备研制五年计划。主要装备研制五年计划由总装备部报中央军委批准后下达实施;一般装备研制五年计划由总装备部批准下达实施。

全军装备研制五年计划执行中期,总装备部应当组织总部分管有关装备的部门、军兵种装备部,对计划执行情况进行评估。根据评估情况和需要,总装备部可以对全军装备研制五年计划进行调整。全军装备研制五年计划执行期届满,总装备部应当组织总部分管有关装备的部门、军兵种装备部对计划执行情况进行总结。

---

① 李航航、许绍峰:《国防装备预研管理体制存在的问题与建议》,载《航空兵器》,2002 年第 1 期,第 40 页。

2. 装备研制年度计划

总部分管有关装备的部门、军兵种装备部,应当根据全军装备研制五年计划、本年度经费指标、上一年度计划结转项目和本年度新增加项目等情况,拟制分管装备研制年度计划。上一年度计划结转项目依据本年度经费指标、装备研制合同和项目研制进展情况安排。本年度新增加项目根据需要和本年度经费保障条件,在装备研制年度计划中预留经费,待批准立项后安排。总装备部对各单位上报的分管装备研制年度计划进行审核后,制定全军装备研制年度计划,并下达实施。总部分管有关装备的部门、军兵种装备部应当对分管装备研制年度计划执行情况进行检查,并将执行情况于翌年 1 月 15 日前报总装备部。

三、装备预研、研制的合同制度

(一) 我国装备预研、研制合同立法概况

合同作为一种契约和备忘录,是甲乙双方义务承诺和从事经济活动的根本依据。1987 年 1 月,国务院、中央军委发布了《武器装备研制合同暂行办法》和《国防科研试制费拨款管理暂行办法》,明确规定了武器装备研制合同的主要内容、武器装备研制合同承包方式、武器装备研制合同签订的一般程序、武器装备研制合同的效力、武器装备研制合同的违约责任及武器装备研制合同的研制成果归属等,我国武器装备预研及研制进入指令性计划下的合同制阶段。2000 年中央军委发布的《装备条例》在新的武器装备管理体制框架下,对武器装备工作的运行机制进行了规范,明确规定武器装备预先研究、武器装备研制实行合同制,合同由军兵种装备部、总部分管有关武器装备的部门和总装备部授权的单位与具备条件的武器装备承包商订立,从而使我国的武器装备研制合同走上了法制化的轨道。2004 年中央军委发布的《装备科研条例》明确了装备研制实行合同制,通过招标或竞争性谈判等方式择优选定装备承研单位。《装备预先研究条例》进一步明确了我军装备预研实行计划指导下的合同制与基金制相结合的管理制度,并规定实行合同制管理的预研项目应通过邀请招标、竞争性谈判等方式选择承研单位;明确了计划执行评估制度和合同重要节点评审制度,规范了合同草案审查和合同履行情况的监督检查制度,体现了新时期我军装备科研管理工作的新特点和新要求。这对于提高武器装备研制质量、缩短研制周期、加快研制进度、提高研制经费的使用效益起到了积极的作用。

1989 年,当时的国防科工委发布了《国防科学技术预先研究项目合同暂行规定》、《国防科学技术预先研究成果管理暂行规定》等规范性文件,开始在国防科学技术预研制度的大部分项目中实行指令性计划下的合同制,预研项目由计划管理转为合同管理,合同主要适用于接受国防科技预研经费拨款或者资助的先期技术开发类及大部分应用研究类项目。签订预研合同必须以国防科技预研中长期计划或者按计划程序批准的项目为依据。同时,建立健全一系列的管理制度,如立项管理、各阶段的技术管理、生产管理、物资管理、

档案管理、计划管理、经费管理、成果评价与管理,以及预先研究激励制度等,确保了装备研制合同有法可依。

（二）装备预研合同的特征与类型

装备预研合同,是合同当事人为完成装备研制任务而订立的技术开发合同。技术开发合同是指当事人之间就新技术、新产品、新工艺或者新材料及其系统的研究开发所订立的合同,包括委托开发合同和合作开发合同。所谓新技术、新产品、新工艺或者新材料及其系统,是指当事人在订立技术合同时尚未掌握的产品、工艺、材料及其系统等技术方案,但在技术上没有创新的现有产品改型、工艺变更、材料配方调整以及技术成果的检测、测试和使用除外。对于研究开发,国内外并无统一的定义。一种观点认为,研究开发即科学研究和技术开发,应包括基础研究、应用研究、发展研究、工业化试验、商业化投产和扩大再生产等几个阶段。另一种观点认为,研究开发应当包括科学研究、技术开发和技术创新活动,即研究、开发及创新。[①]

1. 装备预研合同的特征

装备预研合同是一种特殊的技术开发合同,商业化投产不应当包括在研究开发的内容之列。同时,装备预研合同又是一种特殊的国防合同,属国家军事订货范畴,因而具有与一般合同不同的特征。

（1）装备预研合同作为技术开发合同的特征:

第一,装备预研合同成果具有创造性。装备预研合同成果是研究开发方按照合同要求,经过长期的创造性劳动而取得的新技术成果,并非是在签订合同之前就已解决了的技术项目。当事人是在解决尚未完全解决的问题,研制或改进尚不存在或尚不完善的技术。一切现有技术的转移和利用现有技术进行的服务,都不属于装备预研合同中技术开发的范围。

第二,装备预研合同的责任大。开发一个技术项目时,经过当事人的努力,可能取得预期的效果,也可能在现有技术水平下遇到无法预见、无法防止和无法克服的技术困难,从而导致研究开发的失败。因此,在订立装备预研合同时,应具有必要的研究开发经费、基础设施、技术情报资料等条件,并进行必要的可行性论证。

第三,装备预研合同是双务有偿合同。在装备预研合同中,委托方应向受托方提供研究开发经费,受托方应向委托方提供科技研究成果。在双方配合下,按合同约定,共同实现双方的权利和义务。

（2）装备预研合同作为国防合同的特征:

第一,具有强制性。《国防法》、《合同法》的有关规定表明,指令性国家订货具有某种强制性,法人、其他组织、尤其是国家投资兴办的国有企事业单位,有义务接受国家命令完

---

① 陈小君主编:《合同法学》,北京:中国政法大学出版社,1999 年版,第 464 页。

成国家下达的订货任务。装备预研合同也具有某种强制性特点,在战时的国家军事订货更具有不可违抗的指令性。

第二,具有保密性。各国都把装备研制视为国家机密。武器装备的性能指标、质量保证要求、依据的标准,以及国防工业的布局、生产能力都不宜公诸于世,特别是重点"杀手锏"装备的性能、数量乃至关键技术更需要严格保密。在国家、地区或不同利益集团之间的军事斗争中,这种秘而不宣的状态是保持军事威慑的一种重要形式。因此,装备预研合同中发生纠纷,不能诉诸于民事法庭来进行一般的司法裁决,而必须主要依靠国家行政力量来协调或专门的司法强制力量来解决,这就是由于装备预研合同具有保密性的本质属性决定的。①

2. 装备预研合同的类型

装备预研合同的类型。根据不同的标准,《装备预先研究合同管理规定》把装备预研合同分为不同的类型。

(1) 按照承包方式的不同,装备预研合同可分为总承包合同、主承包合同、分承包合同和单项承包合同。总承包合同,是指委托方将成系统的装备预研项目或装备研制项目,委托给一个主要承研方总承包所订立的合同。主承包合同,是指委托方将成系统的装备预研项目或装备研制项目的主体部分,委托给一个主要承研方承包的合同。分承包合同,是指总(主)承包单位将承包项目中的部分研究任务,委托其他单位承包所订立的合同。单项承包合同,是指委托方就单项技术或成系统的装备预研或装备研制项目中的分系统部分与承研方所订立的合同。技术配套关系复杂的成系统项目,一般应当订立总承包合同或主承包合同。总(主)承包合同中的部分项目,可以订立分承包合同。

(2) 按照定价方式的不同,装备预研合同和装备研制合同可分为固定价款合同和成本补偿合同。固定价款合同,是指委托方和承研方一次性确定合同价款所订立的合同。在这种合同中,双方确认一个价格。它的必要条件是有明确的技术规范和任务说明书。在这种类型的合同中,不管成本发生什么变化,乙方必须履行合同,价格不能改变,乙方承担全部风险。② 装备预先研究合同项目通常应当订立固定价款合同。这种合同形式能够最大地激发研制单位努力履行合同和降低成本,军方合同管理的工作量较少,支付合同的费用稳定,但是如果不能准确地定价,或者有明显的不确定因素存在,这种合同就不适用了。③

成本补偿合同,是指委托方和承研方约定计价成本和收益以及成本补偿办法,并根据合同终结后经费实际开支进行补偿所订立的合同。这种类型的合同不规定合同的价格,

① 《关于装备合同及其法治环境的调查研究》,http://www.defence.org.cn/article-13-28836.html。
② 袁俊:《武器装备研制合同及其控制的探讨》,载《国防技术基础》,2005年第3期,第4页。
③ 李端端:《武器装备研制合同定价存在的问题及对策》,载《军事经济研究》,2006年第10期,第39页。

而规定目标成本;乙方的费用开支,受甲方的监督和控制,合同中明确规定可允许的项目和范围;合同中规定乙方可以获得的最高或最低的报酬。对有新的重大军事需求、确需尽快开展研究、技术风险较大、经费一时难以确定的项目,可以订立成本补偿合同。合同履行终结后,所发生经费与预算经费不一致时,根据《装备预先研究合同管理规定》,按下列方式处理。

第一,当合同价款出现结余时,结余经费的 60% ~80% 归承研方所有,结余经费的其余部分归委托方所有。委托方所得结余经费,应当上缴本系统装备研制和装备预研管理部门,并由总部分管有关装备的部门、军兵种装备部或总装备部授权的单位统一纳入分管的装备预研计划、装备研制计划和预算统筹安排使用;其中,属于共用技术项目的结余经费,应当上缴总装备部,由总装备部统一纳入装备预研、装备研制计划和预算安排使用。承研方所得结余经费,委托方应当协助其用于内容相关的研究工作或者改善科研条件。

第二,当合同价款出现不足时,不足部分的 60% ~80% 由承研方承担,不足部分的其余部分由委托方增付。委托方增付的不足部分经费,由总部分管有关装备的部门、军兵种装备部或者总装备部授权的单位在分管的装备预研计划、装备研制计划和预算内调整并报总装备部主管部门审核;其中,属于共用技术项目的不足部分经费,由总装备部在装备预先研究计划、装备研制计划和预算内调整解决。

(3) 按照履行期限,装备预研合同和装备研制合同可以分为全周期合同和阶段合同。全周期合同,是指根据完成项目所需时间订立的合同。阶段合同,是指根据项目研究过程和进度分阶段订立的合同,履行期限为一年的阶段合同为年度合同。技术指标明确、风险小、经费有保障的项目,可以订立全周期合同。探索性强、风险大的项目,可以订立阶段合同。全周期合同和阶段合同,履行期限一般不得超过五年计划执行期。

(三) 装备预研合同的订立

1. 装备预研合同承研方的选择

对列入装备预先研究计划的应用研究项目和先期技术开发项目,总部分管有关装备的部门、军兵种装备部和总装备部授权的单位,应当在经过资格审查的单位中,通过邀请招标、竞争性谈判、单一来源谈判以及总装备部认定的其他方式选定承研单位。装备预先研究合同当事人应当是法人或其他组织。

除招标方式外,采用其他方式订立装备预先研究合同的,必须进行开题论证。开题论证应当包括研究目标、研究内容、研究进度、技术指标、成果形式及应用方向、研究方案、技术途径、研究条件、经费使用、协作单位和组织管理措施等内容。委托方应当在总装备部主管部门的指导下,组织以专家为主体的开题论证评审组,对承研方编制的开题论证报告进行评审,确定开题论证书的内容,以作为订立合同的重要依据。

2. 装备预研合同的主要内容

装备预先研究合同是由若干条款构成的,条款是否齐全,内容是否准确,直接决定合同的签约质量,进而影响装备的质量。可以说,合同的好坏,关键在于合同条款的拟定。

武器装备预研(研制、生产)合同条款通常由基本条款和专用条款组成。所谓基本条款,是指一项合同必须具备的条款,而专用条款是指双方根据约定的任务特点而拟定的特殊条款。按照我国合同法和我军有关标准规定,武器装备预研(研制、生产)合同一般应有以下基本条款。

(1)当事人的名称或姓名和住所。

(2)标的。包括产品名称、计量单位和产品交付的技术状态;合同涉及的产品名称(含规格、型号)必须按规定填写全称,计量单位必须使用法定计量单位。

(3)数量。

(4)价格、经费。武器装备价格需要调整时,军队有关业务部门应组织力量根据生产单位提出的成本资料,对成本进行审核,报各大单位(大型或主要武器装备需报总装备部)审查认可后,与生产主管部门协商并按有关规定报国家主管部门批准。

(5)履行期限和交货进度。

(6)运输方式和交货地点。

(7)应提供的产品技术说明书、图纸、使用维修资料,备件附件、随机设备及资料清单等。

(8)产品质量保证要求。根据《武器装备质量管理条例》第17条规定:"订立武器装备研制、生产合同应当明确规定武器装备的性能指标、质量保证要求、依据的标准、验收准则和方法以及合同双方的质量责任。"

(9)产品质量监督(合同必须明确军方在产品生产质量监督、检验验收、审价定价、交付发运工作中的权利和生产单位应提供的必要条件)。

(10)军检条件、依据和验收周期。

(11)支付条件和结算方式。

(12)技术培训、维修、服务等。

(13)合同变更、终止的条件和责任。

(14)违约责任。

(15)解决争议的方法。

(16)特殊的约定事项。

武器装备订货合同除必须具备上述基本条款外,一般还应有下列专用条款。

(1)关于确定合同任务来源的条款。武器装备科研生产任务是军队根据国防计划提出的,一般都有军队武器装备管理部门审批并下达的文件。订货合同一般应引用明确任务的文件,作为合同的依据。属于先期技术开发的演示验证项目,在订立装备预先研究合同前,总部分管的部门、军兵种装备部或总装备授权的单位还应当将项目任务书报总装备部审批。

（2）关于合同价格计算与付款方式的条款。为确保合同落实,维护军方的利益,在研制大型复杂装备时,合同的价格与价款支付条款需要作出明确详细的规定。付款方式一般都采用分期付款的形式,分期一般按阶段或季度进行。预付款一般不大于合同总价款的 30%。由于多数国家在武器装备价格方面均采取价格相对固定的制度,为防止出现产品价格高低与质量水平脱节现象,一些国家通常将武器装备总价款分成两部分:进度款和质量款。进度款款额固定,质量款款额浮动。武器装备交付后,按质量评定的不同等级一次支付不同数额的质量款,对科研试制的武器装备,质量款所占比例通常更高些。

（3）关于保密条款。从谈判、签约直到完成任务的全过程,甲乙双方都负有保守秘密的责任。武器装备研制的保密意义是不言而喻的。国家、军队对保密工作都有明确的规定。在合同中,军方可以根据任务的性质,提出保密要求,对需要保密的范围、内容等作出明确的规定。同时,军方也有对任务、承制单位的先进技术、工艺和专利等保密的责任。

（4）关于明确军事代表室职责权限的条款。在武器装备科研生产过程中,军事代表室是军方对承制方履行合同实施监督、为武器装备订货决策提供有价值的参考建议的基本单位。武器装备科研生产合同中应明确规定军事代表室的权限职责。在军品合同中,军事代表室一般是以军方委托代理人或军方代表的身份出现,受军方的委托,处理履行合同中有关生产进度、产品质量等日常问题。

（5）关于追究产品质量缺陷责任的条款。产品缺陷责任是合同双方都很敏感的问题,为了避免出现纠纷,在合同中应明确规定承研方对产品缺陷的责任,其内容一般有以下几个方面。

第一,承研方承担的责任。承研方在产品研制、生产过程中应尽的义务包括技术、管理等方面。主要是:设计职责、制造职责、使用说明职责、使用跟踪职责、改进管理职责、监督员工工作质量的职责、监督转包方及子承包方的职责等。由于未尽到上述职责而产生的质量缺陷或造成的损失,承研方均应承担责任。

第二,产品缺陷责任的处理方式。如解除合同、降低价格、调换新品、赔偿损失、排除缺陷等。

第三,产品缺陷责任的期限。合同一般应明确质量保证期限,超过责任期限和范围的,承研方原则上不承担责任。

第四,涉外责任事故的处理。涉及国外经济合同中的缺陷责任事故,一般按事故发生地的法律来处理。事故发生地有两层含义:一是指违法行为(违反职责)发生地;二是指权益受到侵犯的发生地。

委托方就合同内容与承研方达成一致意见后,形成合同草案文本。对总装备部规定的重大装备预先研究项目,总部分管有关装备的部门、军兵种装备部和总装备部授权的单位在与承研单位订立合同前,应当将合同草案文本报总装备部审查。合同草案文本经审查后,委托方方可与承研方签订合同。在合同生效之日起 30 天内,将合同(副本)报总装备部备案。

装备预研合同一般经当事人签字盖章后生效,需经本系统装备预先研究主管部门批准后生效的合同,由总部分管有关装备的部门、军兵种装备部或总装备部授权的单位确定。分承包合同生效后,总(主)承包方应将分承包合同送总(主)承包合同的委托方备案。分承包合同规定的技术指标、研究经费和研究进展需总(主)承包合同的委托方认可的,总(主)承包合同的委托方可以作为分承包合同的第三方。

委托方采取招标、谈判等方式订立合同结余的预算经费,经总装备部主管部门部门确认后,由总部分管有关装备的部门、军兵种装备部或者总装备部授权的单位纳入分管装备预先研究计划和预算统筹安排使用;其中,属于共用技术项目的结余经费,由总装备部统一纳入装备预先研究计划和预算安排使用。

(四)装备预研合同的履行及变更、中止与解除

1. 装备预研合同的履行

合同生效后,当事人应当依据国家和军队的有关规定,全面履行合同规定的义务。总部分管有关装备的部门、军兵种装备部或者总装备部授权的单位,应当对合同履行情况实施监督检查。全周期合同和阶段合同应当进行年度确认。委托方应当依据年度经费落实情况、调整情况和合同履行情况,确认全周期合同和阶段合同当年的内容。

装备预先研究合同实行节点评审。合同节点一般是指:重大研究试验方案的审定;合同确定的阶段性成果的完成;重要结果的评定。节点评审由委托方与承研方商量组织。通过节点评审的,方可转入下一阶段研究工作。

合同履行过程中,如果当事人一方发生分立、合并或者其他变更时,应当就履行合同的有关事项和责任提前与对方协商,并在变动后30天内将变更结果书面通知到对方。当事人一方发生变更不得影响合同的履行。合同履行期间,委托方应当核实承研方的项目负责人和主要研究人员,承研方的项目负责人和主要研究人员一般不允许变更。确需变更的,项目负责人的变更应经过委托方同意,主要研究人员的变更应当向委托方备案。

委托方应当要求承研方按照合同约定通报合同履行情况。委托方应当在每年1月15日前,向本系统装备预先研究主管部门报告合同履行情况。报告内容主要包括研究内容的完成情况、技术指标的实现情况、取得的主要成果及其知识产权保护、合同价款的支付与使用、存在问题及建议等。对合同履行中取得的重大进展,委托方应当及时报告。

总部分管有关装备的部门、军兵种装备部或者总装备部授权的单位,应当将合同履行情况随年度计划执行情况一并报总装备部主管部门。

2. 装备预研合同的变更、中止与解除

合同履行期间发生下列情况之一,致使合同不能履行、不必要履行或者延期履行时,当事人可以提出变更、中止或解除:第一,合同所依据的装备预先研究计划被修改或者被撤销的;第二,合同确定的关键技术已经公开或者通过其他途径获得,继续履行合同没有必要的;第三,履行期间因出现无法克服的技术困难的;第四,合同履行条件发生重大变化,无法履行合同主要条款的;第五,发生不可抗力事件的。当事人一方要求变更、中止或解除合同时,应当提交不能履行、不必要履行或者延期履行的有关证明,并应以书面形式及时通知对方。对方在接到通知后30天内予以答复,逾期不予答复的,视为同意。

当事人就合同变更、中止或者解除协商一致后,委托方应当以书面形式报本系统装备预先研究主管部门审查,由总部分管有关装备的部门、军兵种装备部或者总装备部授权的单位报总装备部主管部门同意后,合同的变更、中止或解除方可生效。总部分管有关装备的部门、军兵种装备部或者总装备部授权的单位应当将合同变更、中止或者解除的办理情况报总装备部主管部门备案。

合同变更后,委托方应当按照变更后的合同内容支付经费。合同中止或解除后,研究经费尚未支付的,委托方应暂停支付;研究经费已经支付的,委托方应当要求承研方予以返还或者暂停使用;对承研方已经发生且委托方尚未支付的经费,经委托方审核并报本系统装备预先研究主管部门审查后予以支付,属于共用技术项目的,应当报总装备部主管部门审查后予以支付。

合同变更、中止或解除后,对已取得的研究成果及资料,委托方应当要求承研方按照合同约定予以提供或者暂行予以保管。

(五)装备预研合同的项目验收

1. 项目验收的一般规定

项目验收应当以装备预先研究合同为依据,验收内容应当根据合同内容确定。主要包括研究目标实现情况、研究内容完成情况、技术指标实现情况、关键技术突破情况、取得成果的完整性、合同经费使用情况等。还应对项目的技术创新点、成果转化应用效果和预期效益以及承研方配套保障条件落实情况等给予评定。项目验收应当在做好充分准备的基础上实施。按合同约定完成任务的,委托方应当要求承研方及时完成验收准备,并提出项目验收申请。委托方应及时对承研方提交的验收材料进行审查,确定项目是否具备验收条件。未能按照合同约定完成任务的,承研方可以向委托方提出推迟验收的情况说明并经委托方同意。不具备验收条件的,委托方应当要求承研方在给定的期限内补充完善有关工作后,再次提出项目验收申请。有分承包合同的,委托方通常应当要求总(主)承包方在此前完成分承包合同项目的验收。

2. 项目验收的程序和方式

项目验收单位通常为合同的委托方。对总装备部规定的重大装备预先研究项目,应当在总装备部主管部门具体指导下,由总部分管有关装备的部门、军兵种装备部或者总装备部授权的单位验收;其中,核武器、核技术的有关演示验证项目,由总装备部主管部门组织验收。对分承包合同项目,通常由合同总(主)承包方验收,总(主)承包合同的委托方一般应参加验收。

项目验收应当由验收单位组建的验收委员会实施。验收委员会应当由技术、经济和管理方面的专家组成。可以设测试组和资料审查组,分别负责成果测试和资料审查工作。验收委员会及其测试组和资料审查组应当遵循回避原则。

项目验收方式一般分会议验收和函审验收。验收方式由委托方和承研方协商后,由委托方报本系统装备预研主管部门确认;其中属于共用技术项目的,由总装备部主管部门确认。

采取会议验收方式的,验收委员会应当听取项目工作总结报告和技术总结报告,视情进行现场检查或者观看成果演示,形成项目验收意见。采取函审验收方式时,委托方应当将项目工作总结报告、技术总结报告等分送验收委员会委员审阅,验收委员会主任将验收委员的意见归纳综合后形成项目验收意见。

3. 项目验收的结果

项目验收结果分为通过验收和未通过验收两类。项目验收时可以进行评分,按优、良、中、差等级评定,作为项目完成情况的参考。项目验收过程中出现争议时,应当由总部分管有关装备的部门、军兵种装备部或者总装备部授权的单位组织复审。验收未通过的项目,委托方应当向承研方提出最终完成合同的期限。承研方在最终期限内完成研究工作的,委托方应当接受承研方提出的再次验收申请并重新组织验收。最终未通过验收的,在五年之内,委托方一般不得继续委托该承研方承担同一技术方向的项目,并追究违约责任。承研方在约定时间内的任务完成情况优于合同约定的,在同等条件下,委托方可以优先选择该承研方承担后续研究工作。

项目通过验收后,委托方应当将项目完成情况报本系统装备预研主管部门;属于重大装备预研项目的,总部分管有关装备的部门、军兵种装备部或者总装备部授权的单位,应当将项目完成情况报总装备部主管部门。委托方应当督促承研方在约定的时间内完成全部文档资料的归档工作,并要求承研方在规定的时间内交付研究成果,需要由承研方保管的研究成果,委托方应与承研方订立保管协议。

(六) 装备预研合同的违约责任

当事人一方违约,另一方有权要求对方继续履行合同或者采取补救措施,并有权提出赔偿。当事人双方违约的,各自承担其应负的违约责任。当事人一方违约,应当按照合同约定向对方支付违约金。由于违约给方对方造成的损失超过违约金的,违约方还应予以赔偿,合同另有约定的情形除外。违约金和赔偿金不得计入科研成本。因当事人一方违约而受到损失的另一方应当及时采取措施,防止损失扩大,因没有及时采取措施致使损失进一步扩大,不得就扩大的损失要求赔偿。违约方支付违约金、赔偿金后,对方要求继续履行合同的,应当继续履行合同。

由于合同履行发生争议,当事人应当协商解决。协商不成的,由总部分管有关装备的部门、军兵种装备部或者总装备部授权的单位进行调解。当事人对调解仍有异议的,可以在 60 天内向总装备部主管部门申请复议。

1. 委托方的违约责任

委托方违反约定,发生下列情形之一,致使研究开发工作停滞、延误或者失败的,应当承担违约责任:将研究经费挪作他用而未按照合同约定及时支付研究经费的;未按合同约定对承研方提供的成果和技术资料予以保密的;违反合同其他约定的。

2. 承研方的违约责任

合同应当约定,承研方未与委托方协商一致发生下列情形之一,致使研究开发工作停滞、延误或者失败的,应当承担违约责任:擅自转让合同的权利和义务的;由于承研方撤销、合并或者分立致使合同不能履行的;由于项目负责人和主要研究人员发生变更致使合同不能履行的;未按照合同约定开展研究工作的;将研究经费挪作他用的;未按时提供合同约定的成果,未按照合同约定提供知识产权保护及管理的;违反合同其他约定的。

委托方收取的违约金、赔偿金,由总部分管有关装备的部门、军兵种装备部或者总装备部授权的单位纳入下年度分管装备预研主管计划统筹使用;其中,属于共用技术项目的,由总装备部纳入下年度装备预研计划统筹使用。

（七）装备研制合同

装备预研合同的类型和价款、合同订立与履行、合同的违约责任、验收等方面的法律规定,同样适用于装备研制合同。因此,此处只对装备研制合同与预研合同的不同之处进行说明。

根据《装备科研条例》规定,装备科研实行合同制。总部分管有关装备的部门、军兵种装备部对批准立项的装备科研项目,应当在经过资格审查的单位中,通过招标或者竞争性谈判等方式择优选定装备承研承制单位,订立装备研制合同。对总装备部规定的重大装备研制项目总（主）合同草案文本,总部分管有关装备的部门、军兵种装备部应当报总装备部确认后,方可订立,并报总装备部备案。

总部分管有关装备的部门、军兵种装备部应当根据国家和军队的有关规定,全面履行装备研制合同规定的义务,并组织军事代表机构和军队其他有关单位,对承研承制的研制进度、经费使用、技术质量状态、科研试验等进行监督,督促承研承制单位保证装备研制合同的履行。总部分管有关装备的部门、军兵种装备部应当对装备研制技术方案、工程研制转阶段等重大节点及时组织审查,审查通过后方可转入下一阶段研制。

装备研制合同订立后,不得擅自变更、中止或解除。但遇有下列情形之一的,总部分管有关装备的部门、军兵种装备部可以按照规定的程序和要求办理合同的变更、中止或者解除事宜:装备研制计划被修改或者取消;装备研制过程中出现战术技术指标调整或者装备研制经费超概算等无法履行的;装备研制合同履行条件发生重大变化,致使合同主要条款无法履行的。

由于装备使用一方原因而变更、中止或者解除装备研制合同给承研承制单位造成损失的,总部分管有关装备的部门、军兵种装备部应当报装备部批准后,向承研承制单位支付合理的补偿费用。因承研承制单位的过错而变更、中止或者解除装备研制合同给军队造成损失的,总部分管有关装备的部门、军兵种装备部应当根据装备研制合同和有关规定向承研承制单位提出索赔。

装备研制合同履行完毕后,总部分管有关装备的部门、军兵种装备部应当按照合同的规定组织验收。

第二节　装备试验、定型法律制度

军事装备发展的历史证明,装备试验与定型已成为装备研制工作的重要环节,是装备采办管理和科学决策的基础,也是全寿命管理的重要组成部分。装备试验与定型活动是一个系统的、动态的过程,它是由若干分系统按照一定结构组成的多因素、多环节的整体,涉及国家政府部门、军事机关、国家试验靶场、型号研制单位、科研院校系统、兵力保障单位、军事代表室等,军、地关系错综复杂。因此,只有运用装备试验与定型法规统一和规范各主体的行为,调整和理顺各种关系,才能使试验与定型工作协调发展和有序运转,进而保证试验与定型任务的圆满完成。

一、我军装备试验、定型立法概况

装备的试验、定型法律法规,是伴随着装备型号的发展而不断建立和完善的。我国装备的试验、定型是从无到有,从单项到系统,从经验型到科学型,从单一兵种到陆军、海军、空军、第二炮兵等诸多军兵种。从 20 世纪 50 年代起,我国开始建设国防科研机构和试验基地。1964 年 1 月,中央军委决定成立海军常规武器试验机构。1965 年 12 月,经总参谋部批准,成立了海军试验基地常规兵器试验部,负责组建水中兵器、舰船和导航设备等装备的试验场。20 世纪 70 年代后期,随着海军常规武器的发展,经国务院、中央军委批准,又建设了深水和电子对抗试验场,并相继开展了深水和电子对抗试验。同时,国务院、中央军委发布了一系列法规规章,有效地对装备科研试验工作实施标准化、正规化、规范化和科学化的管理。

1. 装备试验与定型法规

装备试验与定型法规是指由国务院、中央军委依据国家有关法律,按照一定法律程序单独或联合制定和颁布的,在全国、全军或某一领域适用的有关试验与定型的法律规定。主要包括三类:一是国务院、中央军委联合制定和发布的属于调整国家、地方、军队在试验与定型活动中关系的军事行政法规,如国务院、中央军委联合批准和发布的《军工产品定型工作规定》、《武器装备质量管理条例》等,这类军事行政法规具有全国、全军范围内遵行的法律效力。二是国务院制定发布的国防科研(含试验)生产有关的行政法规,如 1994

年发布的《国务院关于对军工科研生产调整改革问题的批复》等，这类行政法规具有在全国范围内遵行的法律效力。三是中央军委制定和发布的属于调整军队系统军事装备（含试验与定型）方面的军事法规，如中央军委颁发的《中国人民解放军装备条例》、《中国人民解放军装备科研条例》，这类法规具有在全军范围内遵行的法律效力。

2. 装备试验与定型规章

装备试验与定型规章是指国务院有关部委、军委各总部、军兵种、军区，依据有关法律和法规，按照一定的法律程序单独或联合制定发布的，在国家或军队某一领域适用的试验与定型的法律规范，主要包括四类：一是国务院有关部委、军委主管部门联合制定和发布或国务院和中央军委授权主管部门制定并发布的属于调整国家有关部门、地方政府和军队之间在试验与定型活动中关系的规定、办法等军事行政规章，如国家计委、财政部、总参谋部和原国防科工委1987年联合发布的《国家科学技术研究和军事装备研制计划暂行管理办法》和《战略武器装备研制程序》、《常规武器装备研制程序》；经国务院、中央军委授权，总参谋部、总装备部从1980年开始，陆续组织制定和发布了一大批试验与定型方面的国家军用标准和国家军用使用标准，如《可靠性鉴定试验和验收试验方法》、《大型试验质量管理要求》、《常规兵器定型试验方法》、《装甲车辆试验规程》等。这种军事行政规章或技术规范具有在全国、全军一定范围内遵行的法律效力。二是军委各总部联合或单独制定和发布的涉及军队试验与定型工作的规定、规则、办法等军事规章，如总装备部制定和发布的《军事代表参与武器装备定型工作程序》，这些军事规章具有在全军一定范围内遵行的法律效力。三是国务院有关部委制定和发布的与国防科研（含试验）有关的规定、办法等行政规章，如原国防科工委1999年制定和发布的《国防科技工业软科学研究管理暂行办法》等，这些规章具有在全国一定范围内遵行的法律效力。四是各军兵种、军区根据国防科技、军事装备建设和试验鉴定法规等制定和发布的涉及军兵种、军区试验与鉴定工作的地区性、补充性的规定、办法、细则等军事规章，这些军事规章具有在军兵种、本军区范围内遵行的法律效力。

总之，我军武器装备试验与定型法规建设取得了一定成绩，在规范我军武器装备试验与定型活动方面发挥了重要作用，但到目前为止，我军还没有一部专门的武器装备试验与定型法规和规章，很多试验与定型工作没有法律规范，无法可依，具体法规和规章还不健全且修订也不及时，立法研究还比较薄弱，上述状况难以适应我军目前和未来武器装备试验与定型工作的要求。当前，必须遵循武器装备试验与定型发展的客观规律，结合我军武器装备试验与定型的实际情况，对我军有关武器装备试验与定型工作的相关法规进行认真梳理，深入分析哪些方面的试验与定型工作没有法规来规范，分清轻重缓急，突出重点和急需，加紧制定我军武器装备的试验与定型法规和规章，使试验与定型各个方面的工作都有法可依。

二、我军装备试验法律制度

装备试验是按照科学、规范的试验程序和批准的指标要求,对被试验装备性能进行考核的活动;用以对武器装备的部件、分系统或系统的技术战术性能,以及使用性能等进行评估,从而验证武器装备的部件、分系统和全系统设计思想和检验生产工艺是否满足设计要求,为确定被试品能否满足设计要求提供科学依据。①

(一)装备试验的内容及任务

我国的装备试验按试验性质分为定型试验和科研试验。定型试验包括设计定型试验、生产定型试验、技术鉴定试验,是为考核被试装备是否达到研制总要求规定的战术技术指标和作战效能、验证军选民用装备是否达到军方要求的战术技术指标和使用要求而进行的试验。科研试验包括指标验证试验和部队使用试验,是对被试装备进行的科研摸底、分系统鉴定、系统联试、性能鉴定、生产交验以及引进装备检验性试验等非定型试验的总称。

装备试验的主要内容包括:①地区适应性试验,检验被试装备适应不同地区和环境的能力;②性能试验,检验被试装备的战术技术性能和勤务保障能力;③质量与完好性试验,检验被试装备在使用过程中保持战斗力的能力。

根据我军《装备条例》的规定,装备试验的任务是对被试验装备提出准确的试验结果,作出正确的试验结论,为装备的定型工作、部队使用、承研承制单位验证设计思想和检验生产工艺提供科学依据。总装备部的《科研管理暂行规定》也对装备试验的主要目的作了规定,即验证装备战术技术指标;鉴定装备作战使用效能;检验总体技术方案;考核装备研制所采用的关键技术;考核成套性、匹配性情况;考核批量产品性能质量稳定情况。

(二)装备试验的要求

装备试验技术复杂,专业性强,涉及面广,组织、协调难度大,并且具有很强的政策性、规范性、原则性和规律性。同时,装备型号多,更新快,新技术应用广泛,在试验工程中需要不断探索和研究新型号、新方法,更新设备,改进试验手段,通过试验活动获取试验信息,以及对获取的试验信息进行分析处理,并充分利用试验信息对被试装备进行科学评价。正是由于装备试验的这种特殊地位和作用,对其提出了严格的要求。

1. 坚持标准,严格程序

装备试验既是考核装备系统实际战术技术水平、使用性能,又是对设计思想、研制方案、以及装备系统质量的验证。坚持标准,严格程序,就是要坚持按照《武器装备研制总要求》中的战术技术指标要求制定试验大纲,进行试验方案设计,组织试验理论研究,进行试验保障条件和试验技术建设。试验鉴定条件是鉴定装备质量的决定性因素。试验条

---

① 常显奇、程永生主编:《常规武器装备试验学》,北京:国防工业出版社,2007年版,第5页。

件建设必须与型号研制、装备的发展相适应,必须与装备同步发展。在认真做好试验技术准备、试验保障的基础上,要依据军用标准和有关试验文件规定,严格按照试验程序组织现场试验,保证装备试验的科学性、系统性、规范性。在试验中若发生涉及战术技术指标的有关问题,应该认真分析,提出解决问题的意见和措施,并报请有关主管部门批准后组织实施。

2. 从难从严,从实战出发

从难从严,以实战条件和信息化战争作为装备试验工作的出发点,瞄准机械化、信息化战争的主战场,是装备试验工作的客观要求。经过试验定型后的装备,能否在未来实战条件下发挥其应有作用,特别是机械化、信息化战争对战场条件、战争模式以及保障方式的不同要求,都对装备试验理论、试验标准、测试手段和试验管理等提出了新的挑战和现实要求。装备试验工作必须开拓创新,科学求实,把握现代战争的特点,以实战条件作为武器装备试验的准则,加强现代战场环境、实战条件和毁伤理论的研究,不断改进和完善相关试验条件,在试验实施中严格控制试验条件,从难从严,从实战条件出发,确保经过定型的装备系统在未来战争中发挥应有作用。

3. 全面试验,确保质量

装备的发展变化,一方面决定着战争形态、作战样式、指挥方式、军队组织结构和军事理论的变化,同时也对装备试验与鉴定系统提出了更高要求。现代武器装备除了有主战装备外,还有庞大保障装备和配套装备。在未来战场上只有主战装备、保障装备和配套装备同时有效地发挥作用,才能取得战争的主动权。因此,装备试验必须运用系统工程的理论,对武器装备系统进行全面、系统的试验与鉴定,这也是保证试验质量的关键环节。装备的科研过程,特别是装备从立项论证、初样机、正样机、定型试验和部队使用的各个阶段,都需要进行大量的、科学的具体科研试验工作。用系统工程的方法来组织指挥、协调装备的科研试验工作,统筹安排装备科研试验中各个阶段、各个环节的工作,尤其是在试验信息的共享和综合利用,充分发挥试验信息的效能,对试验工作提出了新的、更高的要求。因此,装备试验必须用系统工程方法,统览装备试验的全过程、全系统和武器装备的全寿命期。

（三）装备试验的组织实施

装备试验实施单位应当根据装备试验年度计划和装备试验大纲严密组织实施装备试验。装备试验年度计划由军兵种装备部、总部分管有关装备的部门根据装备建设五年计划和装备研制年度计划制定。装备试验大纲通常由装备试验实施单位或者提出装备试验任务的单位根据装备试验年度计划拟制,它是组织实施装备试验的基本依据,主要包括任务依据、试验性质、试验目的、被试装备及技术状态、试验科目、试验流程、组织分工、试验评定标准等内容。

装备试验要严格执行安全法规和操作规程,确保装备试验安全。装备试验结束后,承

81

试单位负责拟制并上报试验报告和试验鉴定报告。

三、我军装备定型法律制度

装备定型,是指国家军工产品定型机构按照权限与程序,对研制、改进、改型、技术革新和仿制的装备进行考核,确认其达到研制总要求和规定标准的活动。其任务就是要按照装备研制总要求,对新型装备进行全面考核,确认其是否达到规定的标准。我军《装备条例》规定,拟正式列编配发部队的新型装备,应当按照规定进行装备定型。装备定型包括装备设计定型和装备生产定型。在装备建设的“四个机制”中,定型工作是监督机制和评价机制的集中体现。定型质量的好坏,直接影响到装备能否形成战斗力,直接关系到军事斗争的任务能否完成,关系到能否实现装备建设跨越式发展的宏伟战略目标。因此,定型工作是武器装备全寿命管理中的一个不可或缺的重要环节。

(一)定型机构和职责

根据《军工产品定型工作规定》,国务院、中央军委军工产品定型委员会(简称一级定委)统一领导军工产品定型工作。按照军工产品类别设立的各专业定型委员会(简称二级定委),负责各自分工范围内的军工产品定型工作。

国务院、中央军委军工产品定型委员会由国务院有关部门负责人,人民解放军总部及其有关部门、军兵种的负责人组成。办公室设在总装备部,负责承办日常工作。其职责有:拟制军工产品定型工作的方针、政策,制定有关工作制度;审批一级军工产品的定型,其中战略武器的定型应当报国务院、中央军委同意;国务院、中央军委赋予的其他职责。

各专业定型委员会由国务院有关部门、总部有关部门、军兵种的负责人及其有关人员组成。办公室分别设在总部分管有关装备的部门、军兵种装备部,负责承办日常工作。其职责有:贯彻执行军工产品定型工作的方针、政策、法规和规章,拟制有关工作规定;组织分工范围内的军工产品定型工作;审批分工范围内的二级军工产品的定型;审议一级军工产品的定型,报一级定委审批;协调解决本级军工产品定型工作的有关事项。

(二)装备设计定型

装备设计定型主要考核装备的战术技术指标和作战使用效能,确认其是否达到研制总要求的规定。装备工程研制阶段结束后,军事代表机构或者军队其他有关单位应当会同装备承研承制单位提出装备设计定型试验的申请,同时提交证明满足下列条件的文件资料:①经必要的试验证明军工产品的关键技术问题已经解决;②经试验或者检验证明军工产品性能能够达到研制总要求;③设计图样(含软件源程序)和相关的文件资料齐全,满足设计定型试验的需要。是否进行装备设计定型试验,由二级定委审批。

装备设计定型试验包括试验基地和部队试验。试验基地试验主要考核装备的战术技术指标;部队试验主要考核装备的作战使用性能和部队适用性。部队试验通常在试验基地试验合格后进行,但如果试验基地不具备试验条件,经一级定委批准,设计定型试验可以只在部队试验中进行。

装备设计定型试验完成后,符合规定的标准和要求的,由军事代表机构或者军队其他有关单位会同承研承制单位,向二级定委提出装备设计定型的申请。二级定委应当组织其成员单位和承研单位、试验单位、军事代表机构的有关人员和相关领域专家,对申请设计定型的装备进行审查,并出具军工产品设计定型审查意见书。主要装备的设计定型由二级定委审查,报一级定委审批。一般装备的设计定型由二级定委审批,报一级定委备案。

(三) 装备生产定型

装备生产定型主要考核装备的质量稳定性和成套、批量生产条件,确认其是否符合批量生产的标准。经过设计定型的装备在正式批量生产之前,应当进行生产定型。但是,小批量生产的装备可以不进行生产定型。

经部队试用和生产定型试验后的装备,符合规定的标准和要求的,由军事代表机构或者军队其他有关单位会同承研承制单位,向二级定委提出装备生产定型的申请。主要装备的生产定型由二级定委审查,报一级定委审批。一般装备的生产定型由二级定委审批,报一级定委备案。

第三节　装备科研经费管理制度

装备科研经费是国家投入装备研制的专项经费,包括国防科研试制费、装备科学研究费和专项经费。经费是保证装备科研完成的重要条件,装备科研经费也是衡量一个国家军事科技水平的重要指标之一,在一定程度上反映了一个国家的军事发展能力。只有严格把关、合理使用装备科研经费,才能使项目按计划完成,装备科研经费也才能充分发挥其效益。因此,随着装备科研经费投入的不断增长,我国对科研经费管理与审计力度在不断加强,立法也不断完善。

一、我国装备科研经费管理立法概况

为了规范装备科研经费管理,早在1998年总装备部就发布了《军队装备科学研究费审计办法》。针对国防科研试制费管理使用方面存在的一些问题,2000年总装备部印发了《关于严格管理国防科研试制费的通知》,2001年又印发了《国防科研项目"里程碑"拨款管理办法》,以加强国防科研项目全过程的进度、质量、经费管理,有效控制成本,节约费用开支,提高国防科研经费使用效益。2002年,总装备部发布了《武器装备科研费管理规定》,对装备科研的管理分工、开支范围及管理、预算决算、拨款及支出、科研收入管理等,作了较详细的规定。2004年的《装备科研条例》专设"装备科研经费管理"一项,对装备科研经费的种类及主要使用范围作了进一步的明确规定。为加强国防科研试费管理,

提高经费使用效益,促进国防科研与武器装备发展,2006 年总装备部发布了《国防科研试制费管理规定》,规定了国防科研经费的分配原则、国防科研经费的开支范围及国防科研经费的管理制度。这些规定以提高国防科研经费使用效益为目的,从宏观层面综合规范了国防科研经费管理的基本行为,是国防科研经费管理的基本法规,也标志着我国国防科研经费管理步入法制轨道。在当前装备建设任务繁重的情况下,加强装备科研经费使用过程的监控,有利于积累项目成本价格资料,提高新上项目概算预测的准确性,降低项目研制费用,促进国防科研与武器装备现代化的跨越式发展。

总装备部成立以来,按照国务院、中央军委授予的职能,加强了对军队和国防科技工业部门国防科研经费的审计监督和管理,进一步提高了国防科研经费的使用效益,有效保证了新型装备和重大国防科研试验任务的完成。

二、国防科研试制费管理制度

(一)国防科研试制费管理分工

国防科研试制费主要用于装备的预先研究、研制以及与装备科研有关的技术基础工作,由总装备部归口管理,分为装备预先研究经费、装备型号研究经费和装备技术研究经费。国防科研试制费实行统一领导、按级负责、分工管理、专款专用的原则。财政部、总装备部和其他部门、单位对国防科研试制费管理方面,存在着不同的分工。根据《国防科研试制费管理规定》的规定,各部门、单位的分工及职责如下:

财政部在国防科研试制费管理方面,主要负责贯彻执行国家有关财经法规和制度;制定国防科研试制费管理有关规章制度;审批国防科研试制费预算;监督预算执行情况、拨付国防科研试制费;审批国防科研试制费决算;参与制定国防科研价格管理办法;检查指导国防科研试制费管理工作。

总装备部在国防科研试制费管理方面,主要负责贯彻执行国家和军队有关财经法规和制度;制定国防科研试制费管理有关规章制度;汇总编报和下达国防科研试制费预算,办理经费的请领、划拨,进行会计核算;组织国防科研项目的财务验收工作;汇总编报和审批决算,报告经费使用管理情况;归口管理国防科研价格工作;检查指导有关部门和单位的国防科研试制管理工作;检查监督研制单位合同经费的使用情况。

总部分管有关装备的部门、军兵种装备部负责贯彻执行国家和军队有关财经法规和制度;制定本部门国防科研试制费管理的规章制度和实施细则;编报和执行国防科研试费预算,按照合同对经费进行管理;根据批准的预算和项目合同,办理经费的请领、划拨、结算,进行会计核算;负责本部门国防科研项目节点经费的考核、财务验收工作;按照合同规定对乙方经费使用情况进行监督检查;编报决算、报告经费使用情况;负责分管装备科研价格。

总装备部委托的中国科学院、有关军工集团公司和中国工程物理研究院等部门(单位),对分管的国防科研试制费工作,主要负责贯彻执行国家和军队有关财经法规和制度;编报和执行国防科研试费预算;办理经费的请领、划拨、结算,进行会计核算;负责本部门(单位)直接拨款的国防科研项目节点经费的考核、财务验收工作;检查、指导所属单位国防科研试制费管理工作。

总装备部各技术管理依托机构,根据总装备部授权,对分管的国防科研试制费负责下列工作:贯彻执行国家和军队有关财经法规和制度;制定本级经费管理制度;编报和执行国防科研试费预算,按照合同对经费进行管理;办理经费的请领、划拨、结算,进行会计核算;按照合同规定对乙方经费使用情况进行监督检查;编报决算、报告经费使用情况;负责国防科研项目节点经费的考核、财务验收工作。

研制单位,即承担研制任务的军队和地方科研及试验单位、研究院(所)、大专院校、企业等,对本单位的国防科研试制费管理,负责下列工作:贯彻执行国家和军队有关财经法规和制度;执行项目合同,组织并确认科研收入;对实行总承包的国防科研项目,总承包单位按照合同确定分承包单位和协作单位,并按照合同管理使用国防科研试制费;严格国防科研项目成本开支范围,进行成本核算和成本控制;报告国防科研试制费使用情况;测算科研项目计价成本,提出价格方案。

(二)预算和决算

国防科研试制费实行预算管理制度。管理国防科研试制费的有关部门和单位,按照经费管理渠道编报国防科研试制费年度预算。国防科研试制费预算资金来源包括国家财政拨款和孳生的利息收入。各预算单位的财务管理部门,负责编制本单位的国防科研试制费年度预算,报送总装备部。总装备部审核、汇总编报国防科研试制费预算。年度预算由编制说明和预算表构成,编制说明包括预算编制的依据、原则、有关问题和建议等。根据《国防科研试制费管理规定》第 22 条的规定,年度预算批准后,各预算单位应在 10 个工作日内按预算编报程序及时办理预算批复。年度预算一经批准,一般不得变更。重点国防科研项目确需调整预算的,应在 9 月底前进行调整,并按预算审批权限和程序报批。

国防科研试制费决算分为年度决算和项目决算。各预算单位在预算年度终了 60 天内,根据实际开支情况,编制国防科研试制费年度决算,报总装备部。年度决算包括编报说明和决算表。总装备部对各部门(单位)上报的年度决算进行审核,并向财政部汇总编报国防科研试制费年度决算。总装备部根据财政部批复的国防科研试制费年度决算,及时办理决算批复。重大国防科研项目实行项目决算制度。在项目研制结束后,军队使用部门负责编制项目决算,报告研制计划和预算执行情况。

目前,我国国防科研投资是在传统体制下主要针对未来战争进行的科研投资。一方面,在军队内部,海、陆、空军种之间在职能上是相互独立的,并按照不同的军种需求进行分块管理。各军种自行其是的分块管理方法已不能适应当前新军事变革的要求,人为地降低了国防科研投资效率。另一方面,虽然已经建立了"寓军于民、军民结合、平战结合"

的科研投资体制,但是传统科研方式一直没有打破。我国国防科研在一定程度上仍然处于封闭状态,没有与国民经济形成休戚相关的依存关系。① 尽管我国国防科研投资已由生产型转向开发型,由仿制为主转向自行设计,但效果并不明显。

在美国,并非所有与国防有关的科研项目都能在国防部预算表中寻找到自己的位置。能源部中同国防有关的科研项目和投标及建议书的科研项目也是与国防有关的科研项目的一部分。② 国防部的科研经费是国防经费中的重要部分,同样在政府科研经费中占了很大的份额。虽然国防部拥有一个很大的实验室、科研中心和试验基地系统,进行着许多可能进入武器系统的探索性科研工作,但研究、开发、试验和评估预算的主要部分是用于工业界的。能源部的科研经费支持了从原子能委员会承袭来的军事任务。能源部的科研项目包括核武器、特种核材料生产、海军核反应堆、军用反应堆废料管理、核武器安全性及武器控制监督方面的工作。部分由国防部的独立科研和投标及建议书计划拨款的法人团体科研项目对任何国防科研分析都十分重要,这是因为基金额很大,以及技术内容至少有一部分是由工业企业决定而非仅国防部决定。虽然独立科研和投标与建议书项目应与国防需要有关,但他们也不全是国防导向的。事实上,政府认为如果一个企业或法人团体在做独立科研的同时又有生意业务,那么其生意业务也可以从科研中受益。所以政府只给与政府业务有关的独立科研进行拨款,这样就防止了将政府的资金用于企业的商业活动。尽管如此,独立科研计划原则上是鼓励公司进行军民两用科研活动的有效机构。

（三）使用范围和拨付款

国防科研试制费使用范围包括国防科研项目成本、收益和技术协调费。国防科研项目成本是指按照国家有关规定、为开展国防科研工作而发生的费用。收益是指国防科研项目价款扣除项目成本费用后的差额部分,在完成研制(究)任务后按规定结转。对研制周期两年以上的项目,按节点进行项目经费考核。根据《国防科研试制费管理规定》第14条第2款的规定,通过经费考核的项目,可预提不超过该节点项目总额3%的收益;未通过经费考核的项目,不得预提项目收益,项目完成且经财务验收后,按规定统一结算总收益。根据《国防科研试制费管理规定》第15条规定,技术协调费是指军工集团公司或项目总承包单位负责系统技术协调费用,只能用于项目需要的专家咨询费、会议费、差旅费和总装产品靶场试验期间的专用通信费。下列费用不准在国防科研试制费中列支:承担国防科研项目的军队单位的固定资产使用费和工资(自收自支的单位或聘用人员除外);应在基本建设资金(含自筹基建投资)、其他专项资金(含拨款)开支的费用,以及基本建设或专项贷款利息;按规定应在自有资金中开支的各项费用;各种赔偿费、违约金、滞纳金和罚款等;研制单位在生产经营过程中所发生的费用、对外投资和在规定比例以外增提的

① 曹驭日、何正斌:《国防科研投资体制的弊端及对策》,载《装备指挥技术学院学报》,2004 年第 6 期,第 34 页。
② 于岩岩:《美国国防科研经费投入的结构性分析》,载《商业研究》,2005 第 4 期,第 85 页。

固定资产使用费。

国防科研试制费拨款按照已批准的预算和项目合同执行。管理国防科研试制费的部门和单位按照《国防科研项目"里程碑"拨款管理办法》的规定,向总装备部提交"国防科研试制费(专项经费)拨款申请书"。实施"里程碑"拨款的工作程序是:合理划分科研任务研制阶段的节点,明确每个节点的任务、质量与研制经费拨(付)款条件;制定项目经费支付书和项目经费支付进度表;请领经费;考核节点内容;拨(付)款。拨(付)款实行与项目研制任务、进度、质量挂钩。每个节点实际付款前的一个月,实行"里程碑"拨款管理的国防科研项目,军队使用部门以及国防科科研技术管理依托机构、管理实体等,应向总装备部办理请领经费手续,申请拨款,并随附上一节点的考核结论。总装备部根据上报的拨款申请书及项目经费支付书和考核结论,汇总有关单位和部门的经费申请指标,根据项目研制进度和预算执行情况,编制月度用款计划,向财政部请领经费,保证实施"里程碑"拨款项目的用款。管理国防科研试制费的部门和单位组织对研制单位的节点考核。对完成约定条件的国防科研项目按节点考核结论及时拨(付)款;对未完成约定条件的项目,按节点考核结论缓拨(付)、停拨(付)部分或全部款项。研制单位应当按照合同规定提供国防科研项目的研制进度、技术质量、费用开支的详细情况及文字说明。

(四)国防科研试制费管理中存在的问题

国防科研试制费采取计划指标管理方式,科研单位任务完成后,若相应的任务项目经费有结余,除提取成本 3% 左右的收益外,其余部分按规定上缴。目前,在实践中出现了一系列不正常现象[①]:①在科研经费中多分摊间接费用以及提取各种基金、费用;②其他项目成本挤占科研经费,即将本不属于科研项目的成本计入科研成本;③内部交易转移科研经费,通过制定内部服务价格或签订内部服务合同等方式,将科研经费转移成为保障体系的营业利润,形成单位自有资金;④购置通用设备。《国防科研试制费管理规定》明确指出,科研经费不能用于购置通用设备,通用设备的购置列入单位净资产中的专用基金——修购基金,但在实践中却屡禁不止。一方面是因为制度中没有将通用设备与专用设备的界限区分清楚,另一方面是科研单位从单位利益出发,往往优先使用科研经费;⑤科研费用于基本建设项目或超过规定的技改项目。按《国防科研试制费管理规定》,国防科研试制费不能用于单位基本建设以及金额超过 10 万元的技术改造项目。一般情况下,科研单位的大型基本建设工程都有专项基建经费支持,但科研单位设施、设备的正常维护、更新、改造、升级等小项目就没有国家支持经费来源了,只能在修购基金中列支,因此单位往往把需要自筹资金实施的基本建设项目支出列入其他基建支出以及科研成本之中。

---

① 欧阳春、袁蕴:《国防科研经费财务管理存在的问题及原因探究》,载《财会通讯. 综合(中)》,2009 年第 3 期,第 64 页。

三、装备科学研究费管理制度

装备科学研究费,是指军费中用于新型武器装备、后勤装备的论证、研制、试验、定型,以及现役武器装备、后勤装备的技术革新工作等所开支的费用。2002 年 11 月总装备部发布的《武器装备科研费管理规定》指出,装备科学研究费由军费预算拨款、专项预算管理和列入预算管理的其他经费组成。主要用于:装备发展和装备研制有关使用要求的论证;进行武器装备试验评价及有关配套条件建设;开展现役装备改进和使用研究;现有装备的技术革新、成果鉴定和推广;研制特殊装备、相关配套器材及其应用软件等。重点科研项目由总装备部按照项目施行预决算管理,主要和一般项目由总装备部按照计划分配指标管理。各有关部门和单位,对装备科研费进行分工管理。

(一)装备科学研究费的管理分工

总装备部综合计划部在总装备部领导下,负责全军武器装备科研费的归口管理工作,主要履行下列职责:贯彻执行国家、军队有关财经法规和武器装备科研工作的规章制度;组织拟制武器装备科研费管理规定和办法;负责经费的统筹安排和综合平衡,办理预算、决算的编报、审批工作;办理经费的请领、划拨、结算、报销,组织会计核算;检查指导全军武器装备科研费管理工作;组织全军武器装备科研设备、器材计价统计工作;综合报告武器装备科研费使用管理情况。科学研究是一项极其复杂的工作,它在论证、立项、研制、试用、鉴定、报奖和推广等诸多环节容易受到各种主客观因素的影响,其经费管理具有复杂、灵活、连续等特性,因此,总部制定的科研经费管理规定多具有宏观指导性。[①]

军区、军兵种装备部,总部分管有关装备的部门负责所管武器装备的科研费的管理工作,主要履行下列职责:贯彻执行国家、军队有关财经法规和装备财务规章制度;负责所管经费的统筹安排、综合平衡,办理预算、决算;向上级装备财务管理部门请领经费,办理对科研单位经费供应,组织会计核算和本级开支结算报销;根据总装备部的规定,组织拟制本部门的管理办法和细则;检查、指导所管单位武器装备科研费管理工作;综合报告武器装备科研费使用管理情况;负责所管武器装备科研设备、器材计价统计工作。

科研及试验单位负责本单位的武器装备科研管理工作,主要履行下列职责:贯彻执行国家、军队有关财经法规,落实上级有关武器装备科研财务工作的方针、政策、指示,根据上级科研费管理规定,拟制本单位科研财务工作的具体规章制度;组织编报本单位科研经费预算;按预算要求组织落实本单位承担的科研、试验项目的经费保障工作;管理使用本单位的武器装备科研费;办理本单位科研设备、器材计价统计;组织本单位按项目进行课题经费管理和成本核算;组织本单位会计核算。

---

① 冠进忠、鹿卫晨、毕思畅:《从制度建设入手 强化科研经费管理》,载《军事经济研究》,2007 年第 9 期,第 66 页。

（二）装备科学研究费的开支范围及管理

装备科学研究费的开支范围包括设备费、材料费、外部协作费和科研业务费。设备费包括科研单位的科研用设备、仪器和特种车辆等所需的购置、自制、改装和安装费用。材料费包括研究、试制、试验新型产品所需的各种原料、材料、元器件、低值易耗品以及装配于样机样品的仪器、仪表、部件、组件等购置费用。外部协作费包括聘请军内外有关单位协助研究、试制、加工、试验等必须支付的费用。科研业务费包括两项内容：第一，科研单位直接为科研服务的其他费用，包括水电费、取暖费、燃料费、科研业务差旅费、情报资料费、设计用品费、设计论证费、样机样品购置费、科研业务会议费、技术培训费、工艺卫生费、防护劳保用品费、保健食品费、安全措施费、设备仪表维修费、仓库业务费、运杂费、印刷费、编外定编职工的各项费用以及经批准开支的为科研服务的"技术措施"性质的零星添置建设费等；第二，科研业务部门开支的业务费，即各科研主管部门用于科研业务所开支的管理性经费。

根据《武器装备科研费管理规定》规定，设备费管理应遵守下列规定：科研单位对所有的设备仪器要建立健全账簿（账卡）登记制度和管理维护制度，专人负责、定期检查，设备仪器账卡登记必须真实准确，反映出实物量和价值情况（原始价值和净值），设备仪器丢失损坏要查明原因、认真处理。本单位不使用、不需要的设备仪器，原值5万元以上的应报上级主管部门批准方可处理，所收款项仍应用于购买设备仪器。设备仪器报废，须通过本单位技术部门鉴定，提出报废理由，经单位领导审查后提出报告，5万元以上的由上级主管部门批准。处理报废设备仪器收入，扣除清理费用后的净收入，留科研单位。

材料费管理应遵守下列规定：要加强材料采购的计划管理，防止盲目采购，积压浪费。库存科研物资、器材由器材部门设专人核算和管理，实行限额管理。各单位库存科研物资要及时清理，物资器材采购部门采购的入库物资不作经费报销，作为物资占款记账。课题组领用，按出库凭证编制经费开支决算向财务部门报账。每年的库存物资以12月底库存数为准，随科研费收支情况报表填报，并计价向财务部门挂账，纳入预算管理，不准搞账外账。对库存呆滞物资，要按有关规定和要求及时处理。

外部协作费管理应遵守下列规定：科研单位承担的武器装备科研项目，请外单位协助试制、加工、试验时，应签订合同或协议，并组织有关人员与对方核算，要严格执行国家和军队政策、财经制度。各单位提供外协单位使用的设备仪器用后应收回，如确需留外协单位使用，应作价收费，所收款项用于弥补科研经费不足。

科研业务费管理应遵守下列规定：国家和军队有开支标准的科研业务经费开支项目，严格按标准执行。在保障科研工作正常运行基础上，尽量节省水电、差旅、运杂等消耗性支出。科研管理部门开支的业务费，在上级分配的经费总指标内从严控制，按开支明细科目列入年度预算，经批准后执行。科研单位业务费一般应控制在单位科研指标的25%以内，从事论证情报等研究性的科研单位，开支的业务费不得超过40%；承担试验任务的海、空军试验基地科研业务费按上级核定的试验消耗指标管理。

由于总部制定的科研经费管理规定未对对外技术协作费、科研业务费等弹性较大的经费支出作出刚性规定,不少科研单位的科研项目的外部协作费超出整个科研项目经费的50%;个别单位甚至搞"小马拉大车",将自身无法完成的科研项目争取到手后全部外协给地方单位,背离了军事科研应有的严肃性;部分单位将不能通过正常途径处理的接待费、手机费等支出随意列支科研业务费,导致非科研性质的开支比例偏高,支出结构失衡。①

（三）装备科学研究费的预算、决算

总装备部综合计划部是全军武器装备科研费预算编制工作的主管部门,归口办理全军武器装备科研费预算;军区、军兵种装备部,总部分管有关装备的部门和各级科研单位按装备经费供应渠道办理武器装备科研费预算。《武器装备科研费管理规定》规定,军区、军兵种装备部,总部分管有关装备的部门编制的下年度武器装备科研费预算建议方案,在本年度7月15日前上报总装备部。由总装备部综合计划部会同有关部门审查汇总后,于每年8月15日前报总后勤部。军区、军兵种装备部,总部分管有关装备的部门,根据总装备部下达的经费预算控制指标,在10个工作日内,对预算建议方案进行调整,拟制预算方案上报总装备部。由总装备部综合计划部会同有关部门审查汇总,经总装备部批准后,上报总后勤部。军区、军兵种装备部,总部分管有关装备的部门拟制预算建议方案和预算方案,重点项目应明确项目名称、承办单位、立项批准单位、项目总预算、以前年度安排经费、本年度计划投资经费等。主要和一般项目明确经费指标。总装备部综合计划部在接到总后勤部财务部下达的年度武器装备科研费预算后,由总装备部综合计划部在15个工作日内,将年度武器装备科研费预算通知军区、军兵种装备部,总部分管有关装备的部门。

年度预算一经批准,一般不得变更,重点科研任务确须调整的,应于9月底前一次性调整,并按预算审批权限和程序报批。专项科研任务经费预算,军区、军兵种装备部,总部分管有关装备的部门在接到总装备部下达科研计划和经费后1个月内报总装备部审批。

科研单位及业务部门编制科研费决算按12月底账面实际开支数编报,装备财务管理部门编报的决算应当以经过核实的所管单位汇总的合计数为准,不得虚报决算。武器装备科研费决算由各级装备财务管理部门归口承办,逐级汇总上报,军区、军兵种装备部,总部分管有关装备的部门编报的决算于翌年2月10日前报总装备部综合计划部,同时抄送有关部门。总装备部综合计划部会同有关部门审核、汇总后,报总后勤部财务部核销。总装备部综合计划部依据总后勤部财务部核销的年度决算,对各部门进行决算批复;各部门

---

① 冠进忠、鹿卫晨、毕思畅:《从制度建设入手 强化科研经费管理》,载《军事经济研究》,2007年第9期,第67页。

接到总装备部综合计划部批复决算后应尽快对科研单位进行核销。武器装备科研费预决算应使用总装备部综合计划部发给的预决算管理系统软件,预算、决算的科研项目名称应一致,不得随意变更。预算、决算要以机关正式公文形式上报,并附编报说明、预算编制主要依据和执行情况分析等内容。决算应做到内容完整、数字准确、编报及时。

从目前的情况来看,科研经费的预算无法准确反映跨年度科研项目经费收支的总体情况。为了防止出现赤字预算,现行的科研管理办法都要求项目根据上级下达的年度经费预算编制科研项目年度经费支出明细预算,但由于多数科研项目的计划研制时间都在2年以上,而且即使是要求在1个年度内完成的科研项目,因上级下达科研项目经费预算指标比较晚,科研经费也往往需要跨年度保障。而现行的科研项目经费预算支出明细表栏次设置较为简单,仅能反映当年科研项目经费的收入和计划支出,反映不出科研项目根概算、历年下达的预算指标和历年科研项目的支出等科研项目经费的总体情况。科研经费的预算也不能科学地反映科研项目在研制过程中各环节经费支出的特点和规律。科研项目预算作为一种监控工具,是根据科研项目在完成过程中各个环节的任务,经科学测算来确定的,是为经费管理活动提供服务和支持的。而现行的科研项目支出明细预算,人为割裂了科研项目在研制过程中各环节经费支出的内在联系,将全部科研支出按开支内容笼统地分为"设备费"、"材料费"、"外部协作费"和"业务费"四个明细,使预算不能真实透明地反映科研项目在论证、立项、研制、试用、鉴定、报奖和推广等各环节经费支出的规模、内容和特点,使预算的监督、控制和调节功能得不到有效发挥。[1]

(四) 拨款、支出及科研收入管理

科研单位应根据上级批准的预算,按进度填制经费拨款申请书报上级装备财务管理部门审核并拨款。各级装备财务管理部门的拨款要保障经费供应、不使资金积压;武器装备科研费按装备经费供应渠道办理拨款。各级装备财务管理部门应对经费支出进行审核。主要审核经费支出是否符合预算和开支范围、凭证是否真实、内容是否齐全、手续是否完备。凡违反规定的,一律不予结算和报销。总装备部综合计划部直接结算的科研项目,在款付和结算经费时,有关部门、单位应提供合同、验收证明及相关票据等内容。

《武器装备科研费管理规定》规定,科研收入主要包括科研单位利用科研条件组织的科研收入、科研设备和仪器报废、处理收入和其他收入。科研单位利用科研条件组织的科研收入主要有代加工试制收入、小批生产利润、科研样机和技术成果转让收入、对外翻译图书资料收入、专利收入、科技开发咨询服务收入、对外试验收入等。为取得上述收入发生的成本性费用支出,列入当年预算外收入科目核算,不得摊入正常科研项目成本中。科研收入由各级装备财务部门归口管理,负责组织收入、成本核算、利润分配和统一安排支出。科研收入总额(不扣除成本性开支)的2%上交总装备部,全额用于原单位。科研单

---

① 王青:《军队院校科研经费管理刍议》,载《军事经济研究》,2008年第8期,第54页。

位组织科研收入,严禁另立银行账号,自收自支,收不入账,禁止挪用、转移和隐匿。科研单位组织的科研收入扣除成本后的纯收益,科研主管部门根据实际情况可以具体明确收益的分配、使用和收交比例。各单位、科研主管部门留用的科研收入主要用于武器装备科研建设事业,解决科研单位实际问题。开展科研收入必须执行国家和军队的有关规定,不得影响正常科研任务的完成,不得危害部队装备建设和科研发展。

第四节 装备科技成果鉴定与奖励制度

装备科技成果主要是指在装备科研、订货、保障部队使用直至装备退役、报废过程中产生的技术成果。装备科技成果鉴定,是指有关装备管理部门聘请同行专家,按照规定的形式和程序,对装备科技成果进行审查和评价,并作出相应的结论。对装备科技成果进行鉴定,要正确评价装备科技成果的质量与水平,促进装备科技成果在装备建设中的应用。

一、装备科技成果鉴定制度

为了加强装备科技成果鉴定工作的管理,正确评价装备科技成果的质量和水平,促进装备科技成果在装备建设中的应用,2003 年总装备部发布了《装备科技成果鉴定办法》,这是全军装备科技成果鉴定工作的基本依据。2004 年,总参谋部通信部发布了《通信与指挥自动化科学技术成果鉴定规程》,总装备部通保部发布了《通用装备保障科技成果鉴定管理办法》。这些军事规章也对装备科技成果的鉴定范围与内容、鉴定组织、鉴定程序、鉴定工作管理做出了系统的规定。

装备科技成果的鉴定工作实行统一领导、分级管理。总装备部科技成果主管部门归口管理、指导和监督全军装备科技成果鉴定工作。各军区、军兵种装备部,总部分管有关装备的部门,军事科学院、国防大学、国防科技大学装备管理部门负责管理、监督本部门装备科技成果的鉴定工作。

(一)鉴定范围和内容

列入各部门装备计划和依据合同研究产生的装备科技成果以及计划外的重大装备科技成果,除基础理论研究成果、国家军用标准、已获得专利的应用技术成果和已按照《军工产品定型工作条例》定型的装备科技成果外,都必须进行鉴定。

装备科技成果应当在完成项目任务书或者合同规定的任务,并达到了所要求的性能指标后,方可进行鉴定。一份任务书或者一份合同所含技术,一般只能作为一项成果进行鉴定。

根据《装备科技成果鉴定办法》的规定,装备科技成果鉴定的主要内容有:是否完成项目任务书或者合同的约定;创造性及主要创新点或者重大技术进步;与国内外相同(或者相似)技术比较所达到的技术水平,或者在相应学科领域产生的影响;成熟程度、实用价值和推广应用前景;存在的问题和改进意见,以及其他要求鉴定的内容。

（二）鉴定组织

各军区、军兵种装备部,总部分管有关装备的部门,军事科学院、国防大学、国防科技大学装备管理部门为组织鉴定单位,负责组织装备科技成果的鉴定。组织鉴定单位可以直接主持鉴定,也可以授权或者委托所属业务主管机关主持鉴定。

组织鉴定单位根据被鉴定装备科技成果的特点,可选择会议鉴定、函审鉴定、检测鉴定等鉴定形式。需要进行现场考察、测试,并经讨论答辩才能做出评价的装备科技成果,采用会议鉴定。采用会议鉴定时,由组织鉴定单位聘请 7 名以上同行专家组成鉴定委员会,鉴定结论须经到会专家的 3/4 以上的多数通过。通过书面审查有关技术资料,即可对装备科技成果做出评价的,采用函审鉴定。采用函审鉴定时,由组织鉴定单位聘请 7 名以上同行专家组成函审组,鉴定结论须经函审组 3/4 以上的多数专家的意见形成。由国家或军队认定的专业技术检验机构进行检验、测试,即可对装备科技成果做出评价的,采用检测鉴定。采用检测鉴定时,由组织鉴定单位指定国家或军队认定的专业技术检测机构进行检验、测试。专业技术检测机构出具的检测报告是检测鉴定的主要依据。必要时,组织鉴定单位可以会同检测机构聘请 3 名以上同行专家,成立检测鉴定专家组,提出综合评价意见。

组织鉴定单位聘请的同行专家,应当具备下列条件:具有高级专业技术职称(特殊情况下可以聘请不超过 1/4 具有中级专业技术职称的中青年科技骨干);对被鉴定的装备科技成果所属专业有较丰富的理论知识和实践经验,熟悉国内外该领域技术发展的状况;具有良好的科学道德和职业道德。除涉及国家核心机密,不宜扩大知密范围的装备科技成果外,科技成果完成单位的人员不得作为同行专家参加鉴定委员会、函审组、检测鉴定专家组。

《装备科技成果鉴定办法》规定,参加鉴定工作的专家在鉴定工作中享有下列权利:独立对被鉴定的装备科技成果进行评价,不受任何单位和个人的干涉;要求科技成果完成单位提供充分、翔实的技术资料,向科技成果完成单位提出质疑并要求做出解释,必要时可要求对试验结果或者测试结果进行复核;充分发表个人意见,要求在鉴定结论中记载不同意见,亦可拒绝在鉴定结论上签字;要求排除影响鉴定工作正常进行的干扰,必要时可以组织鉴定单位或者主持鉴定单位提出中止鉴定的请求。

（三）鉴定程序

装备科技成果鉴定实行申报审批制度。申请鉴定的装备科技成果,科技成果完成单位应当备齐必备的技术资料,于鉴定前 30 天提出鉴定申请。科技成果完成单位(两个或两个以上单位共同完成的装备科技成果,由科技成果第一完成单位)根据任务来源,经其业务主管机关向组织鉴定单位提出鉴定申请;军外单位在完成装备科研合同中产生的装备科技成果,需军方组织鉴定的,由军方会同科技成果完成单位,按任务来源向军方的组织鉴定单位申请鉴定;特别重大的装备科技成果,各部门可以向总装备部提出鉴定申请,由总装备部组织鉴定。

依据《装备科技成果鉴定办法》,各部门的科技成果主管单位负责对鉴定申请进行形式审查,审查的内容包括:是否属于装备科技成果鉴定范围;提交的文件、技术资料是否齐全、完整并符合要求;确认鉴定的其他有关事项是否已经准备就绪。成果鉴定应提供的主要技术资料包括:项目任务书或者项目合同书;技术研究报告;测试报告及主要试验、测试记录报告;用户使用情况报告。

组织鉴定单位应当在收到鉴定申请之日起 10 个工作日内,完成对鉴定申请的审查工作,并做出是否准予鉴定的答复。对符合鉴定条件的,要明确主持鉴定单位、鉴定形式、鉴定时间,并正式通知科技成果完成单位。对于鉴定申请不予批准的,需说明理由。

鉴定委员会根据被鉴定项目的技术资料、有关证明和全体鉴定专家的意见,针对需要鉴定的技术内容,经充分讨论协商形成鉴定结论。鉴定结论应当实事求是,不同意见应当记载于鉴定结论之后。鉴定结论不写明"存在问题"和"改进意见"的,应当退回重新鉴定,予以补正。专家研究、形成鉴定结论时,被鉴定单位人员应回避。

主持鉴定单位负责鉴定的筹办、主持和管理,保证鉴定结论的真实性;负责填写《科技成果鉴定证书》,签署意见后于 5 个工作日内上报组织鉴定单位。组织鉴定单位在收到《鉴定证书》的 5 个工作日内完成对《鉴定证书》的审核,并在《鉴定证书》的"组织鉴定单位意见"栏中签署意见,加盖鉴定专用章。与鉴定有关的各类资料,由科技成果完成单位按科技档案管理有关规定归档。

(四)鉴定工作管理

《装备科技成果鉴定办法》规定,各部门根据需要对装备科技成果鉴定工作实行计划管理。各部门的科技成果主管单位应于每年 12 月底前将本部门当年已鉴定过的装备科技成果,正式填报《装备科技成果鉴定完成情况表》,报总装备部科技成果主管部门备案。参加装备科技成果鉴定工作的有关人员,必须严格遵守科学道德和职业道德规范。参加鉴定工作的专家应当对被鉴定的装备科技成果进行实事求是的评价,评价结论应当科学、客观、准确。主持鉴定单位应当本着厉行节约的原则组织开展鉴定工作。组织鉴定单位可通过主持鉴定单位对参加鉴定工作的专家酌情支付技术咨询费。科技成果完成单位或者完成人不得以任何名目和理由向参加鉴定的有关人员赠送礼金(含有价证券)和礼物。

各部门对所负责组织的装备科技成果的鉴定,发现确有错误的,应当责令主持鉴定单位及时纠正,错误严重的,应当组织复核和查处。

二、装备科技成果奖励制度

为了规范全军通用装备保障科技成果奖励工作,2004 年总装备部通保部发布了《通用装备保障科技成果奖励工作管理办法》。2007 年,为了促进全军武器装备的发展,鼓励在武器装备科学技术中做出突出贡献的集体和个人,规范全军武器装备科学技术奖励工作,总装备部发布了《武器装备科学技术奖励办法》,全军武器装备科学技术奖的推荐、评审、异议处理和授奖等各项活动都适用该办法。

（一）奖励范围和评审标准

全军武器装备科学技术奖励制度贯彻尊重劳动、尊重知识、尊重人才、尊重创造的方针,鼓励自主创新,促进科学技术进步与武器装备发展。全军武器装备科学技术奖设军队科学技术进步一等奖、二等奖和三等奖,实行限额奖励,奖励数量由总装备部确定,每年评审一次。

根据《武器装备科学技术奖励办法》第 5 条的规定,全军武器装备科学技术奖奖励范围,主要是在完成军队武器装备科研项目中产生的五类科技成果:装备论证类、技术开发类、装备试验类、装备维修类、技术基础类。装备论证类,主要是指武器装备型号论证、武器装备发展论证、武器装备使用研究、装备管理理论研究以及论证理论与方法研究等科技成果,包括软科学成果。技术开发类,主要是指武器装备（含产品）研制、预先研究、技术革新、新技术开发及新技术理论研究等科技成果,包括将已有的科学技术推广到武器装备建设中所取得的科技成果。装备试验类,主要是指武器装备试验理论、方法和技术研究以及试验设备研制等科技成果。装备维修类,主要是指武器装备的储存保管、供应发放、维护修理等理论方法研究,保管、检查、检测、封存、维护修理技术研究和维修保障设备、器材研制等科技成果。技术基础类,主要是指军用标准化、军事计量、装备质量与可靠性、科技信息和科技成果管理等方面产生的科技成果。

《武器装备科学技术奖励办法》第 6 条规定,全军武器装备科学技术奖分为一、二、三等奖三个等级。一等奖的评审标准是:技术或理论上有重大创新,难度很大;总体技术有重大进步,在国际、国内同领域具有先进水平;对全军武器装备现代化建设和提高部队战斗力有重大促进作用;在全军同领域范围内推广应用;取得重大的军事、社会或者经济效益。二等奖的评审标准是:技术或理论上有很大创新,难度较大;总体技术有很大进步,在国内、军内同领域具有先进水平;对全军武器装备现代化建设和提高部队战斗力有很大促进作用;在全军同领域范围内推广应用;取得很大的军事、社会或者经济效益。三等奖的评审标准是:技术或理论上有较大创新,有一定难度;总体技术有较大进步,在军内同领域具有先进水平;对全军武器装备现代化建设和提高部队战斗力有较大促进作用;在本部门同领域范围内推广应用;取得较大的军事、社会或者经济效益。

（二）奖励对象和条件

全军武器装备科学技术奖授予在完成武器装备科技成果中做出突出贡献的个人和单位。奖励项目的主要完成人,应是该项目理论、方案、创新点的提出者,或者是总体方案、新产品的设计者,或者是科研、生产、应用过程中重大技术难点的解决者。主要完成人员的取舍和排序,应由第一完成单位组织课题组成员评议确定。仅参加项目组织、协调、审查、保障等工作人员,不得作为主要完成人。对项目作出创造性贡献的部门主管机关人员作为主要完成人时,课题组成员须对该人员所作贡献进行充分评议,并在评议结论上签名。

奖励项目的主要完成单位应是在该项目研究、设计、制造、应用等过程中提供技术、人员和设备等条件,对该项目的完成起到重要作用的单位。各部门主管机关一般不得作为主要完成单位。

(三)推荐要求

全军武器装备科学技术奖实行限额推荐,各部门根据总装备部批准的推荐指标向全军成果办推荐一、二、三等奖项目。

推荐项目应当满足下列条件:符合各等级奖项的评审标准;通过了成果鉴、定型或者其他规定方式的技术评价,并经实际应用一年以上,取得实际效益;成果无知识产权以及有关完成人员、完成单位等方面的争议。被全军武器装备科学技术奖任何一级评审机构确定缓评的项目,如果提供了必要的补充材料或者获得了新的实质性进展,可以重新推荐。投资规模较大、参加研制的单位和人员较多的项目,若子项目有独立的科研任务书,经与总项目协调一致,总项目单位出具证明后可单独报奖。总项目报奖时,要剔除已授奖子项目的技术内容。

(四)评审程序和方法

各级评审机构一般以会议的形式对参评项目进行评审。一等奖项目由评审会议的组织者根据参评项目材料情况决定是否采取答辩方式评审,二、三等奖项目采取不答辩方式评审。答辩方式的项目评审程序是:完成人汇报项目情况、评审委员提问、完成人回答。不答辩方式的项目评审程序是,评审委员审查项目材料并发表意见。所有参评项目评审结束后,进行投票表决,根据评审等级和项目得票率排序,并按推荐指标限额确定推荐项目等级。

技术内容描述不清楚或者成果应用不充分的项目,可作缓评处理;不具备规定的等级评审标准或者存在弄虚作假等不符合评审要求的项目,作不评处理。缓评和不评项目的决定由评审会议到会委员半数以上同意后生效。各级评审会议实行回避制度。作为主要完成人的评审委员不得参加评审该项目的评审会议。评审委员在评审有其直系亲属作为主要完成人的项目时,应当主动回避或者被告知回避对该项目的评议和投票。各级评审机构以记名投票表决方式产生评审结果。

(五)监督和异议处理

总装备部科技成果主管部门设立全军武器装备科学技术奖评审行为监督领导小组,按照国家和军队的有关规定负责科学技术奖励评审活动的督查工作。任何单位和个人均可向督查领导小组举报推荐、评审和异议处理工作中存在的问题。

全军武器装备科学技术奖实行评审信誉制度。总装备部科技成果主管部门对参加评审活动的专家建立信誉档案,信誉记录作为遴选评审委员人选的重要依据。对在评审活动中违反有关规定的评审委员,由督查小组给予责令改正、警告、取消评审委员资格的处分。

全军武器装备科学技术奖的评审工作实行异议制度。各部门推荐的三等奖项目与经各专业技术评审组评审的项目,由全军成果办在适当的范围内公布征求异议。任何单位或者个人对公布征求异议的项目,可自公布之日起45天内向全军成果办提出异议,项目异议由全军成果办负责处理。

第五节　装备研制的国际法规制

一般来说,装备的研发首先应以该国所面临的安全威胁与军事战略需求为牵引,其次要以该国的社会经济条件和技术基础来推进,再次还要考虑到国际法特别是战争法与国际人道法的规定与通行做法,以及宗教、道德以及文化传统的影响。国际人道法是指出于人道原因,限制武装冲突之后果的规则的总称,[1]它不仅仅是保护未参与或不再参与敌对行动人员的规范,而且是规制武器装备发展、运用,并禁止或限制使用某些武器、作战手段和方法的法律依据。现代国际人道法包括从1868年的《关于在战争中放弃使用某些爆炸几天弹丸的宣言》(简称《圣彼得堡宣言》)到1977年的日内瓦四公约及其附加议定书,以及一系列《生物武器公约》、《环境技术公约》、《特定常规武器公约》和《化学武器公约》等国际法文件,主要规范现有武器的使用、发展、生产、存储及销毁和新式武器的研发等一系列问题。

一、战争法关于高新武器研制的规定

(一) 禁止极度残酷的常规武器

极度残酷的常规武器是指被认为具有过分伤害力或滥杀滥伤作用的常规武器。所谓过分伤害力,是指该种武器不仅可使人丧失战斗力,而且使被杀伤者承受难以治疗或过度、不必要的痛苦。所谓滥杀滥伤,是指使用该种武器可使军人和平民不加区别地受到杀伤。因此,极度残酷的常规武器也被称为不人道武器。联合国于1980年通过了《禁止或限制使用某些可被认为具有过分伤害力或滥杀滥伤作用的常规武器公约》(简称《特定常规武器公约》),其中规定禁止使用的武器有:①主要作用在于以碎片伤人而其碎片在人体内无法用X射线检测的武器;②激光致盲武器;③"诱杀装置"和"其他装置";④特定地雷(主要是不符合可探测性要求的杀伤人员地雷和反车辆地雷,以及没有自失能装置的地雷等)。限制使用的武器有地雷和燃烧武器。

---

① 《国际红十字委员会对国际人道法的概述》,http://www.icrc.org/。

随着军事科学技术的迅猛发展,极度残酷的常规武器还在层出不穷,战争法条约不可能及时一一规定下来,不过可以根据国际公认的"马尔顿条款"加以限制。"马尔顿条款"是 1899 年第一次海牙和平会议第 2 公约和 1907 年第二次海牙和平会议第 4 公约的前言,其内容是:在国际协定所未包括的情况下,平民和战斗员仍然受来源于既定习惯、人道原则和公众良心要求的国际法原则的保护与支配。"马尔顿条款"的用意,是通过强调战争法的人道原则,来填补国际人道法应该有、但国际协定暂时没有具体规定而出现的"真空"。由于有了"马尔顿条款"原则,国际人道法的内涵和外延已经超出了那些成文的协定和规则,以世界各国所公认的惯例形式存在着,且经常被援引用于判断作战手法的合法性。[①]

(二)禁止大规模杀伤性武器

大规模杀伤性武器通常是指那些破坏威力巨大、难以控制、不能精确打击或者限定准确打击,容易使军事目标与非军事目标、战斗员与平民不加区别地遭受破坏和受到伤害,对生命、财产具有毁灭性效果的武器,包括核武器、生物武器、化学武器等。这类武器的危害主要有:一是具有大规模的、惨无人道的杀伤力,可以给人类社会造成巨大的损害,给受害者造成肉体上和精神上的巨大痛苦;二是不能精确打击,无法限定打击军事目标与非军事目标,无法区分战斗员与非战斗员,在武器攻击的效力范围内所有人员都难以幸免于难,因而这类武器受到了国际社会的严格禁止。

1971 年联合国大会通过的《禁止发展、生产、储存细菌(生物)及毒素武器和销毁此种武器公约》(简称《禁止生物武器公约》)规定:缔约国在任何情况下不发展、不生产、不储存、不取得除和平用途外的微生物制剂、毒素及其武器;也不协助、鼓励或引导他国取得这类制剂、毒素及其武器;缔约国在公约生效后 9 个月内销毁一切这类制剂、毒素及其武器;缔约国可向联合国安理会控诉其他国家违反该公约的行为。

1992 年联合国大会通过了《禁止发展、生产、储存和使用化学武器及销毁此种武器的公约》(简称《禁止化学武器公约》)。各缔约国在该公约中庄严承诺:在任何情况下决不发展、生产、获取、储存、保有、使用和转让化学武器,以及为使用化学武器进行任何军事准备;决不以任何方式协助、鼓励或诱使任何一方从事本公约所禁止的活动;销毁其拥有的化学武器及其生产设施;销毁其遗留在另一缔约国领土上的所有化学武器等。

国际社会为了限制核武器的研制、发展以及扩散做出了不懈的努力,并取得了一些进展,如 1968 年签署了《不扩散核武器条约》、1972 年联大宣布"永远禁止核武器"等。《不扩散核武器条约》明确规定:非核国家保证不制造核武器,不直接或间接地接受其他国家的核武器转让,寻求或接受制造核武器的援助,也不向别国提供这种援助;停止核军备竞

---

① 毛国辉、冷妹:《论科学技术与国际人道法的嬗变》,载《中国人民大学复印资料·国际法学》,2008 年第 1 期,第 23 页。

赛,推动核裁军;核国家保证不直接或间接地把核武器转让给非核国家,不援助非核国家制造核武器。

另外,1977 年联合国大会通过的《禁止为军事或任何其他敌对目的使用改变环境的技术的公约》和 1977 年日内瓦公约第一附加议定书都规定:在作战中,不得使自然环境受到广泛、长期和严重的损害,禁止使用可能对自然环境造成损害以妨害居民健康和生存的作战方法和手段。包括通过蓄意操纵自然过程,改变地球或外层空间的动态组成或结构的作战方法和手段;还包括在作战中运用上述技术,以改变气候、引起地震或海啸,破坏生态平衡,破坏臭氧层的做法。目前,尽管改变环境的技术还处于初级阶段,但潜在的危害性是极其严重的。

(三)常规新武器装备必须进行合法性审查

1977 年《日内瓦公约》的第一附加议定书第 36 条规定:"在研究、发展、取得或采用新的武器、作战手段和方法时,缔约一方有义务断定,在某些或所有情况下,该新的武器、作战手段或方法的使用是否为本议定书或适用于该缔约一方的任何其他国际法规所禁止。"根据该规定,所有缔约国都有义务对它所开发、生产或购买的武器进行审查,以确定它们试图研制、开发、获得或采用的新武器、作战方式和手段,是否符合对它们适用的国际法规则。即作为研究、发展、取得或采用新的武器、作战手段和方法的国家,有义务向国际社会说明,发展新武器、新的作战手段或方法的原因或目的是什么? 这些武器、作战手段或方法的军事必要是什么? 这些武器、作战手段或方法潜在的伤害或杀伤对象是什么? 这些武器、作战手段或方法的伤害或杀伤原理是什么? 期望这些武器、作战手段或方法的伤口类型是什么? 如何引用军事需要来与这些武器、作战手段或方法可能造成的伤害或痛苦进行比较? 这些武器、作战手段或方法的扩散对国际人道法可预见的影响是什么? 可以说,对新武器使用所设立的法律审查机制,其目的不仅仅是一种合法性审查实践,它的真正意图是,确保引起不必要痛苦的过分伤害性质的作战手段和方法不在未来战场上使用,从而达到人道主义目的。

目前,国际社会在对新武器的合法性审查中,主要考察武器装备本身的性能及可能对人员、生态、环境等所造成的影响,以及由此产生的国际影响和人道困境,考察所发展的武器装备是否是超出"军事需要",是否会引起"过分杀伤"而造成"不必要痛苦"。在新技术迅猛发展的今天,对意欲使用的新武器实施法律审查尤为重要。[①]

二、军事强国高新武器装备研制合法化的主要做法

在以和平与发展为主题的时代下,人们要求对武器的杀伤力和破坏力进行限制的呼声日益高涨。20 世纪 80 年代末 90 年代初,世界军事领域兴起了一场"新军事变革",以

---

① 冷妹、毛国辉:《国际人道法对武器装备发展的影响》,载《南京政治学院学报》,2007 年第 5 期,第 90 页。

信息技术为核心的高新技术迅猛发展并引发了武器装备质的飞跃。当今世界的主要军事强国争相研发高新武器,使得各种具有不同杀伤原理的新式武器相继出现。在国际人道法规制下,军事强国在研制高新武器装备中采取了许多有效的应对措施。

(一) 大力发展精确制导武器,尽量控制附带损伤

现代战争是大量使用信息化武器装备的信息化战争,传统的以地毯式轰炸和大面积覆盖火力为特征的机械化作战方式很难再现,取而代之的是一种运用精确制导武器对敌方实施精确打击的作战方法。精确制导武器是指具有能获得极高命中精度的精确制导系统、具有反应敏捷的控制系统、具有识别目标并摧毁目标的能力、具有抗干扰能力的新式武器。世界许多军事评论家已预言,精确制导武器必将成为绝对的战场中坚力量。当前,世界各主要军事强国通过自主研制、合作生产、更新改造等多种方式,加紧武器装备的更新换代。美军《2010 年联合构想》指出,精确打击"可以帮助部队锁定目标,实施灵活的指挥与控制,获取理想的效果,评估战果,并具有一旦需要时实施再次精确打击的能力",大量使用精确制导武器实施远程精确打击是实现"基于效果作战"理论的主要手段。美军重点研发了以"战斧"式巡航导弹、JDAM 联合直接攻击弹药、GBU－24 激光制导炸弹、AGM－130 空对地导弹为代表的精确制导武器,并在近期几场高技术局部战争中广泛使用,取得了极高的作战效能。随着欧洲一体化进程的加快,欧洲国家有需求也有能力来研制自己的空地精确打击武器。近几年来,作为欧洲第一、世界第二的导弹生产商——欧洲导弹集团(MBDA),除了推出"风暴之影"巡航导弹外,在无动力制导炸弹方面也屡有新作,其中最重要的研制项目有三个:钻石背滑翔弹翼套件、PGB 精确制导炸弹和 PGM 精确制导弹药。[①]

从作战功能看,精确制导武器可以直接命中关键目标,达成"点穴"制敌的效能;可以准确地打击目标,而不至于殃及无辜,从而控制附带损伤;同时,精确制导技术的发展,使精确打击可以从远离敌方的阵地发射武器,实施"防区外"非接触作战,能够有效地保存自己。这种"点穴式"的作战方法比传统武力战文明得多,可以减少人员伤亡,避免发生伤及平民的意外事故。近几场数字化战争中人员伤亡总量不大,海湾战争共伤亡 10 万人,科索沃战争伤亡几千人,对平民的伤亡也控制到了较小程度。伊拉克战争中美国曾竭力散布创造了人类历史上"用精确制导武器避免人道主义灾难"的神话。这表明,精确制导武器的出现,使战争能尽量避免人员伤亡,同时,使作战行动遵循区分原则有了技术上的保障,能够确保准确击中敌方军事目标,更有利于对敌方军事人员产生震慑效应。

(二) 竭力使核武器走向"常规化",以规避战争法的制约

基于核武器对人类灾难性的危害,它一度被列入"禁止使用武器清单"而被打入"冷

---

① 毛国辉、吴勇:《从战争法视角审视世界军事强国研制使用高新武器的趋势》,载《湖湘论坛》,2006 年第 5 期,第 83 页。

官"。但核武器仍然是维护国家安全的重要基石,也仍然是一种重要的战略威慑手段。目前,核大国核武器发展势头有增无减,无核国家企图发展核武器的风波此起彼伏。有核国家在核战略方面酝酿着新的调整,在继续发展核武器的同时,积极探索新的核武器技术,试图为核武器寻找新的战场用途,以规避战争法的制约。美《核战略评估报告》公开宣称:"核武器作为一种'核遏制手段'的使命已经结束,实战应用的时代即将到来。"2002年12月11日,美国公布《抗击大规模杀伤性武器国家战略》,首次明确提出在抗击大规模杀伤性武器的攻击时将使用核武器。在核武器的研制方面,已由过去发展大当量的核弹头转向侧重研制小当量的特别是可战术使用的核弹头,由侧重于研制对战场集团目标实施毁伤的核弹头转向侧重于研制杀伤装甲、飞机、舰艇内人员的中子弹,以及对电子通信系统实施电子摧毁的核电磁脉冲弹,对地下坚固目标实施精确摧毁的钻地弹,对电力等民用系统实施特殊破坏的贫铀弹等方向发展,并开始研究下一代核武器。新一代核武器以原子武器和核武器的原理为基础,所用的关键设施是惯性约束聚变装置,不产生剩余核辐射,没有放射性污染,可以避免对地面目标造成过大的伤害,故可视为"常规武器",其运用于战争的可能性增大。① 再如,美俄等国正在研制金属氢武器、反物质武器等,它们不是严格意义上的核武器,但其爆炸威力与核武器相当。为此,美国于2002年6月13日正式宣布退出曾经与苏联签署的《限制反弹道导弹系统条约》,从而摆脱了国际法对其发展弹道防御系统的束缚,为加速实现弹道导弹防御系统铺平了道路。2002年12月17日,美国总统布什正式命令美军开始部署国家导弹防御系统。在发展反导防御系统方面,美国竭力拉日本、部分欧洲盟国加入导弹防御系统,日本和英国已明确表示将参与导弹防御系统的研发和部署。不难预测,不远的将来,核武器将会在战争中以崭新的实战性面目呈现在世人面前,随着核武器的进一步发展,它将在现代战争中起到其他任何武器都不可替代的作用,而此举也亟待国际法作出规范。

(三)积极开发非致命武器,努力减少非战斗人员的伤亡

非致命武器又称"失性能武器",是利用声、光、电、磁、化学等技术手段,使敌方人员和武器失去作战能力,但又不会造成大批人员死亡和设施、环境严重破坏的一类武器。非致命武器可分为对付人和对付武器这两大类。对付人的非致命武器,主要作用是使人暂时迷失方向、精神错乱、晕眩、嗜睡、行动困难或损伤人的感觉器官等,如比利时的XM303非致命武器、闪光手榴弹和脉冲能量弹等;对付武器装备的非致命武器的主要功能是使光电探测器损坏,使电子设备失灵,阻止车辆行驶或飞机起飞,破坏计算机的操作系统,使金属材料、复合材料变质退化,使燃料呈胶状失去流动性,使基础设施无法使用,如泡沫弹、非致命手榴弹、碳纤维弹和阻燃弹等。早在20世纪70年代,有军事学家便提出了"把最

① 张万年:《当代世界军事与中国国防》,北京:军事科学出版社,2000年版,第64页。

佳的战争胜利定位在不需要大量杀伤敌方人员和摧毁目标前提下,就能够摧毁敌方意志,迫敌接受条件"的设想。该观点一经提出,便立即引起世界各国的普遍关注,一些军事强国不惜投入大量人力、物力和财力,加紧研制能够剥夺敌方抵抗意志、削弱和破坏武器装备效能的新型武器,如次声波武器、低能激光武器、反装备武器、各种非毒性或低毒性化学武器等。目前世界各军事强国都对非致命武器与技术开展了广泛而深入的研究,其中以美国投资强度最大,研究水平最高。美国防部专门成立了非致命武器计划办公室。美国海军陆战队已被指派为非致命武器的示范执行单位,海军军法局长负责相关法规的审查,国防政策局负责监管。在审查过程中,每种新武器必须通过《武装冲突法》所规定的三项重要标准:①武器所造成的伤害与所要达到的军事目的相比,是不必要的、多余的,还是不相称的? ②武器的使用是否可以控制在只针对合法目标的范围内,是否能有效地区分目标? ③《武装冲突法》中是否有禁止使用此类武器的规定?①

2001 年"9·11"事件之后,美国在攻打阿富汗及伊拉克的反恐战争中,曾使用最新式的非致命武器,如昏厥手枪(M26 TASER Stun Pistol)、音波武器(Long Range Acoustic Device,LRAD)等,电昏当地的"暴民"或刺激他们的耳膜,但不会对人体造成永久性伤害,以减少人员伤亡。

在非致命武器中, 有一类是以心理学为基础, 依据当代先进的声、光、电及计算机等高新技术而研发的专门控制人的情绪、改变人的行为、影响人的思维的武器,人们称这类武器为思想控制武器,如低频催眠武器、射频闪击武器、全息投影武器等。目前,思想控制武器发展非常快,技术范围也日益广泛,新产品不断涌现。这种武器不仅可用于正规作战, 也可用于维和;不仅可用于常规作战也可用于反劫机、反暴动等特种行动。非致命武器亦有人道武器之称,因为它不以致人于死为目的,造成伤亡及永久伤残的可能性小,能够最大限度地控制对设施和环境的破坏,通常不会引起国际舆论的谴责,因此其发展备受关注,已成为各国军队和执法机构的重要装备,也一跃成为当前武器研发和布署的热点。

(四)改造常规地雷武器,使其符合国际人道法要求

由于地雷的许多消极作用,国际社会一直在加速立法,限制使用地雷武器。虽然地雷受到战争法的严格禁止与限制,受到国际社会的严格监督,但在战争法规定的范围内,仍可以研制、拥有和使用新式地雷。据了解,日本就已研制出新型遥控地雷,当有人踩上时该地雷并不立即爆炸,而是由控制地雷的士兵通过观察确认后,才使其起爆,以避免伤害平民。2006 年,美国五角大楼前景防务设计局的专家们已经制造出了一种汇聚集体智慧

---

① [美]约翰·亚历山大:《未来战争——21 世纪战争中的非致命武器》,北京:知识产权出版社,2004 年版,第 269 页。

的活地雷。这种地雷能够在战场上自动移动位置,可在既定部署地段调整出最好、最合理的防御布局。实际上,这种地雷相当于一种机动自杀式机器人。据说这些地雷在部署之后,可在几分钟的时间内,利用配备的 GPS 导航系统接收器,计算出相互间的位置,并立即自行调节相互间的蜂窝状布局。如果接收器发生损坏或受到来自卫星的干扰失灵后,这种智能地雷还可通过其他手段来进行调整,可利用外部环境传感器,可分析自身接收的无线电信号,或者使用其他类似方法。另外,美军还正在研制非致命性的高压电地雷。不久前,驻扎在伊拉克境内的美军部队开始陆续装备一种名为"Matrix"的智能地雷。"Matrix"的出现是地雷研发领域取得的一项新进展,与传统地雷相比,其投入使用后将有助于降低发生意外伤亡事件的风险。不过,一些国际人权组织已对这种新型武器的出现表示了担忧,它是否符合战争法的要求,还有待于实战的检验。可见,避免研制战争法已明确限制和禁止的常规武器,而重点改进、发展那些战争法所允许的高技术常规武器装备已成为外军研制、发展武器的主流。

总之,战争法建立在"满足军事需要"与"实现人道要求"这对基本矛盾之上,离开战争法既"满足军事需要",又"实现人道要求"这一基本精神,就可能导致两种偏向:一种是只顾及"人道要求",忽视对"军事需要"的保障,不能放手发展与高新技术装备及与之相适应的作战方法与手段;另一种是只顾及保障"军事需要"而忽视"人道要求",那就有可能把有限的资源投向发展已经为法律所禁止、或由于法律的发展将很快被禁止的武器装备上。这两种偏向都不利于高新武器装备的研制与使用。只有准确把握战争法基本精神,把握二者的辩证统一,才能科学而有效地推进武器装备的现代化建设。

三、对我国武器装备研制与发展的启示

作为在武器发展水平上与世界军事强国还有较大差距的国家,我国应从国家的根本制度、国防政策、经济实力、科技力量等方面的实际情况出发,大力发展既能够尽量满足"军事需要"、又符合战争法规定的"避免不必要的痛苦",既能满足未来高技术战争需要、又不被战争法禁止的高新技术武器装备;同时,对现有常规武器装备进行高技术改造,增加常规武器的高技术含量,既大幅度提高常规武器的效能,又使其充分适应战争法的原则精神;既要保证高新武器装备的先进性,又要保证其使用的合法性,并以未来战争实践推动战争法规的进步和发展。

(一)针对信息化条件下武器装备的发展趋势,积极参与、推动国际社会的立法

积极参与武器装备领域国际法的制定或国际习惯法的修正,以维护我国当前和长远研发及使用武器装备的需要。如中国支持在《特定常规武器公约》(CCW)框架内达成一项集束弹药议定书,但是考虑到集束弹药问题十分复杂,要妥善处理该问题,既需考虑人道主义关切,也要充分考虑各国正当的军事安全需求。因此,在相关的国际立法活动中,

我们就应该积极参与,充分表达自己的意愿,维护己方的利益。同时,在新型战略空间和武器装备领域可以率先作为,为国际社会制定相关法律文本提供草案,以影响他方。传统的战争法只对陆战、海战和空战有相应的规定,而对于新兴领域如天战、电子战、网络战等则没有制定相应的作战法规,因此,可以结合我国武器装备的实际状况和未来军事需要的发展目标使战争法得到进一步的完善。比如,为实现太空非军事化目标,针对2002年6月美国单方面退出反导条约,中俄在日内瓦裁军会议上提议签署条约,禁止向太空部署任何武器,不对他国卫星使用武力或以武力相威胁。此倡议虽遭美国拒绝,但是已经产生了影响。2008年2月12日,中国与俄罗斯将此倡议具体化为法律草案,在日内瓦联合向裁军谈判会议(裁谈会)全体会议提交了"防止在外空放置武器、对外空物体使用或威胁使用武力条约"草案,提出通过谈判达成一项新的国际法律文书,防止外空武器化和外空军备竞赛,维护外空的和平与安宁。[①]

(二)加强武器装备预研中的国际人道法后果分析,大力发展不违反战争法要求的高新武器装备

国家武器装备发展战略必须明确回答的一个重大问题,就是重点发展什么样的武器装备。如果研制、生产或首先使用违法的不人道武器,必将受到国际社会最强烈的谴责和战争法最严厉的惩罚。不过,依照国际上通行的理解,战争法没有明确禁止即是允许。因此,在战争法规定的范围内,我国仍有研制、拥有和使用新式常规武器的较大自由度。我军应坚持不研制战争法已明确限制和禁止的大规模杀伤武器、特种常规武器,但应大力发展除此之外一切可能发展的高新武器装备,这也是当今军事强国武器装备发展的主流。在高新武器装备预研中,还要加强国际人道法后果分析和预测,要着重分析该武器装备的军事必要、其潜在的伤害或杀伤对象、杀伤原理及对国际人道法可能造成的影响,以防止违法武器的产生。[②]

(三)加大高新武器装备的引进与国际合作,规避战争法制约

根据1977年《日内瓦公约》的第一附加议定书第36条所确立的新武器审查机制,审查对象和范围,是缔约国"研究、发展、取得或采用"的一切武器、技术。而对于一些并未参与开发或生产但从其他国家进口武器的国家,主要依赖出口国对武器所进行的审查。因此,我军的武器装备发展在加大高新武器装备的引进与国际合作的同时,可以降低己方的风险与负担,把审查新武器、新技术的责任推给研制、生产国。同时,高技术武器装备技术日益复杂,费用日益昂贵,西欧国家的研究表明,两国合作研制比一国单独研制武器装备,要节省约30%的费用,而多国联合研制则可节省50%的经费。再说,技术落后的国家

---

① 张艳:《浅析条约对一国武器装备研发和使用的影响》,载《西安政治学院学报》,2010年第3期,第94页。
② 毛国辉:《精确制导武器与战争法》,载《国防科技》,2010年第6期,第37页。

超越世界先进军事技术水平已越来越困难,所以加大高新武器装备的引进与国际间合作,也有利于提高研制起点,缩短研制周期,实行优势互补,为武器装备发展走国际化道路提供了现实的基础。因此,加强军事技术引进与国际合作已成为各国武器装备发展的共同趋势,自我封闭式的发展只能导致全面的落后。

现行国际法和战争法的规定远远滞后于高新武器装备的发展,尤其是对一些国家的新式武器的试验活动,难以明了、难以控制,也就难以制止。面对层出不穷的新武器研制,我国更应当与国际社会加强合作,定期召开相关会议,及时发现、总结和明确新武器发展动向,为制订我国高新武器装备发展战略提供参考和依据。

第四章　军事装备生产法律制度

军事装备生产是制造装备的活动,一般从装备设计定型后开始,至交付部队时结束,它是国防科技成果物化为战争工具的关键环节,也是国防经济活动的重要组成部分。一个国家军事装备生产水平的高低,直接决定着国防能力的强弱,甚至关系到国家的安危。军事装备生产法律制度,是规范装备生产秩序,保证装备生产质量合格稳定的法规制度的总称,包括装备科研生产保密资格审查认证制度、装备生产市场准入制度、装备生产招投标制度及军事代表监督制度等。

装备生产直接关系到国家安全和国防的巩固,因此,只有经过严格的资格审查,具备一定资质条件的企业才能承担生产任务。目前世界主要国家对装备生产都实行严格的市场准入制度,即对进入武器装备生产市场的企业或者产品进行质量、标准、安全保密等方面的审查和批准,其目的是在开放市场、引入竞争的同时,防止过度竞争和无序进入,确保规模经济效益和安全稳定供应。市场准入制度是国家对装备生产主体资格的确立、审核和确认的法律制度,包括市场主体资格的实体条件和取得主体资格的程序条件,其表现是国家通过立法,规定市场主体资格的条件及取得程序,并通过审批和登记程序执行。

我国的国防科技工业经过 60 多年的建设,建成了专业门类比较齐全、科研生产手段基本配套的装备科研生产体系,包括兵器、航天、航空、舰船、电子、核以及相关的配套行业,研制生产了大批先进武器装备。从 2000 年起,我国逐步对所有参与军品生产的企业实行市场准入制度,即所谓的"三证认证":保密资格认证、质量管理体系认证(见第八章)和武器装备科研生产许可证。申请承担装备研制、生产、修理、技术服务任务的单位还必须获得由总装备部颁发的《装备承制单位注册证书》,并被编入我军《装备承制单位名录》(见第四章)。另外,由于现代生产对环境保护和安全生产的要求,企业还要取得环保主管部门出具的环保达标证明和安全生产主管部门出具的达标证明等资格审验。依法建立严格的军事装备生产法律制度,规范武器装备生产活动,对于保护装备核心能力建设和加强装备科研生产管理,维护装备科研生产秩序,提高装备科研生产质量具有重要意义。

第一节　装备科研生产保密资格审查认证制度

军事装备是用于保障国家安全的特殊商品,装备生产不仅需要有尖端技术、先进设备和优秀人才,其保密性要求也非常高。

一、武器装备科研生产实施保密资格审查认证制度的意义

武器装备科研生产单位历来是保密工作的重中之重,也始终是国内外窃密活动的主要目标,加强国防科技工作的保密管理刻不容缓。实行武器装备科研生产保密资格审查认证制度的意义在于:其一,适应新体制的需要。由于国防科技工业管理体制的变化,保密管理实际上已置身于更加开放的国际国内大环境中,保密管理体制必须做出相应的改革,建立起与市场经济相适应的新的保密机制。在武器装备科研生产行业实行认证制度,则是建立新的保密管理机制的重要举措,是社会主义市场经济条件下加强国防科技工业保密管理工作的客观要求和重要手段。其二,是新形势下把保密管理具体化、规范化的需要。其三,是企业生存和发展的需要。从企业长远发展来说,武器装备科研生产单位应该把外在的保密要求内化为单位自主的保密要求,这不仅是符合国际惯例的做法,也是国内军工生产引入竞争机制的必然选择。可见,保密资格认证制度是加强我国国防科技工业保密工作的重要举措,是军工单位保密工作应对严峻挑战的有效手段,是军队装备建设的重要保障,是确保国家安全的必然要求。

为了规范武器装备科研生产保密资格审查认证工作,确保国防科技工业国家秘密安全,国家保密局、原国防科工委、总装备部于 2008 年 12 月发布了《武器装备科研生产单位保密资格审查认证管理办法》(以下简称《办法》),并修订了《武器装备科研生产单位保密资格标准》和《武器装备科研生产单位保密资格评分标准》,对承担涉密武器装备科研生产任务的企事业单位,实行保密资格审查认证制度。《办法》明确了实施武器装备科研生产保密资格审查认证制度的基本依据、原则、审查认证机构和职责、保密资格申请和审批程序以及监督管理和法律责任等,体现了保密资格审查认证的行政审批性质,是开展审查认证工作的基本法律依据,也是武器装备科研生产单位申请和取得保密资格必须遵循的重要条件。

二、保密资格审查认证制度适用的范围和条件

根据《办法》第 2 条的规定,承担涉密武器装备科研生产任务的企事业单位应当实行保密资格审查认证。"涉密"、"武器装备科研生产任务"和"企事业单位"三个要素要同时具备,缺一不可。"涉密"是指项目或产品涉密,如果项目不涉密或产品是军民两用的通用不涉密产品,仅是背景、用途涉密的军工任务,不适用该《办法》。保密资格是军工单位开展武器装备科研生产的先决条件,是对军工单位从事武器装备科研生产的政治要求。

武器装备科研生产单位保密资格分为一级、二级、三级。一级保密资格单位具备承担绝密级项目科研生产任务的资格;二级保密资格单位具备承担机密级项目科研生产任务的资格;三级保密资格单位具备承担秘密级项目科研生产任务的资格。经审查认证获得

保密资格的单位列入《武器装备科研生产单位保密资格名录》,在工作需要的范围内发布,未列入的不能承担相关涉密科研生产任务。

保密资格审查认证申请条件有:

(1)是中华人民共和国境内登记注册的企业法人或事业法人。

(2)承担或拟承担武器装备科研生产的项目或产品涉密。

(3)无外商(含港澳台)投资和雇用外籍人员,国家有特殊规定的除外。随着军工企事业单位重组、改制步伐的加快,特别是一些民营企业加入到军工科研生产配套单位行列,出现了一些新情况。依据国防科技工业投资主体多元化政策的相关规定,经国家或省(区、市)主管部门批准的单位可以申请保密资格。不过,有外商及港澳台商投资和雇用外籍人员的单位申请保密资格,需要提供国家或省(区、市)主管部门的批准文件。

(4)承担涉密武器装备科研生产任务的人员,应当具有中华人民共和国国籍,在中华人民共和国境内居住,与境外人员(含港澳台)无婚姻关系。

(5)有固定的科研生产和办公场所,并符合国家有关安全保密要求。

(6)1年内未发生泄密事件。

(7)无非法获取、持有国家秘密以及其他严重违法行为。

另外,上市公司申请保密资格时,有关部门应根据《关于推进军工企业股份制改造的指导意见》等国家有关政策规定,对其承担任务的范围和股权构成进行严格审查。一是对从事战略武器装备生产、关系国家战略安全和涉及国家核心秘密的少数核心保军企业,要保持国有独资,在禁止其核心保军资产和技术进入股份制企业的前提下,允许对其通用设备设施和辅业资产进行重组改制;二是对从事关键武器装备总体设计、总装集成分系统、特殊配套生产的重点保军企业在保持国有绝对控股的前提下可以实施股份制改造;三是境内上市公司披露信息中涉及军品秘密的,由有关部门出具证明,可向证券所或中介机构提出信息披露豁免申请;四是因股份制改造和上市等原因,致使单位资本构成和企业性质发生变化的保密资格单位,应当重新申请保密资格。

对于高等学校申请保密资格的,应当根据高等学校环境开放、科研场所分散、教师的管理较宽松、学生参与涉密科研课题等特点,切实加强对军工科研项目实施过程控制和监督,将涉密科研场所相对集中并与开放区域隔离。学校科研项目主管部门要与保密工作机构密切配合,建立符合高等学校特点的保密管理体制。

对于非公有制企业申请保密资格的,由于非公有企业保密基础相对薄弱,组织机构不够健全,人员流动较随意频繁,工作场所的安全保密环境较复杂。根据国务院有关规定,允许非公有制企业承担军工任务,但按照“从事核心重要军工项目必须国有独资或国有绝对控股”的原则,非公有制企业暂不具备上述承担军工任务的基本政策条件,目前只限定申请二级、三级保密资格。

三、办理保密资格认证的程序

(一) 申请

申请保密资格的单位应当填写《武器装备科研生产单位保密资格申请书》,并提交以下材料:①《申请书》;②工商营业执照正本、副本(复印件);③组织机构代码证书(复印件);④公司章程;⑤上一个年度财务验资报告;⑥科研生产场所产权证书或租赁合同(复印件);⑦合同甲方出具的研制项目或产品的密级证明,或者合同意向单位出具的合同意向证明及密级证明;⑧国家军工保密资格认证委要求提供的其他材料。

(二) 审核

企事业单位提出保密资格申请的,应当经上级部门审核,这里主要是指教育部、工业和信息化部、中国科学院、军工集团公司所属企事业单位。没有上级部门的,应当经省级业务主管部门或所在地的地市级以上保密工作部门审核。审核部门负责审核下列内容:①《申请书》的填写是否符合《办法》的有关规定,填写内容是否属实;②申请单位是否符合《办法》规定的申请条件;③申请的保密资格等级是否适当。审核部门经审核认为具备申请条件的,在《申请书》中签署同意意见后,由申请单位向有关军工保密资格认证委提出申请;经审核认为不具备申请条件的,应在《申请书》中说明理由,退回申请单位。

(三) 审查批准

国家保密局会同国家国防科技工业局、总装备部等部门组成国防武器装备科研生产单位保密资格审查认证委员会(简称国家军工保密资格认证委),负责一级保密资格认定的受理工作;省(区、市)保密工作部门、国防科技工业管理部门和有关部门,以及有关地市级保密工作部门组成省(区、市)武器装备科研生产单位保密资格审查认证委员会(简称省(区、市)军工保密资格认证委),负责二、三级保密资格认定的受理工作。

军工保密资格认证委必须坚持严格标准、严格程序、突出重点、公平公正的原则。"严格标准"是指在认证工作中严格依照认证各项标准的要求,不随意变通,不缺项少项。"严格程序"是指认证工作必须依照规定程序进行,确保工作的规范性和严谨性。"突出重点"是指认证工作要把重要涉密人员、保密要害部门部位以及计算机和信息系统等作为重点,《武器装备科研生产单位保密资格标准》中的"基本项"也是审查的重点。"公平公正"是指认证人员要平等对待审查认证对象,不偏私,不歧视,不主观臆断。

审查的形式有书面审查与现场审查。书面审查是通过审阅和核查申请单位提交的书面材料,对申请单位是否符合申请条件,是否同意受理进行现场审查并作出决定。现场审查指针对书面审查中的有关问题,按照有关审查程序进行现场验证和核实,依据《武器装备科研生产单位保密资格评分标准》的评分项目逐项进行评分,作出是否符合标准的判断。实践中要避免重视现场审查、轻视书面审查的现象。审查完毕后,认证委成员按照审查标准和所得分值,予以研究审批。国家或省(区、市)军工保密资格认证委应当根据审查结论和有关材料,在60个工作日内作出是否批准的决定。保密资格有效期为5年,有效期满,需继续承担涉密武器装备科研生产任务的,应当提前90个工作日重新提出申请。

申请或取得保密资格的单位对有关审查认证决定有异议的,可在60个工作日内向国家军工保密资格认证委提出复议申请。国家军工保密资格认证委应当自受理申请之日起60个工作日内作出最终决定。

（四）监督管理

取得保密资格的单位应当实行年度自检制度,每年1月底前,向审查认证机构报送《武器装备科研生产单位保密资格标准》执行情况的自检报告。对取得保密资格满2年的单位,国家和省(区、市)军工保密资格认证委应当进行复查。对重要事项达不到《武器装备科研生产单位保密资格标准》或严重违反保密规定,存在重大泄密隐患的,应当中止复查,给予警告,并要求其限期采取整改措施。对中止复查的单位,3个月后再行复查,对未达到整改要求的,撤销其保密资格。

四、法律责任

保密资格申请单位、具有保密资格单位、未取得保密资格单位以及军工保密资格审查认证机构、涉密武器装备科研生产委托方违反军工保密资格管理有关规定,或没有履行军工保密管理有关法定义务的,必须承担相应的法律责任。

（一）保密资格申请单位违规申请保密资格的法律责任

《办法》第36条规定,申请单位在申报过程中,隐瞒重要情况或提供虚假材料的,1年内不予受理申请。

（二）委托不具有保密资格的单位承担生产任务的法律责任

《办法》第6条规定,军队系统装备部门的涉密武器备科研生产合同项目,应当在列入《名录》的具有相应等级保密资格的单位中招标订货。第35条还规定,违反本办法,选择不具有保密资格的单位分包涉密武器装备科研生产任务的,撤销其保密资格。构成犯罪的,依法追究刑事责任。此外,违规分包涉密武器装备科研生产任务,情节严重,造成重大损失,构成犯罪的,还应依法追究相关责任人的刑事责任。

（三）具有保密资格单位违反军工保密资格管理规定的法律责任

《办法》第37条规定,取得保密资格的单位,有下列情形之一的,撤销保密资格:一是以欺骗、贿赂等不正当手段取得保密资格的;二是擅自引入外商投资或雇用外籍人员的;三是出租、转让、转借保密资格证书的;四是存在重大泄密隐患,经警告逾期不改的;五是严重违反保密规定,发生重大泄密事件的;六是有非法获取、持有国家秘密行为以及其他严重违法行为的。被撤销保密资格的,自被撤销之日起1年内不得再次申请。

（四）未取得保密资格单位违规承担涉密武器装备科研生产任务的法律责任

未取得保密资格单位非法承担涉密武器装备科研生产任务,主要是指有关单位没有保密资格等级或保密资格等级达不到拟承担的涉密武器装备科研生产任务的要求,而采取挂靠、冒用他人的资格或伪造资格承揽涉密武器装备科研生产任务的行为。根据《合同法》有关规定,未取得保密资格的单位,由于其违反了国家法律法规强制性规定,所签合同应当认定为无效合同。合同无效后,应当根据当事人的过错,合理划分责任。在审查上未尽到合理注意义务的各方均有过错。如无保密资格,而采取挂靠、冒用他人的资格或伪造资格造成合同无效的,未取得保密资格单位应承担主要责任;委托方是否要承担责任,要看其在审查上是否尽到合理注意的义务。

未取得保密资格单位承担涉密武器装备科研生产任务,违法情节严重,构成犯罪的,还应依法追究相关责任人的刑事责任。

(五)军工保密资格审查认证机构的法律责任

《办法》第 38 条规定了审查认证人员在审查认证工作中违反有关规定的法律责任,即违反《办法》,利用职权牟取私利、徇私舞弊、玩忽职守的,撤销其审查认证资格,由有关部门给予行政处分。审查认证人员发生以上行为,一经查实,由国家军工保密资格认证委撤销其保密资格审查认证人员资格,不再聘用,并建议有关部门给予行政处分;构成犯罪的,依法追究刑事责任。

第二节 装备科研生产许可制度

装备科研生产许可制度,是指国家国防科技工业行政主管部门依据企事业单位的申请,通过颁发武器装备科研生产许可证的形式,依法赋予其从事武器装备科研生产活动的资格的行政制度。未取得武器装备科研生产许可的,不得从事许可目录所列的武器装备科研生产活动。

一、武器装备科研生产许可制度立法概述

(一)我国武器装备科研生产许可立法回顾

新中国成立后的头 30 年,我国的军事装备生产体系基本上是采取苏联模式,其主要特点是,由中央实行高度集中统一的垂直领导,主要国防工业企业都由中央国防工业部门实行直接管理,基本建设项目由中央直接安排和控制。军品生产任务由国家以指令性计划的方式下达,军品价格由国家统一确定,即由国家指定的企事业单位,根据国家指令性计划要求,从事各项武器装备科研生产任务,非国家指定的企事业单位不得从事武器装备科研生产。这种生产体制及管理模式,对集中力量突击发展我急需的军事装备发挥了重要的作用。[1] 但也抑制了其他社会主体参与国防科研生产的积极性,降低了整个武器装

---

[1] 余高达、赵潞生主编:《军事装备学》,北京:国防大学出版社,2007 年版,第 327 页。

备生产活动的活力和效率。

1978年12月党的十一届三中全会召开之后，随着全党全国工作重心向经济建设方面的战略转移，军事装备生产自成体系管理模式的弊端越来越突出。在邓小平的直接指导下，我国的军事工业体制从1985年开始实行战略性转变，军工企业认真贯彻"军民结合，平战结合，军品优先，以民养军"十六字方针，在优先完成军事装备生产任务的前提下，积极参加国民经济建设，大力发展民品生产。随着社会主义市场经济体制的不断深入和完善，通过不断深化武器装备科研生产管理体制和运行机制的调整改革，军工企业逐步打破了军民分割、条块分割、自我封闭、自成体系的状况。

为了加强军事装备研制工作管理，促进和保护竞争，保证研制质量，提高研制效益，总参谋部、原国防科工委和国家计委于1995年8月发布了《军事装备研制单位资格审查暂行办法》。该办法规定了军事装备研制实行资格审查制度。只有按该《办法》经资格审查合格，取得《军事装备研制许可证》的单位方可承担军事装备研制任务。该《办法》在我国首次实行武器装备研制单位资格审查和许可管理，相对于单一的指令性计划管理和军工单位终身制是一个进步，有利于适应社会主义市场经济和推进军工科研生产能力调整。但由于关系到解除部分军工科研生产单位资格认可的问题，该《办法》的实施还是有些阻力，该《办法》出台不久即逢国防科技工业和武器装备建设领导管理体制调整，致使该《办法》未能得到具体实施。[①]

1998年3月，新国防科工委组建后，于1999年9月发布了《武器装备科研生产许可证管理暂行办法》，2000年又发布了《武器装备科研生产许可证管理暂行办法实施细则》、《民用部门军品配套科研生产许可证管理实施细则》、《武器装备科研生产许可证工作指南》，2001年编制了《武器装备科研生产许可证目录》。《武器装备科研生产许可证管理暂行办法暂行办法》打破了传统的承担军品任务的单位必须是国营（国有）的范畴，允许民营企业参与生产配套产品，但是由于许可证管理主体是国防科工委，从当时国家的角度考虑，很多军工企业"等、靠、要"、"拖、降、涨"情况严重，处于崩溃的边缘，所以许可证实施的目的是要突出军工结构和能力调整，将一些处于劣势的、边缘的企业通过不发放许可证的方式将其淘汰出局，而对于打算申请军品任务的民营企业来说，则开了个小口。不过，面对来自军工集团内部组织实施的初审，民营企业是很难获得许可证的。所以，在某种层次上民营企业是很难参与进来的。

2005年2月国务院出台了《国务院关于鼓励支持和引导个体私营等非公有制经济发展的若干意见》（即"非公经济36条"），《意见》第6条明确规定："允许非公有资本进入国防科技工业建设领域。坚持军民结合、寓军于民的方针，发挥市场机制的作用，允许非公有制企业按有关规定参与军工科研生产任务的竞争以及军工企业的改组改制。鼓励非

---

① 高铁路等：《不同时期我国武器装备科研生产许可制度》，载《国防技术基础》，2010第3期，第3页。

公有制企业参与军民两用高技术开发及其产业化。"这就在政策上打开了允许民营企业参与装备科研生产的大门。

为全面贯彻《行政许可法》和国务院《关于鼓励支持和引导个体私营等非公有制经济发展的若干意见》精神,2005年5月,原国防科工委发布了《武器装备科研生产许可实施办法》,对许可证的申请、受理、审查、批准、变更、延续、监督管理等方面做出了更加科学的规定。国防科技工业开始实行分类管理的武器装备科研生产许可制度,在保持国家对武器装备科研生产控制力的同时,允许非公有制经济进入武器装备科研生产领域,参与研制与生产任务竞争。此后,原国防科工委陆续出台了《武器装备科研生产许可证管理暂行办法实施细则》、《武器装备科研生产许可专业(产品)目录》、《武器装备科研生产许可现场审查规则》、《武器装备科研生产许可监督检查工作规程》、《武器装备科研生产许可审查专家管理暂行办法》、《武器装备科研生产协作配套管理办法》等一系列规范性文件,对武器装备科研生产许可需要具备的条件、武器装备科研生产许可证的有效期限、武器装备科研生产许可程序、加强武器装备科研生产活动保密管理均作了明确规定。2008年3月,国务院、中央军委发布了《武器装备科研生产许可管理条例》,这是一部规范军品市场准入,推进军民结合、寓军于民武器装备科研生产体系建设的重要法规,它明确了许可管理的框架体系,使武器装备科研生产许可制度更加完善。2009年国防科工局和总装备部联合发布《国防科技工业社会投资领域指导目录(放开类2010年版)》。为了贯彻落实《武器装备科研生产许可管理条例》,规范武器装备科研生产许可管理,加强对行为主体的从业行为、资质能力、进入退出等的监管,2010年5月,工业和信息化部、总装备部重新制定并实施了《武器装备科研生产许可实施办法》。2010年10月,国务院、中央军委联合印发了《关于建立和完善军民结合寓军于民武器装备科研生产体系的若干意见》(国发【2010】37号),对于今后一段时期我国武器装备科研生产体系建设提出了明确目标,做出了全面部署。上述相关法律法规制度,标志着我国武器装备科研生产许可管理形成了以《国防法》、《行政许可法》为框架,以《武器装备科研生产许可管理条例》为依据,以《武器装备科研生产许可实施办法》为操作规范的制度体系。

(二)武器装备科研生产许可立法的必要性

由于武器装备关系到国家安全和社会公共利益,世界主要国家对武器装备生产都实行严格的许可管理制度。我国建立武器装备科研生产许可制度,面向社会开展许可和监管工作,对于规范武器装备科研生产市场,促进市场监管工作的科学化、制度化,推动军民结合、寓军于民国防科技工业体系的建设,具有重大意义。

1. 适应市场经济条件下武器装备生产活动管理的客观需要

武器装备科研生产许可制度是市场经济条件下军品科研生产管理的一项重要法律制度,也是实行军品订货制度的前提。我国的武器装备科研生产,较长时期以来实行由国家指定的企事业单位按照国家指令性计划要求从事各项武器装备科研生产的管理体制,非国家指定的企事业单位不得从事武器装备科研生产。改革开放以后,特别是近年来随着社会主义市场经济体制的不断完善,我国武器装备科研生产主体呈现出多元化的趋势。社会主义市场经济体制的建立和完善,给武器装备生产管理带来了许多新情况、新特点和新问题。武器装备科研生产,既是一项重要的军事工作,又是一项严格的经济工作,要适应社会主义市场经济体制,按照市场经济规律办事,就必须根据市场经济条件下武器装备科研生产活动管理的客观需要,对企事业单位进入武器装备研制生产领域的条件、程序、法定义务等作出明确规定,对武器装备科研生产管理部门的监督职责、权限范围、实施程序等予以规范。因此,武器装备生产许可制度的施行,为更好地按照社会主义市场经济运行规律办事,加强武器装备生产管理,建立监控措施,深化管理改革,提供了重要的法律保障。

2. 建立军民融合式武器装备科研生产体系必要环节

胡锦涛同志在党的十七大报告中指出,要建立军民结合、寓军于民的武器装备科研生产体系。军民融合、寓军于民武器装备科研生产体系,是指围绕武器装备科研生产,由国家和军队有关部门、企事业单位组成的军民兼容、分工合理、动态开放、有序竞争、创新高效的复杂系统,其根本目的是把武器装备科研生产植根于国家科技工业基础之中,充分利用社会资源为武器装备建设服务,提高武器装备供给能力、自主创新能力和质量效益。可见,利用民用科技和工业基础参与国防建设、鼓励和推动包括民营企业在内的民用优势企业参与装备研制生产,一方面,可充分利用国家经济科技成果和市场资源,使更多社会财力投入国防科研生产,扩大武器装备科研生产基础,提高武器装备水平;另一方面,对进一步打破军工封闭状态、减少军工重复建设、促进相关领域武器装备研制生产管理体制和运行机制改革、加快形成军品市场有序竞争局面具有重要意义。当前最重要的,就是要消除具备武器装备科研生产能力和资质的单位进入武器装备科研生产领域的制度壁垒。因此,建立武器装备科研生产许可制度,通过规范武器装备生产活动、约束从事武器装备生产单位的资质资格,对于在中国特色社会主义市场经济条件下,推进军民结合、寓军于民武器装备科研生产体系建设具有重要意义。

3. 维护武器装备科研生产秩序的重要手段

在"军民结合、寓军于民"方针指导下,非公经济逐步突破原有的体制性障碍,不同程度地参与了国防工业建设;而国防科技工业也逐步走向开放,越来越多的民口、民营企业进入武器装备生产领域[①],武器装备科研生产主体呈现出多元化的趋势。建立武器装备科研生产许可制度,是维护武器装备科研生产秩序的重要手段。一是通过对从事制定武器装备科研生产活动单位的资质审查,加强对制定武器装备科研生产活动的监督管理,全面保证制定武器装备科研生产质量合格稳定。二是通过武器装备科研生产许可制度,有

---

① 莫增斌、杨湘龙:《优化武器装备研产能力监管体系》,载《中国军转民》,2008 年第 5 期,第 38 页。

效实施对武器装备科研生产的保密管理,强化武器装备科研生产单位的保密意识,严格保密制度,及时发现和消除保密隐患,杜绝失密、泄密事件的发生。三是通过建立必要的约束机制,保证承担武器装备科研生产任务的单位持续保持和提高武器装备科研生产能力和水平。同时,通过规定严格的行政处罚措施,制止擅自从事武器装备科研生产的违法行为,保证武器装备科研生产活动有序进行。因此,建立武器装备科研生产许可制度,对于健全武器装备科研生产市场监管机制,面向社会开展许可和监管工作,引入包括非公有制企业在内的社会资源参与国防科技工业建设具有重要作用;对于规范武器装备科研生产市场,维护武器装备科研生产秩序,保持武器装备科研生产体系的完整、安全、有效,促进市场监管工作的科学化、制度化方面具有重大意义。

(三) 我国武器装备科研生产许可立法的不足与完善

长期以来,我国对进入国防工业的企业通常采取的是政府指定办法,即由政府直接指定某些企业作为专业性军工队伍从事武器装备的生产活动,任何企业不得随意进入和退出国防工业。目前,虽然民营企业可以参与部分武器装备的生产经营活动,但由于与武器装备科研生产许可制度相适应的法规政策还不健全、不完善,军工企业和民口企业在税收、投资等方面,还缺乏公平、公正的竞争环境,不利于民口企业进入武器装备科研生产领域。

一是现行法律法规滞后。我国现行的法律、法规滞后于客观现实和形势发展要求,对民营企业进入国防科技工业建设领域缺乏法律保障。如《私营企业暂行条例》第 12 条规定,"私营企业不得从事军工、金融业的生产经营。"《个人独资企业法》和《合伙企业法》也都对私营企业等参与武器装备科研生产任务构成了直接或间接的限制。1994 年施行的《公司法》第 64 条规定:国务院确定的生产特殊产品或者属于特定行业的公司,应该采取国有独资形式。2006 年修改的《公司法》仍保留了"国有独资公司"一节,这实质上是对民营企业的一种"歧视"。而国务院和政府部门出台的一些促进"民参军"的政策法规,也多为指导性文件,约束力与操作性不强。

二是优惠、激励政策不平等。尽管修改后的《公司法》、《政府采购法》不再对民营企业参与国防建设进行限制,但一些保障和资金税收政策尚未修订,一些政策法规缺乏相应的鼓励政策与配套政策,民营企业进入军品市场缺乏基本保障。一方面,现行军品税收政策对军工企业和民口企业实行"双轨制"。军工企业生产的军品(包括总承和配套产品)均享受增值税、土地使用税等减免优惠政策。而民口企业生产的军品,只对枪、炮、雷、弹、军用舰艇、飞机、坦克、雷达、电台等 11 类特定产品,在总装环节免征增值税。部分民口企业虽然按规定可以享受军品免税政策,但退税周期过长。这种有失公平的政策加重了民口企业参与军品市场竞争负担,不利于军民融合、寓军于民武器装备科研生产体系的建立。另一方面,军工企业无法享受高新技术企业所得税优惠政策。为扶持和鼓励高新技术企业的发展,国家对认定的高新技术企业按 15% 的税率征收所得税(正常税率为

25%）。但因军工企业存在保密等特殊性,在认证范围、中介审计、知识产权等方面难以满足由科技部、财政部、国家税务总局联合发布的《高新技术企业认定管理办法》规定的认定条件,使相关军工企业无法享受这一优惠政策。另外,武器装备建设投资体制不合理。目前,涉及国防科研和武器装备建设的投资,主要包括总装备部归口管理的国防科研试制费、装备购置费、装备维修管理费以及国防科技工业主管部门归口管理的研制生产条件保障经费和生产技术改造费等。在部分领域,传统军工企业与民口企业竞争激烈,但只有军工集团及其下属企业和极少数民口企业能够享受军工固定资产投资,诸多承担军品研制生产任务的民口企业难以惠及,客观上强化了国防科技工业封闭垄断的物质、技术基础,制约了公平竞争和军民融合。

三是军品市场准入的法规和政策相互冲突,造成事实上的"所有制和市场双重歧视"。例如,我军装备部门依据《装备采购条例》,对想进入军品市场的企业实行军方主导的资格审查制度,而另一方面,国防科技工业主管部门也根据武器装备科研生产许可制度,对新进入企业发放协作与配套许可证。这两套分别由需求方和军工产业主管部门执行的许可制度,存在着重叠与冲突,增加了成本,降低了效率。[①]

当前,必须进一步建立和健全相关法律法规,从制度上对民企进入武器装备科研生产领域予以界定。比如,修改《公司法》等法律文件中限制民企参与军品生产的相关规定,为非公有制经济参与国防科技工业建设创造良好的政策环境。在国家政策允许范围内,非公有制企业在军品市场准入、任务竞争及参与军工企业改组改制等方面应与国有军工企业一视同仁。解决军品市场准入双重审查的问题,推行总装资格审查和国防科工局科研生产许可审查"一站式服务"的方法和途径,简化和透明许可证申请流程和相关程序,规定批复的时限。同时,根据非公有制企业承担军品科研生产任务的性质和特点,通过贷款贴息、资本金注入以及租赁、借用、调配等多种方式,使符合条件的民营高科技企业、研究机构和现有国防科技工业企业在承担军品任务上具有同等的"国民待遇",为非公有制企业完成重要军品科研生产任务提供必要的法律保障。

（四）其他主要军事强国的武器装备生产许可制度

1. 主要军事强国对武器装备科研生产许可制度的政策规范

对武器装备科研生产单位进行资格认定,是各国管理其国防科研生产和国防科技工业的一个关键问题。在这方面,各国政府出台了许多法律、政策对武器装备科研生产单位或机构进行认定。

（1）美国的《联邦采办条例》。美国在资格审查基础上实行"具备资格的厂商名单"登录制度,即资格审查制度。《联邦采办条例》在有关研制单位资格审查问题上,对"承包商的合格条件"、"承包商的选择"等重要问题,都作了明确具体规定。承包商的合格条件

---

① 李晖:《民营企业参与国防工业的政策分析》,载《现代商业》,2010年第7期,第68页。

如下:第一,具有履行合同的雄厚财力,或具有可靠的资金来源;第二,能在全面承担现有商业责任和政府项目的条件下,严格遵守规定的交货期或履约时间表;第三,以往履行合同的业绩令人满意;第四,诚信可靠,一贯遵守商业道德;第五,具备必要的组织能力、管理经验、理财和经营方法以及必要的技术实力,必要时还应具有适用于承包产品和服务项目的一套生产控制程序、资产管理制度和质量保证措施;第六,具备必要的生产、加工技术设备和设施;第七,符合有关法律与条例规定的其他签订合同的条件。军方有关部门根据这些条件审查决定其是否合格,然后向合格者颁发《技术建议征求书》①。国防部通过列有合同商"具备资格的名单"和"不具备资格的名单",以及时掌握原承包商实力变化信息和新承包商的动态,并对名单进行调整和补充,每一季度更新一次。

(2) 俄罗斯的《俄罗斯联邦武器法》。俄罗斯在实行国防武器研制、生产和经营的许可制度方面有全面系统的法律规定。《俄罗斯联邦武器法》第9条明确规定,在俄罗斯境内生产、销售、采购、收集和展出武器必须申请许可证(军事机构生产和采购武器除外)。1994年7月俄联邦政府发布了《关于向武器装备、军事技术及弹药的研制生产颁发许可证办法》的政府决议,明确规定"凡是不具有许可证而从事武器装备、军事技术和弹药研制生产的法人及自然人将根据俄有关法律追究其责任"。1995年11月俄罗斯通过了《俄罗斯联邦国家国防订货法》,在该法中明确规定,"国防订货总承包商(承包商)的选择,必须在平等的基础上进行,无论何种法律组织形式和何种所有制形式的科研生产单位,只要它具有从事完成国防订货任务的许可证,都可以成为国防订货的总承包商(承包商)"。

(3) 日本的《武器等制造法》。日本的法律明文规定武器装备的研制生产采用许可证管理,其中在《武器等制造法》中详细规范了武器制造的政府许可问题,对武器制造许可的获得、收回、继承和变更都作了严格的规定。

(4) 法国的《95-589号法令》。法国政府出台的国防科研生产法中明确规定采用许可制度。在有关许可制度的立法中,法国政府首先将战争物资、武器和弹药等进行了分类;然后针对不同类别的战争物资和相关物资,从研究、生产到最终转让的许可,均制定了严格的法律条文。

2. 主要军事强国武器装备科研生产许可制度的许可范围

通过武器装备科研生产许可制度的实施,在有效保障国防能力供给的同时,最大程度地避免重复建设和危害国家安全。实施许可制度的国家均对武器装备科研生产的许可范围进行了严格界定。

(1) 对武器装备及相关物资的分类。作为限制发放许可证范围的一个基本依据,各国都以法律的形式对武器装备及相关物资进行有效的分类。其中法国政府在其法律条文中明确将"战争物资、武器弹药、部件"划分为8类:第1类是用于地面战、海战或空战的

---

① 郭现云:《军事强国国防工业市场准入制度研究》,载《国防技术基础》,2009年第9期,第4页。

轻武器及弹药;第 2 类是战时用于搬运或使用武器的设备;第 3 类是防化学战剂的防护设备;第 4 类是防御性轻武器及其弹药;第 5 类是猎枪及其弹药;第 6 类是白刃(Armes blanches);第 7 类是射击性武器,展览性武器及弹药;第 8 类是陈旧武器弹药及收藏品。

而日本政府则把武器装备分为 11 大类。其中主要类别包括武器、射击管理装置、弹药及火药、导弹、飞机及飞机部件、飞机弹射着陆支持器材、船舶舟艇浮桥、船舶用品、机动车、车辆构件、飞机外用品等。

(2) 对武器装备科研生产主体资格的规定。鉴于武器装备科研生产是一种特殊的生产活动,各国都通过法律法规的形式来规定武器装备科研生产参与主体的性质。日本、俄罗斯和法国都明确规定只有拥有武器装备生产许可证的机构才能从事武器装备科研生产活动。

法国政府通过法律文件详细规定了从事武器装备科研生产活动的实体资格审定标准,除了规定相应的企业生产能力方面的要求以外,法国政府还限制公司所有人的国籍、公司主要成员的国籍及公司大多数资本的所属等。如《95 - 589 号法令》第二章第 9 条规定,个体企业应属于某个法国人;公司股东和经理应为法国人;在股份有限责任公司中,经理、执行合伙人、理事会成员和监事会领导成员应为法国人;大多数资本应由法国人管理。

俄罗斯在《联邦武器法》第 16 章明确指出,生产武器及其弹药的法人有义务保障生产安全、生产管理、产品质量及保存;生产的每件武器都应有自己的编号。

(3) 涉及国防科研生产的保密问题。军事技术与装备的信息是各个国家的机密,各国政府都采取了严格的措施进行保护,一个企业机构是否具有完善的保密条件也是其能否进入国防科研生产领域的重要标准。

俄罗斯《联邦保密法》明确规定了国防科研生产的保密范围,同时也对经许可生产的武器和军事装备进行广告宣传作出了明确的规定与限制。根据许可证列入允许进出口军品清单的民用武器和军事装备,其广告中不允许直接或间接透露武器和军事装备的生产工艺、作战和专业使用方法。

(4) 扶持一定数量可供选择的国防承包商。为了保持国防生产领域持续的创新能力,各国政府都采取一系列政策规范来避免在必要的武器装备生产领域形成垄断,最为常见的方法是扶持一定数量的可供选择的国防承包商。各主要国家通常采用建立或保持备选来源的方式,即维持一定数量可供选择的国防承包商,以维护竞争态势,同时也不损害其战时的动员能力。在许多项目中,保持竞争意味着将工业基础当作制订采办战略的关键因素。此外,保持竞争力也意味着对整个工业进行全面考察,看一看目前与将来有什么改进、有什么其他项目和研究开发成果可供采用或者可能涌现出来,以便在所有关键领域保留足够数量的竞争企业。

二、我国武器装备科研生产许可制度的适用范围与程序

（一）武器装备科研生产许可制度的适用范围

武器装备科研生产活动种类较多,对国家安全、公共安全及公民人身健康和生命财产安全的危险程度不尽相同。比如,有的武器装备科研生产,属于武器装备总体、系统或者关键分系统的研制生产,不仅研制过程危险等级高,而且涉及重大国家秘密。有的武器装备科研生产,属于武器装备零部件、元器件和原材料的研制生产,危险等级和涉及国家秘密程度相对偏低,甚至不涉及国家秘密。因此,不宜笼统地将全部武器装备科研生产活动纳入许可管理的范围。根据武器装备及其专用配套产品的重要程度,武器装备科研生产许可分为第一类许可和第二类许可。其中,第一类是指武器装备的总体、关键分系统、核心配套产品科研生产许可;第二类是指武器装备的一般分系统及其他专用配套产品科研生产许可。考虑到武器装备的重要性、保密性等因素,其科研和生产不可能向所有企业开放,国防科工局依据国家有关规定对第一类许可实行数量限制。第二类许可则可向社会单位和非公经济单位开放,各省、自治区、直辖市的国防科技工业管理部门负责第二类许可的受理和审查。

目前,需要实施许可管理的武器装备科研生产活动,仅限于列入武器装备科研生产许可目录的科研生产活动。从事目录规定范围以外科研生产活动的单位,不需要申请武器装备科研生产许可证。因此,《武器装备科研生产许可专业（产品）目录》是武器装备科研生产许可证申请和发放的重要依据。该目录共包括 13 个大类,分为两种类别:一种为专业性大类;另一种为综合性大类。主要特点有:一是以专业为主线,打破行业界限,统筹分类;二是体现分层管理和适度竞争精神;三是科研与生产项目合并设计;四是专业通用项目合并列项;五是项目设置力求合理、均衡。

另外,在国防科工局、总装备部联合公布的《国防科技工业社会投资领域指导目录（放开类 2010 年版）》也有相关规定,即适用于社会投资参与的国防科技工业固定资产投资项目,主要涉及核领域、导弹武器、空间飞行器、运载火箭、军用飞机、军用舰船、常规兵器与装备、国防电子、武器装备专用材料及制品等九大领域,所列领域不限社会投资比例。社会投资进入该《指导目录》规定的领域,涉及武器装备科研生产许可和保密管理的,按有关规定执行。

为了使武器装备科学研究适应现代武器装备自主研制和信息化建设的需要,保证自主创新的武器装备技术和产品满足国防建设的国家安全需要,同时考虑到武器装备科学研究既有作为武器装备科研生产基础的相对独立性,又有与整个国家科学研究相联系的统一性,武器装备生产许可制度规定,专门的武器装备科学研究活动,不实施许可制度,以鼓励科研院所、高等院校以及其他企事业单位的科学研究。对于从事武器装备生产的行为,以及既从事武器装备科学研究又从事武器装备生产的行为,则纳入许可管理范围。

另外,武器装备生产许可制度还规定,国务院国防科技工业主管部门根据国家武器装备科研生产能力布局的要求,按照武器装备科研生产的实际需要,经征求总装备部意见,可以对有特殊要求的武器装备科研生产许可做出数量限制。

(二)办理武器装备科研生产许可证的程序

1. 申请

《武器装备科研生产许可管理条例》明确了申请武器装备科研生产许可的单位应当具备以下条件:①具有法人资格;②有与申请从事的武器装备科研生产活动相适应的专业技术人员;③有与申请从事的武器装备科研生产活动相适应的科研生产条件和检验检测、试验手段;④有与申请从事的武器装备科研生产活动相适应的技术和工艺;⑤经评定合格的质量管理体系;⑥有与申请从事的武器装备科研生产活动相适应的安全生产条件;⑦有与申请从事的武器装备科研生产活动相适应的保密资格。

申请武器装备科研生产许可的单位,应当提交《武器装备科研生产许可证申请书》,同时提交以下文件、材料(复印件):①企业法人营业执照或者事业单位法人证书;②相应的质量管理体系认证证书;③安全生产达标证明文件(其中申请从事危险品生产的,提交安全生产许可证或者安全生产评价报告);④保密资格证书;⑤法律、行政法规规定的环保、消防验收文件或者达标文件;⑥申请单位认为可以证明其能力条件的其他文件、材料。

申请武器装备科研生产许可的单位,如果是申请第一类许可的,或者同时申请第一类、第二类许可的,应向国防科工局提出申请;申请第二类许可的,应向其所在省、自治区、直辖市的国防科技工业管理部门提出申请,第一类许可、第二类许可的申请材料(含电子版光盘)应当同时报送总装备部许可协同管理部门一份。

2. 审查与受理

国防科工局和地方国防科技工业管理部门应当依照《行政许可法》第32条的规定进行审查,符合受理条件的,应当在5日内作出受理决定。申请材料不齐全或者不符合法定形式的,应当当场或者在5日内一次告知申请单位需要补正的全部内容。作出不予受理决定的,应当书面告知并说明理由。总装备部许可协同管理部门对许可申请材料的审查意见,应当自收到申请材料之日起4日内向国防科工局或者地方国防科技工业管理部门反馈。

国防科工局和地方国防科技工业管理部门受理申请后,组织专家对武器装备科研生产许可申请进行现场审查,总装备部许可协同管理部门指派派驻军事代表机构参加。对因涉及国家核心机密不宜进行现场审查的,可以根据实际情况进行书面审查。地方国防科技工业管理部门负责组织对申请单位进行审查的,应当自受理申请之日起30日内完成审查和征求派驻军事代表机构意见的工作,并将审查意见和全部申请材料报送国防科工局,同时报送总装备部许可协同管理部门。

3. 批准

国防科工局应当自收到地方国防科技工业管理部门报送的审查意见和全部申请材料之日起 30 日内,作出许可决定。国防科工局直接受理申请并组织进行审查的,应当自受理申请之日起 60 日内,作出许可决定。作出准予许可决定的,应当自作出决定之日起 10 日内向申请单位颁发武器装备科研生产许可证;作出不准予许可决定的,应当书面通知申请单位并说明理由。

4. 变更与延续

为随时掌握武器装备科研生产体系的变动情况,保持体系的安全有效,突出动态监管,《武器装备科研生产许可实施办法》规定,武器装备科研生产许可证的有效期限为 5 年。取得武器装备科研生产许可的单位在武器装备科研生产许可证有效期限内,其法人名称、法定代表人、注册地址发生变更的,应当自发生变更之日起 60 日内向国防科工局提出武器装备科研生产许可证变更申请,同时抄送总装备部许可协同管理部门和原许可审查部门。取得武器装备科研生产许可的单位拟申请延续武器装备科研生产许可期限的,应当在武器装备科研生产许可证有效期届满 6 个月前,按照规定提出许可延续申请。取得武器装备科研生产许可的单位,拟不再延续武器装备科研生产许可期限的,应当在许可证有效期届满 6 个月前向国防科工局书面报告。在国防科工局商总装备部作出妥善安排前,不得擅自停止武器装备科研生产。

三、武器装备科研生产许可制度的保密要求与法律责任

(一)武器装备科研生产许可制度的保密规定

鉴于武器装备科研生产活动具有特殊性,对保密要求高,《武器装备科研生产许可实施办法》除对许可企业的保密资质进行规定外,还对许可企业的保密管理制度、保密机构和人员、涉密人员管理和培训、设置安全防护设施等方面提出要求,并规定了相应的处罚条款。

第一,定期或者不定期的保密检查制度。武器装备科研生产许可制度要求取得武器装备科研生产许可的单位应当遵守国家保密法律、法规和有关规定,建立健全保密管理制度,按照积极防范、突出重点、严格标准、明确责任的原则,对落实保密管理制度的情况进行定期或者不定期的检查,及时研究解决保密工作中的问题。

第二,保密管理工作的责任制度。要求取得武器装备科研生产许可的单位应当实行保密管理领导责任制,其主要负责人应当加强对本单位保密工作的组织领导,切实履行国家保密法律、行政法规和有关规定的保密职责和义务。

第三,对保密机构及人员的要求。武器装备科研生产许可制度规定,取得武器装备科研生产许可的单位应当设立保密工作机构,配备符合要求的保密工作人员。同时,应当与承担武器装备科研生产任务的涉密人员签订岗位保密责任书,明确岗位保密责任,并对其

进行经常性的保密教育培训。

第四，特殊保密防护措施。武器装备科研生产许可制度规定取得武器装备科研生产许可的单位应当在涉及国家秘密的保密要害部门、部位设置完善可靠的保密防护设施，并依照国家保密法律、法规和有关规定，制作、收发、传递、使用、复制、保存和销毁国家秘密载体，对涉及国家秘密的计算机和信息系统采取安全保密防护措施。

第五，涉密会议和活动的保密要求。武器装备科研生产许可制度规定，取得武器装备科研生产许可的单位举办涉及国家秘密的重大会议或者活动时，应当制定专项保密工作方案，并确定专人负责保密工作。涉及国家秘密的会议必须在有安全保密保障措施的场所进行，并严格控制与会人员的范围。取得武器装备科研生产许可的单位进行对外交流、合作和谈判等活动，也应当保守国家秘密。

第六，保密档案制度。武器装备科研生产许可制度规定取得武器装备科研生产许可的单位应当依照国家保密法律、法规和有关规定建立保密档案制度，对涉及国家秘密人员的管理、泄密事件查处等情况进行记录，及时归档，并对涉及国家秘密的档案实施有效管理。

（二）违反武器装备科研生产许可制度的法律责任

为了确保武器装备科研生产许可制度真正发挥作用，相关法律、法规规定了严格和具体的法律责任，对违法行为进行处罚。

1. 从事武器装备科研生产活动单位的法律责任

根据《武器装备科研生产许可管理条例》的规定，未依照规定申请取得武器装备科研生产许可，擅自从事许可目录范围内武器装备科研生产活动的，责令停止违法行为，没收违法生产的产品，并处违法生产产品货值金额1倍以上3倍以下的罚款；有违法所得的，没收违法所得。伪造、变造武器装备科研生产许可证的，责令停止违法行为，处10万元罚款；有违法所得的，没收违法所得。取得武器装备科研生产许可的单位，出租、出借或者以其他形式转让武器装备科研生产许可证的，处10万元罚款；情节严重的，吊销武器装备科研生产许可证。违法接受并使用他人提供的武器装备科研生产许可证的，责令停止武器装备生产活动，没收违法生产的产品，处违法生产产品货值金额1倍以上3倍以下的罚款；有违法所得的，没收违法所得。取得武器装备科研生产许可的单位及其人员违反《武器装备科研生产许可管理条例》的，责令限期改正；逾期未改正的，处5万元以上20万元以下的罚款，对直接负责的主管人员和其他直接责任人员依法给予处分；情节严重的，责令停业整顿直至吊销武器装备科研生产许可证，取得武器装备科研生产许可的单位违反本条例规定，被吊销武器装备科研生产许可证的，在3年内不得再次申请武器装备科研生产许可等。

2. 武器装备科研生产许可管理政府部门及其工作人员的法律责任

国家国防科技工业主管部门和省、自治区、直辖市人民政府负责国防科技工业管理的部门及其工作人员违反《武器装备科研生产许可管理条例》的规定,有下列情形之一的,由同级监察机关责令改正;情节严重的,对直接负责的主管人员和其他直接责任人员依法给予处分:①对符合《武器装备科研生产许可管理条例》规定条件的申请不予受理的;②未依法说明不准予许可的理由的。

国务院国防科技工业主管部门和省、自治区、直辖市人民政府负责国防科技工业管理的部门有下列情形之一的,由同级监察机关责令改正,对直接负责的主管人员和其他直接责任人员依法给予处分:①对不符合《武器装备科研生产许可管理条例》规定条件的申请人准予许可或者超越法定职权做出准予许可决定的;②对符合《武器装备科研生产许可管理条例》规定的条件的申请人不予许可或者不在法定期限内做出准予许可决定的;③发现未依照《武器装备科研生产许可管理条例》规定申请取得武器装备科研生产许可而擅自从事列入目录的武器装备科研生产活动,而不及时依法查处的。

另外,《武器装备科研生产许可实施办法》明确规定,取得武器装备科研生产许可的单位应当建立重大事项报告制度,即在许可有效期内,武器装备科研生产许可的单位发生上市、破产、歇业、改制、重组、科研生产场所搬迁、关键科研生产设备设施缺失等重大变化的,应当自发生变化之日起30日内向国防科工局书面报告变化情况,同时抄送总装备部许可协同管理部门和地方国防科技工业管理部门。国防科工局应当组织审查,根据审查情况商总装备部作出处理决定,并书面告知相关单位。

其中,取得武器装备科研生产许可的单位涉及外资进入资产重组或者境外上市的,应当在事前向国防科工局书面报告。经国防科工局商总装备部同意后,方可实施。

取得武器装备科研生产许可的单位出现重大变化未按照规定时限报告的,给予警告,责令在10日内补报重大变化说明材料;经审查,不再符合许可条件的,由国防科工局商总装备部作出处理决定。

第三节　装备生产招投标制度

武器装备生产招投标是武器装备管理部门通过招标方式择优选定武器装备项目研制、生产单位的行为。用招标方式研制、生产武器装备是一个必然趋势,它将对我国武器装备的发展带来积极而深远的影响。建立健全武器装备生产招投标制度,是适应社会主义市场经济的客观要求,是提高装备采购效益的必要手段,是促进装备发展建设的有效途径。

一、我国武器装备生产招投标立法概况

招标投标,是在市场经济条件下进行大宗货物的买卖、工程建设项目的发包与承包,以及服务项目的采购与提供时,所采用的一种交易方式。在这种交易方式下,通常是由项

目采购(包括货物的购买、工程的发包和服务的采购)的采购方作为招标方,通过发布招标公告或者向一定数量的特定供应商、承包商发出招标邀请等方式发出招标采购信息,提出所需采购的项目性质及其数量、质量、技术要求,交货期、竣工期或提供服务的时间,以及其他供应商、承包商的资格要求等招标采购条件,表明将选择最能够满足采购要求的供应商、承包商与之签订采购合同的意向,由各有意提供采购所需货物、工程或服务的报价及其他响应招标要求的条件,参加投标竞争。经招标方对各投标者的报价及其他条件进行审查比较后,从中择优选定中标者,并与其签订合同。招标投标法律制度是国家用来规范招标投标活动、调整在招标投标过程中产生的各种关系的法律规范的总称。第九届全国人民代表大会常务委员会第十一次会议于 1999 年 8 月 30 日通过了《招标投标法》。为了规范军工投资项目的招标投标活动,加强和改进招投标管理工作,根据《招标投标法》,2002 年 10 月,原国防科工委印发了《关于固定资产投资建设项目招投标管理若干问题的通知》。2007 年,《关于进一步推进民用技术向军用转移的指导意见》强调,要"进一步完善武器装备科研生产招投标制度",支持和鼓励有技术优势、有实力的单位公平地参与有关武器装备科研生产任务的竞争,实现择优采购,从根本上提高武器装备购置费使用效益,促进武器装备发展建设。2008 年 3 月,原国防科工委又发布了《国防科技工业固定资产投资项目招标投标管理暂行办法》。另外,2003 年 12 月总装备部发布的《装备采购方式与管理规定》,也对招标采购方式作出了详细规定。当前,应当不断完善武器装备科研生产招投标制度,以鼓励非公有制企业积极参与军品科研生产任务招投标。

二、武器装备生产招投标制度的原则

《国防科技工业固定资产投资项目招标投标管理暂行办法》第 3 条规定:"军工投资项目招标投标活动应遵循公开、公平、公正和诚实守信的原则,涉密项目还应符合保密规定。"因此,武器装备生产招标投标必须遵守以下原则:

(一) 公开公平公正原则

除涉及国家安全不实行公开招投标的项目以外,武器装备投资项目一般应采用公开招标方式。公开原则要求招标人通过公众媒体、报刊、电视或信息网络等公共传媒体介绍、发布招标公告或招标信息,邀请不特定的法人或者其他组织投标,确保能够在最大限度内选择投标商,以最大限度地避免招标活动中的贿标行为。当然,由于武器装备生产尤其是重大武器装备,涉及国家安全利益,无论是生产过程还是生产技术等都具有保密性。因此,武器装备科研生产招标的公开程度并不是完全的、无限制的。招标投标活动的公平原则,要求招标人严格按照规定的条件和程序办事,平等地对待每一个投标竞争者,不得对不同的投标竞争者采用不同的标准。招标人不得以任何方式限制或者排斥本地区、本系统以外的法人或者其他组织参加投标。在招标投标活动中招标人行为应当公正,对所有的投标竞争者都应平等对待,不能有特殊。特别是在评标时,评标标准应当明确、严格,对所有在投标截止日期以后送到的投标书都应拒收,与投标人有利害关系的人员都不得作为评标委员会的成员。招标人和投标人双方在招标投标活动中的地位平等,任何一方不得向另一方提出不合理的要求,不得将自己的意志强加给对方。武器装备作为捍卫国家安全利益的特殊工具,技术风险高,质量要求严格,在招投标过程中,除考虑价格因素外,还应当注重技术创新和质量保障。

(二)诚实信用原则

诚实信用是民事活动的一项基本原则,招标投标活动是以订立武器装备科研生产合同为目的的民事活动,当然也适用这一原则。诚实信用原则要求招标投标各方都要诚实守信,不得有欺骗、背信的行为,更重要的是维持当事人在尊重他人利益和社会利益的前提下,实现自己的利益。任何弄虚作假、故意隐瞒真实情况以及违背承诺的行为都是违反诚实信用原则的,应该承担相应的法律责任。

(三)保密原则

武器装备的研制生产涉及国家和军队秘密,其研制内容、专项技术、战术技术指标等具有一定的保密性。保密原则要求装备生产部门、招标机构和投标单位必须严格遵守国家和军队有关规定,严守秘密。涉密事项的招标,应要求投标人在投标文件中编制保密方案。参与涉密事项招标工作的招标代理机构应加强招标过程的保密管理,并与相关投标人和评标专家签订保密协议。采取自行招标的,招标人应与相关投标人和评标专家签订保密协议。

另外,武器装备的性能质量直接关系到战争胜负和国家、民族安危,因此,武器装备科研生产在招标前必须对投标人的研制生产能力、技术创新能力、质量保证能力、服务保障能力和履约情况等进行严格的资格审查,只有认定合格的单位才能参与竞标。

三、武器装备生产招标投标的法律规定

(一)武器装备生产招标投标的范围

《招标投标法》规定:中华人民共和国境内进行下列工程建设项目包括项目的勘察、设计、施工、监理以及与工程建设有关的重要设备、材料等的采购,必须进行招标:①大型基础设施、公用事业等关系社会公共利益、公众安全的项目;②全部或者部分使用国有资金投资或者国家融资的项目。根据《国防科技工业固定资产投资项目招标投标管理暂行办法》,军工投资项目在勘察、设计、施工、监理、保险以及与工程建设有关的设备、材料采购中应采用招投标方式,涉密项目还应符合保密规定。为此,军工投资项目有下列情形之一的,应当进行招标:①勘察、设计、监理、保险等服务项目,单项合同估算价在50万元人民币以上;②土建、安装等施工项目,单项合同估算价在200万元人民币以上;③设备、材料等采购项目,单项合同或单台(套)设备估算价在100万元人民币或10万美元以上;④单项合同或单台设备估算价低于本条②、③款标准,但项目中同类物项合同估算价之和

达到上述标准;⑤法律、法规规定的其他情形。

信息化条件下的一些高技术武器装备的生产,必须依据国家和军队的有关规定,在特定范围内公开,采用邀请招标方式,实行有限的选择性招标,即招标人应当向3个以上的潜在投标人发出投标邀请书。只有接受投标邀请方才可以参加投标竞争。有下列情形之一的可采取邀请招标:①因技术复杂或有特殊要求,只有少量几家潜在投标人可供选择;②受自然地域环境限制;③涉及国家安全、国家秘密或者灾后重建,适宜招标但不宜公开招标;④拟公开招标的费用与合同估算价格相比过高,公开招标得不偿失;⑤研制采购专用非标准设备设施;⑥法律、法规规定不宜公开招标的其他情形。

武器装备涉及某些专用技术,只有能够满足武器装备特殊要求的装备科研生产单位才能参与投标竞争。而且武器装备是军队专用产品,没有政府允许,一般企业不能擅自从事武器装备的研制、生产与销售,所以,非军工企业进入武器装备市场的难度比较高。同时,信息化武器装备发展速度快,技术难度和复杂程度不断增强,增大了投标方的难度与风险,影响投标单位的数量和积极性,难以展开广泛、充分的竞争。在美国,由于国有军工企业不多,绝大部分的武器装备都通过招标的方式交由民用企业生产,采取的招标方式主要有公开招标、选择招标和指定招标。我国如果在本来就不广阔的武器装备生产领域过多采用选择招标和指定招标,再加上信息不透明,竞争不充分,那么武器装备的成本无法降下来,技术含量也上不去,武器装备生产的市场化就无从谈起。所以,民营企业参与武器装备生产应尽量公开招标竞争。目前,我国武器装备科研生产许可实行分类管理,在第二类许可上可以完全采用公开招标的方式,第一类许可其实也可以采用公开招标的方法,因为,在武器装备生产的准入制度中已经对参与生产的企业数量进行了限制,这相当于已经限制了公开招标的范围。在程序及合同条款、合同管理办法、质量管理上,虽然我国还不能完全采用与商业买卖相同的方式,但是应该尽量降低成本,缩短周期,吸引更多的非公有制企业参与武器装备的生产。

目前,通用化、非关键武器装备部件一般应该向社会放开,采取直接招标方式,由各类企业按照统一的标准和质量生产。对于某些大型高技术武器装备,由于长期独家垄断,培育竞争对手难度大,很难对武器装备总体或整机进行招标,因此可以对其分系统、零部件、原材料等进行招标。首先,在签订合同时要提出分系统的订货实行招标的要求;其次,军队要把投标的成绩和开展投标的潜力作为评估和选择主承包商的依据;第三,在招标过程中要最大限度地实行公开招标,可以尝试引入一些有军品生产愿望、在生产技术和质量管理方面达到国内或世界先进水平的国有或民营企业参加军品生产竞争。

由于武器装备的特殊性,即使具备实施招投标活动的基本条件,也可能由于保密要求、专项技术等原因,不适于采用招投标方式。如《招标投标法》就规定,对涉及国家安全、国家秘密等不适宜进行招标的项目,按照国家有关规定可以不进行招标。因此,军工投资项目有下列情形之一的可不招标:①具体事项涉及国家秘密,招标过程中秘密无法或很难保全;②主要工艺、技术需要采用特定专利或者专有技术;③武器装备应急动员(含演练)配套建设,以及现有设备、设施或信息产品升级改造,且不宜进行招标;④承包商、供应商或者服务提供者少于3家(不含);⑤在合同执行过程中或合同执行完毕后需要追加工程、货物或服务,追加合同金额不超过原合同金额10%,且追加金额累计不超过200万元人民币;或者改变承包商、供应商、服务提供者将明显影响功能配套要求;⑥法律、法规规定的其他情形。

(二)武器装备生产招标投标的方式

1. 委托招标方式

委托招标,就是招标人委托招标代理机构,在招标代理权限范围内,以招标人的名义组织招标工作。作为一种民事法律行为,委托招标属于委托代理的范畴。其中,招标人为委托人,招标代理机构为受托人。这种委托代理关系的法律意义在于,招标代理机构的代理行为以双方约定的代理权限为限,招标人因此对招标代理机构的代理行为及其法律后果承担民事责任。委托招标是招标人根据项目需求、按照法定的自愿原则自愿选择的结果,法律对合法的委托招标予以保护。为此,《招标投标法》第12条规定,招标人有权自行选择招标代理机构,委托其办理招标事宜。任何单位和个人不得以任何方式为招标人指定招标代理机构。值得注意的是,武器装备涉密项目采取委托招标的,招标人应委托经国防科工局认定的符合保密条件的招标代理机构。因此,对采取委托招标方式的,必须对招标代理单位的专业资格和经营信誉进行审查,委托专业资格合格、经营信誉良好的招标代理单位组织招投标,并严格执行国家和地方的招投标代理单位管理办法,确保其按规范组织招投标过程,杜绝招投标过程中的问题发生。

2. 自行组织招投标方式

自行组织招投标即由招标人自行办理招标事宜。招标人在具有编制招标文件和组织评标能力的情况下也可自行组织招投标。一般来说,招标人应具备下列条件:①具有法人资格;②具有与招标项目规模和复杂程度相适应的技术、概预算、财务和管理等方面的专业力量,拥有中级以上专业技术职称的专职人员不少于10人,其中通过招标投标执业资格认定的人员不少于2名;③招标人或其招标工作人员近3年有从事同类项目招标的经验;④有从事招标管理工作的常设机构;⑤熟悉和掌握招标投标法律及相关规定。

对自行组织招投标的,招标方的上级单位要组成军工投资项目招投标监督小组,对招标方编制《招标邀请文件》及开标、评标、中标过程进行审查,确保招投标过程的公平、公正、公开。另外,严格执行《国防科技工业固定资产投资项目竣工验收实施细则》,使招标方在组织招投标过程中注重规范管理。

不论采取委托招标还是自行招标,对中标结果都要进行为期一周的公示,如果投标方或利害关系人投诉举报,有关行政监督部门或军工投资项目招投标监察小组可通知招标方暂缓确定中标方,并及时调查处理。

（三）武器装备生产招标的程序

武器装备生产招标一般可分为招标准备阶段、招标组织阶段、招标评标阶段。

1. 招标准备阶段

这一阶段的工作主要是编制招标文件、计算标底等。一是提出标书所需要的全部资料和要求，使投标人能清楚掌握投标书中应提供的有关价格详细资料；二是制定标底应力求准确合理，标底确定得准确与否是招标成败的关键。

2. 招标组织阶段

招标组织阶段要完成选择投标人、审查投标人资格、投标人投标等工作。这一阶段的主要工作是在对投标人进行资格审查过程中，对其经营业绩、财务管理和财务状况进行全面审查，以确定就招标书的内容要求能否给予满足。

3. 招标评标阶段

这一阶段要完成开标、评标定标和签订合同等工作，是整个招标过程的关键。评标是综合各方面因素对报价的内容予以分析评价，在此基础上，将全部标价加以比较，综合评价，优中选优，确定中标单位。

第四节　军事代表监督制度

军事代表，也称军代表，是军队为保证装备生产采购计划有效落实，向装备承制单位派出的代表。军事代表工作，是由军队向承担装备研制、生产和修理任务的单位派出代表，对武器装备的科研、生产进行质量监督和检验验收，落实装备建设计划，使军队在规定时间获得规定数量、规定质量装备的一系列活动。[①] 长期以来，军事代表在对军工产品进行检验和验收，对研制生产过程进行质量监督，参与军品研制质量保证，对军品提出定价意见，负责军队与工厂联络等方面，发挥了重要作用，成为军队武器装备现代化建设中的一个重要组成部分。因此，建立军事代表制度的根本目的，是为了保证军队能够按照国家计划得到性能先进、质量优良、价格合理的装备。

一、我军军事代表制度沿革

60 多年来，我国军事代表制度在保障武器装备研制生产、促进武器装备的现代化建设、提高我军战斗力和威慑力等方面发挥了重要的作用。20 世纪 50 年代初期，我国的国防工业处于初创阶段，工厂的生产能力较弱，只能生产比较简单的装备。1950 年 1 月，军委后勤部与重工业部、东北军工部签订了第一份军工生产合同，首次派出 24 名干部担任驻东北、华北、华东等地区军工厂的检验代表，负责订货合同的监督和产品检查。为此，总

---

① 韦建南、周光明、关祥武：《驻厂军事代表工作概论》，北京：总装备部综合计划部，2001 年版，第 4 页。

后方勤务部 1950 年 12 月制定了《军工生产驻厂检验代表工作条例(草案)》。1952 年 2 月,空军抽调 11 名干部,分别进驻 111 厂等 5 个工厂;1953 年 3 月,海军派出 15 名干部,分别进驻上海清东造船厂等 6 个工厂。随后,解放军通信、装甲、工程、防化等兵种陆续派出军事代表承担军工产品的检验工作。为了加强检验验收工作,保证和提高军工产品质量,1953 年 5 月,驻厂检验代表改称为驻厂军事代表。总后勤部对《军工生产驻厂检验代表工作条例(草案)》进行了修订,于 1953 年 12 月发布了《区域和驻厂军事代表工作条例(草案)》,明确了军事代表的职责,增加了编制员额,充实了军事代表队伍,规定每个工厂设置一个军事代表室。至此,我军初步形成了一支驻厂军事代表队伍。1956 年 11 月总后军械部制定了《驻国营工厂军事代表暂行工作条例》。1961 年中共中央、国务院发布了《驻厂军事代表暂行条例》。1964 年 10 月 13 日,中共中央、国务院正式发布《驻厂军事代表工作条例》,这是我国第一部军代表法规。

"文化大革命"期间,由于军事代表制度被取消,导致大批装备带着质量问题出厂交付部队,成千架飞机、几十万支枪、上百万发炮弹不得不返修,甚至停用报废,使我军装备建设蒙受了重大损失。1977 年 10 月,国务院、中央军委决定恢复中国人民解放军驻厂军事代表制度。1989 年 9 月,国务院、中央军委发布了新的《驻厂军事代表工作条例》,明确规定:在承担军工产品型号研制和定点生产任务的企业、事业单位,实行军事代表工作制度,由军队向重点工厂派出驻厂军事代表。该《条例》还规定了军事代表的工作原则、基本任务、检验与验收、监督检查、领导关系、组织机构、工作方法七大问题,进一步通过立法形式巩固和健全了驻厂军事代表制度,标志着我国军事代表工作进入了一个新的历史时期。1991 年 6 月,总参谋部印发了《关于调整驻厂军事代表体制编制,落实"一厂一室"制度有关问题的通知》,并随文下发了《关于驻厂军事代表业务工作关系若干问题的规定(试行)》,确定 40 个驻厂军事代表室为第一批试点单位。[①]

1998 年 4 月,总装备部成立,军事代表的隶属关系也随之作了相应调整,各军兵种军事代表局实行归口管理,隶属于全军军事代表办公室。全军驻厂军事代表分为海军、空军、二炮、总参、总后、总装六大系统,业务工作按军兵种和装备分类,分系统、分级负责管理,自上而下,各成体系。为了突出军事代表工作的特点,明确新时期军事代表的工作任务,2001 年 1 月,总装备部发布了《军事代表局工作规范》与《驻厂军事代表室工作规范》。这是全军军事代表局、室开展工作的依据,是全军军事、政治、后勤、装备条例、规章、制度在军事代表局、室的具体化,对推动全军军事代表系统全面建设具有重要意义和深远影响,也表明全军军事代表工作在建立管理科学、工作规范、运行有序、办事高效的机制方面有了重大突破。

2010 年 3 月,军委确定海军承担军代表派驻制度改革试点任务。军代表制度改革的

---

① 韦建南、周光明、关祥武:《驻厂军事代表工作概论》,北京:总装备部综合计划部,2001 年版,第 22 页。

主要内容包括:按照集中管理、机动派出的原则,对派驻军工企业的军代表优化重组;建立军代表系统独立的保障体系,不再依托厂所保障;对从事武器装备科研订货工作的军代表实行职业资格培训、考核、注册和管理。军代表派驻制度改革,对提高我军装备采购的质量与效率、推进国防工业体制改革具有重大意义。

二、我军军事代表监督制度的主要内容

(一) 军事代表工作的性质和任务

军事代表工作是我军武器装备建设中的一个重要组成部分。军事代表作为军队为执行武器装备建设计划向工厂派出的代表,主要是代表军队对武器装备的形成过程进行监督和验收,保证军队及时获得性能先进、质量优良、价格合理的武器装备,防止不合格装备交付部队。1989年9月国务院、中央军委颁发的《驻厂军事代表工作条例》对军事代表的任务作了明确规定,即"根据国务院、中央军委关于军工产品科研、生产和质量管理的规定,对军工产品进行检验和验收,对生产过程进行质量监督,参与军工产品研制的质量保证工作,对军工产品提出定价意见,负责军队与工厂的联络"。这一基本任务包括了武器装备的研制、生产、价格、服务等多方面的工作,主要有检验验收、生产过程的质量监督、研制过程的质量监督、对军工产品提出定价意见、负责军队与工厂的联络。

《驻厂军事代表工作条例》、《武器装备质量管理条例》、《质量管理体系要求》(GJB 9001A—2001)及研制合同或协议书是军代表进行质量监督和监督承制方质量体系有效运转的依据。在研制阶段,重点监督承制方把维修性、保障性和技术服务要求,规划到装备及其配套的保障资源中去,强化标准化、通用化、模块化及互换性、安全性、防错性设计,以减轻部队维修的压力。在生产阶段,严格过程质量控制,坚持"质量第一"原则,确保问题不出厂所,从源头上解决问题。在装备出厂时,积极组织厂所为部队培训维修保障技术骨干,提高部队熟悉装备和自我解决问题的能力。在装备使用过程中,平时注重加强维修保障和售后技术服务的合同监督,并协助承制方做好技术服务工作。战时配合承制方组织精干的应急机动维修保障分队,确保随时拉得出、供得上、修得好。

(二) 军事代表的职责

军事代表作为连接装备供需双方的一个重要纽带,肩负着武器装备质量监督、检验验收的责任。在做好这一主要工作的同时,还必须从装备的全系统、全寿命管理出发,为武器装备的使用、维护、储存以至退役提供技术支持和保障,督促承制单位不断改进和提高装备性能和质量,为装备现代化建设服务。

军事代表局在装备研制过程中质量监督的职责一般包括:①按装备主管机关(部门)的要求,组织或参与对装备承制单位资格的审查;②参与装备研制合同订立与招标工作;③参与新型装备的论证、方案设计审查和技术设计审查及对大型复杂装备进行阶段转移前的军方预先审查工作;④参与装备定型(鉴定)试验大纲审查及试验和定型有关工作;

⑤组织装备研制过程中的质量监督,按照合同的规定,协调、处理装备研制过程中的严重质量问题,上报研制质量情况;⑥组织或参与装备承制单位质量管理体系的第一方审核认定工作;⑦组织检查承制单位装备研制合同履行情况,协调、处理合同履行中的有关问题。

军事代表室在装备研制过程中质量监督的职责一般包括:①参与对装备承制单位资格的审查;②参与装备研制合同订立与招标工作;③负责监督承制单位严格履行合同规定的权利和义务,组织或参与合同检查,协调、处理合同履行中的有关问题,负责对研制合同的节点检查,提出付款建议,办理付款事宜;④参与新型装备论证的有关工作及评审,参加研制过程中分级分阶段的设计评审、工艺评审和产品质量评审,按规定签署有关技术文件,监督承制单位按有关标准进行技术状态控制;⑤对研制装备的过程实施质量监督,按照合同的规定,协调、处理装备研制过程中的质量问题;⑥参与装备承制单位合同签订前的评定审核工作;⑦按合同的要求对承制单位质量管理体系进行合同签订后的审核和日常性的监督工作;⑧参与装备定型(鉴定)试验大纲审查及试验和定型有关工作;⑨定期或不定期报告研制质量情况,及时办理上级交办的有关事项;⑩建立装备研制工作档案,保证产品质量和军事代表工作质量具有可追溯性。

为了完成驻厂军事代表工作条例规定的各项任务,军事代表在工作中必须履行下列职责:①经授权,代表军队签订经济合同,履行经济合同规定的相应权利、义务和经济责任。②对军品进行检验、验收,对生产过程进行质量监督,严格防止不合格产品交付部队使用。③按国家有关规定参与新产品研制、老产品改进改型、产品转厂生产等有关工作。④了解工厂与订货产品有关经济活动,对产品提出定价意见,协商价格方案,办理货款结算事宜。⑤加强军队与工厂之间的联系,及时向工厂反馈军品质量信息,会同工厂做好为部队技术服务工作。⑥平时,协助工厂做好动员生产线的图纸资料、专用设备石工装模具的保管封存工作;战时,协助工厂迅速组织恢复或者扩大生产,实现动员生产计划。⑦监督工厂质量体系有效运行。⑧了解工厂对部分军品任务研制、生产的择优竞标项目。[①]

军队有关单位应当定期检查考核军事代表的各项工作,听取工厂意见。工作成绩显著者,给予表扬、奖励;对玩忽职守、徇私舞弊、造成军工产品重大责任事故者,按国家有关规定给予行政处罚,构成犯罪的,依法追究刑事责任。

(三) 军事代表组织机构与工作关系

军事代表以研究所或者地区为单位组织军事代表室。军事代表室编设总军事代表、副总军事代表、军事代表和必要的行政工作人员。驻厂军事代表室实行一厂一室(或者数厂一室)制度,对驻在单位的所有军品实行质量监督和检验、验收。驻厂军事代表室受军队派出机关直接领导,业务工作接受有关领导部门指导,地区性军事供应管理工作由所在军区负责。军事代表应当尊重所在地方人民政府的领导,有关重要问题应当向地方人

---

① 赵生禄、张林主编:《军事代表业务技术工作概论》,北京:国防工业出版社,2008 年版,第 3 页。

民政府请示报告。军事代表应当主动向工厂领导通告情况,及时转达军队的意见和要求。工厂领导应当积极支持军事代表工作,及时研究解决军事代表提出的问题和建议,协调军事代表与工厂各部门的工作关系。

三、美欧等国军代表制度建设基本实践

实行军事代表制度是世界各国在装备建设领域的通行做法,是国家为监督军事装备生产和保证军队获得武器装备所采取的一项重要制度。西方发达国家的军队为了从市场采购到合适的武器装备,逐步形成了一套采办制度、法规和计划体系,建立起与防务公司打交道的采办机构及执法队伍,其中包括称为武器装备采办掌门人的军代表部门及派驻军工企业的军代表。

(一)三级构架下的美国军代表体制

美国在庞大的国防采办领域实行强有力的军事代表制度,为美军成功获得世界一流武器装备作出了不可忽视的贡献。

美军军事代表工作起始于 1921 年,最早的名称是驻厂检验办公室,1923 年改为驻厂代表办公室。1945 年第二次世界大战后,美国陆军、海军和空军先后建立各自的驻厂代表办公室,分别管理各军种的合同,其名称分别为:陆军、海军和空军驻厂。美军现有的国防合同管理局(DCMA)系统(含地区机构和合同管理办公室),就是美军的驻厂军事代表系统,现有 1.23 万人在从事军事代表工作,其特点如下:

1. 适应市场经济要求,实行三军统一管理和一厂一室

美国实行国防部统一领导和三军分散实施相结合的装备采办管理体制。国防部负责采办的副部长全面领导军队装备采办,包括制定政策和计划并监督实施,组织预研、型号研制、采购、试验鉴定、维修保障等工作。三军在国防部统一领导下,负责本军种采办的具体实施,包括编制军种的采办计划、预算并组织、协调和落实。

美军《装备采办条例》规定,"重大武器装备采办合同,是通过设在主承包商那里的驻厂军事代表办公室进行管理的。如果一家承包商同时承担两个以上军种的采办合同,国防部便责成国防部合同管理司令部或某一军种的驻厂军事代表办公室兼管其他军种的合同。换句话说,一家承包商不管承包几个军种的采办项目,军方只在它那里设立一个驻厂军事代表办公室。"此举的目的主要是通过统一的国防合同管理措施,确保国防采购政策及规程的统一实施,便于各军种用一个声音向承包商说话,而承包商也只需要同军方一个部门交往。此举的另一个目的是精简机构,提高办事效率,节约管理费用。①

2. 职能和工作定位明确科学,负责合同管理

美军把与合同相关的工作划分为四个方面:合同签订、合同管理、合同审计、合同支

---

① 杨俊欣:《美军军事代表工作特点》,http://arm.cpst.net.cn/gfjy/2009_11/257729370.html。

付。每个方面都有专门部门负责管理,其中国防合同管理局负责合同履行的监督管理,形成了从国防部到承包商,从合同签订到合同支付的一整套合同管理体系。军方通过与承包商签订的各种层次、类别的合同,以及一系列详细、严密的合同文件,来保证武器装备研制和生产的质量和进度。遇到问题也是通过合同裁定甚至付诸法律进行解决,从而使武器装备采办工作严格规范、有序。美军军事代表除了通过合同与承包商有业务联系外,不与承包商有其他额外的联系和依赖。驻厂军事代表室的办公室也照样按时交纳房租和水电费。由于美军突出了依法合同管理,保证了武器装备采办过程中军事代表能够独立公正的行驶职责,维护军方利益。

3. 具有完整配套的政策法规,实行高度统一的规范化管理

美军的法规无所不在,其真正意义上的依法治军深入到了美军军事代表工作的所有领域和环节。美国《武装部队采购法》、《联邦采办条例》及国防部指令和指示都对合同管理工作的政策、工作职责和内容做出了明确规定。各项重要的具体工作都有相应的军用手册作为依据和指南。此外,美国的军用标准体系完善健全,共有4万多个军用标准,为军事代表做到有法可依、按章办事提供了依据。美军的军事代表必须执行《采办质量保证》,而且,为了防止执行走样,明确规定禁止任何部门和单位通过、发布局部的指示,重复或解释手册中规定的政策、程序或表格。军事代表在各项工作中,必须使用20种国防部表格,甚至向承包商发送函件也必须原文引用格式化的表述。这些规定保证了军事代表工作的高度规范统一。美军在长期的采办实践中总结制定了繁杂的法规标准体系:《联邦采办条例》、《联邦采办条例国防部补充条例》、DODD 5000系列指令、MIL – SPEC(军用规范)、MIL – STD(军用标准)、MIL – HDBK(军用手册)。第一号指令 DCMAD1 – ONE BOOK,是指导国防合同管理局职员开展工作的重要法规文件,适用于美军军事代表的业务工作,是履行《联邦采办条例》、《联邦采办条例国防部补充条例》等法规的部门规章,为全系统提供了统一的政策、规定和程序,保证了众多人员按一致的标准和方法行事。

（二）实行委托制的欧盟军代表体制

进入21世纪之后,为适应冷战后军队裁减员额、压缩订货的形势,欧盟各国军队将继续坚持军代表委托制,以及经项目管理部门授权履行职责的工作特色,深化新一代高技术、高风险武器装备采办管理体制的改革,走有欧盟特色的军品采购之路。

1. 设置价格审查、质量保证代表

欧盟对军代表没有实行统一管理,而是按专业设置军代表,主要包括成本价格审查代表和质量保证代表。其中,英国的成本价格军代表由国防采购局商业部门的价格分析与预测小组领导,质量保证代表由国防采购局技术部门的国防质量保证小组领导;德国的成本价格代表由国防采办技术总署经济技术服务部的成本价格处与质量保证处负责;法国的质量保证代表由计划、采购方法与质量局负责。

2. 自成体系，与项目管理部门并列

欧盟军代表虽然没有实行集中统一管理，但在专业领域内都设有独立的政策制定与管理部门，与项目管理部门并列、自成体系，对承包商派驻军代表。英国质量保证代表由国防采购局技术部门的国防质量保证小组负责。国防质量保证小组设有6个政策小组，分别负责制定国防质量保证的相关政策，履行国防质量保证的管理与监督职能，是国防部国防质量保证的综合性管理部门。质量保证小组还向英国各地的承包商派驻国防质量保证代表。德国的质量保证代表由国防技术与采办总署经济技术服务部的质量保证处负责，该处是德国国防部质量保证的综合管理部门，设有4个政策处和30多个质量检验站。欧盟其他军代表机构也都相对独立、自成体系。①

3. 实行委托制，由项目管理部门授权

欧盟的军代表由军代表主管部门派出，并接受其领导和监督。军代表主管部门与项目管理部门并列，互不隶属；军代表在业务管理上实行委托制，由项目管理部门在需要时向军代表主管部门申请。项目管理部门对军代表主管部门派出的军代表进行授权，由军代表驻厂为项目管理部门提供专业化的服务。英国国防采购局的国防质量保证小组是国防部质量保证的主管部门。国防采购局的一体化项目小组需要军代表时，由国防质量保证小组派出。一体化项目小组对国防质量保证小组的国防质量保证代表进行授权，由其履行对承包商的质量保证监督工作。法国则是军代表主管部门与项目管理部门之间签订内部合同，由军代表主管部门派出军代表，根据合同履行职责。欧盟其他军代表也都是采用委托制的方式进行管理。

四、我国军代表制度存在的问题及改革对策

实践证明，我国军代表制度对于我国武器装备发展起到了重要促进作用。一是保证了装备的性能和质量，保障了部队平时和战时的需要。军代表长期战斗在军工产品科研生产第一线，从事装备质量把关任务，是装备建设的重要力量，有力地保障了作战训练任务的完成。二是维护了国家利益，保障和促进了军队装备建设。长期以来，军代表始终坚持"军工产品质量第一"的方针，有效杜绝或减少了承制单位的虚报价格、偷工减料、以次充好等不规范行为，确保了交付部队装备的质量，维护了国家、军队的利益，提高了装备采购经费的使用效益。三是协调了军方与承制单位之间的关系，在装备供需双方之间起到了桥梁和纽带的作用。军代表是军队派出的在装备承制单位现场从事合同履行监督的代表，是联系研制、生产与使用之间的桥梁和纽带，是国务院、中央军委指令性文件的监督执

---

① 赵治金，等：《欧美军代表制度之比较》，http://qkzz.net/article/4f82cf55 - 2c3c - 4837 - b487 - 9f121f3c8ca3 _ 3.htm。

行者。

但是,随着我国社会主义市场经济的建立和不断完善,国家建立了政府采购制度,军队也正逐步推进装备采购制度改革,作为与传统计划经济体制相适应的我国现行军事代表制度,已越来越不能适应内外环境的变化,存在着一些突出问题。

（一）我国军代表制度存在的问题

1. 工作任务不一致,工作方式落后

目前在军代表中存在工作任务不一致的情况,有的具有订立合同、定价、质量监督、检验验收、申请合同付款等权力;有的仅具有装备研制、生产过程质量监督、检验验收的权力。长期以来,部分军代表还局限于产品检验员的工作模式,对装备研制、生产过程的具体环节监督过细,不符合现代质量管理的要求。另外,在采购信息管理中,军代表信息资源集中较少、传递交流能力较弱、相互共享情况较差、资源利用效益较低,对装备的管理和发展情况缺乏足够的认识,与现代条件下装备发展不相适应。工作任务的不一致,工作方式落后的现状,严重制约了军代表作用的有效发挥,影响了我国装备建设。

2. "一厂多室"现象普遍存在

目前,由于全军军事代表由十多个部门分别派驻管理,有65个承制单位有2个军代室,19个承制单位有3个军代室,重复派驻的军事代表室达到170多个,约占军事代表室的20%,还有20个承制单位驻有同一派出机关的2个军代室,"一厂多室"最严重的厂(所)已达12室。由于派驻同一装备承制单位的各军代室隶属于不同军兵种和总部分管有关装备部门,各自为政,从而造成军事代表力量分散,工作交叉、重复、标准不一致,相互之间协调困难,工作深入不下去,技术业务水平难以提高,不能以"一个声音"面对承制单位,造成同一种产品多种价格、质量要求不一致、质量管理体系重复认定、资源浪费严重等多种弊端,导致整体效益不高和军方工作的被动。

3. 后勤保障机制不独立,军事代表与厂商经济联系过于紧密

现阶段军事代表的人员配置绝大多数是沿袭计划经济体制下的驻厂模式,依照《驻厂军事代表工作条例》第31条规定:"工厂应当为军事代表提供必要的检测设备及工具、办公室、通讯工具,并按工厂的实际可能的条件解决军事代表及其家属的住房问题。"由于军事代表的日常福利、住房条件、医疗、通信、交通、家属工作安排以及子女入学等生活保障方面,过于依赖于厂商,有的地方甚至全部依靠厂商提供,这造成了军事代表在订货工作中的双重身份:工作上向军方负责,生活上受企业节制。另外,军事代表生活在企业,某些军事代表还与所驻企业联姻,加上军事代表没有规定任期,流动性差,从而导致军事代表长期驻在某个企业,有的甚至三代都驻在同一个企业。军事代表与厂商不可分割的利益关系,造成的负面影响十分严重:一是军事代表对合同履行监督的独立性、公正性受到严重影响;二是影响了装备采购经费的使用效益。

4. 缺乏有效的监管机制,寻租现象严重

从目前我国军代表职能的定位来看,军代表既负责合同的订立又负责合同的监督,不利于对军代表的权力约束制衡。加上武器装备生产采购的特殊性,其过程远离公众和社会的监督,导致军事代表与厂商"合谋"寻租行为比较严重,也一直为人们所诟病,这不仅毁坏了军事代表的声誉,也给国家与军队带来了极大的损失。要防止滥用权力,必须加强对权力的监督。因此,建立健全对军事代表的监管机制,已成为一项十分紧迫的任务。

(二)我国军代表制度创新的对策建议

1. 准确定位军代表职能,改革工作模式

根据《政府采购法》的要求和市场经济条件下装备采购工作的需要,应将我军驻承制单位军事代表职能重新定位,由负责装备合同订立和合同管理,调整为只负责装备合同管理。即军事代表除了为装备合同订立提供技术支持外,不再从事装备合同的订立工作,而是执行合同履行监督管理的职能。这有利于军事代表集中精力,采取经济、法律等有效措施,紧紧围绕合同履行开展"质量、进度、费用"控制,促进合同高效履行,有效实现装备采购的目的。借鉴外军经验,结合我国目前军事代表改革的实践,军事代表应当根据国家和军队的有关规定,监督承制单位严格履行合同。另外,还可实行装备合同管理委托制。军事代表是面向全军各级装备采购部门的专职合同履行监督服务机构。任何装备采购部门订立装备采购合同后,委托驻承制单位军事代表室或驻地区军事代表室实施合同履行监督管理,避免政出多门,实行专业化管理。

2. 改革军代表管理体制,调整派驻方式

调整军事代表派驻方式,必须坚持集中统一,落实"一厂一室",反对"多头派驻"。坚持"一厂一室"原则,是世界各国保持军队一致性和统一性的通行做法。如美国由国防合同管理局(DCMA)统一管理全军的军事代表,一个承包商只设一个军事代表机构,其人员的组成可能来自不同的军种、穿不同的服装,但都必须服从总代表的统一领导,以一个声音对待承包商。为了确保军事代表独立行使监督工作,军事代表机构必须脱离装备采购部门的领导或指导关系,直接在总部或军兵种装备部领导下开展工作。考虑到目前我国军事代表管理体制的现状,可以先在总参、总后、总装以及海军、空军、二炮装备部分别成立装备合同管理机构,负责本部门、本系统军事代表的派出和管理工作,最终实现由总装备部统一派出的管理体制。同时,军代局要根据所管辖的军代室的数量统一设置,驻地选择在军代室相对集中的地区,每个地区只设一个军代局。

同时,军代表实行驻厂与驻地区相结合的派驻方式。军事代表派出部门向承担重要、大型装备总体设计、总装任务及其主要分系统总体设计、总装任务的承制单位派出驻厂军事代表室;其余承制单位,根据需要,以驻地区的形式派出。驻厂军事代表必须坚持"一厂一室"原则,驻地区军事代表必须一个军事代表派出部门"一地区一室"。

3. 调整军代表体制编制,科学设置工作岗位

改革军代表的编制体制,除对各军兵种军代表资源进行整合共享外,还要根据各地区、各承制单位承担的装备研制生产的任务,科学合理地设置军代表的编制员额。一是撤并人员少、任务单一、发展潜力不大的军代室,组成地域、专业集中的"基地式"的军代室。二是对重点地区和承担重点任务的单位,仍有必要保留驻厂军代室,其编制员额可根据需要适当增加。干部员额不足时,可适当编制隶属于军代室的正式职工或非正式职工,以便依靠社会资源加强军代表的质量建设。同时要减少机关设置和指挥层次,保证军代表既有一定的责任又有一定的权力,做到责、权、利相统一,彻底改变当前军代表编制不合理、指挥层次多、工作效率低下等问题,以科学合理的编制体制保证装备的有序健康发展。

军代表的工作岗位可以借鉴外军的做法设置三类岗位:一是装备采购合同履行计划监督岗位,主要负责对合同履行计划的可行性及具体情况进行监督;二是装备质量监督岗位,主要对承制单位质量管理体系、装备研制生产过程质量、装备承制单位技术服务质量进行监督,负责装备检验验收和交接、发运监督等;三是负责合同履行过程成本监督、控制工作。

4. 完善军代表保障体制,切断利益联系

为了保证军事代表独立、公正地履行职责,必须根据"利益回避"原则的要求,建立独立的后勤保障体系,将军事代表的生活保障建设和工作保障条件建设纳入相关体系安排解决,切断军事代表与承制单位的利益联系。为此,需要设立独立营院军代室,实行集中保障。一是军事代表的生活保障完全由军队负责,与承制单位彻底脱钩。二是军事代表的工作保障采取军队和承制单位相结合的保障形式。军事代表日常消耗性支出,具体包括交通、通信、办公条件以及办公消耗性费用等由军队解决。三是由军队保障军事代表开展工作必需的业务费,以提高军事代表自我保障能力。

5. 建立有效的军代表激励约束机制

一是实行竞争录用机制。可尝试实行军代表聘任制、任期制,打破军事代表必须由现役军人担任的界限,改由军方从军队和地方具有相应资格的人员中择优聘任,并规定一定的任期。二是建立和完善激励与淘汰机制。根据军代表工作的特点,制订统一的、可操作的考核标准和办法,加强军代表的业绩考核。将考核结果同军代表的生活待遇、经济收入、晋职晋级等挂钩。三是建立多方监督机制。在以内部行政监督为主的基础上,充分利用法律、纪律以及社会监督等手段提高对军事代表工作的监督力度,形成强有力的监督机制。

6. 加快军代表立法,完善法律法规体系

制度改革,法规先行。军代表法规体系的建设与完善,直接关系到军代表工作的质量和效用。为适应新时期军事代表工作的需要,必须尽快修改、完善和制订相应的条例、法

规和标准,加强军事代表制度法规体系建设,为军事代表有效开展工作提供法律保障。一是尽快修订《驻厂军事代表工作条例》,以建立适应新时期要求的军事代表制度;二是抓紧制定与《军事代表工作条例》配套的相关政策(如军代表体制编制调整、生活保障、业务工作制度等),进一步明确、细化军事代表职责、权力、义务以及工作内容、程序、方法;三是做好与国家、军队其他与军事代表工作相关的法律、法规衔接工作,确保军事代表工作法规的可执行性。

第五章 军事装备采购法律制度

军事装备采购是指国家授权军队装备采购部门,依据国家法律法规,根据国家装备采购计划,使用国家拨出的专款,按照公平、效率和协商原则,在竞争择优的基础上,以合同方式委托具有资格的装备承制单位研制生产,同时对装备的研制、生产、维修保障等全寿命过程实施监督,为国家购买武器、武器系统和军事技术器材等装备的活动。装备采购范围包括经中央军委或总装备部批准的下列项目:战斗装备体制项目、保障装备体制项目、专项或者应急装备项目、国外采购的装备项目和其他装备项目。装备采购的基本任务是贯彻执行党中央、中央军委关于装备建设的方针、政策,科学制订装备采购计划,以合理的价格采购性能先进、质量优良、配套齐全的装备,保障军队作战及其他各项任务的完成。装备采购法规是装备采购活动的基本依据,发挥着重要的导向、规范和保障作用。加强装备采购法规建设,既是贯彻依法治军、从严治军方针的必然选择,也是适应社会主义市场经济条件下装备采购的内在要求,更是装备采购制度深化改革和我军装备健康、全面、快速、持续发展的重要保证。

第一节 装备采购法规建设概况

列宁指出:"观察每个问题要看某种现象在历史上怎样产生,在发展中经过了哪些主要阶段,并根据它的这种发展去考察这一事物现在是怎样的"。[①] 这对研究装备采购立法也是有益的。

一、我国装备采购制度的演变

建国以来,我国装备采购制度大体经历了以下三个阶段。

第一阶段,建国后至 1986 年,装备采购实行计划经济条件下的完全供给制。[②] 装备的供需实行指令性计划生产和分配方式。装备的需求方即军方不掌握装备采购费,只是提出装备需求;国防工业生产部门所生产的武器数量及种类完全由国家指令性计划确定,

---

① 列宁:《列宁选集》第 4 卷,北京:人民出版社,1956 年版,第 43 页。
② 于连坤:《中国国防经济运行与管理》,北京:国防大学出版社,2002 年版,第 191 页。

生产出来以后又以计划分配的形式交付给军事部门使用。

第二阶段,1987 年到 1997 年,装备采购指令计划下合同制确立。[①] 1987 年 5 月,国务院、中央军委发布了《武器装备研制合同暂行办法》,标志着武器装备合同制的全面展开。20 世纪 90 年代以来,我国明确将经济体制改革目标确定为社会主义市场经济,武器装备采购合同制也有了更深入的发展,我国武器装备获取制度逐步走向市场化。军队开始掌握了武器装备采购经费,通过签订合同向承制单位订货。

第三阶段,1998 年至今,装备订货制确立。1997 年 3 月通过的《国防法》为国防科研生产活动、装备采购提供了法律依据,使国防科研生产领域、装备采购第一次有了基本法律的保障。

《国防法》在第五章"国防科研生产和军事订货"第 34 条规定:"国家根据国防建设的需要和社会主义市场经济的要求,实行国家军事订货制度,保障武器装备和其他军用物资的采购供应。"《国防法》一方面为国防科研生产活动提供了法律依据,使国防科研生产能够沿着法制轨道健康发展;另一方面也指明了武器装备获取制度实行国家军事订货制度的改革方向;再者,为制订下一层次的法律法规提供了原则依据,推动了国防科研生产和装备采购等其他有关法规的制订和出台,使国防科研生产、装备采购的法律规范更加完善。

1998 年,国家对装备获取体制进行了重大改革,将装备的供给方和需求方从领导管理体制上分立,成立新的国防科技工业委员会和总装备部。新的装备管理体制将原分散于各总部的装备采购管理权力集中起来,由中央军委领导下的总装备部统一归口管理;撤销了原来由中央军委与国务院双重领导的国防科技工业委员会,同时建立由国务院领导的新的国防科技工业委员会,统一负责全国装备研制生产的规划、计划。在体制上彻底地从权、能、事、责、利等方面将装备采购方与装备承制方分开,真正培养出装备采购的相互独立的市场交易主体。尽管仍有些关系还在理顺中,但已经使得我国装备采购制度朝着市场经济的要求迈进了一大步。[②]

随着装备建设任务要求越来越高,装备建设保障资源投入也越来越大,但由于受思想观念、体制机制、管理模式等的束缚,资源利用的有效性仍然低下,投入与产出比例明显不合理,成为制约装备发展建设的主要矛盾。随着我国社会主义市场经济体制的不断完善和政府采购制度的全面推行,这种矛盾更加突出,问题也日益严重。究其原因,引入竞争机制不够充分、市场经济调控手段相对薄弱是个重要因素,迫切需要通过深化改革、采取有效措施加以解决。2000 年 8 月,针对当时国防科技工业和武器装备建设现状,江泽民

---

① 赵澄谋:《关于我国武器装备采购实行国家军事订货制度的思考》,《面向 21 世纪的中国国防经济》,北京:国防大学出版社,2002 年版,第 111 页。

② 于连坤:《中国国防经济运行与管理》,北京:国防大学出版社,2002 年版,第 192 页。

同志明确提出要积极适应市场经济要求,建立完善"竞争、激励、评价、监督"四个机制,努力改变传统军工行业封闭建设和军工科研生产的垄断局面。胡锦涛同志也多次强调要积极推进装备采购制度改革,加快建立完善"四个机制",大力推行竞争性采购、集中采购和一体化采购,努力提高装备建设质量和效益。同时,我军装备价格工作也在进行重大改革,即由"事后定价"向"事前控制"转变;由"单一定价"向"多种定价"转变;由"计划定价"向"市场定价"转变;由"分段管理"向"全系统管理"转变。① 2010 年 3 月,军委确定海军承担装备采购制度改革试点任务,决定新成立装备采购中心、装备招标中心、装备合同监管部,分别承担装备采购审价、合同谈判和签订工作,装备采购招标工作,装备质量监督工作。

二、我国装备采购法规建设

装备采购法规,是指国家各级立法机关根据立法权限,按照法定程序,制定的规范装备采购管理活动的不同等级效力的法律文件的总称,包括装备采购法律、装备采购管理行政法规(或军事行政法规)和行政规章(或军事规章)。

中央军委于 2000 年 12 月发布的《装备条例》是规范我军装备工作的第一部基本法规,也是我军装备建设依法实行集中统一领导和全系统、全寿命管理的重大举措,对我军装备采购法律制度的形成具有重要促进作用。

2002 年 6 月,第九届全国人民代表大会常务委员会第二十八次会议通过了《政府采购法》,这是规范我国政府采购工作的基本法,它对政府采购的基本原则及政府采购的基本内容、基本程序、基本要求和基本职责都作了较详细的规定。该法也充分考虑到军事采购尤其是武器装备采购的特殊性,认为装备采购不完全适用政府采购法规定的公开透明原则,不能采用公开招标等公开性较强的方式和程序进行采购,也不宜采用政府采购法有关监督管理的规定。可见,装备采购不完全适用《政府采购法》。为了规范装备采购,《政府采购法》在附则第 86 条规定:"军事采购法由中央军事委员会另行制定。"

2002 年 10 月,中央军委发布了《装备采购条例》。这是我军装备管理体制调整后,中央军委制定和颁布的规范我军武器装备采购工作的第一部基本法规。该《条例》以党中央、中央军委关于装备建设的一系列重要论述为指导,从我军装备管理体制和装备采购管理实际情况出发,按照社会主义市场经济体制和政府采购制度的有关原则和要求,结合我军装备采购的特点,明确了我军装备采购工作的基本任务,规定了我军装备采购工作应当遵循的指导思想和基本原则,规范了我军装备采购工作的基本内容、基本程序、基本要求和基本职责。对采购计划制订、采购方式确立、装备采购程序、采购合同订立、采购合同履

---

① 《深化装备采购制度改革又添新举措,我军装备价格工作酝酿重大改革》,http://www.mod.gov.cn/djxw/2009 - 11/10/content _ 4121115. htm。

行以及国外装备采购工作,进行了宏观总体规范,体现了我军装备采购工作统一领导、分工负责和系统管理的原则,体现了国家实行政府采购制度和在社会主义市场经济环境中我军装备采购工作的新情况、新特点和新要求。①

随后,总装备部于 2003 年 12 月发布了《装备采购计划管理规定》、《装备承制单位资格审查管理规定》、《装备采购方式与程序管理规定》、《装备采购合同管理规定》、《同类型装备集中采购管理规定》等配套规章,开始了面向市场经济的竞争性装备采购法规体系的探索。这些武器装备采购规章的发布和施行,对于深化我军武器装备采购制度改革,科学规范我军武器装备采购行为,建立与国家政府采购制度相衔接的装备采购工作管理体制和运行机制;对于促进武器装备采购整体效益的提高,保证采购的武器装备更好地适应军队建设和现代战争的需要;对于建立和完善我军武器装备采购法规体系,发挥了十分重要的作用。

2005 年初,《国务院关于鼓励支持和引导个体私营等非公经济发展的若干意见》明确指出:"坚持军民结合,寓军于民的方针,发挥市场机制的作用,允许非公有制企业按有关规定参与军工科研生产任务的竞争以及军工企业的改组改制。"2005 年 5 月,原国防科工委发布《武器装备科研生产许可实施办法》,准许民营企业等进入武器装备科研生产领域。2005 年 12 月,中央军委批准印发了《关于深化装备采购制度改革若干问题的意见》,提出大力推行竞争性装备采购,把科研生产定点制度改变为在资格审查基础上的市场准入制度,广泛吸纳具有规定资质的装备承制单位参与装备竞争。2006 年 8 月,总装备部陆装科订部出台《陆军武器装备型号科研竞争办法》,积极推进装备科研订购一体化竞争采购,规定所有新上型号项目及重要分系统,必须通过竞争择优确定承研承制单位,从顶层设计上走开了科研竞争采购的路子。2007 年 2 月,原国防科工委出台《关于非公有制经济参与国防科技工业建设的指导意见》,明确提出了 11 条具体政策措施。为适应社会主义市场经济和武器装备发展要求,建立健全以竞争为核心的"四个机制",不断提高装备质量和采购效益,实现装备建设又好又快地发展,总装备部于 2009 年 2 月发布了《关于加强竞争性装备采购工作的意见》,对深入推进竞争性装备采购工作提出了明确要求。

三、美军装备采购法制建设的主要特点

美军非常重视装备采购的立法,建立了较为完备的装备采购法规体系。借鉴美军经验,对建立适应我国国情的装备采购法规制度,具有重要作用。

(一)重视法制建设,做到事事有法可依

美国是一个法制建设较为完善的国家,运用法律对各种社会活动进行规范已成传统。

---

① 《〈中国人民解放军装备采购条例〉颁布实施》,http://news.xinhuanet.com/zhengfu/2002 - 11/01/content _ 615966. htm。

先立法而后行动,已经成为美国武器装备采办①管理的法定程序。美国国会、总统、政府有关部局以及国防部都是通过立法来管理和控制武器装备采办工作的。例如,美国 1947 年第 80 届国会通过的《国家安全法》是美国军事法律体系中一部带有全局性的基本法,是规范美国防务及其有关活动的基本依据。就武器装备采办管理而言,《国家安全法》一方面奠定了防务政策基础;另一方面确立了国防部长对三军实行集中统一领导的管理体制,并规定了国防部范围内有关武器装备采办的管理机构及其职责。1947 年制定的《武装部队采购法》是美国三军和国防后勤局管理武器装备采购工作的基本法律,规定了军事采购的基本政策和程序。该法明确规定在和平时期除了 17 种特殊情况可以通过谈判的方法外,正常的采购办法是要正式招标、公开竞争。②

（二）装备采购法规层次分明,上下衔接

武器装备采办活动纷繁复杂,牵涉诸多部门,需要有各种各样的采办法规进行调节和指导,单一的立法无法规范多种多样的采办实践活动。建立不同层次的立法机构,严格规范其立法的权限、范围和效力,才能确保采办法规的权威性和针对性,同时也可以避免各种法规的相互冲突。美国国防采办的立法分为四个层次:国会—总统及其行政机构—国防部及有关部局—三军部。这四个层次颁布的采办法规的效力不等、范围不同、内容不一。比如,第一层是国会的立法,一般是对国防(包括武器装备采办)活动中宏观的、全局性的问题进行规范,是涉及国防科研、生产与后勤保障的主要法律,其效力仅次于宪法。第二层为行政部门颁布的法规,包括联邦政府有关条例(如《联邦采办条例》等)和行政命令(如《联邦采办工作改革》和《国防动员计划》等),这些文件是对国会所制定的法律的补充和细化,是有关采办部门统一遵循的行动指南。③

（三）装备采购法规既相对稳定又及时修订

武器装备采办的立法工作,具有很高的权威性,一旦颁布施行就对国防建设产生重大影响,不允许朝令夕改,必须保持应有的稳定性。可是,武器装备采办计划及其管理工作不仅庞大复杂,而且受国际形势、军事、科技进步和经济能力等外界因素的影响很大,因而有关采办的立法必须保持相对稳定,但又要及时加以修订,使法规既有严肃性又有适应

---

①　国防采办(Defense Acquisition)一词,产生于西方发达国家,后由我国国防经济学界引进,目前已经在我国国防经济理论研究中广泛应用。《美国联邦采办条例》对国防采办一词的定义是:利用联邦政府拨出的专款以签订合同的方式为联邦政府购买或租赁所需产品和服务项目,包括科研(研究、发展、试验与鉴定)、生产、采购、使用维修和保障。美国某些报刊作者有时将采办与"采购"(Procurement)一词混用;在这里,"采购"是指"购买产品或劳务的行为",是采办过程的一部分。因为"采购"不包括采办活动中前后的活动(科研和使用与保障),所以不可用来代替"采办"。我国国防经济学界认为,军事采购中武器装备的采购由现在的订货制向采办制过渡是一个趋势。

②　邹国晨:《武器装备采办管理》,北京:国防工业出版社,2003 年版,第 365 页。

③　邹国晨:《武器装备采办管理》,北京:国防工业出版社,2003 年版,第 366 页。

性,从而充分发挥其严格的规范作用。例如,《国防生产法》是1950年针对朝鲜战争的背景制定的,但一直每两年修订一次坚持至今,国际形势虽已发生巨变,但作为一部战时动员和储备方面的基本法仍保持着生命力。①

(四) 装备采购法规比较明确、具体,便于操作

美军的国防采办法规,内容和条款大都比较明确、具体,便于有关部门操作、实施。行政部门制定的条例与规章如此,国会颁布的法令大体上也是如此。如《国防生产法》、《国防计划授权法》和《拨款法》等,不仅阐明科研生产计划的宗旨、目标与方针原则,而且还规定实现目标的具体要求——方法、步骤、保障条件、完成日期、进展情况报告和对违法或不执行规定者的处罚等。②

(五) 重视立法的论证和研究工作,确保立法的针对性和有效性

立法是一项非常严肃的工作,必须有充分的调查研究和深入的分析论证。随着高新技术广泛应用于军事,武器装备采办管理工作日益复杂,法规的内容日趋专业化,这就大大增加了立法工作的难度。为此,美国国会设立了立法咨询与研究机构,参与立法的研究与论证工作。例如,国会技术评价局就是一个有关科技、生产方面的决策参谋机构,对国会的立法工作有相当的影响。最常见的做法,就是为一立法问题,成立临时性的专题调查委员会,研究和写出解决问题的报告。③

四、我国装备采购法律制度的完善

我国装备采购法规建设是改革开放以后,随着我国市场经济体制改革而逐步建立发展起来的。总装备部成立以来,各级装备部门认真贯彻新时期军事战略方针,大力加强装备采购管理,不断完善装备采购法规制度,积极推进竞争性装备采购,取得了显著成效。但是,随着社会主义市场经济体制的不断完善和国家政府采购制度的逐步推进,以及高新技术武器装备的快速发展,我军现行装备采购制度与新形势、新任务的要求还不适应,还存在装备采购组织体系不完善、运行机制不顺畅、法规制度不健全、人才结构不合理等深层次矛盾和问题,制约了武器装备的快速发展,迫切需要深化改革,逐步完善。③为此,必须大力推进武器装备采购体制改革,加快军队装备采购立法的步伐,用法律手段强化对装备采购全过程的调控指导,推动装备建设又好又快发展。

(一) 我国装备采购法规建设的不足

从适应市场经济和我军装备跨越式发展的需要来看,装备采购法规建设目前还存在

① 邹国晨:《武器装备采办管理》,北京:国防工业出版社,2003年版,第367页。
② 张连超:《美军高技术项目的管理》,北京:国防工业出版社,1998年版,第52页。
③ 《深化装备采购制度改革的重大举措》,2005年12月19日《解放军报》,第1版。

一些不足,主要表现如下:[①]

1. 装备采购法规体系建设滞后

现行的装备采购法规大都是在计划经济向市场经济过渡时期和市场经济改革初期制定的,它虽然基本上保证了前一时期装备采购工作的需要,并促进了装备建设的健康发展,但随着社会市场经济体制的不断完善和装备采购制度改革的深入发展,这个时期制定的装备采购法规大部分已不能适应市场经济和高新技术武器装备快速发展的要求。

2. 装备采购法规体系不完备

首先,从装备采购法规体系的纵向看,缺少由国家权力机关制定的装备采购法律。装备采购是一种市场交易行为,涉及军队和地方相关企业,仅由中央军委发布的《装备采购条例》规范军队行为是不够的,还需要一部规范军队和地方双方、指导装备采购法规体系建设的装备采购法律,即《军事装备采购法》,以此规定装备采购工作的方针政策和基本原则,使装备采购法规效力更高。其次,从装备采购法规体系的横向看,缺少对装备采购全过程进行系统规范的法规。装备采购涉及装备科研、购置、维修保障等一系列活动,虽然中央军委制定了诸如装备科研、采购、维修工作条例等法规,对做好装备采购工作起到了积极作用,但现行法规基本上是按科研、购置、维修保障分阶段分部门进行制定的,与《政府采购法》对采购货物和科研维修服务的系统规范和各项采购活动的有机衔接相比,还不完全对应。同时,还缺少一部与《政府采购法》相衔接,对科研、购置、维修保障活动进行系统规范的法规文件。另外,对军队采购是否适用诸如《合同法》、《民事诉讼法》、《仲裁法》等国家法律,也没有明确的规定。当发生纠纷时,是否使用仲裁方式,如何使用诉讼方式,都存在不少难以定论的环节。

3. 装备采购法规体系内部不协调

目前我国的装备采购立法由于缺少顶层设计、总体规划、统一协调,科研、购置和维修保障立法各自为政,彼此缺乏衔接,上下不配套,不仅影响了法律效力的发挥,也影响了装备建设的全系统全寿命管理效益。在装备采购各阶段,缺乏有效的审查、评估、监督、调解、仲裁方面的法规,影响了装备采购工作的依法管理。[②]

4. 立法技术有待提高

装备采购工作涉及面广,由于立法人员缺乏相关专业知识,一些装备采购法规的规定不具体、不规范、不严密,原则性条款、弹性条款和随意性条款过多,法规适用的具体条件、程序等规定欠缺或过于笼统、可操作性差,约束力差。

(二)健全我国装备采购法规体系的基本要求

党的十七大报告指出,调整改革国防科技工业体制和武器装备采购体制,提高武器装

---

①　魏刚、艾克武:《武器装备采办合同管理导论》,北京:国防工业出版社,2005 年版,第 120 页。

②　魏刚、陈浩光:《武器装备采办制度概论》,北京:国防工业出版社,2008 年版,第 79 页。

备研制的自主创新能力和质量效益。这充分反映了党中央对军队武器装备建设的高度重视,也是对武器装备发展提出的新要求。目前,关键是要建立起以军事装备采购基本法为龙头,以装备采购条例、装备发展与保障相关条例和作战装备保障条令为主干,以各项装备采购规章为基础的具有我军特色的装备采购法规体系。

1. 确立装备采购立法的原则

建立健全装备采购法规体系,必须以科学发展观为指导,按照党中央和中央军委关于装备建设的一系列指示精神,以提高部队战斗力为标准,以实现装备现代化为目标,以国家和军队有关政策法规为依据,积极适应国家改革发展的新形势新要求,紧密结合我军在市场经济条件下装备采购工作的特点和规律,借鉴外军装备采购法规的有益经验,立足国情、军情,努力提高武器装备采购的规范化、科学化水平。在建立健全装备采购法规体系过程中,要遵循以下原则。

(1) 法制统一原则。依据《中华人民共和国立法法》和《军事法规军事规章条例》的有关规定,装备采购法规体系中不同层次设置的法规文件,必须以国家和军队上层次的法律、法规为依据;在法规内容上,下位法规不得与上位法规相抵触,必须保持一致。[①]装备采购法规体系是装备法规体系的组成部分,因而要与全军装备建设的基本目标相适应,体系中所设置的法律、法规和规章,必须以《国防法》和《政府采购法》为依据,与国家的《合同法》、《招标投标法》、《产品质量法》、《公司法》和《对外贸易法》等法律相协调,与我军《装备条例》等军事法规相一致。总装备部制定有关装备采购制度的规章,要与中央军委发布的《装备条例》、《装备采购条例》等保持一致;军兵种装备部门制定的规章也必须与中央军委和总装备部的规范性文件保持统一,要遵循中央军委赋予的职权范围,防止在制定规范文件时越权及内容的抵触。

(2) 继承发展原则。我国的装备采购立法是随着我国经济体制改革而逐步完善的。目前,一方面,要以现有的法规为基础,将符合装备采购体制改革精神的法规文件和有关条款继续保留,不相适应的要及时修改或废除;另一方面,要坚持与装备采购体制改革同步,总结已有的改革经验,并以法规的形式体现出来;再者,要积极探索新的装备采购管理模式和方法,使之上升为法律,做到立法先行,用法律手段引导、推动和保障军队装备采购体制的改革。

(3) 全面覆盖原则。全方位覆盖装备采购行为的法规体系有以下特点:[②]第一,层次结构的全面性,即上自国家权力机关,到政府、军事主管机关,下至各军兵种,都制定颁布有关武器装备采购的法律、法规,纵向结构层次完整。第二,对象具有专一性,即以装备采购行为为专门调整对象而制定的法律、法规占有相当数量。第三,具有适应性,这种适应

---

① 魏刚、艾克武:《武器装备采办合同管理导论》,北京:国防工业出版社,2005 年版,第 128 页。

② 朱满强:《我国军事装备采购行为的现状及完善》,载《法制与社会》,2010 年第 9 期,第 167 页。

主要是对市场经济及军事形势的需求，"定什么法，绝对不能依照一个先验的模式而安排，而应当最有效促进社会资源配置以及最佳使用立法资源为标准"[①]，因此，在法规体系的效力控制层面上应达到统一，尽量减少所谓的"内部条款"，充分发挥法律调整的预测与评价功能。

另外，要积极探索战时应急或紧急状态下装备采购的特别原则。在和平时期，装备采购主要采用市场形式。但是当国内发生动乱、严重的自然灾害等紧急情况或者是外敌入侵时，军队保障需求表现出时短、量大、质高的特点，国民经济进入局部或全民动员状态，军队保障的国家和社会共同意志特点更显突出。由于战时或紧急状态下社会环境与平时大不相同，各种保障活动不能完全按市场经济机制运行，而是通过一定的经济手段与行政、法律手段相结合，强制性组织实施。[②]我们在制定装备采购法规时，要充分考虑这些因素，在装备采购法规中对战时装备采购做出规范，使之有法可依。

2. 健全装备采购法规体系的主要内容及法律形式

根据立法权限规定，涉及装备采购的法规体系分为四个效力层次为宜。

第一层是国家权力机关制定的《军事装备采购法》。它是统领装备采购的基本法律，是根据《宪法》和《国防法》制定的指导装备采购的基本法。《军事装备采购法》的框架结构和基本内容，应当与《政府采购法》保持一致。其主要内容包括装备采购调整的对象和范围，装备采购计划的编制和管理，装备采购当事人，以竞争为核心的装备采购方式和程序，装备采购合同，装备采购的质疑和投诉，装备采购的监督，违反采购规定的法律责任等。该法律应当明确规定政府、军队和军工集团及企业在装备采购中的地位与作用，职责与分工，权利与义务等。

第二层是国家行政和军事机关共同制定的军事行政法规。国务院和中央军委有权依据宪法或法律，联合或分别制定装备采购法规。如中央军委和国务院可以共同制定《国防采购条例》，它的适用范围可以扩大到装备的预研、研制和生产采购以及维修保障的全系统全寿命过程。

第三层是军队装备机关和政府行政部门制定的装备采购规章。国务院的部委和军委各总部有权依据国家法律或法规，联合或分别制定相应的配套规章，主要是为了保障装备采购法律法规体系的系统性和可操作性，其表现形式为规定、办法、细则、指示、指令、通知等，是装备采购活动顺利进行的要素规范。[③]具体可包括《装备采购合同信息管理规定》、《装备采购人员资格认证和培训管理规定》、《装备采购人员的行为准则规定》、《装备采购招标投标管理规定》、《装备采购经费财务管理规定》、《装备合同纠纷调解和投诉管理规

①　孙国华：《法理学》，北京：法律出版社，1995 年版，第 225 页。
②　陈耿主编：《军事经济法学》，北京：军事科学出版社，2003 年版，第 105－106 页。
③　魏刚、艾克武：《武器装备采办合同管理导论》，北京：国防工业出版社，2005 年版，第 139－145 页。

定》等。

第四层是军兵种对分管装备制定的装备采购规章。军兵种或各大军区有权依据国家和军队有关装备采购的法律、法规和规章,结合本系统装备和企业特点,制定本系统装备采购的具体措施,其表现形式为规定、细则和通知。但它们的效力要低于军队装备建设管理机关制定的法律规范,一般只在本系统内有法律效力,不得与军队装备建设管理机关制定的法律规范发生抵触或冲突。如果存在抵触或冲突,要以军队装备建设管理机关的法律规范为准。

第二节　装备采购计划管理制度

装备采购计划属指令性执行计划,一经下达,必须严格执行。装备采购计划管理是指装备采购计划的编制、审批、下达、执行、检查和监督等一系列有组织的活动。装备采购计划管理工作应当以新时期军事战略方针为指导,以作战需求为牵引,以提高部队战斗力为标准,适应社会主义市场经济体制要求,坚持统一领导、分工负责、突出重点、综合平衡、依法管理的原则。2003 年 12 月,总装备部发布了《装备采购计划管理规定》,这是一部规范全军装备采购计划管理工作的基本规章,主要包括装备采购计划管理工作的基本任务、归口管理部门以及各级管理部门的职责和分工,对中长期装备采购计划的编制、年度装备采购计划的编制、计划的审批与下达、计划的执行等规定,以及监督检查、奖惩等内容。

一、装备采购计划管理机构与职责

总装备部归口管理全军装备采购计划的管理工作,主要职责是:制定全军装备采购计划管理工作的有关规章;组织编制全军装备采购计划;负责全军装备采购经费的分配和管理;归口管理中国人民武装警察部队、民兵、公安的武器、弹药的采购计划工作;监督检查全军装备采购计划的执行情况。

总部分管有关装备的部门和军兵种装备部负责管理本系统装备采购计划管理工作,其装备采购计划部门会同装备采购业务部门承办装备采购计划的管理工作。装备采购计划部门的主要职责有:贯彻执行装备采购计划管理工作的规章,拟制有关规章制度;拟制本系统装备采购计划;负责本系统装备采购经费的平衡和调控;根据总装备部批准的年度装备采购计划,向本系统装备采购业务部门、驻厂军事代表机构明确装备采购计划和要求;督促本系统装备采购计划的执行、检查、上报年度装备采购计划执行情况,以及上级赋予的其他职责。

总部分管有关装备的部门和军兵种装备部的装备采购业务部门,会同装备采购计划部门、驻厂军事代表机构等承办装备采购计划确定后的组织实施工作。装备采购业务部门主要职责有:贯彻执行装备采购计划管理工作的规章;向本系统装备采购计划部门提出装备采购计划的建议;组织落实本系统装备采购计划等。

驻厂军事代表机构在采购计划管理工作方面的主要职责是:贯彻执行装备采购计划管理工作的有关规章制度;上报年度装备采购计划的执行情况以及上级赋予的其他职责。

装备采购主管机关(部门)应当加强对有关装备的法律、法规和规章执行情况的检查:一是检查有关装备采购计划管理工作规定的执行情况;二是检查装备采购计划的编制情况;三是检查装备采购计划的执行情况。在装备采购计划管理工作方面有下列情形之一的,依照《中国人民解放军纪律条令》(简称《纪律条令》)的有关规定,对负有直接责任的主管人员和其他直接责任人员给予处分;构成犯罪的依法追究刑事责任;对单位给予通报批评并责令限期改正:①在装备采购计划管理工作中滥用职权、徇私舞弊的;②玩忽职守,给装备采购计划管理工作造成损失的;③在装备采购计划执行中弄虚作假、隐情不报的;④其他违反本规定,妨害装备采购计划管理工作的。

二、中长期装备采购计划的编制

总装备部根据我军军事战略方针、军事斗争任务、装备发展战略、装备体制、部队装备现状、装备购置费的保障能力等,结合装备科研生产能力,组织制定中长期装备采购计划。

(一)中长期装备采购计划的编制要求

中长期装备采购计划每5年编制一次,主要内容包括编制依据、指导思想、计划目标、方向重点、经费安排、建设方案、实施步骤、规模结构、能力评估和政策措施等。在编制中长期装备采购计划时,必须要紧紧围绕军事斗争装备需求,结合国防科研生产能力,统筹规划;要以优化装备体系和提高装备效能为目标,坚持装备协调发展的原则,提高装备采购经费的使用效能;要合理安排装备采购经费,力求准确测算装备采购价格,做好经费安排的综合平衡,并适当留有余地。

(二)中长期装备采购计划的编制程序

总装备部应当在计划执行前18个月内向总部分管有关装备的部门、军兵种装备部门下达拟制计划草案的通知,明确装备采购经费指标和有关要求。总部分管有关装备的部门、军兵种装备部根据总装备部提出的计划拟制要求,按照论证、拟制、评估、修订、审核等步骤,组织拟制本系统中长期装备采购计划草案。在进行论证管理时,应当组织有关装备论证、作战训练、科研订购、装备保障等部门的人员,对本系统中长期装备采购计划草案按照必要性、可行性、先进性、系统性、经济性的要求进行综合论证;根据论证结果,组织拟制本系统中长期装备采购计划草案;在进行评估管理时,必须组织有关单位、部门的专家、采用定性与定量分析相结合的方法,利用演示、模拟仿真等手段,对本系统中长期装备采购计划草案进行评估;再根据评估情况,对本系统中长期装备采购计划草案进行修改完善;经总部分管有关装备的部门、军兵种主要领导批准后,按总装备部的要求时限上报。

总装备部对各单位上报的中长期装备采购计划草案进行审核、汇总,拟制全军中长期装备采购计划草案(征求意见稿)。经有关领域专家评估和征求总参谋部、总后勤部意见后,修改形成全军中长期装备采购计划草案,上报中央军委审批。全军中长期装备采购计划一经批准下达,必须严格执行。

三、年度装备采购计划的编制

年度装备采购计划应当依据中长期装备采购计划及部队装备需求,按确定的年度装备采购经费指标,结合国防科研生产能力等情况编制。年度装备采购计划是编制年度装备采购经费预算、签订装备采购合同的依据。

(一)年度装备采购计划的编制要求

年度装备采购计划应当包括编制依据、指导思想、保障重点,采购装备的名称、数量、单价及经费安排,装备采购方式和装备承制单位等内容。年度装备采购计划实行三年滚动,包括当年装备采购计划、第二年装备采购草案计划和第三年装备采购预告计划。三年滚动的装备采购计划应当同时下达,依次递进,逐年滚动。

在编制年度装备采购计划时,要求当年装备采购计划、第二年装备采购草案计划和第三年装备采购预告计划应当同时编制;年度装备采购计划,应当按照下达的装备采购经费指标进行编制,突出重点,兼顾一般,综合平衡,留有余地;凡列入年度装备采购计划的各种专项业务经费标准,由总装备部统一确定;未经批准,不得动用装备采购经费直接或者变相进口国外装备,不得动用专用装备购置费采购通用装备;实施批量采购分年度执行的装备项目,其年度采购数量,应当纳入年度装备采购计划同时编报。总装备部应当于每年1月31日前,向总部分管有关装备的部门、军兵种装备部下达编制年度装备采购计划的通知,明确装备采购经费指标和有关要求。总部分管有关装备的部门、军兵种装备部应当根据总装备部通知的要求,组织拟制本系统年度装备采购计划。

(二)年度装备采购计划的编制内容

当年装备采购计划要在上一年度下达的装备采购草案计划基础上,结合上一年度装备采购计划执行情况和部队装备需求变化情况编制。列入当年装备采购计划的装备采购项目主要包括:已签订采购合同的装备;已批准设计定型(鉴定)且价格和采购方式已经确定的装备;上一年度未完成需结转执行的装备采购项目;本年度采购的中国人民武装警察部队、民兵、公安、军援等装备;部队急需的装备;总装备部批准的其他装备。

第二年装备采购草案计划要在上一年度下达的装备采购预告计划的基础上,结合部队装备需求编制。列入第二年装备采购草案计划项目的装备采购项目主要包括:已列入中长期装备采购计划的装备;虽尚未定型,但技术状态基本确定、预计第二年能够完成设计定型或者通过鉴定且年度交付的装备;部队急需的装备;总装备部批准的其他装备。

第三年装备采购预告计划的装备采购项目主要包括:生产周期在18个月以上的装备;拟组织科研、生产一体化采购的装备;可实现一次批量订货、分年交付的装备;总装备部批准的其他装备。

年度装备采购调整计划是当年装备采购计划的组成部分,在编制计划时必须做到:未经批准,不得超出装备采购经费指标范围调整计划;受技术状态、质量问题、价格等因素影响,预计不能完成当年装备采购计划的装备,可列入调减计划;部队急需装备,或者已列入第二年装备草案计划且当年可以完成的装备,可列入调增计划。

总部分管有关装备的部门、军兵种装备部拟制的本系统年度装备采购计划于每年 3 月 31 日前报总装备部审批。总装备部对各单位上报的年度装备采购计划进行审核、汇总,并于当年 6 月 30 日前下达全军年度装备采购计划。总部分管有关装备的部门、军兵种装备部于每年 10 月 15 日前向总装备部上报年度装备采购计划预计完成情况,并视情况提出当年装备采购计划调整建议。总装备部根据当年装备采购计划的执行情况和保障特殊任务的需要,视情编制下达年度装备采购调整计划。根据需要,总装备部可以编制专项装备采购计划和应急装备采购计划,这两项计划经批准后纳入年度装备采购计划管理。

四、装备采购计划的审批、下达与执行

(一)装备采购计划的审批与下达

全军中长期装备采购计划经中央军委批准后,由总装备部于 1 个月内分别下达总部分管有关装备的部门、军兵种装备部。全军年度装备采购计划经总装备部批准后,由总装备部于当年 6 月 30 日前分别下达总部分管有关装备的部门、军兵种装备部。

年度装备采购调整计划、专项装备采购计划、应急装备采购计划经总装备部批准后,由总装备部综合计划部通知有关部门执行。应急装备采购计划可以越级下达,但事后应当向有关部门通报,并补办相应手续。总部分管有关装备的部门、军兵种装备部应当在接到年度装备采购计划 15 个工作日内,将有关装备采购计划及时下达本系统装备采购业务部门、驻厂军事代表机构等。

(二)装备采购计划的执行

中长期装备采购计划执行时间按批准的时限执行。年度装备采购计划执行时间为当年 1 月 1 日至 12 月 31 日。中长期装备采购计划通过年度装备采购计划落实。年度装备采购计划以装备采购合同制度形式落实。而装备采购合同由装备采购主管机关(部门)授权的驻厂军事代表机构或其他机构与确定的装备承制单位以书面形式订立。

总部分管有关装备的部门、军兵种装备部应当掌握本系统中长期装备采购计划的执行情况,并在计划实施期限满 3 个月内,将计划完成情况报总装备部。总装备部应当对全军中长期装备采购计划的执行情况进行监督检查,并在计划实施期满后 6 个月内,将计划完成情况报中央军委。

总部分管有关装备的部门、军兵种装备部应当对当年装备采购计划的执行情况进行监督检查,并将有关情况于翌年 1 月 31 日前报总装备部。遇到重大情况时,应当及时报告。

第三节 装备采购方式与程序管理制度

装备采购方式是指实施装备采购时,根据不同情况应当采用的法定形式。装备采购程序是指采用确定的装备采购方式实施装备采购时,应当遵守的操作规程。装备采购方式主要是根据装备类型、保密要求、采购金额和装备采购市场等情况确定。装备采购主要采用公开招标采购、邀请招标采购、竞争性谈判采购、单一来源采购、询价采购以及经总装备部认可的其他采购方式。装备采购方式与程序管理应当遵循统一领导、适度公开、竞争择优、注重效益、操作规范的原则。2003 年 12 月,总装备部发布了《装备采购方式与程序管理规定》,这是一部规范全军装备采购方式与程序管理工作的基本规章。主要包括武器装备采购方式与程序管理工作的基本任务、归口管理部门以及各级管理部门的职责和分工,对公开招标采购、邀请招标采购、竞争性谈判采购、单一来源采购、询价采购、价格确定等工作的有关规定,以及监督检查、奖惩等。

一、管理机构与职责

总装备部负责全军装备采购方式与程序的管理工作,主要职责有:制定装备采购方式与程序管理工作的有关规章;审定装备采购方式;监督检查装备采购方式与程序的执行情况。

总部分管有关装备的部门、军兵种装备部负责本系统装备采购方式的管理工作,其装备采购计划部门会同装备采购业务部门承办装备采购方式的确定工作。装备采购计划部门的主要职责有:贯彻执行装备采购方式与程序管理工作的规章,拟制有关规章制度;审核装备采购方式;监督检查本系统装备采购方式与程序管理工作的执行情况。

装备采购业务部门会同装备采购计划部门、驻厂军事代表机构等承办装备采购方式确定后的组织实施工作。装备采购业务部门的主要职责有:贯彻执行装备采购方式与程序管理工作的规章;提出本系统装备采购方式;按确定的采购方式与采购程序,组织实施装备采购工作等。

驻厂军事代表机构的主要管理职责有:贯彻执行装备采购方式与程序管理工作的有关规章制度;按确定的采购方式与采购程序,承办或者参与装备采购相关工作等。

装备采购主管机关(部门)应当对采购方式与程序管理工作进行监督检查,主要内容有:有关装备采购方式与程序管理工作规定的执行情况;选择装备采购方式和执行采购程序的情况;装备标底测算及定价方案制定和保密情况;装备采购工作人员执行回避制度的情况;装备采购人员的专业技能及行为等。在装备采购方式与程序管理工作方面有下列情形之一的,依照《纪律条令》的有关规定,对负有直接责任的主管人员和其他直接责任人员给予处分;构成犯罪的依法追究刑事责任;对单位给予通报批评并责令限期改正:

①向承制单位泄露标底或者定价方案的;②在装备采购招标、投标和谈判中与承制单位恶意串通的;③以不合理的条件对承制单位实行差别待遇或者歧视待遇的;④应当采用公开招标方式而擅自采用其他方式的;⑤在装备采购过程中接受贿赂或者获取其他不正当利益的;⑥拒绝有关部门监督检查或者提供虚假情况的;⑦其他违反本规定,妨害装备采购方式与程序管理工作的。

二、装备采购方式

装备是保障国家安全和社会稳定的物质基础,主要用于国防和战争。因此,装备采购权归国家和军队所有,任何单位和个人未经允许不得采购。可见,装备的采购主体单一,不存在买方竞争。《装备采购方式与程序管理规定》规定,军队装备采购主要采取公开招标、邀请招标、竞争性谈判、询价、单一来源采购等方式。

(一) 招标采购

对不直接涉及国家安全和军队机密、投资较小、技术通用性较强、有较多合格承研承制承修单位的装备采购项目,应采取公开招标或询价等方式实行充分竞争。主要包括军选民用的军用车辆、计算机及网络设备、配套部件、元器件及原材料等。

1. 招标采购范围

招标采购分为公开招标采购和邀请招标采购。公开招标采购是指按照规定的程序,通过发布招标公告的方式,邀请不特定的承制单位投标,依据确定的标准和方法从所有投标中择优评估出中标承制单位,并与之签订合同的装备采购方式。邀请招标采购是根据承制资格条件,在一定范围内选择不少于两家承制单位向其发出投标邀请书,由被邀请的承制单位投标竞争,从中择优评选出中标承制单位,并与之签订合同的装备采购方式。

对于采购金额达到规定金额以上的、通用性强、不需要保密的装备采购项目,要采用公开招标方式采购。而对采购金额达到规定金额以上的、符合下列情形之一的装备采购项目,可以采用邀请招标方式采购:涉及国家和军队安全、有保密要求不适宜分开招标采购;采用公开招标方式所需时间无法满足需要的;采用公开招标方式的费用占装备采购项目总价值的比例过大的。①

2. 招标采购程序

采用招标采购方式的采购,应当遵循下列基本程序。②

(1) 成立招标小组。有关装备采购主管机关(部门)负责组织或者委托相应机构成

---

① 国务院法制办公室:《新编中华人民共和国常用法律法规全书》,北京:中国法制出版社,2007 年版,第 4 - 16 页。

② 国务院法制办公室:《新编中华人民共和国常用法律法规全书》,北京:中国法制出版社,2007 年版,第 2 - 101 页。

立招标小组。招标小组负责拟制招标文件、组建评标委员会、组织实施装备采购招标等工作。

（2）组建评标委员会。评标委员会由有关装备技术、价格、法律等方面的专家组成，成员人数为 5 人以上单数。

（3）拟制招标文件。招标文件应当包括招标项目的技术要求、对投标人资格审查的标准、投标报价要求和评标标准等所有实质性要求和条件以及拟签订合同的主要条款。

（4）报批招标文件。招标文件由有关装备采购主管机关（部门）审定。

（5）发标。招标文件经审定后，由招标小组通过指定的报刊、信息网络或者其他媒体公开发布招标公告。自招标公告发出之日起至投标人提交投标文件截止之日止，不得少于 20 个工作日。

（6）投标。投标人的投标申请书、有关资格证书、技术和质量以及进度承诺、报价等投标文件，加盖单位公章及其负责人印鉴后密封，在规定的截标日期送达招标小组。

（7）开标。开标应当在招标文件规定的时间、地点公开进行。开标由招标小组主持，邀请所有投标人参加。开标时，由投标人或者其他推选的代表检查投标文件的密封情况，经确认无误后，由招标小组当众拆封、宣读投标人名称、投标价格和投标文件的其他主要内容。开标过程应当记录，并存档备查。

（8）评标。评标由评标委员会负责。评标委员会应当按照招标文件确定的评定标准和方法，对评标文件进行评审和比较。对投标文件中含义不明确的内容可以要求投标人作必要的澄清和说明。经过评定，评标委员会应当向招标小组推荐中标候选人，并提交书面评标报告，经所有成员签字后有效。

（9）定标。招标小组根据中标候选人的投标文件和评标委员会的书面评标报告，确定中标单位，并报总部分管有关装备的部门、军兵种装备部备案。招标小组向中标单位发中标通知书，并同时将中标结果通知所有未中标的投标人。

在招标采购中，出现下列情形之一的，应当予以废标：符合条件的装备承制单位或者投标人不足两家的；出现影响采购公正的违法、违规行为的；投标人的报价超过或者低于装备采购标底价格规定比例的；装备采购计划取消或者采购方式变更的。

（二）竞争性谈判采购

竞争性装备采购是军队装备部门以提高装备采购质量和效益为根本目的，通过采用竞争方式有效获取军事装备科研、购置和维修保障等产品与服务的政府采购行为。对这一概念可从三个方面理解把握：一是竞争的根本目的是提高装备采购质量和效益。二是要根据我军《装备采购条例》规定的公开招标、邀请招标、竞争性谈判、询价等方式和工作程序组织竞争性采购。三是"采购"的概念，包括预先研究、型号研制、装备购置、维修保障等装备全系统全寿命管理活动(类似于美军的"采办")。① 为了保持与国家有关方针政策、特别是国防科技工业建设战略布局相一致,避免无序竞争给国防科技工业核心能力建设和武器装备发展带来不利影响,借鉴国防科技工业股份制改造将武器装备科研生产按专业划分为"放开类"、"限制类"、"禁止类"的情况,《关于加强竞争性装备采购工作的意见》根据武器装备涉密程度、竞争条件和经费投入等情况,将竞争性装备采购分为"充分竞争"和"有限竞争"两大类。该《意见》还明确要通过制订和颁发《竞争性采购目录》来指导、规范采购方式的选择。凡纳入《目录》的装备采购项目(包括其配套产品),必须实施充分竞争或有限竞争。

竞争性谈判采购是指通过与不少于两家承制单位进行谈判,择优确定承制单位并与之签订合同的装备采购方式。对直接涉及国家安全和军队机密、投资较大、技术专用性较强、仅有少数合格承研承制承修单位且符合下列情形之一的装备采购项目,可以实行竞争性谈判方式采购:招标后没有承制单位投标或者没有合格标的的;采用招标方式所需时间无法满足需要的;因技术复杂或者性质特殊,不能确定详细规格或者具体要求的;不能事先计算出价格总额的。② 主要包括作战飞机、舰艇、导弹、电子对抗等各类主战装备,以及关键分系统、关键元器件等。

采用竞争性谈判采购方式的,应当遵循下列基本程序。③

(1)成立谈判小组。有关装备采购主管机关(部门)负责组织成立谈判小组。谈判小组由装备采购业务部门、装备采购计划部门的代表和装备技术、价格、法律等方面的专家组成。成员人数为 7 人以上的单数,其中专家人数不得少于2/3。

(2)拟制谈判文件。谈判文件由谈判小组拟制。谈判文件应当明确谈判人员、谈判程序、谈判内容、合同文本草案以及评定成交的标准等内容。

(3)报批谈判文件。谈判文件由有关装备采购主管机关(部门)审定。

(4)确定邀请参加谈判的承制单位名单。谈判小组从符合相应资格条件的承制单位名单中确定不少于两家的承制单位参加谈判,并向其提供有关谈判文件。

(5)谈判。谈判小组应当与承制单位分别进行谈判。在谈判中,谈判的任何一方不得透露与谈判有关的其他承制单位的技术资料、价格和其他信息。谈判文件有实质性变动的,谈判小组应当以书面形式通知所有参加谈判的承制单位。

(6)确定承制单位。谈判结束后,谈判小组应当要求所有参加谈判的承制单位在规定时间内进行最后报价,并根据采购需求、质量、服务和报价等因素综合评定结果,提出候

---

① 杨帆:《积极推进装备采购体制改革》,载《国防科技工业》,2009 年第 12 期,第 51 页。

② 国务院法制办公室:《新编中华人民共和国常用法律法规全书》,北京:中国法制出版社,2007 年版,第 4-16 页。

③ 国务院法制办公室:《新编中华人民共和国常用法律法规全书》,北京:中国法制出版社,2007 年版,第 4-17 页。

选成交承制单位,报有关装备采购主管机关(部门)审定。并且,谈判小组应当将审定结果通知所有参加谈判的承制单位。

(三)单一来源采购

1. 单一来源采购方式情形

单一来源采购是指只能从一家承制单位采购装备的采购方式。[①]符合下列情形之一的装备采购项目,可以采用单一来源方式采购:只能从唯一装备承制单位采购的;在紧急情况下不能从其他装备承制单位采购的;为保证原有采购项目的一致性或者服务配套要求的,必须继续从原装备承制单位采购的。

2. 单一来源采购程序

(1)成立谈判小组。有关装备采购主管机关(部门)负责组织成立谈判小组。谈判小组由装备采购业务部门、装备采购计划部门的代表和装备技术、价格、法律等方面的专家组成。

(2)拟制谈判文件。谈判文件由谈判小组拟制,内容应当包括装备的采购数量、质量、价格、交付进度及售后服务等要求。

(3)报批谈判文件。谈判文件由有关装备采购主管机关(部门)审定。

(4)谈判。谈判小组应当根据谈判文件的要求与承制单位进行谈判。谈判过程出现与谈判文件规定不一致时,应当及时请示报告。

(5)报批谈判结果。谈判结束后,谈判小组将谈判结果报有关装备采购主管机关(部门)审定。

值得注意的是,对既不符合充分竞争、又不符合有限竞争条件的单一来源采购项目,要在分系统及配套层次开展竞争。对单一来源采购装备的配套设备与器材,具备招标方式或者竞争性谈判方式采购的,装备采购业务部门应当督促承制单位采用相应采购方式进行采购。

(四)询价采购

1. 采用询价采购方式情形

询价采购是指向有关承制单位发出询价单让其报价,在报价基础上进行比较并确定最优装备承制单位的采购方式。

对于采购金额在规定金额以下,不需要保密,且符合下列情形之一的装备采购项目,可以采用询价采购方式采购:通用性强,规格、标准统一,货源充足的;价格变化幅度较小的。[①]

---

① 国务院法制办公室:《新编中华人民共和国常用法律法规全书》,北京:中国法制出版社,2007年版,第4-16页。

2. 询价采购程序

采取询价采购方式的,应当遵循下列基本程序。[①]

(1)成立询价小组。有关装备采购主管机关(部门)负责组织成立询价小组。询价小组由装备采购业务部门的代表和装备技术、价格等方面的专家 3 人以上的单数组成。询价小组应当对采购项目评定成交标准等事项作出规定。

(2)确定被询价的承制单位名单。询价小组根据采购需要,从符合相应资格条件的承制单位名单中确定不少于 3 家的承制单位,并向其发出询价单让其报价。

(3)询价。询价小组要求被询价的承制单位在规定的时间内一次报出不得更改的价格。

(4)确定承制单位。询价小组根据符合采购需求、质量和服务相当且报价最低的原则,依据评定成交标准进行综合评审,提出成交承制单位,报有关装备采购主管机关(部门)审定。并且,询价小组应当将审定结果通知所有被询价的承制单位。

三、装备定价制度

装备定价,是指装备承制单位会同军事代表室,依据国家和军队的价格法规规定的原则、方法、形式和程序等共同核实新装备的定价成本,协商、编制新装备价格方案,上报装备价格主管部门批准的全过程。装备定价与国防采购效益、国防经费的使用效率等息息相关,它关系到我军能否以公平合理的价格获得质量可靠的武器装备及其相应的服务,关系到我军装备计划的落实和装备作战效能的提高。

(一)装备定价的法律依据

目前我军装备定价的主要法律依据有《国防法》、《价格法》、《军品价格管理办法》、《军品定价目录》和《国防科研计价管理办法》以及全军各大单位制定的装备价格管理制度等。这些法律制度在一定时期内有力地指导了我军的装备定价和管理工作,但是现有法律法规不健全、体系不完整,不能涵盖装备的全寿命周期。它们只是从宏观角度对装备定价进行原则上的指导,对于定价细节却鲜有涉及,可操作性较差。比如,《军品价格管理办法》是 1995 年颁布执行的,它曾对规范军品价格行为,加强军品价格管理发挥了非常重要的作用。但是,随着社会主义市场经济制度的建立与不断完善,装备商品属性的确认及装备需求的变化,《军品价格管理办法》存在着一些缺陷和不足,同时,随着时间的推移、改革发展形势的变化,该《办法》越来越不能适应国防科技工业改革发展的需要。

推进装备价格工作改革,是提高装备建设效益的内在要求,是深化装备采购制度改革的重要内容,是增强国防科技工业活力的重要举措。长期以来,由于价格形成机制不科

---

① 国务院法制办公室:《新编中华人民共和国常用法律法规全书》,北京:中国法制出版社,2007 年版,第 4 - 17 页。

学、法规制度不完善,军品定价不合理,影响和制约着装备建设和国防科技工业科学发展。为了进一步深化装备采购制度改革、推进装备价格工作改革,国家发改委、财政部和总装备部相关部门在广泛调研的基础上,于 2009 年 11 月共同研究起草了以创新军品价格形成机制、完善军品价格法规体系等为主要内容的《关于进一步推进军品价格工作改革的意见》。根据该《意见》,我军军品价格形成机制将作出重大调整,通过全面建立完善分类定价、购置目标价格生成、过程成本监控、激励约束等各项制度机制,进一步有效控制装备价格整体水平,提高军事经济效益,保障装备建设规划计划顺利完成。① 同时,我军还必须完善价格法规,健全管理制度,在全军范围内形成一套科学的、规范的、完整的装备价格法规体系。

(二)装备价格确定

现行武器装备定价模式是按照 1995 年《装备价格管理办法》确定的,可以归纳为:价格 = 定价成本 × (1 + 5%)。其中定价成本是指制定军品价格时所依据的计划成本,包括军品制造成本、管理费用和财务费用三部分,即传统的计划完全成本。这种定价模式体现了国家"保本、低利、免税"的政策,它曾发挥过十分重要的作用,但在实践中也显现出诸多弊端。从系统论的角度来分析,武器装备定价模式的弊端主要来源于价格模式基本构成的不合理。例如,对于同一类型产品,从上述价格公式可以看出,定价成本越高,获得利润越多。而且,公式中的成本并非是该装备的平均成本,而是由各厂商确定的个别成本,这就使得武器装备价格的制定偏离了价值规律轨道,导致价格背离现象的产生。而 5% 的固定利润率与武器装备大多属于高附加值产品的事实不相符合,显然难以产生足够的市场驱动力。武器装备定价模式的不合理,使得价格往往难以真实准确地反映武器装备的价值,其外在表现就是武器装备的价格风险。②

根据《装备采购方式与程序管理规定》,军队物资采购机构应当建立健全质量检验和价格审核制度,确保采购的物资质量合格、价格合理。装备采购主管机关(部门)应当根据确定的装备采购方式,采取相应的定价模式,成立价格审核组,按照国家和军队有关装备价格法规政策,开展装备采购价格审核工作。

采用公开招标、邀请招标方式实施装备采购时,价格审核组应当对采购装备的成本进行测算,提出价格标底,报有关装备采购主管机关(部门)审定。定标后,中标方投标价格即为中标价格,中标价格应上报备案。

采用竞争性谈判方式实施装备采购时,在谈判前,价格审核组应当对被邀请的装备承制单位报价进行审核,提出价格谈判预案;谈判结束后,其价格方案应当报有关装备采购

① 《深化装备采购制度改革又添新举措,我军装备价格工作酝酿重大改革》,http://www.mod.gov.cn/djxw/2009 - 11/10/content _ 4121115. htm。
② 吴少华:《武器装备定价制度改革探析》,载《军事经济研究》,2010 第 11 期,第 22 页。

主管机关(部门)审定。

采用单一来源方式实施装备采购时,价格审核组应当对承制单位的报价进行审核,提出价格方案报有关装备采购主管机关(部门)审定。

采用询价方式实施装备采购时,在询价结束后,其价格方案应当报有关装备采购主管机关(部门)。

第四节　装备承制单位资格审查管理制度

装备承制单位(供方)是指承担装备及配套产品研制、生产任务的单位。装备承制单位资格审查管理是指依据国家、军队有关法律法规、制度、标准,军方对中华人民共和国境内申请承担装备研制、生产、修理、技术服务任务的单位进行资格审查、认定、注册等一系列有组织的活动。[①] 装备承制单位资格审查管理制度,是我军依据《政府采购法》和《装备采购条例》有关规定建立的一项新制度,是打破垄断、推行竞争、深化装备采购制度改革的一项重要举措;是确保装备研制、生产、维修、服务质量和装备合同履行的重要保证;是促进装备承制单位提高综合能力的重要手段。该制度借鉴了国外装备承制单位资格审查管理制度的经验做法,继承和包容了我国军工企业质量体系第二方审核认定工作的相关内容,正确处理了与军工企业保密资格论证、武器装备科研生产许可管理等制度的关系,是装备采购工作适应社会主义市场经济规律内在要求的必然选择。实行装备承制单位资格审查制度,对于优选竞争主体,营造竞争环境,降低采购风险,保证装备质量,提高采购效益具有深远意义。[②]

一、装备承制单位资格审查管理的法律依据

装备承制单位资格审查制度,是我军依据有关规定建立的一项重要制度。其主要法律依据如下:

《政府采购法》第 23 条规定:"采购人可以要求参加政府采购的供应商提供有关资质证明文件和业绩情况,并根据本法规定的供应商条件和采购项目对供应商的特定要求,对供应商的资格进行审查。"

《装备采购条例》规定:"装备采购实行承制单位资格审查制度","除特殊情况外,装备采购的承制单位应当从《装备承制单位名录》中选择。"

---

① 参与 GJB 5713—2006《装备承制单位资格资格审查要求》,http://wenku.baidu.com/view/6bfa1673f242336c1eb95ed7.html。

② 《中国人民解放军全面实施装备承制单位资格审查制》,《解放军报》,http://www.gov.cn/jrzg/2006 - 08/19/content_366104.htm。

1995年8月,总参谋部等部门制定了《武器装备研制单位资格审查暂行办法》,在此基础上,2003年12月,总装备部根据装备采购改革的要求,发布了《装备承制单位资格审查管理规定》、《装备承制单位资格审查规范(试行)》、《装备承制单位资格审查计划管理办法》、《〈装备承制单位名录〉管理办法》和《装备承制单位资格审查员管理办法》等一系列规章制度,对装备承制单位资格审查工作进行了全面规范:一是将装备承制单位资格审查管理规定的使用范围由装备研制扩大到生产订购、维修和预先研究,并要求承担装备研制、生产、修理任务的承制单位必须从《装备承制单位名录》中选择,为开展装备的竞争采购创造良好条件;二是修改了资格审查机构及其职责条款,明确规定装备采购主管机关(部门)对资格审查负责;另外,对审查的程序也作了规范,以符合装备采购改革的需要。2006年5月,为了进一步规范装备承制单位资格审查工作,总装备部依据《装备采购条例》、《装备科研条例》、《装备维修工作条例》发布了 GJB 5713—2006《装备承制单位资格资格审查要求》。①

对装备承制单位资格审查管理的法律依据还有:我军《装备维修工作条例》规定,"总部分管有关装备的部门、军兵种装备部,应当对拟承担装备大修任务的单位组织进行修理资格审查;经审查合格的,方可交付部队装备大修任务。"《装备科研条例》也规定:"总部分管有关装备的部门、军兵种装备部对批准立项的装备研制项目,应当在经过资格审查的单位中通过招标或竞争性谈判的方式择优选择装备承研承制单位订立装备研制合同。"

目前,除总装备部实行的"资格审查制度"外,国防科工局通过"武器装备科研生产许可"制度为民口企业进入装备市场提供了制度规范。装备资格审查制度和武器装备科研生产许可实施办法,两者所依据的法律规范有所不同,前者依据中央军委发布的《装备采购条例》,后者依据国务院《政府采购法》,但他们都是我国装备市场的准入制度。

根据装备竞争性采购形势和任务要求,当前要进一步完善装备承研承制承修单位资格审查制度。一是按照武器装备及分系统、配套产品类型和保密等级,在原有法规、标准的基础上,细化、完善承研承制承修单位的资格审查内容和评价标准。二是要扩大资格审查范围,加快开展包括民营企业在内的多种所有制企业资格审查工作,建立协调顺畅、运转高效的资格审查工作机制。三是建立信息发布制度。目前,装备采购信息主要对军工部门发布,绝大多数民口企业较少能够得到装备采购需求信息。信息不通、需求不明,仍然是制约民口企业进入装备市场的第一道"壁垒"。要建立装备采购信息发布平台,根据承研承制承修单位的专业领域和涉密等级,定期、定向发布装备采购信息及相关政策法规、标准规范和参与竞争的申办程序等。上述制度的目的之一,就是要打破封闭建设的格局,把符合条件的民口科研院所和民营企业纳入装备采购市场,为有效推行竞争、提高国

---

① GJB 5713—2006《装备承制单位资格审查要求》,http://wenku. baidu. com/view/6bfa1673f242336c1eb95ed7. html 。

防科技工业活力提供制度保障。①

二、装备承制单位资格审查管理机构与职责

装备承制单位资格审查遵循依法审查、公正公平、严格程序、综合评定的原则。

总装备部归口管理全军装备承制单位资格审查工作。主要职责有:制定全军装备承制单位资格审查工作的有关规章;归口管理全军装备承制单位资格审查工作;授权组织对装备承制单位资格联合审查工作;核准总部分管有关装备的部门、军兵种装备部的《装备承制单位名录》,编制全军《名录》;指导装备承制单位资格审查员的培训、考核工作,负责审查员注册管理;受理装备承制单位资格审查工作中的质疑与投诉。

总部分管有关装备的部门、军兵种装备部管理本系统装备承制单位资格审查工作。装备采购计划部门会同装备采购业务部门承办装备承制单位资格审查的组织管理工作。装备采购计划部门的主要职责有:贯彻执行全军装备承制单位资格审查工作的规章,拟制有关规章制度;归口管理本系统装备承制单位资格审查工作;编制、上报装备承制单位资格审查工作计划和审查员培训计划;上报装备承制单位资格注册意见,编制本系统《装备承制单位名录》(草案);编制、上报审查员注册意见以及上级赋予的其他职责。

装备采购业务部门会同装备采购计划部门承办对装备承制单位资格审查的组织实施工作。装备采购业务部门的主要职责有:贯彻执行全军装备承制单位资格审查工作的规章,拟制有关规章制度;组织开展装备承制单位资格审查工作;组织开展审查员培训、考核工作;提出装备承制单位资格注册意见;提出审查员注册意见以及上级赋予的其他职责。

驻厂军事代表机构在装备承制单位资格审查工作方面履行下列职责:贯彻执行装备承制单位资格审查工作的有关规章制度;受理装备承制单位资格审查申请;参加或者经授权组织装备承制单位资格审查、复查工作;监督并验证受审查单位对审查中发现问题的整改;开展对装备承制单位资格的日常监督以及上级赋予的其他职责。

装备采购主管部门应对装备承制单位资格审查工作进行监督检查,主要内容有:有关装备承制单位资格审查规定的执行情况;装备承制单位资格审查人员的专业技能水平和行为;《装备承制单位名录》的注册、发布和使用情况等。在装备承制单位资格审查工作方面有下列情形之一的,依照《纪律条令》的有关规定,对负有直接责任的主管人员和其他直接责任人员给予处分;构成犯罪的依法追究刑事责任;对单位给予通报批评或责令限期改正:①在装备承制单位资格审查工作中滥用职权、徇私舞弊、弄虚作假以及对装备承制单位存在的问题隐情不报的;②玩忽职守,给装备承制单位资格审查工作造成重大失误的;③其他违反本规定,妨害装备承制单位资格审查工作的。

---

① 杨帆:《积极推进装备采购体制改革》,载《国防科技工业》,2009 年第 12 期,第 53 页。

三、装备承制单位资格审查内容与方式

（一）审查内容

审查机构应当按 GJB 5713—2006《装备承制单位资格审查要求》中《装备承制单位资格审查报告》所列的项目和下列要求进行审查。[①]

（1）法人资格。法人资格方面重点审查的内容有：法人证明文件的真实性、有效性；申请承制装备的技术领域及其经营（业务）范围的符合性。

（2）专业技术资格。专业技术资格方面重点审查的内容有：专业技术能力或专业技术资格证明文件的符合性；专业技术能力是否满足需求。

（3）质量管理水平和质量保证能力。质量管理水平和质量保证能力方面重点审查的内容有：质量管理体系文件的充分性、有效性；质量管理体系运行状况。

（4）财务资金状况。财务资金状况方面重点审查的内容有：财务资金状况证明文件的真实性；财务制度是否健全；资金运营状况是否良好；资金规模能否满足要求。

（5）经营信誉。经营信誉方面重点审查的内容有：经营信誉证明文件的真实性；近三年装备研制、生产、修理、技术服务或业务经营中是否严格履行合同；近三年申请单位是否有违纪、违法的不良记录。

（6）保密资格。保密资格方面重点审查的内容有：保密资格证书的有效性；保密资格等级能否满足申请承制装备的保密要求。

（7）其他内容。是否满足军方提出的其他特殊要求。

（二）审查的分类、时机与方式

装备承制单位资格审查分初审、续审、复审三种类型。

初审：对申请在《装备承制单位名录》注册的单位应当进行初审。一般在下列时机进行审查：申请单位提出承担装备研制、生产、修理、技术服务的申请后；装备研制、采购、修理、技术服务招标前；合同签定前以及其他需要审查的时候。

续审：装备承制单位在注册资格有效期（四年）满、提出继续保留注册资格申请后，对该单位的装备承制资格应当进行续审。续审依照《装备承制单位资格审查要求》进行，审查内容、程序可视情裁减。

复审：申请单位初审或续审未通过、或在注册有效期内资质发生重大变化，经整改完善提出申请后，对该单位的装备承制资格应当进行复审。

审查方式分为文件审查和现场审查。文件审查是对申请单位提供的法人资格、财务资金状况、企业经营信誉和保密资格等有关证明材料进行确认的活动。进行文件审查时，

[①]　GJB 5713—2006《装备承制单位资格审查要求》，http://wenku.baidu.com/view/6bfa1673f242336c1eb95ed7.html。

还应当对申请单位的专业技术资格证明材料、质量管理体系文件进行审查。现场审查是在必要时到申请单位对其专业技术能力、质量管理水平和质量保证能力、落实军方特殊要求的实际情况进行确认的活动。[①]

四、装备承制单位资格审查程序

(一)审查准备

审查准备分四个步骤。

(1)受理申请。军事代表机构或被授权单位受理申请单位的装备承制单位资格审查申请,对申请单位的材料进行确认并上报。

(2)组织审查组。装备采购主管(部门)或其授权的单位应根据上级下达的审查工作计划,组织审查组。审查组一般由5个~9个人组成,其中至少1/3应为本行业技术专家。审查组设组长1人。

(3)制定审查实施计划。审查组根据审查任务和要求制定文件(现场)实施计划。

(4)通报审查实施计划。审查组应将审查实施计划报装备主管机关(部门)批准,并将审查实施计划通知申请单位。

(二)实施审查

资格审查工作分为文件审查和现场审查。

(1)文件审查。审查组对申请单位上报的《装备承制单位资格审查申请表》及其所附材料的完整性、符合性、真实性和有效性等进行审查。

(2)现场审查。文件审查不足以确认申请单位的资格时,到申请单位进行现场审查。审查员对审查情况进行记录并按《审查记录表》的要求,填写"审查记录表"、"改进建议单"。

(三)综合评议

审查组应及时召开内部会议,讨论审查过程中了解的信息和发现的问题,对审查中客观证明不足的问题,应进一步调查、核实。审查组长应组织审查组对审查情况进行汇总分析,并对照审查目的、依据形成审查结论。审查组长向申请单位通报审查情况后,编制《装备承制单位资格审查报告》,并在该报告上签字确认。

(四)通报审查结论

审查组长应在审查工作结束时组织召开会议,向申请单位管理层和有关人员通报审查综合情况和审查结论。通报的内容通常包括:审查基本情况;基本合格、不合格项说明;审查结论;整改验证及要求。

---

① GJB 5713—2006《装备承制单位资格审查要求》,http://wenku. baidu. com/view/6bfa1673f242336c1eb95ed7. html。

（五）整改验证与上报

审查组应对基本具备资格的申请单位存在的问题提出整改期限和要求。整改期限一般控制在 1 个～3 个月以内，对逾期未完成整改或整改未达到合格要求的申请单位，可视其为不具备装备承制单位资格。军事代表机构或被授权单位应对申请单位的整改情况进行监督、验证，验证结果填写"基本合格/不合格项报告"，并经申请单位、审查组长确认。审查和整改、验证结束后，审查组应当及时向下达任务的装备主管机关（部门）提交《装备承制单位资格审查报告》。

五、装备承制单位资格注册管理

（一）注册、变更与注销

申请单位经过装备承制资格审查达到要求，并经装备采购主管机关（部门）审查同意后，应被注册编入《装备承制单位名录》。企业名称、法定代表人、驻地发生变化的，装备承制单位应及时向资格审查主管机关（部门）提出资格证书变更申请。

在注册有效期限内，装备承制单位出现下列情形之一的，军事代表机构或被授权单位应当及时向有关装备采购主管机关（部门）上报情况，提出资格注销意见：①泄露国家和军方机密，严重危害国家军事利益的；②提供的有关资料严重失实的；③注册的基本条件发生重大变化、导致装备承制能力严重下降的；④产品、服务及质量管理体系出现重大问题的；⑤出现虚报成本、骗取合同等欺诈行为的。值得注意的是，在有效期限内被注销资格的装备承制单位，重新注册视同首次申请注册。

（二）日常监督

军事代表机构或被授权单位对《装备承制单位名录》中注册的装备承制单位资格的有效性日常监督。

日常监督通常结合产品研制、生产、修理、技术服务过程和验收等活动，通过巡回检查、询问、参加有关会议和对记录进行分析等手段进行。日常监督过程中发现一般不合格项时，及时通报装备承制单位予以纠正；发现重要、关键不合格项时，应要求装备承制单位采取纠正措施限期解决，同时上报有关装备主管机关（部门）。[①]

六、审查员注册管理

审查员是军队从事装备承制单位资格审查工作的专业人员。审查员应当具备下列基本条件：维护军队利益，具有高度的事业心、责任感和良好的职业道德；具有大学本科以上学历和规定年限以上相关工作经历；具备相关专业知识和综合评价能力。

---

① GJB 5713—2006《装备承制单位资格审查要求》，http://wenku.baidu.com/view/6bfa1673f242336c1eb95ed7.html。

审查员按实习审查员、审查员、高级审查员三级注册,并颁发相应证书。各级审查员注册有效期限有规定,期限满后重新注册。当符合审查员的基本条件、经培训并考试合格的,首先可注册为实习审查员;实习审查员在注册有效期限内,有规定次数以上完整审查经历的,经培训并考试合格,可注册为审查员;连续工作规定年限以上未从事装备承制单位资格审查工作的审查员,应当重新确认其注册资格。

总装备部组织制订审查员注册管理办法,管理全军审查员注册工作。总部分管有关装备的部门、军兵种装备部根据审查员培训、使用、考核情况,提出审查员注册意见,报总装备部核准,统一注册。

第五节　装备采购合同管理制度

装备采购是在一定的市场环境下进行的。在武器装备市场上,需求方是军队,供给方是装备承制单位。军队与装备承制单位通过签订正式商业契约即合同,明确双方的权利、义务与责任。装备采购的最终结果是,军队将国家拨出的采购经费付给装备承制单位,同时得到所购买的装备;装备承制单位通过向军队出售自己研制生产的武器装备,同时从军队那里得到货币补偿。[①]装备采购合同是军队与装备承制单位双方订立的具有法律约束力的契约,是装备科研、生产、验收、付款、交接和技术服务的依据。武器装备采购合同管理工作作为装备采购工作的重要组成部分,就是对装备采购合同的订立、履行、变更、监督等进行一系列有组织的活动。为保证装备采购的顺利进行和提高装备采办效益,必须要加强对装备采购合同的管理。

一、装备采购合同管理立法概况

装备采购合同与一般商品采购合同相比,具有明显特点。一是具有双重性和专用性。合同中所反映的订货与技术协议关系,除了反映军方与企业、承揽单位的供需关系外,还具有国家任务的性质,承揽方必须保证完成。同时,对于直接用于军事用途的装备或技术属专用范围,未经有关方面批准,除军方订货外,企业不得自行安排生产,不得传播、公开某些技术,必须履行保密义务。二是订货方法受限制。大部分军事装备、军事技术不能在市场中实行公开招标竞争。所以对技术较成熟的生产项目合同,可以在政策允许范围内实行有限招标,对于关键性强,不确定因素多,技术风险大的科研合同,一般采用谈判法。三是质量与风险要求高。武器装备直接关系到官兵的安危和战斗的胜败,对其质量的要求也就成了重中之重。而且军品的开发、生产要可靠,否则会贻误全局,造成严重后果。

计划经济时代,我国以指令性计划规范军队和军工企业间的利益关系,军队提出武器

---

① 姜鲁鸣:《现代国防经济学导论》,北京:国防大学出版社,2002年版,第93－94页。

装备需求,再由军工企业的行政主管部门以指令性计划形式下达给企业进行生产。改革开放以来,为适应国家经济体制的调整,我军装备采购管理开始逐步实行合同制。1998年军队装备管理体制和国防科技工业管理体制调整改革以后,军队装备管理部门与装备研制生产部门之间建立起更加明晰的需求与供应关系,合同制得到进一步推行。

2002年10月,中央军委在《装备采购条例》中提出了规范采购方式、强化合同管理、加强采购监督的要求,把合同管理推到了突出位置。2003年12月,总装备部发布了《装备采购合同管理规定》,这是第一部规范全军装备采购计划管理工作的基本规章。该规定以《合同法》、《政府采购法》、《装备装备科研条例》、《装备采购条例》、《装备维修工作条例》为依据,规范了装备采购合同管理,对装备采购合同管理工作的适用范围、基本任务、归口管理部门以及各级管理部门的职责和分工进行了明确,对合同订立、合同履行、合同变更和解除与终止、合同信息管理等工作,以及监督检查、奖惩等予以了规定。

二、装备采购合同管理机构与职责

鉴于装备合同的种种特点,装备采购合同的管理,包括采购合同的起草、谈判、拟定、签订、履行、归档、解除、终止、追索求偿、异议、诉讼等各个环节。装备采购制度是围绕着采购合同构成的,无论是军队内部的管理层级分权还是严格的程序,从根本上都是要保证采购合同的合理、正常的订立和履行。装备采购合同管理应当遵循依法管理、统一领导、分级实施、竞争择优、注重效益、公平公正的原则。作为军队一方的合同管理,应当分担由装备采购机关、审计机关负责,负责合同的日常管理、对供应商或承包商及军队采购部门的监督管理。目前,我军的采购合同的管理的主管机关是总装备部装备采购局(负责武器系统采办合同的管理)、总后勤部军用物资订购局(负责非武器系统类军用物资采购合同的管理)、审计署(负责军队内部有关采购合同的管理监督)。具体工作由各部采办局订购处、审计局负责。

总装备部负责全军装备采购合同的管理工作,其主要职责是:制定全军装备采购合同管理工作的有关规章;指导全军装备采购合同的订立和履行工作,审定重要装备采购合同;管理全军装备采购价格工作;归口管理全军采购装备的质量监督和检验验收工作;负责全军装备采购合同经费的审核支付工作;归口管理全军装备采购合同信息管理工作;受理装备采购合同管理工作中的质疑与投诉。

总部分管有关装备的部门和军兵种装备部负责本系统装备采购合同的管理工作,其装备采购计划部门的主要职责是:贯彻落实装备采购合同管理工作的规章,拟制有关规章制度;参加管理本系统装备采购合同的订立和履行工作,审定装备采购合同并负责编号、鉴章等工作;管理本系统装备采购价格工作;参加本系统采购装备的质量监督、检验验收、交接发运及服务保障工作;负责本系统装备采购合同付款意见审查,组织对本系统装备采购经费使用情况的监督检查;负责本系统装备采购合同信息管理工作以及上级赋予的其他职责。

总部分管有关装备的部门和军兵种装备部的装备采购业务部门,会同装备采购计划部门、驻厂军事代表机构等承办装备采购合同订立和履行等管理工作,其主要职责是:贯彻落实装备采购合同管理工作的规章;组织本系统装备采购合同的订立和履行工作,审定装备采购合同;参加本系统装备采购价格审查工作;管理本系统采购装备的质量监督、检验验收、交接发运及服务保障工作,负责处理装备重大质量问题;参加本系统装备采购合同信息管理工作以及上级赋予的其他职责。

驻厂军事代表机构的主要职责是,贯彻执行装备采购合同管理工作的有关规章制度;经授权承办或者参与装备采购合同的订立工作;参与采购装备价格的审查工作;负责采购装备的质量监督、检验验收工作,按规定权限处理装备质量问题;根据装备采购合同和产品检验验收情况,提出付款意见;协调、督促装备承制单位做好采购装备的交接发运和服务保障;收集、整理和上报装备采购合同管理信息以及上级赋予的其他职责。

装备采购主管机关应对装备采购合同管理工作进行监督检查,主要内容有:有关装备采购合同管理工作规定的执行情况;装备承制单位的选取情况;合同订立方式的选择和程序执行情况;配套设备、材料和器材选定点情况;价格确定和经费支付情况;装备采购人员行为和职责履行情况以及规定明确的其他监督检查内容。在装备采购合同管理工作方面有下列情形之一的,依照《纪律条令》的有关规定,对负有直接责任的主管人员和其他直接责任人员给予处分;构成犯罪的依法追究刑事责任;对单位给予通报批评并责令限期改正:①装备采购合同管理工作中玩忽职守,造成损失的;②确定装备承制单位和装备价格工作中与承制单位恶意串通、透露重要信息的;③吞、挪用、截留装备采购经费的;④装备重大质量问题隐情不报造成重大缺失的;⑤其他违反本规定,妨害装备采购合同管理工作的。

三、装备采购合同订立

装备采购合同必须依据总装备部下达的年度装备采购计划订立。装备承制单位应当从《装备承制单位名录》中选择。装备采购合同订立前,应当完成装备设计定型或者通过鉴定,而且必须按照有关规定履行价格(标底)报批手续,不得签订无价格合同。

(一) 合同谈判与起草

装备采购合同按照合同审批权限分为重要合同和一般合同。装备采购合同由装备采购的主管机关(部门)授权的驻厂军事代表机构或者其他机构与确定的装备承制单位以书面形式订立。装备承制单位的确定,应当按照年度装备采购计划规定的采购方式,根据《装备采购方式与程序管理规定》的要求进行。

装备采购合同主要包括以下条款:合同当事人;合同订立的依据;合同标的和数量;交付技术状态;价格、经费支付方式和条件、开户银行和账号;履行期限;包装、储存、运输及交付要求;服务保障要求;合同变更、解除、终止及违约处理,解决争议的方法;保密要求;其他约定的事项。

装备采购业务部门应当组织驻厂军事代表机构或者其他机构,成立合同草案文本谈判小组,制定谈判方案,与装备承制单位进行谈判,明确合同双方的权利和义务。谈判应当严格执行装备采购计划和军队有关规定。谈判进展情况应当及时上报有关装备采购主管机关(部门)。被授权的驻厂军事代表机构或者其他机构应当根据谈判结果起草装备采购合同草案文本。武器装备采购合同由军事代表局或授权的军事代表室和生产方法人代表或授权的代理人书面签定。对合同订立有如下要求。

(1)必须符合《合同法》和军队有关规定。

(2)合同文本应标准化、规范化。

(3)合同必须送交装备采购部门签字、签章。

(4)合同应由装备采购部门统一编号,按要求签订足够份数;合同分正本和副本,正本一式两份,合同双方各执一份。副本一式若干份,由各有关单位持有。

(5)合同涉及的价格应按规定进行审价定价;价格确定后,经报批后执行,不准签订无价格合同,也就是通常所说的缺口合同。

(6)合同按年度签订,大型武器装备可实行批量订货,一次签约,分期交付。

(7)战时或紧急武器装备订货任务,有关部门应立即组织与生产单位签订订货合同,保证任务完成。

(8)当事人在订立合同过程中知悉的军事秘密,无论合同是否订立,都不得泄露或者不正当使用,泄露或者不正当使用给军方或承制方造成损失的,应当承担损害赔偿责任,情节严重、触犯刑律的,应依法追究刑事责任。

(二)合同审定与签约

被授权的驻厂军事代表机构或者其他机构应当将装备采购合同草案文本报有关装备采购的主管机关(部门)审定。而装备采购主管机关(部门)应当按照国家和军队的有关规定,对装备采购合同草案文本的法律依据、承制单位资格、装备技术状态、经费、价格、进度以及其他合同条款进行全面审查。

装备采购合同草案文本经有关装备采购的主管机关(部门)审查同意后,装备采购的主管机关(部门)应当将审定结果通知被法令驻厂军事代表机构或者其他机构,由被授权的驻厂军事代表机构或者其他机构与装备承制单位签订装备采购合同。

被授权的驻厂军事代表机构或者其他机构应当将签订的装备采购合同报有关装备采购的主管机关(部门)的装备采购业务部门审定,并由装备采购计划部门在合同文本上加盖合同管理专用章后生效。装备采购的主管机关(部门)应当按照《装备采购合同编号规定》对合同进行编号。合同编号由部门标识、合同订立年度、合同总序号、装备分类标识和合同分序号等构成。总部分管有关装备的部门、军兵种装备部应当在合同生效之日起规定时间内,将合同文本报总装备部备案,并分发有关单位作为合同履行的依据。

装备合同生效后,在此之前形成的有关协议、纪要、文件等,凡是与合同条款有冲突的,应当以合同为准。有下列情形之一的,合同无效:一方以欺诈、胁迫手段订立合同,损害国家或者军队利益的;恶意串通,损害国家或者军队利益的;以合同形式掩盖非法目的的;违反法律、法规的强制性规定的;合同当事人没有代理权、超越代理权或者代理权终止后签订合同的。当合同确认无效后,合同双方应当相互返还因该合同取得的财产;造成对方损失的,有过错的一方应进行赔偿。

驻厂军事代表机构应当作为第三方,参与装备承制单位与装备分承制单位的合同订立工作,明确质量、检验验收等有关事宜,并在合同文本上签字。

四、装备采购合同履行

(一)质量监督与检验验收

装备采购主管机关(部门)应当组织驻厂军事代表机构,坚持质量第一的方针和积极预防、防检结合的原则,建立健全质量监督制度,依据装备采购合同要求,加强质量监督,确保装备质量满足合同规定的要求。驻厂军事代表机构应当依据国家和军队的有关规定、标准和装备采购合同的要求,监督装备承制单位健全质量管理体系,并定期或者不定期进行审核,促进其质量管理体系持续有效地运行。同时,驻厂军事代表机构还应当通过现场检查、阶段质量评审等方式,对产品生产过程实施质量监督,及时发现和消除质量隐患。监督主要内容有:产品质量保证大纲的执行情况;外购原材料、配套设备和器材质量;关键工序、特种工艺的质量控制;设备、工艺装备、计量检测器具的质量管理;技术状态管理;不合格品的管理。

驻分装备承制单位军事代表机构或者指定的驻厂军事代表机构应当按照有关规定和装备采购合同要求,负责原材料、配套设备和器材的质量监督与检验验收。对于原材料、配套设备和器材交付后出现的质量问题,驻装备承制单位军事代表机构应当及时通知驻分装备承制单位军事代表机构或者指定的驻厂军事代表机构,监督分承制单位及时处理。

装备采购主管机关(部门)和驻厂军事代表机构应当按照规定的权限和程序处理产品质量问题。对因质量不稳定或者产品的关键、重要特性不合格而不能提供合格产品的装备承制单位,应当督促其采取有效措施限期解决,在规定的期限内仍达不到要求的,应当终止装备采购合同的履行,要求装备承制单位承担违约责任。驻厂军事代表机构应当按照合同规定的要求,监督装备承制单位合理安排资源,按计划确保产品生产进度。

装备采购主管机关(部门)应当组织驻厂军事代表机构,依据装备采购合同、产品技术条件和检验验收细则,对装备承制单位提交的产品进行检验验收,范围主要包括:交付部队使用的成套装备;装备配套的主要成品件;单独采购的主要备件。

驻厂军事代表机构应当在装备承制单位检验合格后独立进行产品检验验收。对不宜进行检验验收的项目,如试航、试飞、导弹飞行试验等大型综合性试验项目驻厂军事代表机构可以会同承制单位进行联合检验,但必须独立做出检验验收结论。对检验验收合格的产品,驻厂军事代表机构应出具合格证明;对检验验收不合格产品,驻厂军事代表机构应当拒收,并将拒收理由及时通知装备承制单位。同时督促装备承制单位从管理和技术方面查明原因,查清责任,采取纠正和预防措施。

(二)交接发运与服务保障

装备采购主管机关(部门)接到驻厂军事代表机构报送的装备出厂申请后,应当按照装备分配计划适时发出接装通知书,通知接装单位做好接装准备工作。接装单位应当按照有关规定,合同驻厂军事代表机构对拟接收装备的技术状态、数量及技术资料等进行交接检查。检查合格后,办理交接手续。对交接检查中发现的问题,驻厂军事代表机构应当与装备承制单位及时协商解决;必要时向上级主管机关(部门)报告。

按照装备采购合同约定和运输要求,驻厂军事代表机构应当协助接装单位做好装备的发运工作。对装备发运过程中出现的问题,驻厂军事代表机构应当会同接装单位与装备承制协商解决,必要时向上级装备采购主管机关(部门)报告。

装备采购经费通过总装备部装备财务结算机构办理支付手续,以银行转账结算方式进行。驻厂军事代表机构应当遵循质量、进度、经费同步管理的原则,根据装备采购合同和产品检验验收情况,对装备承制单位提出的付款申请进行严格审核,并向本系统装备采购主管部门(机关)提出付款意见。装备采购主管机关(部门)对付款意见进行审核后,按照总装备部综合计划部批准的装备采购经费用款计划,通过总装备部装备财务结算机构向装备承制单位办理结算支付手续。对于实行预付款的装备采购合同,驻厂军事代表机构应当监督预付款的使用情况,保证经费用于合同约定的范围。

装备采购主管机关(部门)应当组织驻厂军事代表机构,按照装备采购合同要求,督促装备承制单位制定装备服务保障计划,健全服务保障机制,为部队及时提供服务保障。驻厂军事代表机构应当按照有关规定和装备采购合同要求,督促装备承制单位制定装备技术培训大纲和培训计划,对接装部队进行理论、实际操作技能和使用维护方面的培训。同时,驻厂军事代表机构还应当按照有关规定和装备采购合同要求,督促装备承制单位为部队及时提供技术服务,协助解决装备在运输、储存、使用和维修中出现的问题。而在装备采购合同约定的装备服役期限内,由于设计、生产原因造成的质量问题,驻厂军事代表机构应当监督装备承制单位及时解决。若装备采购合同对装备质量问题的处理有约定的,按照约定的条款处理。对重大质量问题,应当及时上报装备采购主管机关(部门)。

五、装备采购合同变更、解除与中止

装备采购合同订立生效后,不得擅自变更、中止或者解除。但遇有下列情形之一的,总部分管有关装备的部门、军兵种装备部应当向总装备部提出变更、中止或者解除装备采购合同的建议,经批准后再办理变更、中止或者解除事宜,并将办理情况报总装备部备案:装备采购计划被修改或者被取消的;装备采购合同的继续履行将损害国家和军队利益的;装备采购合同履行条件发生重大变化使主要条款无法履行的。

合同履行中发生纠纷,当事人可以通过协商解决,达成的协议双方应当履行。协商不成的,由总部分管有关装备的部门、军兵种装备部进行调解。装备承制单位对调解仍有异议时,可向总装备部申请复议。

合同当事人不履行合同规定的义务或者履行合同义务不符合合同约定,应当向对方承担继续履行、支付违约金、采取补救措施或者赔偿损失等违约责任。因装备承制单位的原因变更或者解除合同,给军队造成经济损失的,装备采购主管机关(部门)应当按照合同约定或者有关法律规定向装备承制单位提出索赔要求;因装备采购方的原因变更或者解除合同,给装备承制单位造成经济损失的,总部分管有关装备的部门、军兵种装备部应当在报总装备部批准后,向装备承制单位支付合理的补偿费用。

合同规定的全部义务履行完毕,合同终止。而在合同终止前,驻厂军事代表机构应当验证承制单位履行合同义务是否符合合同约定。

六、装备采购合同信息

装备采购主管机关(部门)、驻厂军事代表机构应当建立装备采购合同信息管理系统。装备采购合同信息主要包括:合同文本及相关的各种报表;合同付款情况;价格成本资料;质量监督、检验验收和质量问题处理情况;装备承制单位资格审查和质量保证能力情况;合同变更、中止或者解除等情况;合同纠纷处理情况;交接发运和服务保障情况;与装备采购合同相关的其他信息。

在合同履行过程中,驻厂军事代表机构应当将产品生产进度、质量信息、经费使用以及合同变更、中止或者解除的处理结果,按规定的方式上报总部分管有关装备的部门、军兵种装备部。总部分管有关装备的部门、军兵种装备部再将有关情况上报到总装备部。装备采购主管机关(部门)和驻厂军事代表机构应当建立装备采购合同档案,其管理参照科技档案管理的有关规定执行。并且,装备采购合同应当按涉密程度确定密级,其管理按国家和军队有关保密规定执行。

第六章　军事装备管理法律制度

军事装备管理是指对军事装备从接收到退役、报废的一系列管理活动,其工作范围主要包括军事装备的调配、动用与使用、封存与启封、保管与保养、维修、技术革新、退役与报废、管理信息与管理工作研究、教育与训练、安全管理、战备工作、战时管理、检查与考评等。军事装备管理的基本任务是合理配置军事装备及其管理资源,保持军事装备的良好技术状态和管理秩序,保证部队遂行任务的需要。军事装备管理是部队战斗力生成和提高的基础工程,是关系到军队建设全局的一项重要工作,要保证军事装备管理活动正常有序地进行,必须建立健全相应的法律制度,这是实现国家、军队关于军事装备发展和使用管理目标的基本保证。

第一节　我军装备管理法律制度概述

一、我军装备管理立法概况

在战争年代,为保证军事斗争的胜利,我军曾根据当时特定的历史环境和物质条件,对装备的制造、生产、使用和维修等问题作出过许多具体规定。新中国成立后,在不断总结装备管理实践经验的基础上,我国先后颁发了一系列装备研制、生产、使用、维护、引进、改造和管理等方面的法律、法规及规章。几十年来,我军各级颁发了有关武器装备建设的法规、规章及规范性文件近千件,在装备法制建设方面做了大量工作,对武器装备建设起到了积极的作用。1990 年 4 月,中央军委发布了《武器装备管理工作条例》,这是我军武器装备管理工作的第一部军事法规。2000 年 12 月,中央军委发布了《装备条例》,规范了军队装备工作的组织领导、职责分工和管理程序。2002 年 12 月中央军委发布了《武器装备管理条例》,实行了一系列行之有效的管理制度,为加强和改进部队装备管理提供了可靠的法规保障。2004 年 2 月,中央军委批转总装备部《关于加强今后一个时期部队装备管理的意见》,2007 年 1 月,中央军委又转发了四总部《关于进一步加强部队装备工作的意见》,上述法规和制度的建立和施行,有效地保障和促进了我军的装备建设。另外,《军队基层建设纲要》、《中国人民解放军内务条令》等重要军事法规也从武器装备管理的客观规律出发,对部队武器装备的管理作出了规定,为搞好部队武器装备安全管理提供了重要保证,也完善了我军装备法规体系。

二、我军装备管理法律规范

装备管理法律规范，是进行装备管理活动所必须遵守的各种法律和规定的统称，它是我军军事法的重要组成部分，具有军事法的基本特征，同时又有其自身的特点。我军装备管理法律规范，主要由装备管理法律、法规和规章构成，包括条令、条例、规定、规则等。

（一）有关装备管理的法律

我军有关装备管理的法律，是指由全国人民代表大会及其常务委员会，按照法定程序制定的有关军事装备管理方面的法律规范，《国防法》、《国家安全法》、《军事设施保护法》、《刑法》等法律中均有关于装备管理的规定。如《军事设施保护法》对危害、破坏军事装备的违法、犯罪行为等规定了法律责任，为打击破坏军事装备的犯罪行为提供了法制保障，为武器装备罩上一层密不透风的"安全网"。

（二）有关装备管理的法规

有关装备管理的法规，是指由国务院、中央军委依据宪法和有关法律，按照一定的立法程序单独或联合制定的，在全国、全军或全国、全军的某一领域适用的有关军事装备管理方面的法规。

1.《装备条例》

2000年由中央军委发布实施的《装备条例》是装备工作的基本法规，它对装备日常管理，包括装备的动用、使用、保养、保管、封存、启封、定级、登记、统计、点验、配套设施建设、爱装管装教育、安全管理、检查、评比与总结等内容都作了明确规定，对部队装备管理工作具有重要的指导作用。

2.《武器装备管理条例》

《中国人民解放军武器装备管理条例》（简称《武器装备管理条例》）是2002年12月由中央军委发布的，该《条例》是在1990年《武器装备管理工作条例》基础上，总结我军多年来武器装备管理工作实践经验，适应武器装备管理体制调整改革和装备发展需要重新制定的。《条例》明确了武器装备管理的基本内容、基本程序、基本要求、基本方法，新增了武器装备的训练、战备、战时管理工作和授装、接装仪式等内容，赋予了武器装备管理科学化、制度化、经常化标准新的内涵，涵盖了我军武器装备从接收到退役、报废全过程中的各项工作，充分体现了新体制下我军武器装备管理工作的新情况、新特点和新要求。《武器装备管理条例》是规范全军装备管理工作的基本军事法规，是全军实施武器装备管理工作的基本依据。

3.《内务条令》

装备管理及事故防范一直是《中国人民解放军内务条令》（简称《内务条令》）的重要内容。2010年5月4日中央军委通过新修订的《内务条令》。根据新形势下我军部队编制、武器装备的发展变化,《内务条令》在第十六章以专章形式规定了部队装备的日常管理。针对军事训练和执行多样化军事任务中的新情况新问题,新条令增加了"误击误炸事故防范"一节,要求使用管理武器装备的人员,必须遵守武器装备技术规范、操作规程和训练协同计划,为部队实施装备管理、防范事故提供了法规依据。

4.《军队基层建设纲要》

2009年6月,中央军委发布了新修订的《军队基层建设纲要》。《纲要》要求,落实有关条令条例,对武器装备实行科学化、制度化、经常化管理,使其保持良好技术状态,保证遂行作战等任务的需要。并指出,要结合新兵入伍、授装接装仪式、执行重大任务、装备普查等搞好教育,强化官兵爱装管装的责任意识。纲要强调,要加强武器装备日常管理,实行武器装备管理责任制,严格执行各项管理制度,搞好经常性维护保养,落实安全防范措施,做到无丢失、无损坏、无锈蚀、无霉烂变质。《军队基层建设纲要》是进一步推动部队建设科学发展、确保装备达到规定完好(在航)率的重大举措。

(三)有关装备管理的军事规章

有关军事装备管理的规章,是指由国务院有关部委、军委各总部、各军兵种及各大军区依据有关法律、法规,按照一定的立法程序单独或联合制定的,在国家或军队的某一领域适用的规定与章程。

1.《气象装备管理规定》

《气象装备管理规定》由总参谋部、总装备部于2005年1月发布。该规定是中国人民解放军气象装备管理的基本依据,它对气象装备调配、使用与维护、计量检定与修理、保管与运输、技术革新、退役与报废、信息管理、安全管理、考证与奖惩等内容作了规定。

2.《测绘装备管理规定》

《测绘装备管理规定》由总参谋部、总装备部于2005年2月发布。该规定适用于全军管理、使用测绘装备的单位和人员,对于规范测绘装备管理工作、提高军事测绘装备管理水平和保障能力发挥了重要作用。

3.《防化装备器材调拨工作管理规定》

《防化装备器材调拨工作管理规定》由总装备部于2006年4月发布。该规定是为了规范防化装备器材调拨工作,保证防化装备器材调拨工作顺利进行,依据《中国人民解放军通用装备保障规定》而制定的,是全军防化装备及防化消耗器材调拨工作的基本依据。

4.《退役报废通用弹药处理暂行规定》

《退役报废通用弹药处理暂行规定》由总装备部通保部于1999年7月发布。为了加强对全军退役报废通用弹药处理的管理,保证安全、有序地完成报废弹药处理任务,该规定对按照国家和军队有关规定,组织实施报废弹药销毁(拆毁、烧毁、炸毁)、委托处理、改制利用,以及出口、国内价拨等活动进行了规定。

5.《装甲装备摩托小时管理规定》

《装甲装备摩托小时管理规定》由总装备部通保部于 2000 年 10 月发布。该规定是为了加强装备管理的集中统一领导,规范职能体系,理顺业务关系,提高装甲装备动用的计划性和技术保障的针对性,确保部队战备、训练任务的完成而制定,它适用于规范履带和轮式装甲装备摩托小时管理的职责、管理标准和有关业务工作。

6.《通信装备管理制度(试行)》

《通信装备管理制度(试行)》由总参谋部通信部于 2000 年 10 月发布。该制度是为了加强通信装备管理,保证部队完成各项任务,依据《装备条例》《武器装备管理条例》和其他有关法规,结合通信装备管理工作实际而制定的。该制度是全军各级通信部门和部队组织实施通信装备管理的依据。

7.《通用车辆、陆军船艇装备调拨管理工作规定》

《通用车辆、陆军船艇装备调拨管理工作规定》由总装备部通保部于 2001 年 3 月发布。该规定适用于全军车船装备调拨管理工作,对加强通用车辆、陆军船艇装备及设备调拨管理工作,规范车船装备调拨管理工作程序,保证车船装备调拨管理工作顺利进行发挥了重要作用。

8.《部队车场管理规定》

《部队车场管理规定》由总后勤部于 2001 年 11 月发布。该规定是为了加强部队汽车、摩托车和履带牵引车的车场管理,提高部队军事交通运输保障能力,根据《部队军事交通运输规定》而制定的。该规定是部队设置车场、组织实施车场值班、车场秩序管理、车辆进出场检查、车场日、车场安全管理,车场信息管理的依据。

9.《地雷爆破器材管理规定》

《地雷爆破器材管理规定》由总装备部通保部于 2004 年 8 月发布。该规定是为了加强地雷爆破器材管理,保证地爆器材储运和使用安全,保持和发挥战斗性能,适应部队建设和作战需要而制定的。它适用于工程兵部(分)队地爆器材仓库及配备地爆器材的部队、院校、科研机构,是全军地爆器材管理的基本依据。

10.《海军舰艇装备日常管理制度建设规定》

《海军舰艇装备日常管理制度建设规定》由海军于 2004 年 5 月发布。该规定对舰艇装备全系统、全寿命管理中与装备使用、保养、检查和维修有关的规范性制度建设作了规定,它适用于海军各级机关、部队、院校、科研、建造和修理单位组织实施舰艇装备日常管理制度建设工作。

11.《空军装备管理工作条例》

《空军装备管理工作条例》由空军于 2003 年 5 月发布。该条例是为了规范空军部队装备管理工作,保障部队完成作战、训练和其他各项任务而制定的,是空军组织实施部队装备管理工作的基本依据。

12.《第二炮兵武器装备管理规定》

《第二炮兵武器装备管理规定》由第二炮兵于2003年12月发布。该规定是为加强第二炮兵武器装备管理,保障部队完成作战、训练、执勤和其他各项任务而制定的,是第二炮兵组织实施武器装备管理的基本依据。

上述军事装备法律、法规、规章的颁布是为保证武器装备管理活动的正常进行,实现我军装备管理的科学化、制度化奠定了基础。并有力地促进并提高了我军武器装备法制建设和装备发展、管理水平。

三、我军装备管理原则

装备管理是一个复杂的系统工程,涉及国家、军队、地方诸多部门和领域,其组织领导和协调关系十分复杂。装备管理应当遵循统一领导、统筹规划、首长负责、分级管理的原则。

(一)统一领导原则

《武器装备管理条例》规定,总装备部主管全军武器装备管理工作,各级装备机关主管本级武器装备管理工作。1998年4月,总装备部成立之后,各军兵种、军区直至军、师、团级作战部队均成立了装备部(处),实现了全军主要武器装备的集中统管,进一步加强了武器装备建设的集中统一领导和武器装备全系统、全寿命管理。总装备部成立以来,着眼打赢信息化战争,坚持一手抓新装备发展,一手抓现有装备管理,把现有装备成建制、成系统形成作战能力和保障能力建设摆在部队装备工作的中心位置,我军武器装备现代化水平不断提高,武器装备管理能力明显增强。在总装备部统一领导下,我军建立起与联合作战指挥体制相适应的装备保障指挥体制,形成了纵深梯次配置、横向调剂支持的弹药和器材储备供应网络,大力加强保障力量建设,构成以建制保障力量为主、预备役力量为辅、后备力量为补充的装备保障力量体系。

(二)统筹规划原则

武器装备管理需要进行科学统筹和系统规划。《武器装备管理条例》规定,武器装备管理的基本任务是合理配置武器装备及其管理资源,保持武器装备的良好技术状态和管理秩序,保证部队遂行任务的需要。只有用科学发展观为指导,统筹规划,才能使我军武器装备管理工作完成条例规定的基本任务,更好地适用全面落实新时期军事战略方针,做好打赢现代技术特别是高技术条件下局部战争准备的需要。

装备管理统筹规划是立足现有武器装备,打赢现代技术特别是高技术条件下局部战争的需要。《武器装备管理条例》规定,武器装备管理必须贯彻新时期军事战略方针,立足现有武器装备,以保障打赢现代技术特别是高技术条件下局部战争为目标……现代高技术战争需要武器装备的信息化,而我军现有武器装备的信息化程度还不够高。如何在充分用好传统武器装备的同时,统筹规划,努力走出一条机械化信息化复合发展的道路,加紧构建中国特色现代化武器装备体系,是当前武器装备管理面临的重要课题。这就要求,一方面,我们要坚持自力更生、自主创新,优先发展适应一体化联合作战需要的信息化武器装备;另一方面,要在用好传统的机械化武器装备的同时,有重点有选择地改造升级现有装备,提高机械化的质量和水准,努力构建中国特色现代化武器装备体系。

装备管理统筹规划是实现"三军一体、联合作战"的需要。"三军一体、联合作战"需要有强大的装备综合保障能力。而我军传统作战力量的编成、军兵种及其装备的结构等,总体上属于陆战型、近战型和本土纵深防御型。这样的力量结构所形成的作战功能与现代一体化联合作战是不相适应的,必须把诸军兵种作战力量统筹整合起来,在整体上形成作战能力的跃升。为了达到这一战略目标,在武器装备的管理上,我们要根据诸军兵种联合作战的需要来进行科学统筹,系统规划。要根据各军兵种的战略任务和作战力量的要求合理调配武器装备,调整各军兵种装备结构,增加高新技术装备的比重,努力使我军的武器装备结构进一步优化,不断提高装备综合保障水平,在整体上构建起一体化的攻防兼备的作战力量体系。

(三) 首长负责原则

党委集体领导下的首长负责制,是我党我军的优良传统,是我党我军一贯坚持的领导制度和方法,是我军取得军事斗争胜利的法宝。党委领导下的首长负责制,是党委集体领导和首长负责的辩证统一体。[①] 在工作中,只有通过党委按照民主集中制原则实施领导,集体讨论和决定一切重大问题,才能保证党的政策和国家的法令在军队的贯彻执行,充分发挥集体智慧,弥补个人能力的不足。但是,集体领导又必须形成核心,对党委集体做出的决策,有人具体负责并抓好落实。陈毅元帅曾说过:"军政首长是党委领导的重心,党委虽然是集体领导,但一定要以军政首长为重心,由军政首长对工作负责。"武器装备管理坚持首长负责的原则,要求在武器装备管理中,各级首长对本级所属武器装备管理负完全责任。我军《内务条令》规定:"中国人民解放军的各级首长,对所属部(分)队的军事工作、政治工作、后勤工作和装备工作负完全责任。"要"领导装备工作,教育和督促部属管理好装备"。《武器装备管理条例》也规定,各级党委、首长应当加强对武器装备管理工作的领导,加强武器装备管理队伍的建设,充分发挥机关的职能作用,及时解决武器装备管理中的重大问题。《武器装备管理条例》还专门对各级领导在武器装备管理中应履行的职责分别作了更为详细的规定。新时期军事斗争准备的内容十分广泛,武器装备管理是其中一个非常重要的方面。现代武器装备不仅科学先进,而且种类多,数量大,管理要求高,其编制结构也很复杂。首长负责制的责任体制下,由于首长权力集中,所以指挥高度统一、命令上通下达,对信息的获得速度和决策速度都比较快,因而管理效率高,管理责任

---

① 杨俊生、薛国强、史长磊、李苏鸣主编:《新时期军队武器装备管理研究》,北京:军事谊文出版社,1996 年版,第 63 页。

明确。

（四）分级管理原则

分级管理原则，是现代科学管理基本原理的体现。现代科学管理理论认为，分级管理是指在同一职系中，通过下级按照上级总的工作目标，参加管理和决策，最大限度地提高群众积极性和管理效率的一种管理方法。之所以要实行分级管理原则，这是由管理工作的特性决定的。因为再重要的工作，如果仅有上级的重视和努力是无济于事的。如果不分级层层抓好落实，只能使上级的计划决策和管理的期望化为空谈。具体来讲，任何一项管理工作必须由全体人员共同参与，每一个层次、每一个具体人都承担着一份具体责任，实现"千斤重担众人挑"，才能保证管理工作能得到很好地实现。

实行分级管理的原则，要在明确职责上下功夫。明确、合理地划分上、下各级、各部门的权限和职责是进行科学管理需要解决的一个重要问题。《武器装备管理条例》对武器装备管理主体的职责作了详细规定，主要包括：团以及其他相当等级以上单位的首长在武器装备管理方面应履行的职责；营连以及其他相当等级单位的首长在武器装备管理方面应履行的职责；部队装备部（处）部（处）长在武器装备管理方面应履行的职责；司令机关分管有关装备的部门和后勤（联勤）机关分管通用车辆、陆（空）军船艇有关工作的部门的领导，对分管的武器装备应履行的职责；装备机关的高级工程师、工程师在武器装备管理方面履行的职责；武器装备的操作使用和维护修理人员应履行的职责；装备机关负责综合计划工作的部门在武器装备管理方面应履行的职责；司令机关、装备机关分管有关装备的部门在武器装备管理方面应履行的职责；未设装备机关（部门）的单位负责武器装备管理工作的人员和部门应履行的职责等。

武器装备管理坚持分级管理的原则有许多积极的意义：一是可以满足各级干部战士的认同感、责任感和成就感，从而激发起大家的主动性和创造性，使大家自觉去完成任务。二是符合实事求是的原则，使管理更加符合客观实际，使决策避免了片面性和盲目性。三是使各级干部战士的管理责任更加明确。在武器装备管理中，也只有充分发挥各个层次、各个管理机构的职能作用，才能做到分工合理、权责统一、职权明确、赏罚分明，使人尽职尽责；也才能充分调动各级首长、各级业务部门和全体人员的积极性，形成管理合力，共同管好武器装备。

四、我军装备管理的基本要求

装备管理必须贯彻新时期军事战略方针，立足现有装备，以保障打赢现代技术特别是高技术条件下局部战争为目标，按照装备全系统、全寿命管理的要求，实行科学化、制度化、经常化管理。"科学化、制度化、经常化"是部队装备管理工作的基本要求。装备管理科学化、制度化、经常化是一个相互依存，不可分割的统一体，科学化是基础，制度化是规范,经常化是途径。① 只有三者相互兼顾,协调发展,才能深化装备管理,不断开创装备管理新局面。

（一）科学化

科学管理是强军之道,是兴装之基。装备管理的科学化是指根据装备管理的客观规律,从充分发挥装备的最佳效能出发,确立和采用科学的管理思想、理论、方式方法和手段,实现管理的最佳效益。装备管理科学化包含以下几个方面。一是指导思想科学化。科学发展观是加强国防和军队建设的重要指导方针。部队装备管理科学化建设是装备管理工作实现由机械化向信息化转型发展的一项具有重大意义的创新工程。部队装备管理科学化建设应以科学发展观为指导,要深刻领会科学发展观的精神实质,把握科学的思想方法,改进和加强工作指导,不断提高装备管理的科学化水平。二是管理理念科学化。部队装备管理科学化建设是一项立足当前机械化、面向未来信息化的实践创新活动。这就要求管理理念的与时俱进,坚持面向未来、与时俱进,深入研究装备工作的阶段性特点,用新的观念研究问题,大力推动装备理论创新。三是管理体制科学化。有了科学的管理理念,还需要有科学的管理体制来实现科学化管理。因此,部队装备管理必须适应新军事变革的要求,遵循装备管理的客观规律,探索新形势下具有我军特色的管理体制,进行主动地变革。四是管理方法、手段的科学化。从管理方法和手段来讲,部队装备科学管理必须充分利用现代科技成果,借助科学技术的全面推动作用,使装备管理有新的发展和质的飞跃。要敏锐捕捉新技术、新方法,推进装备管理由人力密集型向科技密集型、由粗放型向精确型、由分段式向全寿命、由人装结合向人机装结合的根本转变。

（二）制度化

装备管理的制度化是指建立健全装备管理的各项规章制度和系统的工作标准,规范和监督全体人员自觉按照制度和标准办事,保证各项管理活动的正常进行。信息化装备技术密集程度的大幅提高,尤其依赖于管理的制度化。装备管理制度化建设包括以下几方面的内容。一是完善法规制度。建立健全装备管理法规制度是实现装备管理制度化的前提,只有建立起完备的装备管理法规体系,才能使部队装备管理全部活动都能够做到有法可依,有章可循。二是明法知章教育。明法知章是提高部队装备管理制度化水平的一个重要环节,明法知章教育就是要求部队组织广大官兵认真学习装备管理的各项法规制度,大力加强爱装管装教育,不断增强依法管装的意识,培养官兵自觉遵守法规制度、依法办事的观念。三是严格执法,奖惩严明。要把落实装备管理各项制度贯穿于装备战备、训练、维护、修理等各个方面的全过程,不枉不纵,不以感情用事,不搞以权代法,以罚代管,不搞与法规制度相悖的"土政策"。

---

①　焦秋光主编:《军事装备管理学》,北京:军事科学出版社,2003 年版,第 397 页。

（三）经常化

装备管理的经常化是指在装备管理的全过程中，始终保持管理的连续性和稳定性，对各项规章制度的执行、各个环节的控制、各项具体工作的管理都必须做到"持续不间断"。管理的经常化，是使科学化和制度化落到实处的基本保证。一是要将装备管理工作纳入部队整体建设的轨道。信息化条件下装备管理是一项整体性、综合性很强的工作，同时它又是部队由机械化条件下军事训练向信息化条件下军事训练转变的一个重要内容。要实现装备管理经常化，必须以部队整体建设目标为指导，以部队"两成两力"建设水平为衡量标准，司政后装密切协调，将装备管理工作同其他工作紧密衔接，形成良好的管理秩序和氛围。二是要把装备管理要求化作全体官兵的自觉行动。随着信息技术在装备上的广泛应用，信息化装备的型号不断增加，技术专业种类越来越多，技术要求越来越高，管理也越来越复杂。如果从对装备综合管理的角度看，部队每一个官兵都与之有直接或间接的关系，都会不同程度地参与装备的管理。要实现装备管理的经常化，不仅要发挥领导、业务部门和专业人员的主干作用，而且要充分调动部队全体人员的积极性。三是要使装备管理工作各项具体活动持续不间断。装备管理是由众多环节和各项具体内容构成的，这些环节和内容既互相联系，又互相制约，哪一个环节或具体工作出了问题，都会对整体造成不利影响。要抓好信息化条件下装备管理的每个环节、每项工作，靠临时性的突击往往达不到好的效果，关键在于坚持经常。如装备维护保养有着一系列具体明确的规定，这些制度要坚持经常是不容易的。各级领导、装备部门和有关人员，不论上级是否检查，都应时时处处坚持执行各项制度和规定，经常检查落实情况。四是要不断创新和完善经常化管理的方法。首先是"动态管"与"静态管"互相结合、相互融合，对装备实施全方位、全时空、全系统、全寿命管理；其次是"人管"与"机管"相结合，推动先进技术手段的开发与运用，使管理成为系统、精确、信息化的管理；再次是"硬性管理"与"软件管理"相结合，建立网络信息管理系统，实现快速、高效的管理。

综上所述，武器装备"科学化制度化经常化"管理就是要在武器装备管理活动中，贯彻科学精神，用科学的思想、理念和理论为指导，通过建立健全法规制度，引进科学的机制，采取科学的方法手段，以实现装备管理最佳效益的实践活动。为此，《武器装备管理条例》在其附录中规定了部队武器装备管理科学化制度化经常化的十条标准，包括：领导重视；机关工作得力；规章制度落实；人员素质好；训练落实；日常管理规范；保障及时可靠；战备秩序良好；武器装备完好；武器装备安全。

第二节　部队装备管理法律制度

部队装备管理是指部队对装备从接收起至退役报废止各项活动的统称。它主要包括装备的申请、补充、动用、封存、保管、维修、转级、退役、报废和技术革新等。这一全过程中,涉及许多管理问题和技术问题,是一项十分复杂的工作。部队装备的使用管理是装备全寿命管理的重要阶段,对装备的潜在效能能否转化为实际效能,以及转化的程度如何,均具有决定性作用。

部队装备使用管理的基本任务是保证装备经常处于良好的技术状态,保障部队遂行平时和战时的各项任务。搞好部队装备的使用管理,充分发挥装备的效能,不但是军队完成使命的基本条件之一,而且是各级领导、各个部门、每个军人的基本职责。[①]

一、部队装备管理主体及职责

装备管理主体,是指担负有武器装备管理职责的人员。主要包括各级首长、各级专业机关和专业技术人员。

(一)各级首长装备管理职责

各级首长在武器装备管理工作中负有全面领导责任。我军《内务条令》第25条规定,首长要"领导装备工作,教育和督促部属管理好装备"。各级党委、首长应当加强对武器装备管理工作的领导,及时解决武器装备管理中的重大问题。

1. 团以上单位首长的职责

根据《武器装备管理条例》的规定,团以上单位首长在武器装备管理方面的职责有:(1)贯彻执行武器装备管理的方针、政策、法规制度和上级指示;(2)熟悉所属部队主要武器装备的数量和质量情况、基本性能和日常管理制度;(3)了解和掌握所属部队武器装备管理情况,领导部属做好武器装备管理工作;(4)解决武器装备管理中的实际问题;(5)领导部队武器装备的教育、训练、战备、安全、保密和战时管理工作;(6)督促部队严格按照规定管理装备经费;(7)上级赋予的其他职责。

2. 营、连等级单位首长的职责

根据《武器装备管理条例》,营、连等级单位的首长在武器装备管理方面的职责有:(1)领导部属执行武器装备管理的法规制度和上级指示;(2)熟悉所属武器装备的数量和质量情况、基本性能和日常管理制度;(3)带领部属解决武器装备管理中的实际问题;(4)组织实施武器装备封存、保管、保养等日常管理,督促部属严格按照操作规程使用武器装备、设备;(5)组织实施武器装备的教育、训练、战备、安全、保密和战时管理工作;(6)上级赋予的其他职责。

(二)各级专业机关装备管理职责

《武器装备管理条例》规定,总装备部主管武器装备管理工作,各级装备机关主管本级武器装备管理工作。各级装备机关是武器装备管理的组织计划者,担负着武器装备组织计划、技术保障、管装爱装教育的组织计划职能。他们是首长进行武器装备管理决策和

---

① 温熙森、匡兴华、陈英武:《军事装备学导论》,长沙:国防科技大学出版社,2002年版,第354页。

实现管理决策的主要谋划者,他们的工作指导水平和业务素质状况及其工作态度,对武器装备管理具有非常重要的影响。

1. 部队装备部(处)部(处)长的职责

部队装备部(处)部(处)长在武器装备管理方面的职责有:(1)贯彻落实武器装备管理的法规制度和上级指示;(2)组织拟制本部队武器装备管理工作规划、计划,并组织实施;(3)组织、指导本部队的武器装备管理工作,并掌握有关情况;(4)领导本部(处)和直属单位的武器装备管理工作;(5)上级赋予的其他职责。

2. 司令机关、装备机关分管有关装备的部门的职责

司令机关、装备机关分管有关装备的部门在武器装备管理方面的职责有:(1)贯彻执行武器装备管理的法规制度和上级指示;(2)拟制分管武器装备的管理规章制度和管理工作规划、计划,并组织实施;(3)拟制分管武器装备的封存、启封、使用、交接、技术保障、技术革新计划;(4)负责分管武器装备的接装、调拨、派遣、出入库(场、港)、储存、保管、维护修理、配套、定级、普查、监用工作和弹药、地雷爆破器材供应;(5)掌管分管武器装备实力和维修实力,负责分管武器装备的实力统计和维修实力统计工作;(6)负责分管武器装备的信息管理和管理研究工作;(7)管理和使用分管的装备经费;(8)承办分管武器装备的技术勤务工作;(9)掌握分管武器装备管理情况,检查、指导分管武器装备的管理工作,参与武器装备管理的综合性检查、考核工作;(10)上级赋予的其他职责。

(三)专业技术人员装备管理职责

专业技术人员,是指直接操作、维护、管理武器装备的人员。我军编成内的专业技术人员,主要包括专业技术干部、军士长、专业军士、义务兵、技术兵。

1. 装备机关的高级工程师、工程师的职责

装备机关的高级工程师、工程师在武器装备管理方面的职责是:(1)负责所属部队武器装备管理的技术工作;(2)掌握所属部队武器装备和维修保障设备的数量、质量情况,指导部队正确使用、保管、保养武器装备和维修保障设备;(3)指导本级机关、直属单位的武器装备技术训练和下级专业技术人员的业务学习、技术工作;(4)上级赋予的其他职责。

2. 武器装备的操作使用和维护修理人员的职责

武器装备的操作使用和维护修理人员的职责是:(1)遵守武器装备管理的法规制度和操作规程,做好具体管理工作;(2)熟练掌握配发或者分管的武器装备,做到会操作使用、会检查、会维护保养、会排除一般故障;(3)保守武器装备秘密,做好安全防事故工作;(4)上级赋予的其他职责。

武器装备修理人员还应当对所属或者分管的维修保障设备会使用,对所保障的武器装备会检测、会调试、会维修。

二、装备调配制度

（一）装备调配的概念

部队装备调配通常包括装备的申请、补充、调拨供应、换装、调整、交接、退役、报废和储备等内容。装备调配在装备全系统、全寿命管理中处于特殊的地位,是连接装备研制生产和作战应用的纽带,是装备由产品(或称商品)向战斗力转化的关键环节。装备自采购而进入军队,经过储存、供应、交接而成为官兵手中的武器,再在使用或储存中报废退役,直至废旧武器处理的整个过程,无一不是在调配的作用下完成的。搞好装备调配管理,是现代技术特别是高技术条件下部队建设、训练和作战的客观要求,对保持和提高军队战斗力具有重要作用。

（二）装备调配的依据

武器装备的调配,必须实行计划管理制度。目前,我军武器装备调配,主要是根据任务需要和实际保障能力,严格执行装备体制和编制标准。

1. 依据武器装备体制和编制

军事装备调配保障必须以装备体制和编制为依据。武器装备体制[①],简称装备体制,是军队在一定时期内武器装备总体组织结构制式化的表现形式,是军队经过论证后决策确定的各种武器装备系统的总体组织结构形式。武器装备体制的内容主要包括:军队已列编的和拟列编的各种武器装备(系统)的名称、作战使命、主要性能指标,编配原则,以及相互间的配套、衔接和比例关系等。武器装备编制是指根据武器装备体制所确定的各兵种各部队的装备编配种类和数量。装备体制、编制不同,装备保障的任务和内容也不同。

各单位必须严格按编配标准配备武器装备,严禁超编、超配。未经总参谋部、总装备部批准,不得给军内非编制序列单位、企业单位配发武器装备。军内非编制序列单位、企业单位很多,如招待所、军人服务社、俱乐部、印刷厂、农场等,一般没有武器装备的编制,也就不予配发。若因特殊需要给这些单位配发武器装备,应上报总参谋部、总装备部批准。这一规定,充分体现了我军武器装备管理高度集中统一的原则。

2. 依据部队任务需要

满足部队完成任务的需要是武器装备管理的基本任务之一,因此,部队任务需要是武器装备调配管理的重要依据。部队遂行的任务不同,对武器装备的种类、数量以及对装备管理的要求、重点也不同。比如,平时武器装备的消耗与补充量较小,主要是军事训练和生活保障的消耗、自然侵蚀和更新换代。而战时对武器装备的需求量则急骤上升,不仅是武器、弹药的消耗量显著增加,而且新型武器装备的使用与更替也明显加速,配备的数量

---

① 钱海浩主编:《武器装备学教程》,北京:军事科学出版社,2000 年版,第 85 页。

也随着部署密集而成倍增长。不同的作战样式和不同的战场,对武器装备的配备有着明显不同的要求。进攻与防御、常规战争与核战争、高强度与低强度冲突、大规模战争与局部战争、陆战场与海战场,对武器装备的需求与配备都有很大的区别。随着战争的发展,武器装备的新陈代谢必然也是高速度的。一些局部战争往往成为新式武器装备的试验场,武器装备的配备也必然随之发生比较大的变化。因此,根据部队任务的需要和要求,调配好武器装备,确保部队完成任务的需要,是武器装备管理的重要内容。

3. 依据实际保障能力

武器装备的配备,不仅要根据任务的需要,而且还要根据部队的实际保障能力。实际保障能力与国家的经济实力、武器装备管理水平等诸多因素相关。将实际保障能力作为武器装备调配的依据,就是要在装备调配保障上量力而行。现代信息化战争对高技术武器装备的需求日益突出,但如果不考虑实际保障能力,盲目配备大量高精尖的武器装备,一方面势必会超过国家的经济承受能力而影响到国家的全面协调发展,另一方面由于管理水平跟不上,相关技术人员的缺乏而造成装备的浪费。因此,我们必须从实际保障能力出发,要立足现有装备进行训练和作战。

武器装备体制、编制是装备调配的基本依据,必须严格执行。体制、编制在一定的时期具有稳定性,而部队对武器装备的需求却因为遂行任务的不断变化而有所不同,所以在严格执行装备体制、编制的基础之上,根据部队任务需要和实际保障能力灵活进行装备调配是武器装备有效保障的重要途径。

(三)装备调配的计划管理

《装备条例》规定,装备调配保障应当制定计划。装备调配保障计划依据装备建设五年计划、当年装备订货计划、装备体制、实际保障能力、部队编制和担负的任务等情况拟制,按照规定的权限报批后执行。因此,调配武器装备,应当根据任务需要和实际保障能力,严格执行装备体制和编制标准,实行计划管理制度。

装备调配实行计划管理,是由装备调配工作的性质和任务决定的。装备调配是武器装备全寿命管理的重要环节。部队装备调配绝不是简单地确定装备配发对象,配发什么品种、数量的一般性问题,不是单纯地解决供需矛盾的问题,而是关系到对武器装备这个特殊资源能否进行科学配置,能否进行合理调控,达到"保障有力",保证部队运用武器装备遂行战备、训练和作战任务,实现"打得赢"的重大问题。实行统一计划管理,有利于武器装备的管理和使用上实施宏观控制,有利于加强党对军队的集中统一领导。

装备调配计划有多种形式,可按不同的标准进行分类。

(1)按计划的内容进行分类。装备调配计划可分为武器装备申请计划、补充计划、换装计划、储备计划、退役报废计划和废旧装备处理计划等。

(2)按计划期限进行分类。装备调配计划可分为长期计划、中期计划、年度计划、季度计划、月计划、周计划、实施计划、临时计划等。长期规划是武器装备管理工作的战略性计划,一般为期 3 年、5 年或 10 年以上。年度计划是依据长期规划,结合年度实际情况,安排本年度武器装备管理工作。季、月、周计划及实施计划是具体的行动计划,要求比较细致和详尽。临时计划是为执行作战或其他紧急任务需要而组织的保障计划。

（3）以计划层次为标准,装备调配计划可分为战略计划、战役计划和执行计划。

（四）装备调配保障的内容

1. 装备的请领

武器装备的请领,是指部队根据需要逐级向上申请所需武器装备的活动。武器装备的请领是有计划进行的,因此,部队请领武器装备,应当根据本单位的编制、现有武器装备的数量和质量、执行任务的需要等情况,拟制武器装备申请计划。（1）请领保障正常需要的武器装备,应当拟制年度武器装备申请计划。年度武器装备申请计划一般是在对每年的年终实力进行统计的基础之上,严格参照本级部队的编制标准,考虑部队武器装备的配备情况,确定申请补充本级部队缺编的武器装备的种类和数量的基础之上制定出来的。部队每年应当进行武器装备实力统计。武器装备实力统计结果经装备机关首长审核和部队主要首长批准后逐级上报。武器装备实力统计资料必须妥善保管,永久保存。（2）请领执行作战或者其他紧急任务需要临时补充的武器装备,应当拟制临时武器装备申请计划。武器装备年度和临时申请计划,应由本级装备部门会同本级有关业务部门,在充分协商的基础上,共同研究拟制,经本级部队首长审批后、按隶属关系逐级上报。

2. 装备的补充

补充武器装备,应当根据上级下达的年度武器装备补充计划、所属部队的申请计划和任务需要等情况,制定本级武器装备补充计划。武器装备的补充应当逐级实施。

3. 装备的调拨、供应

调拨、供应武器装备,应当严格依据武器装备补充、换装计划,履行调拨、供应、交接手续,做到品种、数量、质量及配套情况清楚,到位及时,安全保密。调拨供应,依据装备调配保障计划逐级组织实施。

4. 装备的换装

武器装备换装应当遵循建制更换和先补充的原则,由换装单位首长按照上级的统一计划和要求组织实施。从换装单位调出的武器装备应当按照有关规定和上级要求及时处理。

5. 装备的交接

武器装备的隶属关系或者掌管武器装备的人员发生变更时,上级装备机关或者首长必须组织武器装备交接,并办理书面交接手续。交接的武器装备的品种、数量、质量及其器材、工具、附件、资料等,应当齐全、完整、清楚。

6. 装备的储备

武器装备储备应当符合储备标准和储备权限规定,做到布局合理,结构科学。装备储备分为战略储备、战役储备和战术储备。战略储备由总参谋部、总后勤部、总装备部掌管,并确定储备布局和规模。总参谋部、总后勤部、总装备部应当拟制装备战略储备方案,报中央军委批准后实施。战略储备主要用于战时支援重要战略方向的作战行动。战役储备由军兵种、军区按照规定掌管,主要用于保障部队遂行战役任务。军兵种、军区应当拟制武器装备战役储备方案,报总参谋部、总后勤部、总装备部批准后实施。战术储备由集团军或者相当等级的单位按照规定掌管,主要用于保障本部队遂行作战任务。集团军以及其他相当等级的单位应当拟制武器装备战术储备方案,报军兵种、军区批准后实施,并报总参谋部、总后勤部、总装备部备案。

武器装备储备方案应当包括武器装备储备布局和规模等。各级应当加强储备武器装备的管理,按照规定组织储备武器装备的更新,保持储备武器装备的良好技术状态。武器装备储备结构比例由总参谋部、总装备部规定。

三、装备日常管理制度

装备日常管理包括装备的动用、使用、保养、保管、封存、启封、定级、登记、统计、点验、配套设施建设、爱装管理教育、安全管理、检查、评比与总结等内容。装备日常管理是部队全面建设的基础性工作,应当实行科学化、制度化、经常化管理,保证装备达到规定的完好率(在航率),始终保持应有的配备水平和良好的技术状态,保障部队随时执行各项任务。各级首长对所属部队的主要装备应当做到熟悉数量和质量情况、熟悉基本性能、熟悉日常管理制度。装备操作人员应当熟练掌握配发或者分管装备的技术性能,做到会操作使用、会检查、会维护保养、会排除一般故障。

(一) 装备的动用

武器装备的动用是使武器装备从静态库存转向动态使用的活动。武器装备只有动用才能发挥其效能,而装备一旦被动用就会有损耗。装备的动用关系到部队的作战训练,也关系到武器装备实力的变化。因此,装备的动用是装备管理的一个重要环节。《装备条例》规定,部队必须严格按照规定动用装备。

1. 日常动用

装备的日常动用,是指为了部队日常军事训练和生活需要而动用武器装备的活动。部队日常动用武器装备的依据是武器装备日常动用计划。根据《武器装备管理条例》的规定,部队日常动用武器装备,应当根据任务需要和规定的动用比例、数量,拟制武器装备日常动用计划。年度武器装备动用计划由单位首长批准,报上一级装备机关和分管有关装备的部门备案。在年度武器装备日常动用计划之外动用武器装备或者超出规定的日常动用比例、数量动用武器装备的,报上一级单位首长批准。

2. 成建制行动动用

部(分)队成建制行动动用武器装备的,按照兵力调动批准权限的规定执行。

3. 非建制行动动用

（1）抢险救灾需要动用的，由本单位首长决定；装备机关、分管有关装备的部门应当及时将武器装备动用情况报军区级单位有关机关备案。

（2）试验、试用新型武器装备以及执行其他试验任务需要动用的，由总装备部批准；其中，海军、空军、第二炮兵所属部队结合军事训练进行的专用新型武器装备试验、试用需要动用的，由本军兵种决定。

（3）支援地方经济建设需要动用的，须经县级以上人民政府提出要求；属于主要武器装备的，由军兵种、军区批准；属于一般武器装备的，由集团军以及其他相当等级的单位批准。

（4）在部队驻地之外进行军事训练需要动用的，由军兵种、军区按照有关规定批准。

因拍摄电影、电视需要动用武器装备的，按照总参谋部、总政治部、总后勤部、总装备部的有关规定执行。部队动用武器装备支援地方经济建设和拍摄电影、电视按照规定收取的费用，应当用于武器装备的维护保养和修理。

4. 其他情形

馈赠、出售、出借、交换武器装备，必须经总装备部批准，或者经总装备部审核后报中央军委批准。未经总装备部批准，任何单位或者个人不得动用代总部库存的武器装备。

（二）装备的使用

装备的使用是通过装备操作来发挥其战术技术性能的过程。只有正确使用装备才能保证装备的战斗力得到最大限制的发挥。部队应当按照装备的统配用途、技术性能、操作规程、安全规定和保养规则，正确使用与保养装备，保持装备的良好状况，延长装备的使用寿命。

1. 按照装备的编配用途使用装备

军队各种装备都有规定的编配用途，它是由装备本身的战术技术性能、部队作战和保障任务的需要决定的，是为特定作战目的服务的。只有严格地按照编配用途使用装备，才能充分发挥每一种装备特定的作战效能。因此，平时非经上级特别批准，战时非特殊情况，不得任意改变装备的编配用途，不得挪作他用。

2. 按照装备的技术性能、操作规程和安全规定正确使用装备

装备的不同用途是由其战术技术性能决定的，性能不同则用途不同。如不能按性能和操作规程使用装备，就有可能影响装备的正常使用，缩短装备的使用寿命，情况严重时还会造成装备损坏和人员伤亡。对于复杂的装备系统来说，如果在操作使用的任一环节上违背性能和技术要求，就可能使整个装备系统失灵或失控，造成重大的军事和经济损失。我军《内务条令》规定，必须按照编配用途和技术性能使用装备，按照规定填写装备履历书、证明书等。使用装备，必须掌握其技术性能，严格遵守操作规程和安全规定。因此，应加强装备操作使用人员的训练，使他们熟练掌握操作技能，严格遵守操作规程，正

确、规范、安全地使用装备。

3. 装备使用遵循"用旧存新,用零存整"的原则

《内务条令》第 297 条规定,"弹药的使用遵循'用旧存新,用零存整'的原则。""注意节约弹药、油料、器材和其他物资。"装备机关、分管有关装备的部门,应当加强对部队正确使用与保养装备的指导与检查。

(三) 装备的封存与启封

1. 装备的封存

武器装备封存是指部队对暂时不用的装备进行油封或密封状态的保管。封存是平时控制武器装备的动用,使武器装备保持良好的技术性能或较多的储备里程、摩托小时,以提高武器装备的战备程度和减少维修费用开支的有效措施。武器装备由于停驶或存放,随着时间的推移,武器装备也会受到自然灾害、气候环境、保管条件的影响,发生金属锈蚀、橡胶制品老化、木质腐朽、油料变质等,若不按规定的项目和要求进行封存,势必造成早期损坏,甚至造成管理混乱。因此,我军《装备条例》规定,部队日常动用装备比例、数量之外的新品装备和堪用品装备应当封存。装备机关、分管有关装备的部门,应当根据规定加强对装备封存的技术指导,严格封存装备的管理,保证封存效果。

2. 装备的启封

武器装备的启封是将武器装备由封存状态转入动用状态的工作程序。封存装备的启封必须由装备机关、分管有关装备的部门报本级部队首长批准后实施。紧急情况下动用,当经直接首长批准,及时向批准封存的上级报告。启封的武器装备的品种、数量等情况,应当分别报上一级装备机关和分管该武器装备的部门备案。启封后方仓库库存的武器装备,由掌管库存武器装备的机关批准。

(四) 装备的保管

武器装备的保管,是部队武器装备管理工作的重要内容,是保证武器装备处于良好技术状态的关键环节。装备保管应着眼战备,确保安全和质量。应不断改善装备储存保管环境,做好安全防卫工作,使保管的装备保持良好的技术状态。

1. 装备保管的要求

武器装备保管的基本要求是,保证武器装备符合技术标准、战备和安全的要求,责任到人,做到无丢失、无损坏、无锈蚀、无霉烂变质。

2. 装备保管的形式

部队装备保管一般可分为库存装备保管、停放装备保管、携行装备保管、特殊装备保管四种形式。

(1) 库存装备保管。武器装备一般应当入库保管。轻武器通常存放在兵器室内。兵器室应当设置完备的安全设施,设双锁(钥匙由连队主官和军械员分别掌管);枪、弹应当分室或者分柜存放,周清点数量不少于二次。通信、防化、光学、电子等技术器材,应当存

放在器材库(室)内。易燃、易爆等有特殊保管要求的武器装备,必须专库存放。库存武器装备应当按照规定区分携行、运行、后留,分类存放,严格管理,定期检查、维护,做到账、物、卡相符。要严格管理制度和规定,认真落实安全措施。

(2) 停放装备保管。武器装备需要集中停放的,应当按照规定设置停放场所。停放场所的设置,应当便于武器装备的隐蔽、机动、保管和保养。例如,《部队车场管理规定》规定,统配车辆在 5 台以上,并且集中停放的单位应当在营区内设置固定车场。部队在野营训练或者战时应当设置野战车场。部队平时远离营区执行国防施工、抢险救灾等任务时应当设置临时车场。设置车场应当符合下列要求:场地坚实平整、宽阔,有良好的道路,便于车辆进出和紧急疏散;布局合理,便于管理和停放车辆;不易受水、火侵害,便于组织警戒;有方便的水源和电源,便于组织车场勤务。

火炮(雷达、指挥仪)、坦克(装甲车辆)、工程机械和各种车辆,按照有关技术要求停放在库(棚)内,露天放置时加盖布。舰(船)艇的停泊,飞机的停放和导弹的放置,按照有关条令、条例和军兵种的规定执行。

(3) 携行装备的保管。携行装备应当做到"四定",即"定人、定物、定车、定位",防止丢失、损坏。

(4) 特殊装备保管。停用、禁用、限用的武器装备应当与其他武器装备分开保管,标识清楚。

3. 装备保管制度

(1) 登记制度。兵器室、车场、炮场、机械场、码头、机场、装备仓库等场所应当建立武器装备登记簿,对武器装备的数量、质量、动用、维护保养、修理、技术检查、出入库和附件、器材的请领、消耗以及人员进出等情况进行登记。武器装备登记簿由军兵种、军区统一制作,使用单位按照规定登记、保管。

(2) 检查制度。《内务条令》第 296 条规定,装备检查的主要内容有装备的数量、质量、完好率(在航率)、制度落实情况和存在问题等。具体包括:第一,对随身携带或者用于训练、执勤的武器,连每日、营每月、旅(团)每季检查 1 次;对集中保管的轻武器和大型装备,班每周、排每半月、连和营每月、旅(团)每季检查 1 次;班、排的检查与维护保养一并进行;第二,师(旅)、独立团每年普查 1 次,由单位首长主持,业务部门组织实施;第三,装备除定期检查外,在使用前和使用后,必须进行检查;第四,装备的技术性检查(检测、测试),通常与装备的维护保养一并进行。

(3) 点验制度。师、旅、团以及其他相当等级的单位,应当按照《内务条令》的有关规定对所属武器装备进行普查或者点验。《内务条令》第 185 条规定:"点验是对部队编制、实力、战备和安全状况的全面清点和检验。旅(团)每年应当进行 1 次~2 次点验,师以上单位可以根据情况进行点验。对新兵应当进行个人物品点验。"点验的内容包括:执行编制的情况;装备和物资的数量、质量、保管、维修、保养情况;人员的健康和卫生状况;装备、物资"三分四定"落实情况和携行能力;个人物品。点验通常由部队首长领导实施,或者由上级首长与机关领导组织实施;旅(团)进行点验时,通常在旅(团)首长领导下,由旅(团)机关统一组成若干点验小组到各营(连)直接实施,或者在点验小组监督下由营、连组织实施;点验前,应当进行动员,宣布点验的具体内容、范围、规定和纪律;分队接到点验号令(信号),按照规定携带个人的携行装备、物品到指定地点集合;主持点验的首长下达点验命令,宣布点验方法和要求后开始点验;通常先对人员和携行的装备、物品进行点验,尔后对运行、储存的物品和大型装备等进行点验,并填写各种登记册(表);点验结束后,主持点验的首长召开军官会议或者全体军人会议进行总结讲评;机关应当向上级呈送书面报告。点验中发现的问题,应当查明情况,妥善处理。对个人私存的公物、弹药、涉密载体和淫秽物品等必须予以收缴,并视情给予批评教育或者处分。

(4)履历档案制度。装备机关和分管有关装备的部门应当建立武器装备的履历档案。退役报废武器装备的履历档案,由部队分管有关装备的部门保存。主要武器装备退役、报废后,其履历档案应当保存15年以上;一般武器装备退役、报废后,其履历档案应当保存10年以上。

(五)装备的保养

《武器装备管理条例》规定,部队应当坚持日检查、周保养的武器装备日常保养制度,定时、定程组织武器装备的保养和检修。武器装备日常保养,由分队统一组织,参加人员不得少于在位人数的80%。分管有关装备的部门应当及时检查、指导武器装备的定时、定程和换季保养,统筹安排技术力量,组织落实武器装备器材和勤务保障工作。

《内务条令》第294条规定了装备的维护保养具体内容:(1)连队兵器室集中保管的轻武器,每周擦拭或者分解擦拭1次;随身携带的轻武器每日擦拭1次;用于训练、执勤的轻武器,每次使用后擦拭和每周分解擦拭1次,实弹射击后必须分解擦拭;擦拭武器包括对武器及其配套的器材进行清洁、润滑、调整和更换油液,由班、组和使用人员实施;(2)火炮(雷达、指挥仪)、坦克(装甲车辆)、工程机械和各种机动车辆,按照规定组织日常保养、定时(定程)保养和换季保养等,每周应当有1次车场、炮场、机械场日,每次不少于半日(履带车辆为1日);车场、炮场、机械场日列入部(分)队工作计划,以分队为单位,按照不同装备的技术要求和规定组织实施;(3)各种舰(船)艇、飞机、导弹和通信、防化、光学、电子以及军需、卫生、油料、军交、修理等装备器材的维护保养,按照有关条令、条例的规定执行;(4)装备除定期维护保养外,凡使用之后或者被雨、雪、雾、露浸湿和泥沙沾污,应当及时擦拭保养;(5)对封存和外出人员留下的装备,应当指定专人定期维护保养;(6)发现装备损坏,应当及时上报,并根据损坏程度及时组织修复;如果本单位不能修复,按照上级要求组织送修或者就地修理。

(六)装备的退役与报废

武器装备的退役与报废,是武器装备"全寿命"管理工作中的最后一个环节,是一项政策性强、技术保密要求高的工作,它既关系到军队装备的发展和部队战斗力的提高等重大军事、经济问题,又关系到装备的保密、开发、研制以及人员安全、环境保护等多方面的问题。做好这项工作,对于保持部队武器装备"完好率",节约管理经费,提高经济效益都有重要意义。

1. 装备退役、报废的标准

《武器装备管理条例》规定,符合退役、报废标准的武器装备,应当退役、报废。武器装备有下列情形之一的应当退役:(1)达不到规定战术技术指标的;(2)型号技术落后的;(3)因其他原因不宜继续服役的。武器装备有下列情形之一的应当报废:(1)已达到总寿命规定,但没有延寿、修复、使用价值的;(2)未达到总寿命规定,但已不具有使用、修复价值的;(3)超过储存年限并影响使用、储存安全的弹药。

团以及其他相当等级以上单位分管有关装备的部门,每年应当根据武器装备的质量状况和质量级别技术标准,对所属武器装备组织技术鉴定,提出武器装备新品、堪用品、待修品和废品的质量定级建议,报本级首长批准认定。装备机关和分管有关装备的部门应当根据需要,对所属部队武器装备质量级别认定情况进行检查;对认定确有错误的,必须予以纠正。

2. 装备退役、报废的审批权限

武器装备的退役、报废,按照下列规定的权限审批:(1)作战飞机、战斗舰艇、登陆舰、1000吨以上辅助船艇、射程(距)超过300千米的导弹和军用航天器的退役、报废,由总装备部征求总参谋部意见并审核后,报中央军委批准;(2)情报、技术侦察、陆军航空(不含飞机、直升机)、机要、测绘、指挥自动化装备的退役、报废,报总参谋部批准,并报总装备部备案;(3)通用武器装备的退役、报废,通用弹药的退役和6个以上生产批次通用弹药的报废,以及军兵种专用的鱼雷、水雷、制导炸弹、射程(距)在300千米以下的导弹和大型防空雷达的退役、报废,报总装备部批准;军兵种的其他专用武器装备的退役、报废,报军兵种批准,并报总装备部备案。

3. 装备退役、报废的组织

(1)制定装备退役、报废计划。退役、报废武器装备的处理,应当严格按照计划组织实施。《武器装备管理条例》规定,处理退役、报废的武器装备应当统一计划。军兵种、军区的退役、报废武器装备处理计划,报军兵种装备部、军区装备部批准;其他单位的退役、报废武器装备处理计划,报军级以上单位批准。

退役、报废的通用弹药、地雷爆破器材,由总装备部分管有关装备的部门组织计划,指导处理;退役、报废的其他武器装备,除另有规定外,由军兵种装备部、军区装备部组织处理。

(2)处理退役、报废武器装备。对退役、报废的武器装备,应当根据不同情况分别作教学和训练使用、假目标和假阵地使用、废旧物资处理、拆件利用以及其他处理等。地方因防治灾害、国防教育等需要军队提供退役、报废的武器装备的,须经省级人民政府具函提出,由总装备部审批。

处理退役、报废的武器装备,可能造成失密、泄密或者危及社会安全的,必须进行技术处理。退役、报废武器装备技术处理的范围和办法,由军兵种装备部和总部分管有关装备的部门规定。1986年8月,经国务院、中央军委批准,总参谋部、总后勤部和原国家物资局颁发的《关于军队退役、报废装备转交地方的处理办法》明确规定,军队退役、报废装备,除军队封存、训练、教学、生产留用外,其余由国家物资机构组织接收利用。近年来,随着地方机构的改革,原先规定的军队退役、报废装备接收渠道和管理体制已经发生了重大变化。据了解,总装备部正在起草新的《军队退役装备转交管理办法》。另外,总装备部通保部已于2001年3月发布了《退役报废通用雷达处理暂行规定》,2004年9月发布了《报废弹药及其回收物资管理办法(试行)》。

处理退役、报废的弹药、地雷爆破器材等爆炸物品和其他危险品,必须按照规定严密组织,落实责任,加强监督,确保安全。

武器装备退役、报废回收的经费应当纳入预算管理,主要用于弥补装备经费不足。严禁克扣、截留、挪用武器装备退役、报废回收的经费。

(3)退役、报废武器装备的档案管理。军兵种装备部和总部分管有关装备的部门应当保存型号退役、报废的武器装备的样品和有关资料;不便保存样品的,应当保存模型、图片、声像片等。对有重要历史意义的退役、报废武器装备,应当妥善保管,并报总装备部备案。

(七)装备的安全管理

安全工作是军队建设经常性、综合性的基础工作,是军队保持高度稳定和集中统一,圆满完成各项任务,巩固和提高战斗力的重要保障。

1. 装备安全管理的要求

部队应当加强武器装备的安全管理,制定和完善规章制度,坚持经常性的武器装备安全教育,定期检查装备使用和保管安全措施的落实情况,落实岗位责任制,保证武器装备的安全。

编配武器装备的单位,对武器装备放置场所应当严密组织警卫,配备、设置相应的安全防范设施,实施有效监控,并制定处置紧急情况的预案。武器装备的储存、运输、使用和退役、报废处理,必须严格执行有关安全管理规定,落实安全措施,防止事故和案件的发生。

2. 武器装备事故的分类

武器装备事故分为责任事故和非责任事故。所谓责任事故,是指违反武器装备管理规定或者玩忽职守,造成武器装备的丢失、被盗、损坏或者性能严重下降的武器装备事故。所谓非责任事故,是指因不可抗拒或者不可预见的自然灾害、产品质量等原因造成的武器装备事故。

3. 武器装备事故的等级

武器装备事故分为三个等级:造成主要武器装备整体一件以上丢失、被盗、报废的,或者造成飞机、直升机、舰艇和导弹系统大修、中修或者修复工程量相当于大修的、中修的,或者因丢失、被盗武器装备主要零(部)件危及武器装备系统安全的,或者造成危及社会安全的危险品丢失、被盗的,为一等事故。

造成飞机、直升机、舰艇和导弹系统小修或者修复工程量相当于小修的,或者造成其他主要武器装备大修或者修复工程量相当于大修的,或者造成危及社会安全的危险品之外的一般武器装备整件、一件以上丢失、被盗的、报废的,为二等事故。

造成飞机、直升机、舰艇和导弹系统之外的其他主要武器装备中修或者修复工程量相当于中修的,或者造成一般武器装备大修或者修复工程量相当于大修的,为三等事故。

发生武器装备事故后,应当迅速报告装备机关和分管有关装备的部门。装备机关和分管有关装备的部门应当将武器装备事故情况逐级上报,不得隐瞒、谎报。装备机关对武器装备事故应当及时登记,建立事故档案资料,并于每年 12 月 31 日之前将当年武器装备事故情况综合报上级装备机关。一等、二等武器装备事故的档案资料应当长期保存。

四、装备战备管理制度

(一) 装备战备工作的基本任务

装备战备是军事斗争准备的重要内容,是军队全局性、综合性、经常性的装备工作。也是部队战斗力的重要标志。装备战备工作的基本任务是建立正规的装备战备秩序,保持良好的装备战备状态,保障部队随时应付可能发生的战争或者突发事件。

(二) 装备战备工作的内容

装备战备工作主要包括下列内容:(1)制定装备战备方案。装备机关应当根据部队作战和战备任务,制定武器装备战备方案。通常情况下,部队应当每年修订一次武器装备战备方案;情况发生变化或者执行战备任务时,应当及时修订、完善武器装备战备方案。(2)开展与战时装备工作有关的地形勘察和社会情况调查。(3)储备和管理装备(器材)。部队应当建立健全武器装备战备储备管理制度,并按照战备规定对储备的武器装备进行检查、保管和更新。(4)组织战时装备保障的设施、设备和指挥自动化建设。部队应当按照规定建立与战备和武器装备保障任务相适应的装备库(场)等战备设施。装备机关应当根据战备和武器装备指挥的需要,建立实用、配套的战备设施。(5)组织装备保障指挥和保障行动的训练。(6)搜集、掌握装备战备的有关资料。(7)落实日常战备制度。装备机关和装备保障部(分)队应当建立并落实战备教育、战备值班、战备请示报告、战备资料、战备工作研究和战备演练等武器装备战备制度。(8)协同有关部门制定装备科研、生产动员方案和民用装备、技术保障力量动员方案。部队应当按照所属武器装备保障力量与预备役、地方相关保障力量相结合的武器装备保障力量体系建设要求,落实武器装备动员的各项准备工作。

五、战时装备管理制度

战时装备管理是关系作战全局的基础性、经常性工作,是保持和发挥部队战斗力,夺取作战胜利的重要保证。因此,必须根据作战行动的需要,强化战时装备管理,充分发挥装备效能,保障部队完成作战任务。

(一) 战时装备管理的原则

战时武器装备管理在部队指挥员的统一指挥下,由本级装备机关组织实施。战时武器装备管理应当遵循统一指挥、突出重点、因地制宜、简化程序的原则,做到及时高效、安全可靠。

1. 统一指挥原则

高技术局部战争中,装备保障力量是一个由多军种、多系统、多专业、多种类保障力量构成的复杂体系,只有实施统一的组织指挥和管理,才能使各种装备保障力量形成一个有机整体。为此,应根据上级意图和作战任务的需要,统一筹划、组织和部署参战的各种装备保障力量,及时下达装备管理指示,指导所属单位加强装备管理,确保参战人员正确地使用装备,使装备始终保持良好的技术状态,降低装备的非战斗损耗。要充分发挥各作战单位、各作战层次和各区域(方向)装备管理机构的主动性和创造性,分别根据各自的实际情况,灵活地组织领导和管理,并通过相互间的主动配合与协同,确保装备管理行动的协调一致。要根据作战任务的需要,对各种装备保障力量和地方支前力量统一进行区分、编组和配置,使其形成有机整体,构成上下衔接、互为依托、综合配套的装备保障力量体系。做到装备保障力量编成与作战力量编成及保障任务相适应,装备保障领导体系与作战指挥体系相适应,装备保障力量部署与作战部署和战场环境相适应,装备保障计划与各部队的实际要求相适应,战中保障与作战行动的发展变化相适应。

2. 突出重点原则

突出重点是提高战时装备管理效益、确保作战需要的关键因素。临战准备阶段,应迅速组织装备保障力量的动员和组(扩)编,修订保障方案,调整补充装备储备,完善保障设备和设施,做到各级装备保障机构、各项准备工作同步而有重点地进行。作战进行中,应根据上级的决心和装备保障力量等情况,全面分析作战的需求与保障的可能,科学决策,整体筹划,从最困难、最复杂的情况出发,预见作战行动的进程和作战中可能出现的各种情况,预先准备多种应变措施,增强装备管理的主动性。另一方面,要突出战时装备管理的重点。所谓装备管理重点,在空间上,通常是主要战场、主要作战方向和主要作战地区的装备管理;在时间上,通常是主要作战阶段和作战关键时节的装备管理;在对象上,通常是担负主要作战任务的单位,特别是对作战有重大影响的装备及其系统的管理;在内容上,通常是弹药、急需器材的供应,以及主战装备及其系统的维护和现地修理方面的管理。要根据作战情况的变化和作战重心的转移情况,及时、准确地把握管理重点,适时、适地、适量地集中使用装备保障力量,优先保障重点。[①]

3. 因地制宜原则

高技术局部战争对装备的需求急、强度大,客观上要求必须综合运用各种手段,对参战装备的使用、维修和补充实施科学的管理,因地制宜,提高管理效益。应根据战场态势和装备需求等情况,确定维护保养的类型、时机、地域和完成时限,力求以最小的消耗、最快的补充速度和最短的修理时间来保障作战行动的顺利实施。

4. 简化程序原则

战时情况很紧急,装备管理具有任务重、要求高、难度大的特点,装备调配、使用、管理等程序如果过于繁琐,就会影响装备使用效益,因此,在战时要坚持一切从简的原则,防止机械死板。在情况允许的条件下,简化装备申请、调配、动用等程序,或先请领,后报上级批准;缴获敌方装备后,在特殊情况下,可以用于作战目的,以保障作战行动的顺利进行。

(二) 装备机关在战时装备管理中的职责

(1) 向首长提出装备保障建议。装备机关应当根据敌情、战场环境、作战任务、首长意图和装备保障能力等情况,适时向部队首长提出装备保障建议。装备保障建议包括装备保障力量的部署,保障的基本方法,装备(器材)战损(消耗)预计和保障标准、限额,各个作战阶段的装备保障行动和要求,保障协同与防卫等内容。

(2) 制定装备保障计划,下达装备保障指示。装备机关应当根据部队首长的作战决心和战场情况、保障能力,制定装备保障计划,下达装备保障指示。

(3) 建立装备指挥机构,实施装备保障指挥。装备机关应当根据部队首长的命令和战时装备保障指挥的需要,建立装备指挥机构,实施装备保障指挥。

装备指挥机构应当根据作战决心、装备保障任务和能力、战场环境等情况,遵循灵活编组、靠前配置、突出重点、留有预备、利于安全的原则,合理部署装备保障力量。

装备指挥机构还应当根据作战进程,严密控制下列装备保障行动:①了解和掌握装备保障力量到达的位置、行动和装备消(损)耗等情况;②指挥装备保障力量,按照装备保障计划展开保障行动;③根据情况变化,适时调整装备保障力量的行动,组织装备保障力量和装备的调整、补充;④协调装备保障力量与后勤保障力量、防卫力量、地方支前力量之间的行动。

(三) 战时装备管理的内容

1. 战时装备(器材)的补充

装备指挥机构应当根据作战情况和部队指挥员的要求,及时组织装备补充,保障作战

[①]　崔毅、张秦洞:《战时装备管理应把握的基本原则》,载《国防》,2004 年第 6 期,第 21 页。

行动的需要。

2. 战时装备的保养、抢救、抢修

参战人员应当根据武器装备性能和战场环境条件,妥善保管配发或分管的武器装备,及时维护保养,保证随时用于作战。在作战中,装备指挥机构应当在使用部队装备技术保障力量的同时,利用地方相关技术力量,采取伴随保障、机动保障和定点保障等多种方式,对战损和失去自救能力的装备及时进行抢救、抢修,并组织后运修理,提高装备的战场再生能力。

3. 战时装备的安全管理

部队指挥员及其指挥机关应当严密组织防卫,保障装备指挥机构和装备保障力量的安全。

战时装备管理是装备管理的一项重要内容。当前,我军必须加快战时装备管理法规建设,对战时装备管理的指挥关系、原则和任务要求,战时装备管理的程序、方法和方案计划,战时装备的统配、维护保养和清理统计等作出明确规定;此外,还应依据科学合理的原则,抓紧制定武器装备使用的技术规定。通过战时装备管理的法制化,确保装备始终处于良好的战斗状态,最大限度地发挥应有的效能,从根本上提高部队打赢的能力。

第三节 危害武器装备管理的法律责任

武器装备是部队战斗力的主要物质基础,加强武器装备的管理,制止各种危害武器装备管理秩序的违法犯罪行为,保证武器装备随时在编在位,是巩固部队战斗力的客观需要。近年来,中央军委和解放军各总部发布施行了一系列涉及武器装备管理的法规、规章,对武器装备的管理提出了更高的要求。危害武器装备管理行为,破坏了部队武器装备的管理秩序,削弱了部队的战斗力,还可能给公共安全带来严重危害。因此,违反武器装备法律法规,构成违法或犯罪的当事人,必须承担相应的法律责任。

一、刑事责任

刑事责任是指实施了危害武器装备管理的犯罪行为而必须承担的法律责任。我国《刑法》第十章第 436 条至第 441 条规定了危害武器装备管理的犯罪行为及刑事责任,它涉及六项罪名,包括:武器装备肇事罪;擅自改变武器装备编配用途罪;盗窃、抢夺武器装备、军用物资罪;非法出卖、转让武器装备罪;遗弃武器装备罪;遗失武器装备罪。

(一)武器装备肇事罪

武器装备肇事罪,是指军人违反武器装备使用规定和操作规程,情节严重,因而发生重大责任事故,致人重伤、死亡或者造成其他严重后果的行为。

1. 构成要件

本罪的构成要件是：①犯罪客体是部队武器装备的管理和使用制度。②客观方面包括：第一，行为人实施了违反武器装备使用规定的行为；第二，行为的情节严重，这主要是指行为人故意违反武器装备的使用规定或者在使用过程中严重不负责任，以及擅自使用武器装备等情况；第三，行为导致了重大事故，造成了致人重伤、死亡或者其他严重后果。"其他严重后果"，是指因武器装备肇事而引起爆炸、火灾、大面积污染或者其他重大损失等。③犯罪主体是军职人员。④犯罪的主观方面是过失，即应当预见自己行为的违法性、违章性，但因疏忽大意而没有预见，或者虽然已经预见但轻信能够避免，以致发生这种危害结果。行为人对违反武器装备使用规定也可能是明知故犯。

中国人民解放军军事法院 1988 年 10 月 19 日《关于审理军人违反职责罪案件中几个具体问题的处理意见》规定："军职人员在执勤、训练、作战时使用、操作武器装备，或者在管理、维修、保养武器装备的过程中，违反武器装备使用规定和操作规程，情节严重，因而发生重大责任事故，致人重伤、死亡或造成其他严重后果的，以武器装备肇事罪论处；凡违反枪支、弹药管理使用规定，私自携带枪支、弹药外出，因玩弄而造成走火或者爆炸，致人重伤、死亡或者使公私财产遭受重大损失的，分别以过失致人重伤罪、过失致人死亡罪或者过失爆炸罪论处。"并规定，"军职人员驾驶军用装备车辆，违反武器装备使用规定和操作规程，情节严重，因而发生重大责任事故，致人重伤、死亡或者造成其他严重后果的，即使同时违反交通运输规章制度，也应当以武器装备肇事罪论处；如果仅因违反交通运输规章制度而发生重大事故，致人重伤、死亡或者使公私财产遭受重大损失的，则以交通肇事罪论处。"

2. 刑事责任

根据刑法第436条的规定，犯武器装备肇事罪的，处 3 年以下有期徒刑或者拘役；后果特别严重的，处 3 年以上 7 年以下有期徒刑。所谓后果特别严重，一般是指造成多人重伤死亡的，毁损特别重要武器装备，严重毁损大量重要武器装备，致使国家财产遭受重大损失等。

（二）擅自改变武器装备编配用途罪

擅自改变武器装备编配用途罪，是指违反武器装备管理规定，擅自改变武器装备的编配用途，造成严重后果的行为。

1. 构成要件

本罪的构成要件是：①犯罪客体是武器装备的管理制度。②本罪的客观方面表现为违反部队武器装备管理规定，自作主张，随意改变武器装备的用途，并造成了严重的后果。③本罪的主体是军人，一般是指军人中武器装备的保管者、使用者、看护者。军中文职人员一般不构成本罪。④本罪的主观方面为过失。这里所说的过失，是针对行为人对其行为所造成的严重后果所持的心理态度而言的，其擅自改变武器装备统配用途则是故意的。

2. 刑事责任

根据刑法第437条的规定犯本罪的,处3年以下有期徒刑或者拘役;造成特别严重后果的,处3年以上7年以下有期徒刑。

（三）盗窃、抢夺武器装备、军用物资罪

盗窃、抢夺武器装备、军用物资罪,是指军职人员以非法占有为目的,秘密窃取或者公然夺取部队的武器装备或者军用物资的行为。

1. 构成要件

本罪的构成要件是:①犯罪客体是国家对武器装备和军用物资的所有权以及军队战斗力的物质保障。②本罪的客观方面表现为行为人秘密窃取或者公然夺取武器装备或军用物资的行为。③本罪的主体是军职人员。非军职人员不能单独构成本罪,但可以成为本罪的共犯。④本罪的主观方面是故意,并具有非法占有的目的。

一般公民盗窃、抢夺枪支、弹药、爆炸物的,构成刑法第127条的盗窃、抢夺枪支、弹药、爆炸物罪。刑法第438条第2款规定"盗窃、抢夺枪支、弹药、爆炸物的,依照刑法第127条的规定处罚。"不过,军人盗窃、抢夺枪支、弹药、爆炸物的,是以刑法第127条的盗窃、抢夺枪支、弹药、爆炸物罪定罪处罚,还是成立盗窃、抢夺武器装备、军用物资罪,适用刑法第127条的法定刑? 关于这个问题,理论界存在争议。张明楷认为:其一,军人盗窃、抢夺枪支、弹药、爆炸物的行为具有危害公共安全的性质,适用刑法第127条较为合适。其二,刑法第438条第1款是特别法条,但第2款本身并非特别法条,故不能以特别法条优于普通法条为由采取后一立场。其三,认为军人盗窃或者抢夺部队的枪支、弹药、爆炸物时,可以适用刑法第127条第1款,有损刑法的公平正义。其四,分则条文中的"处罚"与"定罪处罚"的含义并不绝对,刑法第438条第2款所使用的"处罚"概念,也不能成为后一立场的根据。①

2. 刑事责任

根据《刑法》第438条的规定,犯盗窃、抢夺武器装备、军用物资罪的,处5年以下有期徒刑或者拘役;情节严重的,处5年以上10年以下有期徒刑;情节特别严重的,处10年以上有期徒刑、无期徒刑或者死刑。这里所谓"情节严重是",一般是指多次盗窃的;盗窃重要武器装备的;盗窃的数量较多或数额巨大的;盗窃武器装备或军用物资后出卖的,等等。所谓"情节特别严重",是指为首组织大量盗窃的;内外勾结多次或大量盗窃的;盗窃大量武器装备或巨额军用物资后出卖的;盗窃特别重要的武器装备因而造成严重后果的;因盗窃严重影响部队战斗力而给战斗造成损失的等。

---

① 以上观点参见张明楷著:《刑法学》第3版,北京:法律出版社,2007年版,第928页。

（四）非法出卖、转让武器装备罪

非法出卖、转让武器装备罪，是指违反部队武器装备管理规定，非法出卖、转让部队武器装备的行为。

1. 构成要件

本罪的犯罪构成是：（1）犯罪客体是国家对武器装备的所有权以及军队战斗力的物质保障。非法将武器装备出卖或者转让的行为，造成部队武器装备的短缺，破坏了部队武器装备的管理秩序，削弱了部队的战斗力，还可能给公共安全带来严重危害。（2）本罪的客观方面表现为非法出卖、转让军队武器装备的行为。应当注意，非法出卖或者转让的武器装备应是行为人合法管理的。如果是将抢劫、盗窃、诈骗、抢夺所得的武器装备出卖的，应当以所构成的具体犯罪从重论处，而不应定为非法出卖武器装备罪。（3）本罪的主体是对武器装备有合法管理或者职掌权力的军职人员。（4）本罪的主观方面是故意，行为人一般具有牟利的目的。

根据有关武器装备管理法规的规定，部队的武器装备由于使用、储存年久、性能下降、型号技术落后，或者因其他原因不宜继续装备部队的，可以作退役或者报废处理。退役、报废的武器装备根据不同情况，分别作储存备用、教学、训练、装备民兵、拆件留用、拨作非军事使用或者作废旧物资等处置。未经总参谋部批准，严禁任何单位或者个人擅自馈赠、出售、交换武器装备。非法，是指未经军队有权机关批准，擅自出卖、转让行为人依法配置、掌管和使用的军用武器装备。出卖，是指以牟利为目的出售军用武器装备的行为。转让，是指私下将武器装备赠予他人或者以此换取其他物品。根据武器装备管理法规的规定，武器装备依其质量状况，分为新品、堪用品、待修品和废品四个等级。非法出卖、转让的武器装备应是部队在编的、正在使用的以及储存备用的武器装备，从武器装备的等级看，不包括已确定退役报废的武器装备，因为退役报废的武器装备已不能直接形成部队的战斗力。行为人非法出卖、转让武器装备的行为改变了武器装备的所有权。如果行为人是将武器装备暂时出借、出租给他人，并没有改变其所有权，不能认为是转让武器装备。非法出卖、转让的武器装备应是行为人合法管理或者执掌的。如果是将抢劫、盗窃、骗取、抢夺的武器装备出卖或者转让的，应按本法各章有关条文对这类犯罪规定的加重情节论处，而不再以此条文定罪量刑。

非法出卖、转让军队武器装备的，只要发生该行为，无论是否造成盈利的后果，均构成本罪，也不论非法出卖、转让武器装备数额是否巨大，情节是否恶劣，均符合本罪的构成要件。但对于出卖、转让大量武器装备或有其他特别严重情节的，加重处罚。2002年10月31日，经最高人民法院、最高人民检察院和公安部同意，由总政治部发布的《关于军人违反职责罪案件立案标准的规定（试行）》规定："非法出卖武器、武器零部件及维修器材和设备，致使武器装备报废或者直接经济损失30万元以上的，应予立案。"对于未按规定的程序列入退役、报废计划的武器装备，任何人对其进行处置都可按照"非法出卖、转让武器装备罪"的构成要件进行认定。即使已经属于退役、报废的武器装备,但如果因其擅自处理不当而造成失密、泄密严重后果,或者在处置过程中造成军队和地方人员伤亡后果的,或者造成待退役、报废装备上其他重要武器装备零部件丢失、损坏、被盗等严重后果的,或者指使部属擅自处理装备的,等等,对于相关责任人员可按《刑法》有关军人违反职责罪中的玩忽军事职守罪、指使部属违反职责罪、故意或者过失泄露军事秘密罪等认定和处理。

2. 刑事责任

根据《刑法》第439条的规定,犯非法出卖、转让武器装备罪的,处3年以上10年以下有期徒刑;出卖、转让大量武器装备或者有其他特别严重情节的处10年以上有期徒刑、无期徒刑或者死刑。所谓其他特别严重情节,是指非法出卖、转让的武器装备被用于犯罪活动的;致使武器装备流散于社会危害公共安全的;非法出卖、转让武器装备给境外机构、组织、人员的,以及在战争时期非法出卖、转让部队急需的武器装备的等。

(五)遗弃武器装备罪

遗弃武器装备罪,是指违抗命令,遗弃武器装备的行为。

1. 构成要件

本罪的犯罪构成是:(1)本罪的客体是部队的武器装备管理秩序。(2)本罪的客观方面表现为违抗命令,遗弃武器装备的行为。这里的违抗命令,是指不遵守武器装备使用、保管、处置的有关规则和命令。遗弃武器装备行为,以违抗命令为前提,否则不成立本罪。遗弃主要包括两种情形:一是抛弃现有的能够发挥作用的武器装备,如将有用的武器装备当作废品抛弃;二是应当将置于不安全场所的武器装备妥善管理却不妥善管理,如应当将在野外练习使用的武器装备运回军营而不运回,使其丧失武器性能。(3)本罪的主体是武器装备的使用者、保管者、指挥者。对武器装备不具备使用权、保管权、指挥权的人,不成为本罪的主体。(4)本罪的主观构成要件为故意,过失不能构成本罪。行为人明知是能够发挥作用的武器装备而故意遗弃。

2. 刑事责任

根据《刑法》第440条的规定,犯本罪的,处5年以下有期徒刑或者拘役;遗弃重要或者大量武器装备的,或者有其他严重情节的,处5年以上有期徒刑。

(六)遗失武器装备罪

遗失武器装备罪,是指遗失武器装备,不及时报告或者有其他严重情节的行为。遗失武器装备的犯罪行为,破坏了武器装备的使用秩序,直接侵害了武器装备的使用制度,妨碍了武器装备正常地发挥效能。

1. 构成要件

本罪的犯罪构成是:(1)犯罪客体是部队的武器装备的管理秩序。(2)本罪的客观方面表现为遗失武器装备,不及时报告或者有其他严重情节的行为。遗失,是指在武器装备的操作、使用、维护、保养运送等过程中,因疏忽大意或者过于轻信而造成武器装备丢失。遗失的武器装备是行为人依法持有或者有权管理的武器装备,包括暂时损坏但能够修复的武器装备。将盗窃、抢夺武器装备又遗失的,可将其遗失武器装备的行为作为盗窃、抢夺武器装备罪的从重处罚情节。不及时报告,是指根据军队有关规定,丢失武器装备后在一定期限内不如实向上级报告,或者因其谎报行为致使上级领导误信武器装备没有丢失,而丧失追查、寻找的机会。如果丢失武器装备后,及时作了报告,且没有其他严重情节,则不构成犯罪。虽然作了及时报告,但有其他严重情节的也构成犯罪。严重情节,是指遗失后不仅不如实报告,而且还唆使他人欺骗、隐瞒真情,威胁他人不许向上级反映真实情况;采用卑劣手段,编造假情况欺骗组织或者嫁祸于人的;因丢失武器装备而严重影响部队完成战备、作战、训练任务的;因丢失武器装备造成社会治安严重隐患的等。"其他严重情节",是指遗失的武器装备被敌人或境外的机构、组织和人员利用,造成恶劣影响的;遗失的武器装备因未能及时报告而流散社会或被违法犯罪分子利用作案,造成严重后果的;丢失的武器装备数量多、价值高,或因其丢失而泄露军事秘密造成严重后果的等。(3)本罪的主体是军职人员,而且一般是武器装备的合法使用者、持有者及保管者。(4)本罪的主观方面是过失。

2. 刑事责任

根据《刑法》第441条的规定,犯本罪的,处3年以下有期徒刑或者拘役。

二、行政责任

《武器装备管理条例》规定,有下列情形之一的,依照《纪律条令》的有关规定,对负有直接责任的主管人员和其他直接责任人员,给予处分;构成犯罪的,依法追究刑事责任;对单位给予通报批评,并责令限期改正:(1)玩忽职守或者违章、违纪操作,造成武器装备责任事故或者武器装备完好率(在航率)严重下降的;(2)擅自运用、馈赠、出售、交换武器装备的;(3)盗窃、破坏、私藏、遗失、遗弃、武器装备的;(4)弄虚作假,谎报武器装备管理情况或者对武器装备事故隐瞒不报的;(5)在武器装备管理中,滥用职权、徇私舞弊的;(6)擅自改变武器装备统配用途和性能结构,造成不良后果和损失的;(7)在武器装备受到危害的情况下,不采取制止、保护措施,致使武器装备遭受损失的;(8)侵吞、挪用、克扣装备经费、设备、器材的;(9)其他妨害武器装备管理工作的。

区分武器装备犯罪与一般违反武器装备使用规定行为的界限,关键在于行为人违反武器装备使用规定行为的情节是否严重,是否造成人员重伤、死亡或其他严重后果。[1] 只有行为人违反武器装备使用规定情节严重,并造成人员重伤、死亡或其他严重后果的,才构成犯罪,反之,如果行为人虽有违反武器装备使用规定的行为,但行为情节不严重,并且

---

[1]　高铭暄、马克昌主编:《刑法学》,北京:北京大学出版社,2002年版,第689页。

也未造成人员重伤、死亡或其他严重后果的,只能按一般违反武器装备使用规定的违纪行为处理。比如,对于一些刚入伍不久的新战士,由于不懂操作规定,在操练中弄坏了武器装备,一般不应追究肇事者的刑事责任,可由主管部门按照我军《纪律条令》的规定予以必要的处分。

我军《纪律条令》第 102 条:"违反装备管理规定,遗失、遗弃、损坏装备,擅自动用、销售、出借、私存装备,情节较轻的,给予警告、严重警告处分;情节较重的,给予记过、记大过处分;情节严重的,给予降职(级)、降衔(级)、撤职处分。"

三、不承担法律责任的情形

如果行为人在使用武器装备的过程中,并未违反有关使用规定,而是由于其不能预见、不能抗拒的原因,如机械故障、自然灾害等,从而客观上造成了严重损害结果,这种情况因行为人不存在过失,应当认定为意外事件,不承担法律责任。

第七章　军事装备保障、动员法律制度

军事装备保障,是指装备从部队接收入库列装到退役报废这一过程中所涉及的与装备有关的活动。军事装备动员作为国防动员不可或缺的专门领域,是国家(或政治集团)行政机关有关部门在武装力量装备部门协同下,为满足战争或应付重大突发事件对装备迅速增大的需求,在由平时状态转入战时或应急状态的过程中,依法对国家和社会装备保障资源进行统一调配与运用的活动,以及为此在平时状态下所进行的相应准备活动的统称。[①] 军事装备保障和动员是关系到国家安全、战争胜负的重大战略问题,在现代战争中扮演着十分重要的角色,发挥着举足轻重的作用。军事装备保障、动员法律制度,是指由国家权力机关、授权的国家行政机关和军事机关按照法定的程序制定或认可的,调整涉及军事装备保障及动员活动中各种社会关系的法律规范的统称。它是军事法和行政法的重要组成部分,是组织实施军事装备保障和动员工作的法律依据。军事装备保障及动员法规为军事装备保障、动员活动提供了行为规范,明确了其正确与否的衡量标准和尺度。加强军事装备保障及动员法规建设,是"依法治装"、"依法动员"的重要内容和基本前提,是新时期加强军事装备保障及动员建设的客观要求。

第一节　我军军事装备保障法律制度

在世界新军事变革深入发展的今天,随着高技术装备广泛运用于战场,作战双方对装备保障不但要求高,而且依赖性越来越强。近期发生的几场局部战争已经证明,装备保障已成为武器装备再生和夺取战争胜利不可忽视的重要环节。在这种形势下,加快构建科学合理的武器装备保障法规体系,全面增强"打赢"能力,成为一个十分重要而紧迫的现实问题。装备保障法律制度是指为军队装备保障活动制定和颁布的法律法规、条令条例等规范性文件的统称,是部队及其各级机关进行装备保障活动所必须遵守的基本准则。我军装备保障法规主要由条令、条例组成,包括装备维护制度、战时装备保障制度、装备保障训练制度等内容。

---

① 宋华文、赵贵胜:《完整准确把握装备动员的本质特征》,载《国防》,2006 年第 1 期,第 59 页。

一、装备维护制度

装备维护是为使装备保持规定的性能所进行的技术活动,包括试运转维护、日常维护、等级(定时、定程)维护、特殊环境下的维护、换季维护和保管、封存维护等内容,基本任务是建立和完善适应军事斗争和装备发展需要的修理管理体系与保障力量,采用科学的方法和先进的技术,对装备实施有效的监控、维护、修理和技术管理,保持装备良好的技术状态,保障作战、训练和其他各项任务的顺利完成。军事装备维护平时可以最大限度地保持装备的良好技术状态,延长其使用寿命;战时可以修复大量战损装备,保持军队的持续作战能力,特别是在高技术条件下的局部战争中,及时、准确、高效、稳定的装备维修保障,是保持和迅速恢复部队战斗力、保障作战胜利的重要因素。

(一)立法概况

有关武器装备保障维护的法规是军事装备法的重要组成部分,是我军正规化建设中实施依法保障维护武器装备的法律依据和基本准则,主要由条令、条例、概则、规定、规则等构成。

我军《装备条例》是装备建设的基本依据,是规范武器装备新体制高效运行、实现全军武器装备工作集中统一领导的重要保证。《装备条例》从法律上和制度上理顺了武器装备保障维护各方面的关系,对军队和地方在武器装备工作中的职责界限进行了划分,为建设适应社会主义市场经济体制的装备工作运行机制提供了依据,同时,它也是建立健全涉及武器装备保障维护法规体系的重要基础。《装备条例》要求装备机关"制定装备维护规章制度,指导和督促装备操作、使用人员和修理机构按照规定做好装备维护工作。……装备修理必须严格执行技术标准,遵守操作规程,加强质量控制,保证修理的质量和安全。"据此,我军必须制定和完善装备维护保障法规制度,对平时与战时装备维护的基本内容、基本程序、基本要求和基本职责,战时装备维修保障体制与组织、维修计划与经费、器材筹措与供应、保障设施与设备、技术管理与监督、专业人员管理与培训等内容进行规范,以指导装备机关、分管有关装备的部门、装备维修保障机构和部队落实装备维修战备工作,提高战时装备维修保障能力和总体水平。

2002 年 6 月,中央军委发布和实施了《装备维修工作条例》,这是我军装备维修管理工作的基本法规,它规范了全军装备维修工作的各个方面,与其他层次的装备维修工作法规构成了一个完整的装备维修法规体系。该《条例》覆盖了我军装备维修工作各个方面、各个环节的活动,充分体现了新体制下我军装备维修工作的新情况、新特点和新要求。《条例》明确了我军装备维修工作的地位、作用和任务,规定了我军装备维修工作应当遵循的指导思想和基本原则,规范了我军装备维修工作的基本内容、基本程序、基本要求和基本职责,对保障体制与组织、维修计划与经费、装备维护与修理、器材筹措与供应、保障设施与设备、技术管理与监督、专业人员与培训、科学研究与改革、战时保障组织与实施等各项工作,进行了宏观、总体规范,体现了我军装备维修工作统一领导、分工负责和系统管理的原则。同时,对于深入贯彻新时期军事战略方针,加强军队装备维修工作的集中统一领导,科学规范新体制下的装备维修工作,尽快建立起整体协调、办事高效、运转顺畅、行为规范的装备维修工作运行机制,都发挥了积极而重要的作用。

2004年5月,总参谋部、总后勤部、总装备部联合发布了《通用装备保障规定》,这是我军武器装备管理体制调整改革后,发布的第一部全面规范通用装备保障工作的军事规章,是组织实施通用装备保障工作的基本依据。该《规定》涵盖了我军通用装备从接收入库、储存保管、调拨供应到部队使用直至退役、报废全过程中的技术保障活动。明确了通用装备调拨供应、技术管理、器材管理、专业训练、科学研究与改革、经费管理等方面的内容、方法、程序、标准和要求。该《规定》的实施,为我军新时期通用装备保障工作提供了依法办事、科学管理的依据,有利于加速推进我军通用装备保障现代化建设,推进部队现有装备特别是新装备成建制成系统形成作战能力和保障能力;有利于适应社会主义市场经济体制,建立健全通用装备保障工作竞争机制、评价机制、监督机制和激励机制,提高通用装备保障工作的军事经济效益;有利于加强通用装备保障工作的集中统一领导,建立整体协调、办事高效、运转顺畅、行为规范的通用装备保障工作运行机制,保证通用装备保障工作持续、高效、健康发展。

此外,涉及武器装备保障维护的军事法规规章还有《武器装备管理条例》、《战役装备保障纲要》、《内务条令》、《部队装备管理科学化、制度化、经常化标准》实施概则以及各种装备专业技术管理规定等。

（二）我军装备维护保障体制

1998年总装备部成立后,各军种、各军区相应成立装备部,装备维护形成由总装备部领导,由总部、军区、军兵种和军以下部队的各级装备部门分工负责的统分结合式的管理体制。当前我军武器装备保障维护的责任和权力都在军队,保障维护也主要由军队实施。军队各级保障维护机构相互联结,纵向具有层次性,横向具有多元性。

（1）武器装备保障维护战略指挥机构是武器装备保障维护的最高指挥机构,主要包括总装备部和各军(兵)种的装备部。总装备部除编有司令部、政治部、后勤部外,还编有主要负责装备科研、采购、管理等装备保障的业务部门。武器装备保障维护战略指挥机构的主要任务之一就是协调、征用地方力量对部队实施武器装备保障维护。

（2）武器装备保障维护战役指挥机构是武器装备保障维护体系向下延伸的中间层次的指挥机构,主要包括军区、集团军装备部,除编有战勤综合计划部门、办公室外,还编有按常规武器装备类型区分的业务部门。如集团军装备部编有战勤计划处、武器处、弹药处、装甲处、工兵防化处等。武器装备保障维护战役指挥机构的主要任务是负责战区或集团军武器装备的保障维护。

（3）武器装备保障维护战术指挥机构是构成整个武器装备保障维护指挥体系的基

础,主要包括师、旅、团装备部(处)。其内部构成与战略、战役指挥机关相比部门设置较少,人员编配较少,分工比较粗略。武器装备保障维护战术指挥机构面向基层部(分)队,直接指挥装备修理、装备保管供应等装备保障维护分队,主要任务是直接指挥本部队的武器装备保障维护活动,保证部队武器的精良、弹药充足,顺利完成战斗任务。[①]

(三)我军装备保障维护的运行机制

目前我军武器装备保障维护的运行机制主要是依赖行政计划手段。一般有两种方式:一是上级将一定的保障维护计划下达给下级,由下级负责完成;二是本级装备部门编制武器装备保障维护计划,经军、政首长批准后,在本级范围内实施,只抄送本级司令部门和后勤部门。维护经费则是根据维护任务进行分配。

目前武器装备保障维护的市场手段发挥作用有限。我军武器装备的维护中极少用到招标维护方式,一般都是部队自己负责维护,本级完成不了的则采取逐级上送维护的办法。若超出了军方自身的维护能力,往往是请生产企业指导或协助维护,但是军方和生产企业之间的互动较为简单,军方对生产企业的约束力不强。[②]

(四)我军装备维修保障制度

装备维修是为使装备恢复规定的性能所进行的技术活动,包括装备的小修、中修和大修。装备维修工作必须以提高部队战斗力为标准,按照装备全系统、全寿命管理的要求,坚持以可靠性为中心,贯彻预防为主、科学维修、质量第一、注重效益的方针,遵循统一领导、整体筹划、突出重点、依法管理、平战结合、军民结合的原则,加强装备维修保障现代化建设,提高现代技术特别是高技术条件下局部战争装备维修综合保障能力和总体水平。

我军装备维修保障建立后方基地级、中继级和基层级三级作业体系,分别由总部、军兵种、军区和部队所属的装备修理工厂(所)、修理分队、仓储机构和使用单位按照分工组织实施。后方基地级维修是指总部、军兵种、军区所属各类装备修理工厂、仓储机构进行的装备维修保障,主要承担装备大修、改装、零(部)件制造与修理、计量与检测、保管与维护、维修器材筹措与供应,以及平时与战时支援保障等任务。中继级维修是指军、师(旅)修理分队和仓储机构,军区直属修理所、航空兵部队修理厂、海军部队修理所、第二炮兵基地修配厂等装备维修保障机构进行的装备维修保障,主要承担装备中修、部(附)件修理和部队巡回修理、计量与检测、保管与维护、维修器材筹措与供应,以及战时装备抢修和供应保障等任务。基层级维修是指团以下部队装备维修保障机构或者使用人员进行的装备维修保障,主要承担装备的维护、技术检查、小修、保管、封存、技术管理和维修器材筹措与供应,以及战时装备维修保障等任务。

需要送地方修理的装备,由总部分管有关装备的部门、军兵种装备部列入装备维修年

---

① 徐法林、蒋义文、宋珍兵:《武器装备保障维护的现状分析》,载《国防技术基础》,2005 年第 10 期,第 43 页。
② 徐法林、蒋义文、宋珍兵:《武器装备保障维护的现状分析》,载《国防技术基础》,2005 年第 10 期,第 44 页。

度计划,报总装备部审批;需要送国(境)外修理的装备,还应当按规定提出立项申请。

结合装备修理对装备性能进行改进的,必须按照总装备部的规定和上级下达的改进项目计划实施。未经批准,任何单位和个人不得擅自改变装备的基本结构和主要战术技术性能。有下列情形之一的装备不予修理:(1)超过使用期限或者服役年限应当退役、报废的;(2)性能下降,修理后难以完成规定任务的;(3)严重损伤,修理后不能恢复性能或者不如更新装备经济的。对不予修理的装备,应当经过技术鉴定和经济论证,并按规定履行报批手续。

各级装备维修管理者,应当依据相关法规严格实施管理,而所有被管理者也应当把贯彻执行相关法规作为自己的自觉行动。军队装备维修管理,既是军事工作,又是经济工作,必须建立适应平战结合、军民结合的运行机制。因此,做好平时的装备维修工作,必须与社会主义经济体制接轨,在坚持必要的行政管理的同时,更要特别注重运用经济和法律手段。另外,在战时状态或者其他紧急情况下,军队装备维修保障所需的地方技术保障力量、维修器材、维修设施设备等的动员和征用,都需要国家以法规的形式予以明确,以保证地方企业和公民个人履行法律赋予的协助军队完成装备维修保障任务,积极协助军队完成装备维修保障任务。

我军《装备维修工作条例》明确规定,对在装备维修工作中表现突出,取得显著成绩的单位和个人,依据国家和军队的有关规定,给予奖励。具有下列情形之一的单位和个人,依照《中国人民解放军纪律条令》和其他有关规定,给予处分;构成犯罪的,依法追究刑事责任:在装备维修工作中玩忽职守、滥用职权、徇私舞弊的;违反装备维修规章制度和操作规程,造成事故或者其他损失的;发生装备维修事故后,弄虚作假,隐情不报的;盗窃、侵占、破坏装备维修经费、器材、设施及设备的;挪用、截留装备维修管理费的;其他违反本条例规定,妨碍装备维修工作的。

二、战时装备保障制度

现代技术特别是高技术条件下的战争,将投入各军兵种的多种武器装备,作战使用强度高、战损严重,各种弹药器材的消耗量大,装备保障任务重、要求急、难度大,这就不能不重视战时装备保障的规范化和科学化。近年来,我军相继发布施行了一系列战时装备保障法规,对于科学规范战时装备保障行动,提高信息化条件下局部战争装备保障能力,保障打赢高技术条件下的局部战争具有十分重要的意义。

(一)立法概况

我军《装备条例》规定,战时装备保障行动的主要任务是,实施装备(器材)的补充、供应和抢救、抢修,协同有关部门组织装备动员,保持、恢复部队装备的数量、质量水平,为部队提供高效、稳定的装备保障。2002年10月,中央军委制定和发布《战役装备保障纲要》,这是我军装备管理体制调整后,规范我军诸军种战役军团战时装备保障行动的第一部基本法规,是我军战役装备保障的基本依据。《纲要》覆盖了战役装备保障各个方面、各个层次和各个环节的活动,反映了高技术局部战争条件下战役装备保障的基本特征和规律,明确了战役装备保障的任务、地位作用、指导思想和基本原则,确定了战役装备保障体系与力量组织、战役装备保障指挥、战役装备保障勤务的基本内容,规范了联合战役、陆军战役、海军战役、空军战役和第二炮兵战役装备保障的基本方法。

2004年7月,中央军委发布施行《合成军队战斗装备保障条令》。这部《条令》对人、对装备以及对人与装备的有机结合形成合力,提出了更高的要求,使人机结合更加紧密,更加有效。这是我军第一部以适应未来信息化条件下合同作战、全面规范合成军队战斗装备保障行动的军事法规。《条令》作为我军新一代作战条令体系和装备法规体系的组成部分,是合成军队师、旅、团组织实施战斗装备保障和训练的基本依据,标志着合成战斗装备保障工作进入了一个新的历史阶段,具有非常重大的现实意义和深远的历史意义。

2006年7月,解放军总参谋部发布施行了《装备维修部队分队战时保障条令》、《装备仓库战时保障条令》、《装备修理工厂战时保障条令》、《特种装备勤务部队分队战时保障条令》。这些条令为各类装备保障分队战时保障任务提供了具体化、实战化、规范化的法规保证,标志着我军战时装备保障法规体系基本形成。上述四部条令第一次全面规范了各级装备维修部队分队、装备仓库、企业化装备修理工厂和特种装备勤务部队分队在未来信息化条件下作战中的装备保障行动,是我军新一代作战条令体系和装备法规体系的重要组成部分,是各级各类装备保障部队分队组织实施战时装备保障及训练的基本依据。这四部条令明确了实施战时装备保障的地位作用、主要任务、指导思想和基本原则,规范了战役和战斗各个阶段实施装备保障行动的基本程序、方法和要求,以及需要协调的各种关系和行动等,体现了未来信息化局部战争联合作战的特点和规律。

(二)装备维修部队(分队)战时保障

装备维修部队(分队)是指军队建制内承担各类装备维修保障任务的装备修理厂(所)、修配厂、修理大队、技术保障大队、机务大队、检修所、修理营、修理连等。装备维修部队(分队)战时保障的基本任务是统一组织和正确使用建制内、上级加强和地方支援的装备维修保障力量,实施装备维护、修理、计量检定和改装,战损装备抢救、抢修,以及维修器材筹措与供应等,保持和恢复装备性能,保障部队完成作战任务。

装备维修部队(分队)要根据上级命令、指示和战时保障任务的需要,及时建立指挥机构,统一指挥所属保障力量完成保障任务。指挥员应当在判明情况的基础上,综合权衡利弊,优选最佳方案,制定保障决心。保障决心包括保障任务、保障部署、保障方式和保障方法等。然后制定装备维修保障计划,内容主要包括:保障力量部署计划,装备抢救、抢修计划,维修器材、设备的申请与补充计划,保障协同、通信联络及防卫措施等。

作战过程中,装备维修部队(分队)指挥员要及时、准确地掌握作战进展情况,装备损坏和抢救、抢修及后运情况,维修器材消耗、补充情况,上级加强和地方支援保障力量使用情况,保障力量和保障行动遭敌袭击、破坏情况等,为正确、及时、有效地指挥、协调所属保障力量的保障行动提供可靠依据。作战结束后,要迅速组织损坏装备的抢救、抢修或者后运,保障作战部队撤出;统计、清查保障力量损失,提出补充、调整意见;参加打扫战场,处理缴获的装备、器材和设备;安排保障力量撤离战场;补充维修器材和设备;总结保障经验;向上级机关报告有关情况。

(三) 装备仓库战时保障

装备仓库是战时装备保障力量的重要组成部分,对于巩固和保持部队持续作战能力具有重要作用。其战时保障的基本任务是组织实施装备物资的发出、接收、保管,对储存的装备物资实施技术保障,以质量完好、配套齐全的装备物资保障部队完成作战任务。装备仓库指挥员要及时了解作战任务、首长意图,并根据上级装备保障指示,分析保障需求和现状,明确保障任务和完成时限,及时传达任务,计划安排工作。

1. 发出装备物资

装备仓库发出装备物资,应当根据装备保障部门调拨文书或指示,履行手续严格规程,周密计划,快速高效。发出的装备物资,应当做到数量准确,质量完好,配套齐全,除上级已注明外,在不改变其数量、质量的前提下,应当贯彻"用旧存新、用零存整"的原则。装备仓库组织装备物资发出前,应当及时检查、维护库房及发出场地的设施、设备,对拟发出的装备物资的品种、规格、批次、数量、质量、包装、配套等情况认真进行检查、核对,及时消除隐患,保证装备物资处于良好的技术状态。担负装备技术准备任务的装备仓库,应当对装备及其配套设备进行综合检查,分解状态和完整状态下的测试、技术设定,加注燃料、油液、充电、充气,组装配套,加装弹药(或者火工品)及系统联调等,保证其战术技术性能指标正常功能可靠,随时能够进入战斗使用状态。装备仓库组织装备物资出库,应当核对出库调拨文书,复核出库装备物资的数量及配套情况,检查、恢复包装。在核实交接装备物资的品种、批次、数量、质量、配套和文件后,由发出人员填写调拨通知单,办理出库与交接手续。装备仓库在装备物资发出后,应当及时进行销账和数据资料处理,核对留存装备物资,清理库房和作业现场,并及时将装备物资发放情况和调拨通知单报上级有关机关。

2. 接收装备物资

装备仓库应当根据上级命令、指示和要求,适时组织接收装备物资,做到计划周密,组织严密,数量准确。装备仓库应当根据调拨文书和有关规定组织验收装备物资。验收通常按照外观查看、数量清点、质量验收的程序进行。质量验收应当采用抽样检验的方式进行。装备仓库组织装备物资入库,应当根据装备物资的品种和批次,实施分库分类、分批存放。接收装备物资后,装备仓库应当及时进行登记入账和数据资料处理,核对库存装备物资,并及时将装备物资接收情况报上级有关机关。

3. 储存保管、防卫装备物资

装备仓库组织装备物资储存保管,应当严格执行装备物资储存规范和技术管理规定,完善储存条件,合理堆放,保持储存装备物资质量完好、数量齐全。库房储存保管的装备物资应该做好防潮、防热、防冻、防雷、防洪、防火、防虫、防盗、防空、防特等工作。装备仓库应当组织所属及加强的技术人员对储存的装备物资适时进行检测、调试、维护和修理,保证储存装备物资技术状况良好。大型复杂技术装备在接收和发出前必须进行技术检查和维护。装备仓库对战损、缴获装备物资的储存保管,应当按照有关规定组织数量、质量和安全检查,划定专用场地存放。对遭受核、化学、生物武器沾染或者污染的装备物资,应当先洗消后存放,技术状况不明的物资和危险品应当标示清楚,单独存放。

装备仓库应当遵循严密防护、积极打击、以防为主、防打结合的原则组织防卫。组织防卫时应当制定防卫计划。防卫计划的主要内容包括:可能的敌情分析,主要防卫的目标与要点,防卫区域划分,防卫任务的区分与负责人,防卫力量的区分、编组与配置,工事的构筑与伪装,警戒、观察、报知勤务的组织及各种信(记)号规定,防卫协同等。装备仓库组织防卫,应当根据敌情和当地自然环境,采取疏散配置、严密伪装、构筑工事等各种有效的防卫措施。同时,准确把握战机,灵活运用战术,组织防卫行动。遭敌地面兵力袭击时,装备仓库指挥员应当迅速组织防卫力量控制防御要点,对敌实施攻击或者抗击。遭敌空中或者远程火力袭击时,应当立即组织人员、车辆、装备进行疏散与隐蔽,并及时查明损失情况,迅速消除袭击后果。

(四)装备修理工厂战时保障

装备修理工厂是我军战役军团和战术兵团、部队组织实施装备保障的重要力量,对保持和恢复部队持续作战能力具有重要作用。装备修理工厂战时在装备指挥机构直接指挥下,通常单独或与装备维修部(分)队统一编组,遂行装备保障任务。其基本任务是实施装备抢救抢修,支援部队装备保障行动,保障部队完成作战任务。

装备修理工厂受领战时保障任务后,应当按照上级指示和装备保障预案,迅速转入战时装备保障体制,收拢人员,接收扩编力量,适时组织临战训练。装备修理工厂组织协调机构接到上级装备保障预先号令后,应当迅速向全体人员下达装备保障预先号令。预先号令主要包括简要敌情,工厂任务,完成平战转换工作的重点、顺序、措施和时限,以及其他有关事项等内容。装备修理工厂组织协调机构受领装备保障任务后,应当迅速传达并组织安排下列工作:按照装备保障预案,迅速转入战时工作程序;准备相关资料,提出保障建议;及时维护保障设施设备和野战保障装备;及时调整补充物资器材;组织检查准备情况。同时,在充分了解任务、分解判断情况的基础上,适时向上级装备指挥员提出装备保障报告和建议,内容包括:工厂现状和修理能力;保障力量配置和编组;物资器材的筹措和储备;对通信和防卫保障的需求;完成装备保障准备的时限。

装备修理工厂按照下列分工承担战时装备保障任务:通用装备修理工厂主要承担战损装备抢修、装备大修、装备改装、维修器材生产、技术支援,以及上级赋予的其他任务;海军专用装备修理工厂主要承担战损装备抢修、舰艇中修、小修和坞修,海军航空兵飞机

(发动机)大修和特修,技术支援,以及上级赋予的其他任务;空军专用装备修理工厂主要承担战损飞机、地空导弹、空空导弹和空地武器系统抢修,飞机、地空导弹、空空导弹、空地武器系统大修和特修,维修器材生产,技术支援,以及上级赋予的其他任务;第二炮兵特种装备修理工厂主要承担战损装备抢修,装备大修,技术支援,以及上级赋予的其他任务。

装备修理工厂实施战时装备保障,通常采取固定保障与机动保障相结合的方式。固定保障分为前方固定抢修和后方固定修理。前方固定抢修依托前方既设或者预设的设施设备组织实施;后方固定修理依托本厂设施设备组织实施。机动保障分为机动修理和技术支援。机动修理由工厂抽调部分人员依托野战保障装备组织实施;技术支援由工厂技术人员对部队进行技术指导或者参与修理。装备修理工厂保障力量按照担负的保障任务和采取的保障方式,通常编为机动抢修队(组)、前方抢修队(群)、后方修理队(群)和技术支援队(组)。

(五) 特种装备勤务部队(分队)战时保障

特种装备勤务部队(分队)是指地地与潜地导弹装备运输、推进剂化验和阵地维护管理部队(分队)。特种装备勤务部队(分队)是地地、潜地导弹部队的重要组成部分,对保持地地、潜地导弹部队的作战能力,保障作战胜利具有重要作用。其战时保障的基本任务是,组织实施地地、潜地导弹装备运输与推进剂分析化验、鉴定和阵地维护管理,保障作战任务的完成。

随着军队装备保障工作的不断发展,军民通用装备的地位越来越突出。军民通用装备的采购、研制与生产,都是根据部队训练与作战的需求而实施的。军民通用装备作为装备保障工作的一个重要内容,更应当充分发挥地方科技和信息优势,整合军地多方资源,科学计划,统筹安排,快速动员,为部队提供强有力的装备保障。把部队是否满意、能否提高战斗力作为检验军民通用装备保障工作成效的标准,想部队之所想,急部队之所急,忙部队之所忙,为部队战备训练提供强有力的装备技术保障,促进部队战斗力的生成与提高。

三、装备保障训练制度

装备保障训练是指各级装备机关、装备保障部(分)队和专设装备保障训练机构开展的军事训练,它是军事训练的重要组成部分,是提高部队装备保障能力的根本途径。其基本任务是掌握装备保障知识和技能,演练装备保障组织指挥和保障方法,开展装备学术研究,检验装备保障理论,全面提高各级装备人员的综合素质和部队的整体装备保障能力。

(一) 立法概况

装备保障训练作为一种具有特殊指向性的实践活动,必须坚持依法治训,防止训练中的随意性,严格落实各项规定,牢固树立"依法规范训练行为"、"依法治训必须按纲施训"等观念,坚持依法守法开展训练。为此,2005 年 5 月,总参谋部、总装备部联合发布了

《装备保障训练规定》。该《规定》是我军武器装备管理体制调整改革后,制定和颁发的具体规范装备保障训练的法规性文件,标志着我军装备保障训练走上了制度化、规范化建设的轨道,为提高装备保障训练质量、增强部队整体装备保障能力服务,充分体现了指导性、规范性、系统性和时代性,为建立科学高效、系统全面、整体协调、正规有序的装备保障训练机制奠定了坚实基础。

为贯彻落实胡锦涛主席关于加强军事训练的一系列重要指示,全军装备系统编修了新一代装备保障训练大纲,这标志着我军装备保障训练已经迈入一个新的历史阶段。新一代装备保障训练大纲突出提高信息化条件下装备保障能力这个主题,围绕联合作战装备保障需求构建体系框架,着眼多样化军事任务拓展训练内容,基于装备保障训练效果规范训练方法,紧贴实战需要设置训练条件,突出保障能力确立考评标准,反映了信息化条件下装备保障要求。新大纲进一步充实了战争行动装备保障训练内容,拓展了反恐、抢险救灾等非战争军事行动装备保障训练内容。新大纲还注重促进官兵知识能力结构更新,突出科技素质培养,增加了复杂战场环境下装备保障训练内容,突出了实战化训练。

(二)装备保障训练的对象与要求

装备保障训练对象为士兵、军官和遂行装备保障任务的建制单位以及临时编组单位,其中士兵、军官以单个训练为基础,单位以整体训练为重心。士兵必须进行专业技术和战术训练,掌握必备的装备保障知识和技能,具备履行岗位职责的能力。士兵的训练采取专设训练机构培训和部队集中训练相结合的形式进行,先训后补。专业性强的士兵必须经过专设训练机构培训。针对士兵的专业分工,进行相应的专业技术基础知识教育和装备使用、维修操作技能训练。士官的训练采取专设训练机构或者院校培训与在职训练相结合的形式进行。针对士官的专业分工和职级,进行相应的专业技术、战术基础和专业技能训练。担任指挥职务的士官,还应当进行相应的指挥技能训练。军官必须学习军事理论、科技知识和专业技术。军官训练采取院校培训、轮训和在职训练的形式进行,还可以采取留学、考察、学术交流和跨军兵种交叉训练方式进行。

单位必须进行整体训练,具备遂行装备保障任务的能力。总装备部机关主要进行战略保障训练以及相关的业务训练,提高指导装备建设和谋划指挥军事斗争装备保障的能力。军区、军兵种以及所属的军级以上单位装备系统,主要进行战役装备保障训练,形成整体的战役装备保障能力。师、旅、团级单位装备系统,主要进行战术装备保障训练,形成整体的合同战斗装备保障能力。各级装备保障部(分)队,主要进行专业协同训练和战术训练,形成整体的装备保障能力。临时编组单位应当进行与特定任务相适应的训练,提高遂行任务的能力。

(三)装备保障训练的组织与实施

装备保障训练计划是组织装备保障训练的依据。组织领导装备保障训练,必须按照职责分工制定、审批、下达装备保障训练计划。装备保障训练计划分为综合计划和专项计划。组织实施装备保障训练,应当按纲施训,科学组训,战技结合,突出重点分类指导,循序渐进。士兵训练应当按照理论学习、操作练习、考核验收的方法步骤进行,加强岗位练兵,注重专业技能的全面提高。军官训练应当按照理论学习、作业练习,实际操作、考核验收的方法步骤进行,加强技术和指挥综合训练,重点掌握新知识、新技能、新装备、新战法,增强综合素质。单位训练应当练指挥、练协同、练保障、练防卫形成整体装备保障能力。装备保障部(分)队训练,按照专业基础、专业协同、战术演练的方法步骤实施。训练中应当积极利用现代技术,开展模拟训练、网络训练、基地训练和电化教学,增强训练效果,提高训练质量。

(四)装备保障训练的考核与评定

为了加强装备保障训练的质量管理,检验和衡量装备保障训练效果,必须对士兵、军官和单位的装备保障训练水平进行考核。考核分为普考和抽考。考核中应当按照规定的职责和权限,有计划地组织实施。装备保障训练主管部门负责安排并组织实施训练考核,各业务部门协助主管训练部门组织考核,并负责本专业的训练考核。

对士兵的普考,由连(营)级单位或者上级装备机关有关部门组织,抽考由营级以上单位或上级装备机关有关部门组织。对军官和单位的普考,由上级单位或者装备机关有关部门组织,抽考由上两级以上单位或者装备机关有关部门组织。连级以上装备保障部(分)队、专设装备保障训练机构,师级以下单位装备系统所属军官和士兵,还必须参加军事训练等级评定,评定内容包括训练管理、训练成绩和训练条件。陆军作战部队、海军陆战和岸防部队、空军地面部队的全训师、旅、团级单位所属装备保障营、连级单位、第二炮兵部队全训团、营级装备保障单位,以及以上单位的指挥军官、士兵,也必须进行军事训练等级评定。

第二节　我国军事装备动员法律制度

人类自从有了战争,就有了动员,并且随着战争形态和作战样式的发展变化,动员的领域越来越广,动员的要求越来越高。装备动员是国防动员的物质技术基础,是战争进程不可或缺的组成部分,直接构成部队战时的装备战斗力。世界新军事变革的兴起和信息化战争时代的到来,对装备动员产生了复杂而深刻的影响。当前,由于武器装备制造成本的空前提高,任何国家都不可能完全依靠其国防工业现实能力和储备打赢战争,即使美国这样的军事强国,也不得不在海湾战争和伊拉克战争中实施武器装备动员,即紧急动员生产了爱国者导弹、激光钻地炸弹和联合直接攻击弹药(JDAM)等大量武器装备。[1] 可见,武器装备动员已成为世界各国应对高技术局部战争的普遍做法。随着装备动员在未来联

---

[1]　安伟时、徐锋:《新时期武器装备动员特征辨析》,载《国防技术基础》,2003 年第 5 期,第 29 页。

合战役中的作用和地位日益提高,建立装备动员法规制度势在必行。装备动员法规制度是装备动员准备与实施的法律保障。纵观世界经济发达国家,有关装备动员等方面的法律法规林林总总。以美国为例,就有《战争动员法》、《工业动员法》、《国防动员法》、《民用运输动员法》和《商船法》、《民用飞机法》等,这些法律法规详细具体地规定了有关装备动员的制度、程序和方法。严格依法动员,有利于增强装备保障动员的权威性、强制性和时效性。

一、我国装备动员立法概况

装备动员是国家为应付战争而使用强制性手段对物质资源进行运作的过程,它涉及国家资源、工业、财政、交通运输、邮电通信、科技等诸多方面。装备动员法规,是关于规定国家、军队、部门、行业、企业、事业及个人在装备动员中的责任、权力和义务的一种法律规范。依靠国家法律的权威来保证装备动员体系这一复杂系统工程高效有序地运行,已被战争实践和历史所证实。

20世纪60年代以来,我国制定了一系列有关战争动员方面的法规,如《国民经济动员工作纲要》(草案)和《国民经济动员计划工作暂行简则》;在工业动员方面,制定了《民用工业为战时动员在平时做好准备的工作条例》(草案);在交通动员方面,明确了关于战时交通保障的原则要求;在物资储备与动员方面,对粮、油、盐、燃料,以及车船器材等物资均制定了具体储备管理规定和办法;在战时勤务与抚恤方面,颁发了《关于战时支前经费开支和管理的规定》和《民兵民工伤亡抚恤暂行条例》。[①] 1997年实施的《国防法》明确规定,要"完善动员体制"。当然,这里面就包括完善装备动员体制。以后,我国相继制定和颁布了《兵役法》、《人民防空法》、《预备役军官法》、《国防教育法》、《民兵工作条例》、《国防交通条例》、《民用运力国防动员条例》等一系列动员法律法规。2010年2月,十一届全国人大常委会审议通过了《国防动员法》,这是我国国防动员建设的一件大事,标志着我国国防动员建设进入了法制化、规范化发展的新阶段。《国防动员法》第41条规定:"国家决定实施国防动员后,承担转产、扩大生产军品任务的单位,应当按照国家军事订货合同和转产、扩大生产的要求,组织军品科研、生产,保证军品质量,按时交付订货,协助军队完成维修保障任务。为转产、扩大生产军品提供能源、材料、设备和配套产品的单位,应当优先满足转产、扩大生产军品的需要。"

装备动员是国防动员的重要组成部分,它大致可区分为武装力量装备动员和地方有关力量动员两个方面。武装力量装备动员,包括装备保障力量的组建、扩建和武装力量动员装备保障;地方有关力量动员,包括军民通用装备、物资、设施和装备保障人员的征用,

---

① 陈东营、张旅天主编:《信息化战争军事装备动员》,北京:军事科学出版社,2005年版,第315页。

装备科研与生产力量的动员。①　目前,部分地方已率先制定了装备动员的地方性法规,如《河北省军民通用装备动员暂行办法》。

不过,当前尽管有的法规涉及装备动员的有关内容,但还存在工作关系不顺、各级职责不清、可操作性不强等诸多问题。随着国家向市场经济体制的转轨和法制化程度的逐步增强,军队和政府以行政手段干预国防建设事业的职能在逐渐减弱,而未来战争的装备动员,是在市场经济条件下实施的,必须依法行事才能保证装备动员工作的顺利进行。法规滞后已严重影响到我军新时期军事斗争装备动员准备的进程,建立健全我国装备动员法规体系已刻不容缓。②　当前,亟需制定与《国防动员法》相配套的军事装备动员法规。比如,分别制定装备物资动员、装备设施动员、军工生产动员、科技力量动员、技术保障力量动员等具体的法规。同时,对后备役人员的组织、征召和训练,对地方装备、物资、财力的储备、征调,对军事装备动员的原则、内容、方法等均应以法律的形式作出规定,保证各项军事装备动员工作有法可依,有章可循。另外,各省、市、自治区可根据本地区实际情况,制定各项军事装备动员法规实施细则和工作条例,把军事装备动员法规具体化,确保军事装备动员工作的落实。

二、我国装备动员领导体制

装备动员工作内容繁杂,涉及军地双方诸多领域、众多行业,要确保组织严密、指挥灵便、反应快速,必须有健全完备的装备动员机构,统一组织指挥和协调装备动员建设。而健全的装备动员领导体制,是保障军事装备动员有序进行和高效运转的可靠保证。建立健全军事装备动员的组织领导体制和快速动员机制,是装备动员建设的重要内容,对打赢未来信息化战争具有重要意义。

我国《宪法》规定,全国人民代表大会行使"决定战争与和平的问题"的职权;全国人民代表大会常务委员会行使"决定战争状态的宣布,决定全国总动员或者局部动员"的职权,中华人民共和国主席"根据全国人民代表大会的决定和全国人民代表大会常务委员会的决定,宣布战争状态,发布动员令。"

我国《国防法》第10、11条规定:全国人民代表大会依照宪法规定,决定战争和和平的问题,并行使宪法规定的国防方面的其他职权。全国人民代表大会常务委员会依照宪法规定,决定战争状态的宣布,决定全国总动员或者局部动员,并行使宪法规定的国防方面的其他职权。中华人民共和国主席根据全国人民代表大会和全国人民代表大会常务委员会的决定,宣布战争状态,发布动员令,并行使宪法规定的国防方面的其他职权。该法第12条规定:国务院领导和管理国防建设事业,领导和管理国民经济动员工作和人民武

①　余高达、赵潞生主编:《军事装备学》,北京:国防大学出版社,2000年版,第395页。

②　宋华文:《装备动员体制研究》,北京:国防大学出版社,2005年版,第76页。

装动员、人民防空、国防交通等方面的有关工作。第 47 条至第 49 条规定:国务院和中央军委共同领导动员准备和动员实施工作。一切国家机关和武装力量、各政党和各社会团体、各企业事业单位和公民,在和平时期必须依照法律规定完成动员准备工作;在国家发布动员令后,必须完成规定的动员任务。国家依照宪法规定宣布战争状态,采取各种措施集中人力、物力和财力,领导全体公民保卫祖国,抵抗侵略。

上述规定表明,我国的国防动员体制是集中统一的组织领导体系,这不仅能保证军事装备动员权力的高度集中,平时对各项军事装备动员准备工作实施领导,战时对各级军事装备动员实施统一协调,确保战争突然爆发时,国家或主要作战方向和地区的装备生产能迅速转入战时轨道,充分调动人力、物力和财力为战争服务,而且能保证政令军令畅通,提高军事装备动员的实效性,避免因“多头领导”和“令出多门”造成的混乱。同时,我国的国防动员体制是由军地共同领导和参与、具有行政和法律权威性的动员体制。

三、装备动员的任务和内容

军民通用装备动员工作是关系国家安危的一个战略性问题,是各级政府的重要职责,必须高度重视,加强领导。军地有关部门要密切配合,履行职责。任何单位和个人均有做好装备动员工作的责任和义务。

(一)装备动员的基本任务

装备动员工作的基本任务是:(1)加强对装备动员工作的组织领导,在各级国防动员委员会的统一领导下,建立健全装备动员领导体制;(2)及时准确地掌握装备动员潜力;(3)根据上级要求和战时可能担负的任务,制定装备动员实施预案;(4)加强民兵、预备役部队各类装备专业技术和保障分队建设;(5)平时搞好各类军民通用装备、物资、器材等方面的储备;(6)战时统一组织装备动员力量完成支前保障、就地防卫和后方研制、生产任务;(7)战后实施装备动员力量的复员和善后处理工作。

(二)装备动员的基本程序

装备动员工作的基本程序是:(1)受领、传达任务,下达预先号令,计划安排工作;(2)分析判断情况,定下决心;(3)下达命令,明确任务;(4)完成装备动员任务;(5)集结、输送和实施交接;(6)做好善后持续动员准备及其他工作。

(三)装备动员的内容

装备动员的内容有:(1)征召专业技术人员,包括充实装备保障部(分)队和直接抽组装备支前保障力量。(2)征用军民通用装备、器材、设备和设施,通用装备主要包括车辆、船舶、工程机械等,器材主要包括机械零配件、仪器仪表和其他耗材;设备主要包括维修、检测和其他专用设备;设施主要包括维修厂房、车间、仓库等。(3)科研生产动员,主要是科研单位和生产厂家研究项目、生产产品的平战转向和转产。

各级机关、团体、企事业单位和个人拥有的装备、物资、器材,以及所有公用民营企业和其他团体,通用装备维修企业和专业技术人员,均属被动员征集范围。

四、装备动员的准备和实施

(一)装备动员准备

装备动员准备,是实施装备动员的基础,包括以下内容。

1. 调查研究装备动员潜力

各级装备动员机构要根据当地经济和社情,扎实做好装备动员潜力调查统计,建立装备动员潜力数据库和信息网络系统,健全装备动员档案。每年进行一次全面的数据汇总、处理,并会同有关部门搞好潜力信息的分析、评估工作。各有关部门和单位要及时向本级装备动员办公室报告装备动员力量的数量、类别、分布、调动和调整等情况,协助装备动员办公室做好装备动员工作的动态管理。各级装备动员办公室要会同军事机关制定战时各类通用装备及人员、物资和器材的征集方案,报本级国防动员委员会审批。

2. 制定装备动员预案

各级各类装备动员部门要根据上级指示和动员任务要求,会同有关部门和单位,分别制定相关行业的装备动员预案,内容应包括:征用的时机、对象、数量、规模,集结地点和时限、交接方式及相关保障等。各级装备动员办公室要结合国防动员委员会工作,对本行政区域内装备动员工作至少进行一次综合性检查、考核、讲评。

(二)装备动员工作实施

接到上级装备动员命令,各级装备动员办公室应迅速转入战时体制,全面决策指挥本级装备动员行动。并依据上级指示,在平时装备动员预案的基础上,制定本级装备动员具体实施计划,报上级批准后快速组织实施。装备动员工作的具体实施通常分为三个阶段进行:应急动员准备阶段、动员实施阶段、善后工作阶段。

1. 应急动员准备阶段

接到上级装备动员预先号令后即为应急动员准备阶段,各级应迅速做好下列工作:(1)紧急召开装备动员会议,研究制定实施装备动员征集的计划,下达装备动员任务;(2)各级装备动员机构迅速按职责分工拟订计划,搞好装备、物资、器材和人员的划拨编组;(3)基层装备动员机构对所属征用装备动员对象进行数量清查,并搞好装备的质量检测和维护保养,做好征集准备工作。

2. 动员实施阶段

从接到上级装备动员命令开始即为动员实施阶段,各级应主要做好以下工作:(1)各级装备动员办公室必须迅速实施装备动员;(2)遵照上级动员命令,根据平时掌握的调查数据,按照职责分工,分别拟订下达装备动员命令和支前保障计划,明确装备动员地区、部门、类别、数量及完成动员的时限,划分装备动员批次、编组,区分装备动员任务;(3)机关、团体、企事业单位以及乡(镇)、街道,应按上级指示,迅速将装备动员任务明确到具体单位和个人,并发放装备物资征用通知书,明确装备力量的集结地点、时限、方式、方法,保证被征集对象按规定到位;(4)被征用的军民通用物资装备,在上级军事机关指导下,由县级装备动员办公室具体负责实施过程的指挥和各类保障;(5)适时搞好装备储备点和运输过程中的安全警戒,严防敌人突袭和破坏。

3. 善后工作阶段

完成装备动员支前或装备对象交接任务后为善后工作阶段,各级应主要做好下列工作:(1)按照国家战时动员征集法律、法规和规章,妥善解决好被征用单位和个人的有偿费用;(2)对执行法律、法规和规章情况进行检查,及时处理违法、违纪案件。

装备动员办公室应当根据战场或执行任务的情况变化,及时修订补充实施计划,确保准确、适用、及时、高效。装备动员人员参加军事训练期间的待遇,是农村村民和企业事业单位职工的,依照《民兵工作条例》第 24 条规定执行;是城镇个体工商户和待业人员的,由当地政府给予适当补助。

(三)经济补偿

为了维护被征物资、装备单位和个人的合法权益,保护被征用方参与国防动员的积极性,因履行国防动员义务而遭受直接财产损失的,应对被征用单位或个人给予适当经济补偿。《国防动员法》规定:"国家对因承担转产、扩大生产军品任务造成直接经济损失的单位给予补偿。"被征用的物资、装备因执行军事任务所造成损坏的赔偿费,属军队使用的,由被征用者向当地装备动员办公室提出申请,经军队有关部门审核,由军队支付;属地方支前机构、民兵组织等使用的,由被使用者向当地国防动员委员会相关职能办公室提出申请,经核准后报当地政府,由当地政府支付。赔偿应当按质折价,具体数额由当地政府价格主管部门依据有关规定确定。

被动员对象因执行军事任务所造成的其他经济损失由军队作战费支付,省、市、县(市、区)政府给予适当补偿。被动员对象因平时参加集训、演练造成的其他经济损失,由军队和地方政府给予适当补偿。补偿由被征用者和动员对象向当地装备动员办公室申报,经审核后,报同级政府批准。另外,《民用运力国防动员条例》也规定,拥有或者管理民用运力的单位和个人,凭使用单位出具的使用、损毁证明,向当地的国防交通主管机构申报,经国防交通主管机构审核,情况属实,并报有关人民政府批准后,由当地的国防交通主管机构负责在规定的期限内实施补偿。各地应当结合本地区的实际,依据该《条例》,制定地方性运力征用运价标准以及补偿办法等细则,使之与《条例》形成上下衔接、相互配套的运力动员补偿体系。对因履行民用运力国防动员义务遭受人员伤亡的,其抚恤优待的办法和标准,由县级以上地方政府民政部门依照《军人抚恤优待条例》等法规给予抚恤优待。

2010 年 4 月,解放军总后勤部、财政部联合发布了《民用运力国防动员补助补偿规定》,对民用运载工具贯彻国防要求的费用补助,军事训练演习征用民用运力的费用补偿,民用运力履行国防动员义务造成财产损失补偿问题做出了明确规定。这是国家首次对运力动员经费补助主体、内容、渠道和程序等做出规范,解决了长期困扰民用运力动员经费保障的瓶颈问题,对促进民用运力国防动员工作开展,保护民用运力拥有者、管理者的合法权益具有重要意义。

（1）民用运载工具贯彻国防要求的补助。民用运载工具贯彻国防要求是指为增强民用运载工具的国防适用性,在设计、建造时采取特殊技术或者工程措施经批准,后列入中央预算。由地方政府国防交通主管机构和同级政府财政部门审核的,经批准后列入同级政府预算。经审批立项的民用运载工具贯彻国防要求项目,由民用运载工具拥有或者管理者会同提出贯彻国防要求的单位,编报民用运载工具贯彻国防要求项目总体方案和费用预算。民用运载工具贯彻国防要求费用预算应当包括以下内容:论证、试验、鉴定、标准和规范制订等科研费;设计、审查费,材料、设备购置费(含进口设备的关税),人工费,水电和设备损耗费,工程监理和验收费等成本费。

（2）军事训练、演习征用民用运力的补偿。经军区级以上单位批准的军事训练、演习征用民用运力的补偿费用,按照租用方式计价结算,并由组织军事训练、演习的单位与出租方签订租用合同。军事训练、演习征用民用运力补偿费用,按照下列渠道解决:现役部队训练、演习征用民用运力所发生的费用,在军队相关经费中解决;预备役部队训练、演习征用民用运力所发生的费用,在预备役部队相关经费中解决;民兵训练、演习征用民用运力所发生的费用,在民兵事业费中解决;国防动员训练、演习征用民用运力所发生的费用,在国防动员经费中解决。

（3）因履行国防动员义务造成直接财产损失的补偿。平时因履行民用运力国防动员义务造成民用运载工具灭失、损坏等直接财产损失,由租用方给予补偿。战时因履行民用运力国防动员义务造成民用运载工具灭失、损坏等直接财产损失的,由拥有或者管理民用运载工具的单位或者个人,凭使用单位出具的使用、损毁证明,向负责征用的国防交通主管机构申报。受理申报的国防交通主管机构应当会同同级财政、交通运输等部门,对申报材料进行审核后,向同级政府提出补偿建议,经批准后组织实施。移交参战部队民用运载工具的损失补偿费用,列作战费支出;各级政府组织支前的民用运载工具的损失补偿费用,列同级政府支前费支出。

总之,装备动员是复杂的社会和经济活动,市场经济条件下,开展装备动员工作的有效方法是按经济规律办事,针对不同的动员任务和动员对象,灵活运用市场、计划、行政和法律等各种手段,通过机制创新,充分调动社会各方面的积极性,以保证动员任务的完成。当前,我国应过健全法规制度,全面规范装备动员的内容、范围、标准、程序、方法,明确各级政府部门、企事业单位、军事部门和公民个体,在平时和战时装备动员工作中的职能、责权范围、相关法律责任和奖惩办法,为战时有效实施军民通用装备保障提供可靠的法律依据,确保军队专用装备生产动员、军民通用装备动员、高新技术装备保障力量动员、装备科研动员等 4 个方面的装备动员能力大大增强。切实加强装备动员体系与国家应急体系的协调,确保装备动员力量"平时服务、急时应急、战时应战"的三大功能得到充分体现。搞好军地衔接,健全政府主导、军地对接的工作协调机制,应急与应战相结合的衔接机制,行业为主、属地配合的军队专用武器装备动员运行机制,属地为主、对口协调的军民通用装备征用运行机制。

第三节　危害武器装备保障的犯罪

近年来,我国武器装备、军事设施、军事通信等设施遭到破坏的情况比较突出,严重危及国防建设和国防安全。为了维护国家武器装备、军事设施、军事通信等设施的安全,惩治破坏军事设施的犯罪行为,刑法分则第七章规定了危害国防利益罪,其中就包括了危害武器装备保障犯罪的几个罪名,同时,《军事设施保护法》也对相关的犯罪行为及惩处作了明确规定。

一、破坏武器装备、军事设施、军事通信罪

破坏武器装备、军事设施、军事通信罪,是指以贪利、泄愤报复或者其他个人目的,故意破坏武器装备、军事设施、军事通信的行为。

(一) 犯罪构成

根据刑法的规定,构成破坏武器装备、军事设施、军事通信的犯罪,必须具备以下几个方面的条件。

1. 本罪侵犯的客体是国防建设秩序

武器装备、军事设施、军事通信设备和器材是重要的国防资产,是部队战斗力的重要组成部分,是国防建设的重要内容。我国《国防法》规定:"禁止任何组织或者个人破坏、损害和侵占国防资产。"《军事设施保护法》也明确规定:"中华人民共和国的所有组织和公民,都有保护军事设施的义务,禁止任何组织或者个人破坏、危害军事设施。"故意破坏武器装备、军事设施、军事通信的行为,违反国防法律规定的公民国防义务,损害部队战斗力,削弱国防能力,危害国防安全。

2. 本罪在客观方面表现为破坏武器装备、军事设施或军事通信的行为

破坏,即毁灭和损坏,是指使武器装备、军事设施、军事通信全部或部分地丧失其正常功能。就方法而言多种多样,既可以采用诸如放火、决水、爆炸、投毒、散撒放射性物质等危险方法,又可以采用诸如发射信号干扰,盗用军用无线频率,故意违反操作规程,拆卸、安装某种能引起武器装备、军事设施、军事通信失去效能的器材等技术手段,还可以采取诸如摧毁、砸击、挖掘、碰撞等暴力以及盗窃正在使用中的通信设备、电缆电线等其他手段。既可以表现为作为,又可以表现为不作为,如故意不履行保管、维修义务而使其受到

破坏。只要属于本质上的破坏，无论其方式如何，均对构成本罪没有影响。本罪的犯罪对象是武器装备、军事设施与军事通信。军事设施包括：国家直接用于军事目的的建筑、场地和设备，指挥机关、地面和地下的指挥工程、作战工程；军用机场、港口、码头；军用国库、仓库；营区、训练场、试验场；军用通信、侦察、导航、观测台站和测量寻航、助航标志；军用公路、铁路专用线、军用通信、输电线路、军用输油、输水管道；国务院和中央军委规定的其他军事设施。军事通信是指军队为实施指挥、运用通信工具或其他方法进行的信息传递，它是保障军队指挥的基本手段，如无线电通信、有线电通信、光通信、运动通信、简易信号通信等。

3. 本罪的主体为一般主体

凡达到刑事责任年龄、具备刑事责任能力的自然人均能成为本罪的主体。破坏的对象必须是武器装备、军事设施、军事通信。且只要是实施了破坏的行为就构成本条规定的犯罪，并不要求破坏行为造成一定的后果。

4. 本罪的主观方面表现为故意

明知是武器装备、军事设施、军事通信，但出于贪利图财、泄愤报复或者敌意，仍然进行破坏，对其危害国防建设的后果持希望或者放任的态度，就构成了故意。如果是出于无意或过失，尽管在客观上使武器装备、军事设施或者军事通信遭到了破坏，也不构成本罪。

（二）刑事责任

刑法对破坏武器装备、军事设施、军事通信罪，根据不同的情况，规定了三档处罚。破坏武器装备、军事设施、军事通信的，处三年以下有期徒刑、拘役或者管制；破坏重要武器装备、军事设施、军事通信的，处三年以上十年以下有期徒刑；情节特别严重的，处十年以上有期徒刑、无期徒刑或者死刑。并规定，战时从重处罚。战时，是指国家宣布进入战争状态、部队受领作战任务或者遭敌突然袭击时。部队执行戒严任务或者处置突发性暴力事件时，以战时论。

另外，2005 年 2 月 28 日第十届全国人民代表大会常务委员会第十四次会议通过了《刑法修正案（五）》，对刑法第 369 条增加了一款，罪名为过失破坏武器装备、军事设施、军事通信罪，与此同时，在司法实践中，全国首例过失破坏军事通信罪也已在京宣判。[①]这表明，过失损坏武器装备、军事设施、军事通信，危害国防利益，造成严重后果的行为会构成过失损坏武器装备、军事设施、军事通信罪。与前罪不同的是，本罪在主观上表现为过失，包括疏忽大意的过失与过于自信的过失，即行为人应当预见自己的行为有可能发生损坏武器装备、军事设施、军事通信的结果，因为疏忽大意没有预见，或虽已经预见但轻信能够避免，以致发生这种结果的。对于过失损坏武器装备、军事设施、军事通信造成严重后果的，处三年以下有期徒刑或者拘役；造成特别严重后果的，处三年以上七年以下有期

---

①　杨新京：《论过失损坏武器装备、军事设施、军事通信罪》，载《中国检察官》，2006 年第 4 期，第 50 页。

徒刑。

二、故意提供不合格武器装备、军事设施罪

故意提供不合格武器装备、军事设施罪,是指明知是不合格的武器装备、军事设施而故意提供给武装部队的行为。

(一)犯罪构成

1. 本罪侵犯的客体是国家的武器装备、军事设施的管理制度以及国家安全

我国有关军事法规对武器装备、军事设施的生产、销售有严格的规定,并建立了一整套相应的制度,任何不按规定的标准提供不合格的武器装备、军事设施的,都是对这一制度的侵犯。与此同时,武器装备、军事设施的用途在于对敌作战,保卫国家安全,而不合格的武器装备、军事设施被提供给武装部队,轻者造成人身伤亡,重者危及国防利益,因此,军事设施、武器装备不合格,提供给武装部队,其危害是极其严重的。

2. 本罪在客观方面表现为明知为不合格的武器装备、军事设施提供给武装部队的行为

构成本罪首先要有提供的行为。所谓提供,是指在科研、设计、勘察、测量、建设、施工、制造、修筑、修理、验收、采购、销售以及到部队使用全过程中某一环节出于故意而导致了不合格武器装备、军事设施的交付使用。既可以是有偿的,如被征购,又可以是无偿的,如被征用。方式如何并不影响本罪成立。其次,所提供的必须是不合格的武器装备或军事设施。所谓不合格,是指所提供装备的不符合规定的质量标准和安全使用标准,具体标准由国务院和中央军委作出规定。如使用不合格的原料生产、制造武器装备或军事设施;提供的武器装备、军事设施包括外形、内部结构、坚固耐用程度等不符合各项技术、数量指标等。最后,必须是向武装部队提供。虽有提供行为但不是提供给武装部队,也不能构成本罪。所谓武装部队,是指中国人民解放军部队、武装警察部队、预备役部队以及民兵组织。对于明知是不合格的武器装备、军事设施提供给武装部队的,不要求必然引起严重后果,只要行为人实施了这一行为,即构成犯罪。

3. 本罪的主体为特殊主体,即只有武器装备、军事设施的生产者和销售者才能构成本罪

我国对武器装备、军事设施的生产和销售有严格的规定,并非任何个人与企业都可以任意成为武器装备、军事设施的生产者和销售者。另外,单位亦可成为本罪主体。

4. 本罪在主观方面表现为故意

故意的心理,表现为对不合格的武器装备、军事设施是明知的,但知其不合格仍然作为合格产品提供给武装部队。不知是不合格的武器装备、军事设施而提供给武装部队的,不构成本罪。

（二）刑事责任

刑法第 370 条第一款、第三款规定,明知是不合格的武器装备、军事设施而提供给武装部队的,处五年以下有期徒刑或者拘役;情节严重的,处五年以上十年以下有期徒刑;情节特别严重的,处十年以上有期徒刑、无期徒刑或者死刑。单位犯第一款罪的,对单位判处罚金,并对其直接负责的主管人员和其他直接责任人员,依照第一款的规定处罚。

另外,过失将不合格的武器装备、军事设施提供给武装部队,造成严重后果的,构成过失提供不合格武器装备、军事设施罪。所谓"造成严重后果",是指因提供不合格武器装备、军事设施造成人员重伤、死亡或者重要武器装备、军事设施毁损的,造成重大经济损失等。根据刑法第 370 条第二款的规定,犯本罪的,处三年以下有期徒刑或者拘役;造成特别严重后果的,处三年以上七年以下有期徒刑。这里的造成特别严重后果,是指造成多人重伤、死亡或者多件重要武器装备、多处重要军事设施报废的,造成特别重大经济损失等。

三、战时拒绝、故意延误军事订货罪

战时拒绝、故意延误军事订货罪是指在战时无正当理由而拒绝或者故意延误军事订货,情节严重的行为。即具备按时完成订货任务的条件却拒不接受订货或者故意延迟耽误交付军事订货。

（一）犯罪构成

1. 本罪侵犯的客体是军事订货秩序

军事订货是军事部门根据国防需要,向军工部门或者其他经济部门订购武器装备和军用物资的活动。军事订货是保证部队武器装备和军用物资的供应,满足国防需要的主要手段。《国防法》第 51 条第一款规定:"企业事业单位应当按照国家的要求承担国防科研生产任务,接受国家军事订货,提供符合质量标准的武器装备或者军用物资。"但是,随着新时期军事战略方针的确定,军品质量与其生产任务订货量少,成本高,利润低的矛盾日益突出。有些单位和个人出于经济利益考虑,对军品生产任务索价过高,达不到要求的拒绝接受订货;有的对已经签订合同的军品生产任务,百般拖延交货日期,有的已经严重贻误部队的使用,对国防利益造成潜在的威胁。

2. 本罪在客观方面表现为战时拒绝或故意延误军事订货,情节严重的行为

所谓军事订货,是指部队根据国防安全利益的需要,依照有关法律规定,与行为人意欲达成或者已经达成的生产、供给某种国防建设物品合同的行为。这一军事订货的行为,其对象就是本罪主体应当从事生产、供给的对象,也称军事订货。军事订货,既包括军事卫星、航空器、坦克、火炮、汽车、装甲车等武器装备的订货,又包括供应军队作战、训练、施工、科研、后勤、医疗保障等军用物资的订货,还包括用于军事目的诸如各种建筑物、场地、设备等军事设施的订货等。总之,一切用于军事需要生产、制造、承建、修配、运输、储存的物品,包括动产与不动产,都可属于军事订货的范畴。

军事订货是国防经济中体现商品经济和期货特点的一种军品交换方式。军事订货与其他民品订货一样,具有先成交后生产的特点,一般适用于大批量或价值量高的军品。采取订货方式,买方可以取得稳定的货源,卖方有可靠的销路,有利于加强军品生产、流通和军工企业经营的市场性、经济性、计划性。军事订货是事先通过签订合同或协议达成的交易,这种合同或协议的内容一般包括军品数量、质量、完成时限、交货与付款方式、价格等,具有约束买卖双方权利和义务的法律效力。

所谓拒绝,是指拒不接受部队向其要求的军事订货,即不愿意从事军事订货的科研、设计、生产、供给、修配、运输、承建等活动。所谓延误,是指虽然接受了军事订货,但却延期耽误,不按时交货,表现为消极的不作为。当然,构成本罪的拒绝、延误行为必须是无正当理由。行为人如果具有正当理由而拒绝或者延误订货的,自然不能构成本罪。所谓正当理由,是指客观存在的自己不具备完成军事订货条件的各种理由,如技术过不了关,人手确实不够,遇有自然灾害,发生意外事故致使停工停产等。如果具有完成生产订货的各种条件,却以时间紧,原料、资金、设备、人力不足,技术达不到要求等为借口而拒绝或消极怠工,故意制造事故而延误订货的,即应视为本罪的拒绝和延误。方式多种多样,有的是拒绝、延误生产、制作、加工、组装各种军事订货;有的是拒绝、延误组织供应、提供军事订货;还有的拒绝、延误修配、维修、运输、储存、承建、设计、研究军事订货等。

拒绝、延误军事订货的行为发生在战时才能构成本罪。若在平时不是战时,即使有拒绝、延误军事订货的行为,也不能构成本罪。这是本罪在时间方面的必备要件,不可缺少。

根据本条规定,只有情节严重的拒绝、延误军事订货的行为才能构成本罪,尚未达到情节严重,即使具有拒绝、延误军事订货的行为也不能以本罪论处。所谓情节严重,主要是指多次拒绝或延误的;拒绝、延误大量军事订货的;因其行为造成诸如贻误战机,影响重大军事任务完成,致使战斗、战役失利,造成较大伤亡等后果的等。

3. 本罪主体仅限于单位

承担刑事责任的是负有军事订货义务的生产、销售单位及其直接负责的主管人员和其他直接责任人员。

4. 本罪在主观方面表现为故意

如果不是出于故意,而是客观上无法完成订货,没有条件完成军事订货,或是由于不可抗力及一些特殊困难,延误订货的,不构成犯罪。

(二)刑事责任

根据刑法第380条之规定,犯本罪的,对单位判处罚金,并对其直接负责的主管人员和其他直接责任人员,处五年以下有期徒刑或者拘役;造成严重后果的,处五年以上有期徒刑。这里的造成严重后果,是指因拒绝、故意延误军事订货致使战斗、战役失利的,严重影响部队重大军事行动的,造成人员伤亡,或者重要武器装备、军用和物资、军事设施毁损等。

四、战时拒绝军事征用罪

战时拒绝军事征用罪是指在战时情况下,公民对国家、政府和武装力量征用其所属的房屋、车辆、场地等作战所需的物资,能够提供而拒绝提供,情节严重的行为。

（一）犯罪构成

1. 本罪侵犯的客体是国家军事征用管理制度和战争动员制度,危害战时国家军事利益

"军事征用",是指武装部队根据作战和其他军事行动的需要,依法使用组织和公民个人的设备设施、交通工具和其他物资。在战争期间,国家和武装部队根据需要,对单位和公民个人的房屋、场所、设施、运输工具、工程机械等实施紧急征用,是补充战时迅速组建扩建部队,提高部队的机动和运输等后勤保障能力,保证战争胜利的必要条件。在现代战争中,武装部队进行作战和实施扩编所需要的物资保障能力要求高,世界各国普遍采取征用措施,并对调用征购军用物资和设施的范围、对象、时机、权限、惩处等,在法律上作出明确规定。我国《国防法》规定:"国家根据动员需要,可以依法征用组织和个人的设备设施、交通工具和其他物资。公民和组织应当支持国防建设,为武装力量的军事训练、战备勤务、防卫作战等活动提供便利条件或者其他协助。"这是国家为适应保卫祖国、抵抗侵略,加强战时国防物质保障需要而采取的非常措施和重要的国防制度。按照这一制度,任何组织和个人均有义务将其所有属于征用范围内的设备、设施、交通工具和其他物资提供给国家武装部队。战时拒绝军事征用情节严重的行为,违反了国防法规定的公民国防义务,严重妨害武装部队的作战和其他军事行动,危害国防利益。

2. 本罪在客观方面表现为行为人实施了战时拒绝军事征用,情节严重的行为

战时征用,由国家颁布法令或命令在全国或部分地区统一适用,一般由县级以上人民政府或战区武装部队直接组织实施。在紧急情况下,武装部队根据作战需要,也可依照战时法令或命令随时征用组织和个人的物品。设备包括各种器材、机械等。设施包括建筑物、场地,如住宅等。交通工具包括机动车、船,民用飞机,非机动车、船。其他物资是指为战时武装部队急需的一切物质财产,如衣、被、食品、牲畜、通信工具等。拒绝军事征用是指行为人故意不将被征用的个人设备设施、交通工具和其他物资交付武装部队使用,即对国家、武装部队征用的物品拒不提供或者藏匿、转移、销毁、出售的。

军事征用属于有偿征用,但这不是说在执行军事征用的当时就要给予补偿。当场无法给予补偿的,执行军事征用的单位应当给被征用人当场开具征用证明,在以后有可能时再行补偿。补偿的数额则仅限于由于军事征用造成被征用人的直接经济损失。所谓拒绝,是指拒不接受军事征用,既可以是对有关单位的征用通知置之不理,依然我行我素,经教育仍不加以改正,又可以表现为以暴力、威胁方法拒绝征用。方式如何,并不影响本罪成立,只是本罪量刑时应当考虑的情节。

拒绝军事征用的行为必须发生在战时,同时必须达到"情节严重"的程度,才构成犯罪。"情节严重",在司法实践中,主要是指以暴力威胁方法抗拒军事征用的,煽动他人拒绝军事征用的;因拒绝军事征用影响部队完成重要任务或者造成其他严重后果的;拒绝征用物资数额较大的、拥有武装部队战时急需物资而拒不提供的等情形。

3. 本罪主体为一般主体

凡达到刑事责任年龄、具备刑事责任能力的自然人均可构成本罪。

4. 本罪在主观方面表现为故意

动机不影响定罪。过失不构成本罪。

(二)刑事责任

根据刑法第380条的规定,犯本罪的,对单位判处罚金,并对其直接负责的主管人员和其他直接责任人员,处五年以下有期徒刑或者拘役;造成严重后果的,处五年以上有期徒刑。犯战时拒绝、故意延误军事订货罪而造成严重后果的,是本罪的加重处罚事由。这里造成的严重后果,是指因拒绝、故意延误军事订货致使战斗、战役失利的,严重影响部队重大军事行动的,造成人员伤亡,或者重要武器装备、军用和物资、军事设施的毁损等。

第八章 军事装备技术基础法律制度

军事装备技术基础工作是在军用标准化、军事计量、质量管理、科技信息、科技成果管理等五个专业领域内对军事装备实施技术管理与监督活动的统称。[①] 装备技术基础工作是武器装备建设的重要条件和先导，既广泛渗透于所有军事装备系统之中，又贯穿于军事装备建设的全寿命周期和各个重要阶段。在贯彻中央军委"科技强军、质量建军、依法治军"的战略方针，实现军事装备建设的科学管理、科技创新、质量保证、成本控制等方面，装备技术基础工作具有决策咨询、技术监督、技术服务等保障作用。在装备技术基础立法方面，中央军委已相继发布了《中国人民解放军计量条例》、《中国人民解放军装备科技信息工作条例》，国务院、中央军委制定发布了《国防专利条例》、《武器装备质量管理条例》。这些装备技术基础法律制度为我军装备技术基础工作科学化、制度化、规范化管理提供了重要法律保障。

第一节 军用标准化法律制度

我国国家标准《标准化基本术语》（GB 3935.1—83）将标准定义为："对重复性事物和概念所做的统一规定。它以科学、技术和实践经验的综合成果为基础，经有关方面协商一致，由主管机构批准，以特定形式发布，作为共同遵守的准则和依据。"军用标准是针对军事领域的产品、过程和服务规定统一技术要求的标准。具体说，就是为满足军事需要，对军事装备及其配套产品、军用物资，作战指挥、军事训练及管理，军事后勤保障技术和军队工程建设中需要统一的军用技术和技术管理要求所作的统一规定。军用标准以军事科技和实践经验的综合成果为基础，经有关各方协商一致产生，由主管机关批准，以特定的形式予以颁布。军用标准化是标准化的一个分支，它是指在国防科技及军事技术装备科研、生产、使用和其他军事活动领域内，通过制定军用标准、实施标准，对标准的实施进行监督以及开展其他活动，以达到统一并获得最佳秩序和军事效益的全部活动过程。[②] 军用标准化工作是促进武器装备工业发展的技术基础，对于促进国防科技工作进步，保证武器装

---

① 余高达、赵潞生主编：《军事装备学》，北京：国防大学出版社，2007年版，第535页。
② 孔宪伦：《军用标准化》，北京：国防工业出版社，2003年版，第3页。

备的质量和提高系列化、通用化程度,缩短研制周期,具有重要的意义,同时也是提高武器装备工业基础能力的重要手段,是实现我军武器装备跨越式发展的技术保障。

一、我国军用标准化立法概况

军用标准化立法,是指国家有关部门按照法定程序制定通用而且能重复使用的军用标准规定或条款的立法活动,规范标准化工作的重要保证。军用标准化法律制度,由标准化法律、法规及部门规章组成。

(一)标准化法律

第七届全国人民代表大会常务委员会第五次会议于 1988 年 12 月 29 日通过了《中华人民共和国标准化法》(以下简称《标准化法》),这是我国标准化工作的基本法。它规定了我国标准化工作的方针、政策、任务和标准化体制等,是国家推行标准化、实施标准化管理和监督的重要依据。《标准化法》的颁布,标志着我国标准化工作已进入法制管理的新阶段。不过,由于该法出台的时候我国实行的是有计划的商品经济,近年来随着社会经济迅速发展,市场经济体制和依法治国方略的确立,特别是入世以来,WTO/TBT 等国际公约也在不同程度上成为我国标准化法律的渊源,现有的标准化法律已无法满足对外开放与自我保护的需要,因此,《标准化法》需要重新定位。据了解,《标准化法》正在修订的过程之中,这必将对国防科技工业标准化法律制度体系产生影响。相关的《标准化法实施条例》及国家标准化行政管理部门的规章到时也将依据《标准化法》的修订进行调整。

(二)标准化法规

改革开放前,我国军用标准化工作没有完整的标准体系,标准化领域主要是机械通用基础标准,原材料、元器件、零部件标准,工艺、工装标准。那时,军用标准化工作处于分散、落后状态,没有国家一级的军用标准。1975 年 8 月 5 日,国务院、中央军委印发《批转关于常规装备科研定型生产中有关问题的请示报告》。1977 年 12 月 28 日《关于加速我军武器装备现代化规定》等有关武器装备的文件要求"搞好标准化、系列化,适应打仗的要求"。中央军委领导同志多次强调武器装备的"标准化、系列化问题,要很好注意"。之后,国防科工办也发出《加强国防工业标准化、系列化、通用化的通知》。

1984 年,国务院和中央军委发布了《军用标准化管理办法》,有力地推动了我国军用标准化全面、深入、持久地发展,军用标准化的作用和影响也越来越大。《军用标准化管理办法》使得军用标准的内涵和范围从武器装备的科研、生产向论证、使用、维修方面前伸后延,基本覆盖了武器装备从论证至报废的全过程,并将军用标准分为国家军用标准(GJB)和部门军用标准。

2000 年中央军委发布的《中国人民解放军装备条例》也对军用标准化管理作出了相关规定。

（三）标准化规章

《标准化法》要求凡从事科研、生产、经营的单位和个人，必须贯彻实施标准。从我国目前的现实情况看，总装备部负责武器装备论证、使用阶段的国家军用标准和军兵种部门军用标准的管理工作，国防科技工业局负责国防科技工业和武器装备研制、生产阶段的国家军用标准和核、航空、航天、船舶、兵器行业标准的管理工作。

总装备部发布的标准化规章有《空军装备研制标准化工作细则》（1999年）、《武器装备订购与质量监督国家军用标准》（2000年）、《装备全寿命标准化工作规定》（2006年）、《通用电子装备"两成两力"建设基本标准和检查评定办法》（2009年）等。目前，总装备部和国防科工局正在联合起草《军用标准化管理条例》，该《条例》的适用范围是军事装备（含武器装备、军用后勤装备）科研、生产、使用及军事活动（含作战指挥、军事训练）、国防科技工业活动有关的标准化工作。

国防科技工业标准化工作，是以武器装备科研生产、军民结合高技术产业发展以及国防科技工业行业管理为对象，在规范科研生产、确保产品质量、缩短研制周期、引领先进技术应用、提升企业核心能力、支撑政府行业管理、促进军民结合等方面具有重要作用。在国防科技工业标准化法律制度体系的设计中，军事装备工业的发展要求建立开放的标准体系，在满足武器装备研制生产需要的同时，积极采用先进的民用标准，充分利用国家标准化方面的资源。为此，当时的国防科工委制定并发布了《军用标准化科学技术进步奖励办法》、《国家军用标准审查细则》、《国家军用标准科学技术文件材料归档办法》、《采用国外先进军用标准暂行规定》和《武器装备研制的标准化工作规定》、《关于国家军用标准的年度计划编制工作程序暂行规定》、《关于国家军用标准的制定、审批工作程序暂行规定》等规章制度。这些规章制度的建立，使军用标准化工作从经验管理走向法治管理，保证了军用标准化工作从一开始就走上正规、有序、健康发展的轨道。截至1998年，在当时的国防科工委组织下，累计制定了数千项国家军用标准和数万项行业（部门）军用标准，[①]对推进武器装备科研生产标准化工作，保证军工产品质量起到了积极作用。1998年国防科技工业管理体制和机构改革后，军用标准化管理体系和职能部门发生了变化，为适应国防科技工业体制改革后标准化管理的需要，原国防科工委相继制定并发布了《国防科技工业标准制定工作程序（试行）》（2000年）、《核、航天、航空、船舶、兵器行业标准编写规则》（现已由国家军用标准GJB 6000《标准编写规定》所替代）、《标准审查工作要求》（2001年）、《武器装备研制生产标准化工作规定》（2004年）等规章，对体制改革后国防科技工业标准化工作的任务，以及标准制定、审查、批准、发布、出版等工作做出了具体规定，以确保国防科技工业标准化工作的质量。目前，我国国防科技工业现行有效标准的总数

---

① 柯智:《在继承中发展，在改革中前进——谈国家军用标准管理工作的若干问题》，载《国防科技工业》，2001年第5期，第32页。

已经达到 23000 多项,这些标准已广泛应用于武器装备的科研、生产和使用活动中,并发挥了重要的技术保障作用。

二、军用标准化法律制度的主要内容

(一)军用标准化管理机构及职责

我国的标准化管理体制是实行统一管理与分工负责相结合的管理体制。国家标准化管理委员会是国务院授权履行行政管理职能,统一管理全国标准化工作的主要机构。国防科工局、总装备部、军兵种、总部有关部(局)和承担军品任务的有关部门,建立或健全相应的标准化管理机构,配备专职人员,开展军用标准化工作。

我军《装备条例》规定,军用标准化包括国家军用标准和部门军用标准。总装备部归口管理军用标准,审批、发布装备建设方面的国家军用标准。军兵种和总部分管有关装备的部门审批、发布部门军用标准。部门军用标准不得与国家军用标准相抵触。凡对国防科学技术和军事技术装备发展有重大意义而必须在国防科研、生产、使用范围内统一的标准,应制定国家军用标准。制定、修订国家军用标准,应当采取科研、生产使用相结合的形式,按照标准的不同对象和部门的业务分工,由主管部门与有关部门协商确定主办部门和参加单位。

国防科工局标准化管理机构是在国家标准局的业务指导下,管理军用标准化工作的职能部门。其主要任务是:(1)根据国家有关的方针、政策,负责提出军用标准化的方针、政策和制订必要的规章制度;(2)组织编制和实施军用标准化规划、计划;(3)组织制订和修订国家军用标准;(4)组织协调军用标准化工作中的重大问题;(5)督促检查军用标准的贯彻执行;(6)对重大的军事装备技术引进项目组织标准化审查;(7)承办上级机关交办的其他标准化任务。

承担军品任务的有关部门的标准化管理机构,负责管理本部门的标准化工作。其主要任务是:(1)贯彻国家军用标准化的方针、政策,制订本部门的规章制度;(2)组织制订和实施本部门的标准化规划、计划;(3)组织制订、修订和审查国家军用标准,并负责必要的协调工作;(4)督促检查标准的贯彻执行;(5)负责组织对本部门引进军事装备技术进行标准化审查;(6)承办上级机关交办的其他标准化任务。

(二)标准的贯彻执行

军用标准一经发布,必须严格执行。在武器装备全系统、全寿命管理中,必须按照国家和军队的有关规定,严格执行军用标准以及军队有关机构确认采用的国家标准和行业标准。对于研制军用新产品,使用部门在提出战术技术指标时,必须同时提出标准化要求,新产品设计总负责人或技术总负责人应当按合同标准化部门组织编制的《新产品标准化综合要求》,设计阶段的图样和技术文件,必须由设计单位的标准化专业人员进行标准化审查签字后,才能使用;新产品定型前,设计单位的标准化机构应当提出《新产品标准化审查报告》。对于已经鉴定的产品,如因改用标准而影响产品的基本战术技术性能,应当由设计单位和同级标准化机构提出报告,征得使用部门同意,报有关军工产品定型委员会审批。如属改进或改型,其更改部分应当按研制新产品的要求进行标准化审查。对于引进的军事装备技术,必须进行标准化审查。对于军用产品的原料、材料、协作件、外购件、半成品和自制件,均应由检验部门严格按照有关标准或图样和技术文件的规定进行验收或复验,合格后,方能投产或者参加整机的装配、测试和各种试验。①

　　根据《标准化法》和《军用标准化管理办法》的规定,国防科技工业领域标准实施的基本要求是:法律法规规定必须实施的标准按规定强制实施;国家标准、国家军用标准、行业标准能够满足军工产品科研生产需要的,应予采用,并可以按照规定的要求和程序进行剪裁,纳入有关文件和合同,严格贯彻执行;国际标准和国外先进标准应当结合国防科技工业的需要积极采用;军工产品、民用主导产品使用的原料、材料、元器件、标准件等外购件应按照规定的标准进行验收;技术改造、引进技术设备等项目应当符合有关标准化要求,并按有关规定进行标准化审查。

　　《武器装备研制生产标准化工作规定》对标准的实施也有规定。型号研制、生产过程中,研制生产单位必须实施法律、法规以及规范性文件规定强制执行的标准,以及型号研制生产合同、型号文件规定执行的各类标准。根据有关法规对军用标准的特殊规定,在军内外已得出以下共识:军用标准不脱离武器装备型号孤立地划分和标识为强制性或推荐性。军用标准的具体贯彻实施要求要紧密结合特定武器装备使用需要和研制生产条件,通过一定程序和文件明确提出来。② 这是因为军用标准是考虑武器装备在不同战场环境、不同使用条件下的需要,适用于各类或某类武器装备的通用标准,具有先进性、普遍适用性、实施费用高等特点;而特定的型号产品有其特定的战术技术指标、使用要求和研制、生产条件,具有研制生产成本高、耗资大、周期长等特点。如果脱离武器装备型号产品的具体情况去孤立地规定和标识军用标准是强制性或推荐性,或者脱离具体要求和条件去强制要求执行有关标准的全部内容都是不科学、不合理的。型号研制过程中,一般应在标准选用范围内选用相应的标准,在标准件、原材料、元器件选用范围内选用相应的成品。超出标准选用范围的,应按照该型号对技术要求偏离所作的规定办理审批手续。型号研制生产合同、型号文件中直接引用的标准或标准条款,应予实施;被引用标准中所引用的标准(间接引用标准),其中需要执行的要求应在型号研制生产合同、型号文件中直接写明,未直接写明的要求仅供参考。当型号文件规定实施的标准有新版标准时,应结合型号具体情况进行技术经济分析和综合权衡,尽可能采用和实施新版标准。同时应提出相应的实施要求和措施,解决新旧标准过渡期间的互换性与协调问题。

---

① 陈耿主编:《军事经济法学》,北京:军事科学出版社,2003 年版,第84 页。
② 金烈元:《关于标准实施若干问题的答问》,载《航空标准化与质量》,2005 第6 期,第24 页。

（三）装备研制生产标准化监督

为了规范武器装备型号研制、生产的标准化工作，《武器装备研制生产标准化工作规定》对标准的实施及监督作了规定。武器装备研制生产过程中，国防科工局、军工集团公司对标准实施工作进行全面监督，对法律、法规、规范性文件规定的以及影响产品效能和质量的重要标准的实施进行专项检查。型号研制、生产过程中，标准化工作系统或企业标准化职能机构还应加强标准实施的内部监督，进行图样和技术文件的标准化检查，组织方案阶段、工程研制阶段和定型阶段的标准化评审，将标准实施监督工作纳入质量保证系统。

2000 年 2 月总装备部发布了《武器装备订购与质量监督国家军用标准》，这是我军装备建设历史上第一部系统、规范的国家级军用标准体系，它涵盖了武器装备从科研、生产、审价、验收到售后服务等各个方面，特别是针对高技术武器的特点，规定了全面、明确、具体的可操作性标准。这既是全军驻厂军事代表对武器装备进行全系统、全过程质量监督的基本依据，也是国防工业部门军品生产必须遵循的法规，对确保向部队提供性能先进、质量可靠的武器装备具有重要作用。

2008 年 12 月总装备部发布了《通用电子装备"两成两力"建设基本标准和检查评定办法》，对装备管理保障、维修器材设备和资料、装备保障基础设施、装备使用单位、装备维修保障机构、装备管理部门等，均制定了应达到的具体要求。全军通用电子装备"两成两力"建设检查评定等级分为优秀达标、达标和不达标三级，总参、总装相关业务部门将据此开展检查评定工作，并根据有关规定给予奖励与处罚。

三、军用标准化法律制度的完善

军用标准化的立法和配套法规涉及技术标准的制定、修订，以及技术标准的实施等环节。要确保军用标准化法律制度的科学性、先进性和合理性，必须在正确分析当前装备技术水平和发展趋势的基础上，科学预见标准制定的技术水平，并及时修订已实施标准中的不合理条款，杜绝标准偏低或不适应的情况。

（一）尽快出台《军用标准化管理条例》

随着市场经济体制的逐步完善、科学技术的迅猛发展、改革开放的不断深入，以及我国顺利加入世界贸易组织后一系列新情况、新变化和新要求的出现，《标准化法》的部分内容已难以适应我国社会发展的需要。目前，国家标准委正着手对《标准化法》进行修订。国防科技工业标准化法律制度应以《标准化法》修订为契机，对有关内容做相应的调整，重点是吸收《标准化法》的原则和精神，对相关标准化法律制度重新进行评估。《军用标准化管理办法》的许多内容也不适应当前的形势，目前总装备部和国防科工局正在联合起草《军用标准化管理条例》。条例应坚持贯彻"质量第一"的方针，坚持科研、生产和使用相结合，重点对部门之间的管理上作进行合理的分工，对国防科技工业标准化技术管理方面的规章进行调整。

（二）加强军民通用标准立法，促进军民融合发展

由于历史和体制的原因，我国的军用标准与民用标准一直不统一。《标准化法》把（民用）标准划分为国家标准、行业标准、地方标准、企业标准，其中国家标准和行业标准按执行属性划分为强制性和推荐性。据了解，正在制定中的《军用标准化管理条例（草案）》把军用标准划分为国家军用标准和行业（部门）军用标准。在以国家标准和行业标准为主体的民用标准体系，未包括适用的国家军用标准；同样，在以国家军用标准为主体的军用标准体系中，适用的民用标准纳入得也不充分、不完整。另外，有些标准已经过时，但仍在使用。

长期以来，我国的国家发展战略和规划对军事、民用技术协调互动重视不够，一直认为民用技术不及军用技术，认为民用标准低，不能满足军事需求；军用标准和国家标准的通用化程度较低，或过于强调军品的国防特殊性，在民用标准能满足军事需求时，仍优先采用军用标准，不但造成了大量社会资源的重复配置和低效率，而且造成军民融合的技术壁垒，影响了国防现代化建设发展的后劲。

事实上，随着民用技术和民用工业的发展，军民技术差别已不明显，军民标准的界限趋向模糊。当前，要抓紧制定并实施国家标准化战略，就必须及时修订和完善军用标准和规范，扩大军品和民品的通用化、标准化和系列化程度。据了解，为了加强军民通用标准建设，促进军民融合发展，工业和信息化部军民结合推进司根据职能要求，全面启动了军民通用标准体系建设的各项工作。比如，在武器研制和采购方面，只要不影响武器装备的作战性能，凡是适合采用民用标准和规范的地方，就尽可能使用民用标准和规范，以此提高国防建设和经济建设的军民融合程度，达到降低资源重复配置和浪费的作用。在制定标准时，要优先采用既能满足军事需求又可获得最佳经济效益的标准。其次，要对原有的军用标准进行审查、清理，研究哪些军用标准应该废除，哪些民用标准可以直接代替或经过修改后可代替军用标准，逐步加大民用标准的比例。再次，要组织协调好新旧标准的衔接和过渡。"国标主体化"是要加重国家标准在军用标准中所占的比例，但一定要结合实际，结合我们的国情、军情，并且这应该是一个逐步渐进的过程，要明确哪些标准可采用国标，哪些方面只能在军内或军种内采用，否则，将会出现标准执行难和标准化体系混乱的问题。

第二节　国防计量监督法律制度

计量是实现单位统一、量值准确可靠的活动。国防计量是指军工产品（含航天技术）在研制、试验、生产、使用全过程中，为保证各类参数和量值准确与一致以及计量单位统一的全部实践活动。[①] 国防计量涉及军工产品研制、试验、生产、使用全过程中的计量工作，是国家计量工作的组成部分。国防计量是国防现代化建设中一项必不可少的技术基础，是鉴定国防科研成果水平、保证产品质量、评价武器装备性能、提高技术经济效益的重要手段和科学依据。同时，国防计量工作是装备建设的重要组成部分，贯穿装备全系统、全寿命管理的各个环节，是保障装备质量、提高部队科学管装水平的重要手段。国防计量工作的主要任务是，运用先进的计量测试技术手段，按照规定对装备及其配套检测设备进行检定和校准，确保装备性能参数的量值准确和统一。

一、我国国防计量监督立法概况

完善的计量法律制度是建立和完善国家计量体系的基石，是规范计量行为、加强计量监督管理的重要依据。为了加强计量监督管理，保障国家计量单位制的统一和量值的准确可靠，有利于生产、贸易和科学技术的发展，适应社会主义现代化建设的需要，第六届全国人大常委会第十二次会议于1985年9月通过了《中华人民共和国计量法》（以下简称《计量法》）。《计量法》颁布以来的20多年是我国经济快速发展、经济体制改革最快的时期。《行政许可法》的贯彻施行，经济全球化以及入世后激烈的国际竞争形势，对我国的计量法制工作提出了新的要求。《计量法》中有关计量监督的规定已不能更好地适应现实计量执法监督的需要，因此，尽快修改、完善《计量法》，健全市场经济体制条件下的我国计量监管体制，是当前一项十分紧迫和必要的任务。据报道，国家质检总局早在2000年就正式启动了《计量法》的修改工作。

改革开放以来，国防科技工业企业计量工作经历了两个历史发展阶段：第一阶段是在1980年至1992年期间，当时计量工作属于计划经济体制下的政府行为。1982年以前，当时的国防工办、国防科委系统均制订了开展计量工作的有关规定、办法或意见，对推动各部门的计量工作起到了积极作用。但它们不够完善，也不配套，适用范围受到限制，适应不了新体制下计量工作法制化、科学化管理的要求。1982年国防科工委成立后，为了加强国防计量工作，适应武器装备现代化建设的需要，于1984年5月向国务院、中央军委提出了《关于加强国防计量工作的请示》，并同时报送了《国防计量工作管理办法（草案）》。国务院、中央军委于1984年9月以国发〔1984〕116号文批转了国防科工委《关于加强国防计量工作的请示》和《国防计量工作管理条例》。这是国防计量第一个经国务院、中央军委批准的法规性文件，它对国防计量的地位和作用，"四个面向"、"四个结合"的工作方针，各级国防计量管理机构和技术机构的职责，有关业务建设作出了规定，对促进国防计量工作的发展起到了积极作用。为了加强对国防计量工作的监督管理，保证军工产品的量值准确一致，依据《计量法》第33条的规定，结合国防现代化建设的实际情况，国防科

---

① 郭群芳：《国防计量》，北京：国防工业出版社，2003年版，第1页。

工委于 1990 年组织制定了《国防计量监督管理条例》，该《条例》的发布标志着我国国防计量走上了技术管理、行政管理与法制管理相结合的新阶段，确立了国防计量的法定地位。《条例》对国防科技工业企业的计量工作提出了具体要求，是国防科技工业系统的军工产品研制、试验、生产、使用部门和单位计量工作的依据。这一时期，国防计量工作按行业、行政区域和国防计量检定系统划分的计量管理模式，对规范计量工作和提高计量管理水平起到了很好的推动作用，也比较好地改善了企业形象，计量工作因而成为企业识别系统的主要标志。《国防计量监督管理条例》的贯彻执行对国防计量在新的历史时期的建设和发展，开创新的工作局面产生了重大影响，对促进国防科技工业的进步和军事技术装备的发展，提高军工产品的质量，充分发挥国防计量的优势为国民经济建设服务，具有深远的意义。为了更好地贯彻执行《条例》，当时的国防科工委从 1990 年下半年开始组织力量，经过两年多的时间，制订了与贯彻执行《条例》相配套的《国防计量技术机构管理办法》、《武器装备型号计量师工作制度》、《国防计量检定人员管理办法》、《国防计量标准器具管理办法》等 7 个配套规章。

第二个阶段是从 1992 年至今，党的十四大通过了建立社会主义市场经济体制的改革目标后，国家逐步实现了政企分开，对企业的直接干预和管理开始减少，计量工作转变为市场经济条件下的政府指导和支持。部分条件较好的国防科技工业企业建立并完善了计量检测体系，还有一部分企业结合企业质量体系认证工作，将计量纳入了质量体系要素，并实施了相应的管理，使企业的计量工作得以继续保持。为进一步适应市场经济条件下国防科技工业计量工作的需要，原国防科工委于 2000 年发布了《国防科技工业计量监督管理暂行规定》，再次明确了国防科技工业企业计量服务的对象是军工产品和现代化的武器装备；服务的宗旨是保证量值准确一致、测量数据可靠；服务的方式是依法实施计量检定、校准、测试、仲裁检定和计量保证，为新形势下开展计量工作提供了正确的依据。2003 年，原国防科工委又颁发了《国防科技工业计量检定人员管理办法》和《国防科技工业计量监督实施办法》。

2003 年 7 月，中央军委制订和发布了《中国人民解放军计量条例》，这是第一部规范全军计量工作的基本法规，具有鲜明的时代特征和军队特色。该《条例》以中央军委新时期军事战略方针为统揽，按照平战结合、协调发展的原则，从全军计量工作的特点和规律出发，总结吸收全军开展计量工作的成功经验，立足现实、着眼发展，科学地规范了军队计量工作，体现了为军事斗争准备服务、为装备全系统全寿命建设与管理服务、为巩固和提高部队战斗力服务的宗旨。《条例》覆盖了军队计量工作的各个方面、各个层次和各个环节的活动，明确了军队计量工作的基本任务与建设方针，规定了军队计量技术机构的设置与分工，测量标准的溯源与管理，军队计量检定人员的职责、权利义务与法律责任，提出了装备论证、研制、试验、采购、使用、维修及引进工作中的有关计量要求，确立了与国家军事订货制度相适应的军事计量监督评价体系。《计量条例》的制定和颁布施行，是全军计量工作科学化、法制化、规范化管理的重要法律保障,对于建立与国家军事订货制度相适应的计量监督管理体系,科学规范军事计量工作,提高装备保障能力和部队战斗力,具有十分重要的意义。

依据我军《计量条例》,总装备部发布实施了 GJB 5109—2004《装备计量保障通用要求检测和校准》。海军制定了《海军计量工作规定》、空军制定了《空军计量工作管理规定》(2004 年)。各专业的计量管理部门也制定了专业的计量工作实施细则,确保计量工作做到有法可依、有章可循。

二、国防计量监督法律制度的主要内容

国防计量是一个庞大的系统,要确保武器装备研制、生产、试验、使用全过程的量值准确和测量数据的可靠,必须建立一套健全有效的计量监督管理体系。国防计量监督管理体系是指在国防系统内,为提供计量保证开展各项管理活动,并依照计量法律、法规和制度对计量保证进行检查监督的工作体系。国防计量监督管理体系由国防计量管理机构和计量法规两部分构成。计量管理机构是计量法规的制定和执行者,计量法规是计量管理机构实施有效管理、监督的保证。① 两者相互依存、相互促进。

(一)国防计量管理机构

国防计量管理机构由国防科工委计量管理机构,国防科技工业主管部门计量管理机构,中国人民解放军各总部、军兵种计量管理机构,省、自治区、直辖市国防科工办计量管理机构以及研究院、基地(局)、厂(所)、团站基层单位计量管理机构组成(图 8-1)。

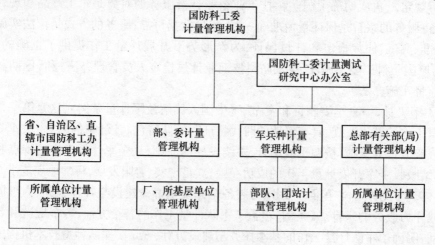

图 8-1 国防计量管理机构

---

① 郭群芳:《国防计量》,北京:国防工业出版社,2003 年版,第 25 页。

（二）主要国防计量法规及内容

1. 《国防计量监督管理条例》

《国防计量监督管理条例》主要包括以下几方面的内容:(1)建立健全国防计量机构。国防计量机构包括国防计量管理机构和技术机构。国防计量管理机构主要是对国防计量实行行政管理。国防计量技术机构是中国人民解放军和国防科技工业系统的法定计量检定机构。(2)国防计量的检定。军工产品研制、试验、生产、使用部门和单位的计量标准器具以及用于军工产品质量管理、性能评定、定型鉴定和保证武器使用安全的工作计量器具,必须按规定实行计量检定,检定不合格的,不得使用。计量检定应当按照国家计量检定系统表和计量检定规程进行。国家未制定计量检定规程的,由主管部门制定国防计量检定规程,并向国务院计量行政部门备案。计量检定人员必须经国家计量管理机构或其指定的计量管理机构按技术干部和国家关于计量检定人员的要求组织考核合格。(3)计量保证与监督。计量保证与监督必须贯穿于军工产品研制、试验、生产、使用的各个阶段。在军工产品研制阶段,应设立型号总计量师或者型号计量师,负责研制阶段的计量保证和监督工作。在军工产品试验阶段,军工产品的计量工作应列入型号的试验大纲或试验计划,用于试验的计量器具和专用测试设备进入试验基地或靶场,必须进行计量复查。在军工产品生产阶段,应按要求配备相应的计量器具和检测手段,并由生产和使用单位对其计量性能进行验收。在军工产品使用阶段,研制单位应向使用单位提出需要配备的计量测试手段和相应的计量技术文件,使用部门应负责验收。

2. 《中国人民解放军装备条例》

《中国人民解放军装备条例》规定,总装备部负责军事计量技术机构及其最高计量标准装置的合理布局,建立和管理量值传递、溯源和保障体系,对承担装备校准以及测试任务的实验室实施认可制度,协调军队与地方有关计量的业务活动。军区装备部、军兵种装备部、总部分管有关装备的部门,管理本系统的军事计量工作,并遵循军事计量与分管装备同步建设的原则,组织落实各类计量、检测设备的配套工作,确定分管装备的计量强制检定项目。对计量、检测设备的配套率、受检率实施监督和管理。

3. 《中国人民解放军计量条例》

《中国人民解放军计量条例》以法规的形式进一步明确了新时期军队计量工作的主要任务与建设方向,为保证部队装备成系统、成建制地形成作战能力和保障能力,满足作战和使用要求,创造了良好的法制氛围。《计量条例》贯彻了改革、发展、创新的思想,在传统计量管理方式上开拓新思路、拓展新领域,并结合部队实际,积极吸收先进的管理思想和方法。该《条例》规定,军队计量实行国家法定计量单位。因装备建设需要保留的其他计量单位,必须按照规定经批准后方可使用。在军队计量技术机构建设方面,要求建立质量管理体系,环境条件和配套设施符合计量检定、校准或者测试工作的需要,确保计量检定、校准或者测试工作客观公正、准确可靠。在测量标准建设管理方面,规定要通过不间断的比较链,溯源到相应的国家计量基准。在军队计量检定人员队伍建设方面,要求部队的计量检定人员必须熟悉计量法律、法规、规章和相关计量技术文件,熟练掌握所从事检定项目的操作技能和测量标准的使用和维护方法,能够依法出具测量数据和结果报告。同时强调军队计量工作要为部队战备训练、装备使用管理和维修保障提供技术服务,确保装备性能指标量值的准确统一,满足作战使用要求。在装备和检测设备方面,应当按照规定进行计量检定、校准,对直接影响装备作战效能、人身与设备安全的参数或者项目,必须按照计量强制检定、校准目录,实施计量强制检定、校准。这是《计量条例》中对军队计量工作提出的新要求,它有别于人们传统概念中的"强制检定",是国家计量法中规定的"对社会公用计量标准器具,部门和企业、事业单位使用的最高计量标准器具,以及对用于贸易结算、安全防护、医疗卫生、环境监测方面的列入强制检定目录的工作计量器具实行强制检定"。要求在军队计量保障工作中的创新,是根据装备保障需求而对"强制检定"对象进行的拓展,充分体现了军事计量工作为装备服务的特色。在计量检定、校准的周期方面,要根据作战、训练和保障需求以及装备和检测设备的性能指标、使用频度和环境条件等因素确定。在测量标准方面,日常使用、维护、存放和运输,应当符合测量标准的性能、编配用途和技术规范,并执行有关装备的管理规定;战时测量标准的使用、维护、存放和运输,要按照战时有关规定执行。

负责装备论证的部门或者单位在装备立项和研制总要求论证时,应当对装备性能指标的测试性和计量保障条件提出要求。负责装备采购的部门或者单位在采购装备时,应当在采购合同的有关条款中对必需的检测设备、测量标准及其相关的技术文件提出明确要求。对装备承制单位生产制造过程中的计量保障工作进行监督检查,并确保用于装备验收的所有检测设备经过计量检定、校准。负责装备试验的部门或者单位在组织装备试验、鉴定时,应当保证参试的所有设备经过计量检定、校准或者测试。使用装备和负责装备技术保障的单位,应当按照规定组织对所属装备和检测设备进行计量检定、校准或者测试。修理后的装备和检测设备,应当重新计量检定、校准或者测试。装备延寿、改装中涉及的测量方法、测量数据,应当经过军队计量技术机构确认。引进装备及其技术时,应当同时引进必要的检测设备、测量标准及其相关的技术文件;未能同时引进的,应当及时安排国内采购或者研制。

《计量条例》还规定,具有下列情形之一的,依照我军《纪律条令》的有关规定,对负有直接责任的主管人员和其他直接责任人员给予处分;构成犯罪的,依法追究刑事责任;对单位给予通报批评,并责令期限改正:(1)伪造计量检定、校准、测试数据的;(2)出具失实的计量检定证书、校准证书、测试报告,造成不良后果的;(3)玩忽职守或者违反操作规程,造成测量标准及检测设备损坏的;(4)泄露或者遗失测量数据,造成严重后果的;(5)其他妨碍军队计量工作的。

第三节　装备质量管理法律制度

质量是"产品、体系或过程的一组固有特性,满足顾客和其他相关方要求的能力"。[①] 装备质量既包括装备本身质量,也包括过程的质量,其不但体现武器装备本身质量固有特性,也体现了体系以及各个阶段和各个环节的工作质量。装备质量是按照研制、试验、生产等生命期过程的各个阶段而逐步形成的,其形成是一个有序的系统过程。除了装备本身质量外,还包括论证和方案设计质量、研制生产质量、设施设备质量、试验产品质量、试验各阶段质量、试验结果质量等。装备质量标志着一个国家的素质和实力,标志着一个民族的风貌和生命力。质量是装备建设的核心,是国防实力的保证。军工产品质量与可靠性的高低,还意味着武器装备作战性能的高低,关系到国家的安危以及战争的胜负。武器装备质量管理的基本任务是依照有关法律、法规,对武器装备质量特性的形成、保持和恢复等过程实施控制和监督,保证武器装备性能满足规定或者预期要求。当前,国家重点工程、重点型号、产品,任务急、技术新、难度大,对军用产品质量管理提出了新的要求。

一、我国装备质量管理立法概况

武器装备质量管理是一项复杂的系统工程,要真正做到依法管装,高标准地做好武器装备质量管理各项工作,必须建立完善的武器装备质量管理法规制度。

我国有关质量管理的法律法规主要包括法律、行政法规、部门规章、地方性法规和规章。第七届全国人大常委会第三十次会议于 1993 年 2 月 22 日通过了《产品质量法》,并于 2000 年 7 月对其进行了修订。该法对于加强产品质量监督管理、提高产品质量水平、明确产品质量责任、维护社会经济秩序具有十分重要的意义。《产品质量法》的第 2 条将产品界定为:"本法所称产品是指经过加工、制作用于销售的产品,建筑工程不适用本法的规定。"军工产品是指武器装备、弹药及配套产品,包括专用的原材料、元器件。由于军工产品一般不进入市场营销,并牵涉到保密和国家安全的问题,所以军工产品不适用《产品质量法》。《产品质量法》第 50 条进一步规定:"军工产品质量监督管理办法,由国务院、中央军事委员会另行制定。"

1987 年 6 月,当时的国防科工委发布了《军工产品质量管理条例》,该《条例》充分贯彻了"军工产品,质量第一"的方针,是国防科技工业部门科研生产的指导原则和基本要求,是军工产品质量管理必须遵循的法规性文件。它明确规定,所有武器装备研制单位都要建立质量体系,经审核合格后才能获得研制、生产的资格。另外,原国防科工委还发布了《国防科技工业计量监督管理暂行规定》(2000 年)、《国防科技工业技术基础科研管理

[①]　王汉功、徐远国、张玉民、等:《装备全面质量管理》,北京:国防工业出版社,2003 年版,第 41 - 42 页。

办法》（2002 年）、《武器装备研制生产标准化工作规定》（2004 年）、《关于加强国防科技工业质量工作若干问题的决定》（2000 年）、《关于加强国防科技工业技术基础工作的若干意见》（2001 年）、《军工产品质量监督管理暂行规定》（2004 年）、《国防科技工业质量奖励与处罚暂行规定》（2007 年）等规范性文件。

为了适应军用产品质量管理面临的新形势，总装备部对于 2001 年 5 月 31 日发布了新的国家军用标准《质量管理体系要求》（GJB 9001A—2001）。它是各装备管理部门对军品承制单位提出质量管理体系要求和实施质量管理体系审核的依据，也是军品质量体系认证机构对军品质量管理体系实施认证审核的依据。以后总装备部又相继发布了《军用软件质量管理规定》、《军械装备质量评审办法》、《关于进一步加强陆军装备质量工作的意见》、《关于进一步加强新装备质量和管理工作的意见》、《关于进一步加强高新武器装备质量工作的若干建议》等武器装备质量管理法规、制度和办法，为推进我国武器装备质量管理工作提供了必要的法律依据。2010 年 11 月 1 日，国务院、中央军委发布施行了《武器装备质量管理条例》。该条例的施行，对于建立和完善我国武器装备质量管理法规体系，依法加强武器装备质量管理，促进武器装备现代化建设和做好军事斗争装备准备，提高武器装备建设的整体质量和效益，具有十分重要的意义。

二、装备质量管理机构与职责

我国军事装备质量管理采用由国家实施宏观指导，国防工业部门和军队装备管理部门具体实施的方法。国务院国防科技工业主管部门、国务院有关部门和中国人民解放军总装备部，在各自的职责范围内负责武器装备质量的监督管理工作。

（一）军队装备质量管理责任

在军队，总装备部分管有装备的部门和军兵种装备部，贯彻执行总装备部制订的各项质量规章和要求，对装备质量的论证、考核、验收负责。总部分管有关装备的部门和军兵种装备部主管业务部门或型号办公室，组织制订、实施型号质量工作计划，建立健全型号军事代表质量监督工作体系。在论证阶段，要组织论证装备质量定性定量要求和验证要求，制定装备体系配套、系统配套、保障配套大纲，纳入武器装备研制立项综合论证报告。在研制阶段，要完善细化装备质量定性定量要求，制定装备质量的试验验证、定型考核和部队试用方案，纳入武器装备研制总要求和研制合同，把住设计、试验、评审和验证关口。在生产交付阶段，要加强过程监督，严格工艺控制和质量验收；完善细化装备配套交付标准，规范售后服务要求，并纳入装备采购合同。在使用阶段，要跟踪、解决在部队使用中暴露的装备质量问题，组织开展可靠性增长。

军队装备质量管理实行军事代表制度，对军工企业装备质量形成的全过程实施全面质量监督。当前，军事代表质量监督方法主要采用过程质量监督和检验验收方式。驻厂军事代表机构负责对武器装备研制、生产、修理、改装过程进行质量监督，对军工产品进行检验和验收。对承制单位质量保证体系进行日常监督,对型号总体、系统、分系统、配套外协件、软件、原材料、元器件的质量进行全面监督,及时准确掌握装备研制生产质量状况,监督装备研制、生产和使用中技术质量问题的"归零"。同时加强与使用部队的联系,了解装备使用过程的质量状况,协调做好售后服务。

装备试验和使用部队,坚持党委管装议装制度,以形成作战能力和保障能力作为装备工作的中心任务,按照实战的要求,强化装备管理、使用、维护和修理的培训和训练;按照新装备的使命任务和技术性能,保证新装备的正确使用、维护和修理。积极开展新装备贴近实战条件的训练考核,建立完善装备使用质量信息系统,形成装备质量问题快速协调、解决的机制,不断提高装备使用质量。装备试验部队,要严格按照试验大纲要求组织实施试验任务,评价装备质量。

(二) 国家有关军工部门质量管理责任

国家有关军工部门、单位应根据国家各项军工质量法规和规划,制定并实施本部门、本单位的军工产品质量发展规划;各省、自治区、直辖市国防科工办要认真执行各项军工产品质量法规和装备研制生产的有关规章制度,负责对本地区军工产品和民口配套产品的质量进行监督。

(三) 承制方质量责任

各军工集团公司对本集团公司承担的武器装备研制、生产质量负责。它要严格执行各项军工质量法规、规章和装备研制生产的有关规定,制定并实施本集团公司军工产品质量发展规划,建立健全和有效运行质量管理体系,推广先进的质量工程技术和可靠性系统工程技术,加强质量基础能力建设和质量文化建设。

承担武器装备研制生产任务的单位应具备装备承制单位资格。装备研制生产单位是武器装备研制生产质量的责任主体,各研制生产单位法人代表是本单位装备质量的第一责任人,对本单位装备研制生产质量工作全面负责。装备研制生产单位,要严格执行军工质量法规和军用标准,建立并有效运行质量管理体系,履行武器装备研制生产合同中确定的质量条款,承担相应的技术经济责任,负责装备交付部队后的售后服务。

型号行政指挥系统、设计师系统和质量师系统负责落实研制立项、研制总要求和研制生产合同中的质量要求。行政指挥系统负责型号质量工作的组织、计划、协调和资源保证,行政总指挥是型号质量的直接负责人,对本型号质量负责。型号设计师系统对产品的设计、试验质量负责。型号可靠性工作系统,负责制定、实施型号可靠性、维修性、保障性、测试性、安全性大纲和工作计划。型号质量师系统在行政指挥系统的领导下,开展型号质量工作的策划,负责制定型号质量保证大纲,在实施过程中进行监督并提供技术支持。

型号研制生产总(主)承包、单项承包单位,负责型号质量工作的抓总与协调,制定型号质量规范,对各级产品提出质量要求,纳入装备研制生产分承包合同,按照合同检查、验收分承包产品质量。型号分承包单位,执行型号质量规范和质量要求,按照合同对承研承制的产品质量负责,接受总体单位和订货单位的监督检查。

三、装备质量管理制度

建立并完善装备质量管理制度,加强装备全寿命过程质量监督,尤其是加强对装备研制生产过程质量的监督,是提高装备质量水平的有效环节。我国装备质量管理制度是与我国国情和整个装备管理体制相适应的,主要运用国家和军队的法制监督、国家和军队的行政监督、军事代表监督、装备定型制度、合格评定制度等手段来实施装备质量管理。武器装备论证、研制、生产、试验和维修单位必须建立健全质量管理体系,对其承担的武器装备论证、研制、生产、试验和维修任务实行有效的质量管理,确保武器装备质量符合要求。

(一)武器装备论证质量管理

武器装备论证单位应当根据论证任务需求,统筹考虑武器装备性能、研制进度和费用,提出相互协调的武器装备性能的定性定量要求、质量保证要求和保障要求,并征求作战、训练、运输等部门和武器装备研制、生产、试验、使用、维修等单位的意见,确认各种需求和约束条件,在论证结果中落实。同时还应当对论证结果进行风险分析,提出降低或者控制风险的措施。武器装备研制总体方案应当优先选用成熟技术,对采用的新技术和关键技术,应当经过试验或者验证。武器装备试验单位对其承担的武器装备试验结论的正确性和准确性负责。

(二)武器装备研制、生产与试验质量管理

武器装备研制、生产单位对其研制、生产的武器装备质量负责;武器装备试验单位对其承担的武器装备试验结论的正确性和准确性负责。武器装备研制、生产单位应当根据合同要求和研制、生产程序制定武器装备研制、生产项目质量计划,并将其纳入研制、生产和条件保障计划。军事代表必须按照合同和验收技术要求对交付的武器装备及其配套的设备、备件和技术资料进行检验、验收,并监督新型武器装备使用和维修技术培训的实施;武器装备研制、生产单位对武器装备的研制、生产过程严格实施技术状态管理。更改技术状态必须按照规定履行审批手续,对可能影响武器装备性能和合同要求的技术状态的更改,应当充分论证和验证,并经原审批部门批准;武器装备研制、生产单位需严格执行设计评审、工艺评审和产品质量评审制度。对技术复杂、质量要求高的产品,应当进行可靠性、维修性、保障性、测试性和安全性以及计算机软件、元器件、原材料等专题评审;武器装备研制、生产单位还应当对其外购、外协产品的质量负责,对采购过程实施严格控制,对供应单位的质量保证能力进行评定和跟踪,并编制合格供应单位名录。未经检验合格的外购、外协产品,不得投入使用。另外,武器装备研制、生产合同应当明确规定武器装备的性能指标、质量保证要求、依据的标准、验收准则和方法以及合同双方的质量责任。根据《武器装备质量管理条例》的规定,武器装备的生产还应当符合下列要求:第一,工艺文件和质量控制文件经审查批准;第二,制造、测量、试验设备和工艺装置依法经检定或者测试合

格;第三,元器件、原材料、外协件、成品件经检验合格;第四,工作环境符合规定要求;第五,操作人员经培训并考核合格;第六,法律、法规规定的其他要求。

(三)武器装备维修质量管理

武器装备研制、生产和维修单位必须建立健全售(修)后服务保障机制,依据合同组织武器装备售(修)后技术服务,及时解决武器装备交付后出现的质量问题,协助武器装备使用单位培训技术骨干,并对武器装备的退役和报废工作提供技术支持。部队执行作战和重大任务时,武器装备研制、生产和维修单位应当依照法律、法规的要求组织伴随保障和应急维修保障,协助部队保持、恢复武器装备的质量水平。

(四)质量监督

目前,对武器装备研制生产质量监督管理的主要制度有:(1)国家对承担武器装备论证、研制、生产、维修单位的质量管理体系实行认证制度;对武器装备测试和校准实验室实行认可制度;对用于武器装备的通用零部件、重要元器件和原材料实行产品质量认证制度;对质量专业人员实行资格管理制度。(2)国家实行武器装备定型制度。各级军工产品定型委员会应当按照国务院、中央军事委员会的有关规定对武器装备实施定型。(3)国家对武器装备的研制、生产实行军事代表监督制度。军事代表依照国务院、中央军事委员会的有关规定和武器装备研制、采购合同要求,对武器装备研制、生产、修理、改装的质量进行监督。(4)国务院国防科学技术工业行政主管部门会同有关部门和装备承制单位的上级管理部门,对武器装备研制、生产过程中贯彻执行法规、规定和要求的情况进行监督检查及通报,对出现的重大质量事故组织调查处理,对涉嫌制造、销售和使用假冒伪劣产品的单位和个人进行调查处理。(5)任何单位和个人有权对违反法律、法规的行为,向有关部门检举、控告或者投诉等。

在武器装备论证、试验、生产工作中弄虚作假,或者违反武器装备工作程序,造成严重后果的,对直接负责的主管人员和其他直接责任人员,依照有关规定给予处分;构成犯罪的,依法追究刑事责任。泄露武器装备质量信息秘密的,由国务院国防科技工业主管部门、国务院有关部门依照《保守国家秘密法》等有关法律、法规的规定处罚;属于军队的武器装备研制、生产、试验和维修单位,由军队有关部门按照有关规定处理;构成犯罪的,依法追究刑事责任。

四、装备产品质量体系认证制度

产品质量认证是国家参照国际先进的产品标准和技术要求而推行的一种质量监督制度。事实证明,建立质量保证体系,实施全面质量管理是现代企业生存与发展的保证。军队是武装力量集团,其组织结构及功能与企业不同,质量管理理论本是针对企业保证产品质量而建立的,一般来说并不适合军队管理系统。但对于装备最终用户来说,装备生产活动本身具有服务属性,按照质量管理理论,装备生产就应建立质量监督管理制度。国务院国防科技工业主管部门和总装备部联合组织对承担武器装备研制、生产、维修任务单位的质量管理体系实施认证,对用于武器装备的通用零(部)件、重要元器件和原材料实施认证。未通过质量管理体系认证的单位,不得承担武器装备研制、生产、维修任务。

(一)实施军品质量认证制度的法律依据

由于受外界经济封锁的历史原因,我国产品质量认证工作的起步较晚,直至 1978 年 9 月,我国加入国际标准化组织(ISO)之后,才引入质量认证的概念。1988 年 12 月公布《标准化法》之后,我国的质量认证工作开始纳入法制轨道。随着改革开放政策的深入贯彻,国际贸易的日益发展,我国质量认证工作有了较快的发展。2001 年 12 月正式成为 WTO 的成员后,我国的认证认可工作在与国际规则的接轨上迈出了重大步伐,认证认可工作步入了一个崭新的发展时期。2003 年 11 月 1 日《认证认可条例》正式施行。认证认可工作既是质量监督及合格评定制度的主要内容和形式,也是国家管理和规范市场经济秩序的一个重要手段。新的国家认证认可、合格评定工作体系的建立,进一步改革了政府管理经济的手段和方式,为社会主义市场经济体制的完善和整顿、规范市场经济秩序创造了良好条件,有利于我国的认证认可工作与国际规范接轨,也有利于我国的质量认证工作能更健康地发展。

我军《装备条例》是保障军队装备建设的基本法规,其中明确规定,装备质量管理实行装备质量体系评定制度,质量体系评定不合格的单位不能承担装备科研、生产和维修任务。总装备部在《装备承制单位资格审查规范(试行)》中规定:需审查第三方质量管理体系认证的有效性。总装备部装电字[2001]第 220 号规定,国军标《质量管理体系要求》是各装备管理部门对军品承制单位提出质量管理体系要求和实施质量管理体系审核的依据。信息产业部令第 32 号《军工电子装备科研生产许可证管理办法》中规定,申请军工电子装备科研生产许可的单位,应该通过军工质量管理体系认证。另外,军工产品质量体系认证委员会《军工产品承制单位质量保证体系认证管理实施细则》也有相关规定。

(二)申请军工产品质量体系认证(GJB 9001A)的条件及要求

第一,申请 GJB 9001A 认证的组织法律地位明确,并且是为实施和保障军事行动的武器、武器系统和军事技术器材承担论证、研制、生产、维修任务的组织,或是与之配套的整机、部件、组件、器件和材料生产组织,或是为武器装备进行试验、储存和工程建设等的组织。

第二,认证申请组织的申请书需请军方用户签署推荐意见并盖章,同时填写《产品所在阶段情况调查表》。如设有军代表室管理的组织,可由订货方军事代表室或军队主管装备订货部门盖章。如该申请组织是部队,可由上级主管部门签字、盖章。对于民营企业申请军品时,需有军代表的推荐函或意见书,其内容至少包括:人员状况;技术、设备情况;产品质量状况;对配套企业,要注明产品与装备的关系(用在什么地方);说明生产的产品与军方推荐单位的关系。

第三,认证审核前按 GJB 9001A—2001 标准建立管理体系,并运行 3 个月以上时间。有军品订货及交付发生,且现场审核时应有军品生产。

第四,现场审核时由军代表和认证中心审核组进行沟通座谈并形成《军代表对受审核方质量体系有效性评价意见》,该评价意见随审核材料报"军工产品质量保证体系认证委员会"(简称"军认委")审批,"军认委"是由总装备部领导、各军兵种装备部门领导以及工业部门、专家代表组成的军品质量管理体系合格评定领导机构,具有权威性和广泛的代表性。

(三)军工质量管理体系认证注册呈报审批程序

企业根据自愿原则申请军工产品质量体系认证:(1)向中国新时代质量体系认证中心(该中心受军工产品质量体系认证委员会委托,是唯一一家对承制军工产品研制、生产、维修组织进行认证的机构,可实行军民一体化认证)递交军工质量体系认证资格申请资料;(2)接受该认证中心的审核后由其推荐注册;(3)经该中心主任审查报"军认委"秘书长审批;(4)报工业主管部门的"军认委"委员审批;(5)报认证产品顾客所涉及的"军认委"委员审批;(6)报"军认委"副主任委员审批;(7)报"军认委"主任委员审批;(8)制作《军工产品质量体系认证证书》;(9)总装备部副部长在证书上签字;(10)颁发《军工产品质量体系认证证书》。

(四)监督管理

获准注册的《军工产品质量体系认证证书》有效期为 4 年。在此期间,实施定期的例行监督或非例行的监督。通过监督,以保证获证组织持续符合其认证要求。在认证证书的有效期内每 5 至 9 个月进行一次监督审核,两次监督审核的间隔时间最长不超过 9 个月。在认证证书的有效期内的监督审核,要覆盖证书表明的审核准则的所有要求和产品类别及其所涉及的部门。在认证证书有效期内共进行 5 次监督审核(不含非例行的监督)和 1 次综合评议。在证书有效期内对涉及体系变更、地址搬迁、生产线的转移等均要结合监督审核时间进行变更部分的确认,以维持认证证书的有效。

第四节 装备科技信息法律制度

装备科技信息是指有关国防科技与武器装备建设或来源于国防科技与武器装备建设的可供交流的科技信息或科技知识。它是涉及国家安全利益的战略资源,是推进我军武器装备跨越式发展的重要基础,是军队信息化建设的基本要素。装备科技信息工作包括装备建设方面的信息资源与基础设施建设、情报分析与咨询研究、信息产品开发与服务、科技信息交流网站建设、国防科技报告的管理等内容。装备科技信息工作的基本任务是搜集、研究、开发和管理与装备建设相关的科技信息,开展装备科技信息交流和服务,为国防和军队建设提供信息保障。在我军武器装备建设领域,无论是高新技术武器装备的发展,还是现役武器装备的改造,都迫切需要装备科技成果技术信息的支持。通过对相关信息的科学组织和分析与交流,最大限度地利用已有的科技成果,支持科学决策与管理、防止重复研制、节省经费开支,起到提高效率、促进创新、加快发展的作用。装备科技信息作为国防科技与武器装备建设的重要战略资源,能为国防科技和武器装备建设的科学决策与管理提供依据,为促进武器装备技术进步和创新提供信息支持。

一、我国装备科技信息立法概况

装备科技信息法规,是指由国家军事机关按照法定的程序制定或认可的,规范装备科技信息工作的法规和规章等法律文件的统称。它是调整装备科技信息工作中的社会关系,并保证整个装备科技信息系统建设、发展和装备科技信息各项工作正常实施的行为规范,是组织实施装备科技信息工作的法律依据,为装备科技信息工作提供行为规范和准则。

2005 年 8 月,中央军委发布了《装备科技信息工作条例》,这是第一部规范全军装备科技信息工作的基本法规。该《条例》以我军《装备条例》为依据,以中央军委新时期军事战略方针为指导,从我军装备建设的实际需要和装备科技信息工作的特点、规律出发,吸收借鉴国内外相关领域开展科技信息工作的成功经验,全面、系统地规范了军队装备科技信息工作,明确了装备科技信息工作为宏观管理决策服务、为军事斗争准备服务、为军队信息化建设和装备建设服务的根本宗旨。

《装备科技信息工作条例》主要内容包括军队装备科技信息工作的基本任务、归口管理部门以及各级管理部门的职责和分工,对军队装备科技信息机构、人员和各项业务工作的有关要求,以及条件保障措施、奖惩等。《条例》为我军对装备科技信息工作进行科学化、法制化、规范化管理提供了依据,是保证新时期全军装备科技信息工作可持续发展的指导性文件。

二、装备科技信息工作的法律规定

(一)装备科技信息机构

军队装备科技信息机构根据信息保障的需要,按照建制保障与区域保障相结合的原则,独立设置或者依托相关单位设置。

总装备部归口管理全军装备科技信息工作,主要职责是:拟制军队装备科技信息工作的方针、政策和法规,制定相应规章,并监督执行;制定全军装备科技信息工作规划、计划,并组织实施;负责全军装备科技信息资源的总体布局和全军通用的装备科技信息资源与共用技术手段建设;组织指导全军装备科技信息的搜集、研究、开发、管理、交流与服务工作;统一管理国防科技报告工作;组织指导全军装备科技信息人员的培训、考核和装备科技信息理论研究与学术交流工作;负责协调与地方科技信息部门的有关业务工作。

总部有关部门、军兵种装备部、军区装备部管理本系统、本单位的装备科技信息工作，主要职责有：贯彻执行军队装备科技信息工作的方针、政策和法规、规章；编制本系统、本单位装备科技信息工作规划、计划，并组织实施；组织本系统、本单位装备科技信息工作体系建设、信息资源与技术手段建设；组织本系统、本单位装备科技信息的搜集、研究、开发、管理、交流与服务工作；管理本系统、本单位的国防科技报告工作；组织本系统、本单位装备科技信息人员的培训、考核和装备科技信息理论研究与学术交流工作。

总装备部科技信息研究中心是全军装备科技信息综合性的服务保障机构，承担下列任务：搜集和管理全军通用的装备科技信息资源，开展装备科技信息资源的数字化建设，为全军提供服务；负责全军装备科技信息重大科研项目的技术论证和全军装备科技信息网络的建设、运行与管理；跟踪武器装备与军事技术及其相关领域发展动态，针对武器装备建设重大问题，开展综合性信息咨询研究；组织综合性、通用性装备科技信息产品的开发、交流与服务；开展装备科技信息理论研究和信息技术的应用研究。

总部有关部门、军兵种装备部、军区装备部的装备科技信息机构承担下列任务：负责相关领域的装备科技信息资源建设；跟踪相关领域的装备与技术发展动态，组织开展科技信息研究、产品开发、交流与服务；负责本系统、本单位装备科技信息重大科研项目的技术论证，以及装备科技信息网络节点建设和相关技术保障业务；掌握部队装备科技信息需求，及时向上级主管业务部门报告。

从事装备科研、试验、教学、管理和保障工作单位的图书馆、情报（信息）室、资料室等信息服务保障机构，应当根据本单位担负的任务，开展装备科技信息的搜集、研究、产品开发、交流与服务。未设信息服务保障机构的单位，应当指定相关机构或者人员负责装备科技信息的搜集、研究、管理与服务。

（二）装备科技信息资源的建设与管理

1. 装备科技信息资源的建设

总装备部应当按照合理布局、资源共享的要求，组织开展全军装备科技信息资源建设，指导总部有关部门、军兵种装备部、军区装备部组织各级装备科技信息机构广泛搜集国内外有关装备与技术及其相关领域的科技信息，加强装备科技信息资源的规模化、数字化建设，建立装备科技信息保障体系。各级装备科技信息机构应当按照全军装备科技信息资源建设的总体布局和统一规划，研究国内外相关信息源，拓展信息渠道，有计划、有重点地搜集相关装备科技信息。从事装备科研、试验、教学、管理和保障工作的单位，在承担相关任务中所产生的科技声像资料、科技期刊、学术（技术）会议文献、论文、科技报告等，以及通过出国考察、技术交流、技术引进等途径获取的装备科技信息，应当按照规定送交本单位装备科技信息机构集中管理。各级装备科技信息机构对送交的装备科技信息应当按照规定及时登记，妥善保存。各级装备科技信息机构要按照国家、军队的有关标准和规定，对获取的装备科技信息进行著录、标引和数字化加工，建立装备科技信息资源数据库。

2. 装备科技信息研究与交流

各级装备科技信息机构要根据任务分工,坚持日常性的动态跟踪、信息积累、分析研究工作,建设和维护装备科技信息的动态跟踪数据库,采取信息网络、动态刊物、音像制品等多种形式,及时提供信息服务。装备科技信息研究成果要通过研究报告、声像专题片、专题资料等多种形式提供使用。

总部有关部门、军兵种装备部、军区装备部要组织所属装备科技信息机构,根据各自的专业特点和具体需求,建立相关的装备科技信息交流与服务工作网络,加强与装备科研、使用、维修和管理等部门的联系与合作,通过研讨会、报告会、座谈会、出版刊物和成果展示等多种形式,开展科技信息交流活动。各级装备科技信息机构应该按照互通有无、资源共享、共同提高的原则,开展信息资源、业务工作、学术技术和科研成果等内容的交流与合作活动。各单位应当提倡和鼓励装备科技信息机构和人员之间的交流和合作,并为其提供便利条件。

各级装备科技信息机构应当加强对各类装备科技信息、研究成果和产品的综合集成和推广应用,通过定向、定题、定制等多种服务形式,为机关和部队提供信息服务保障。有条件的装备科技信息机构应当建立专业网络信息门户站点,提供数字化信息服务。各级科技信息机构应当对服务对象进行必要的培训,提高其获取、利用装备科技信息的技能。有关部门要组织、指导所属装备科技信息机构开展联合服务保障,建立服务工作的评价机制,并定期对其服务质量进行检查。

3. 装备科技信息的管理

装备科技信息机构和人员参加科技信息交流活动,应当严格遵守国家和军队的有关规定,保守军事秘密,参加地方相关组织或者涉外交流活动时,必须按照规定履行审批手续。各单位应当严格按照国家和军队的有关规定,加强对涉密装备科技信息的设备、载体、场所以及其他相关重要基础设施的管理,采取有效的技术安全手段,定期开展安全保密检查,防失密、泄密、窃密等事故和案件的发生。从事装备科技信息工作的人员任职前应当按照规定经过政治审查和安全保密培训。涉密的装备科技信息设备使用前,必须按照规定由专门机构进行安全保密检测,使用时应当采取防电磁泄漏、防非法入侵等技术措施;需要进行维修、改装和报废处理的,必须按照规定的程序和要求办理。与军内网络连接的装备科技信息网络系统必须与互联网物理隔离,与互联网连接的计算机严禁用于处理、保存和打印涉密的装备科技信息。涉密的装备科技信息载体应当通过机要渠道传递。涉密的装备科技信息确需网络传递的,应当通过规定的保密网络进行。网络中心、网络节点等存储、处理装备科技信息的场所,应当符合防盗、防火、防潮、防雷、防尘、防磁等安全运行环境指标的要求,并有完善的安全管理制度和应急处理措施。

另外,相关单位要建立和完善装备科技信息安全与保密管理的规章制度,督促装备科技信息机构和人员严格履行职责,认真做好安全保密工作,发现问题及时报告和处理。

第五节 装备知识产权法律制度

自主创新是装备科技发展的立足点,知识产权制度则是世界各国普遍采用的促进科技创新与进步的基本法律制度和有效机制,是国家层面推动技术创新的核心政策手段。装备知识产权是指在武器装备建设中所产生的、所使用的一切智力成果的权利,包括专利权、技术秘密权、技术资料权、著作权、计算机软件权等国家法律所保护的其他有关装备的权利。装备知识产权作为知识产权的一个类别,与一般的社会知识产权相比,有其明显的特殊性:(1)装备知识产权的产生绝大部分来源于国家投资,因而武器装备专利在所有权上属于国家,研制企业只有专利的使用权而没有支配权。装备知识产权制度的目的不是单纯为了调整知识劳动成果完成者、所有者及使用者的利益关系,更重要的是明确国家和军队对智力劳动成果的优势支配权,以便更好地利用这些智力成果,为国防建设服务。(2)装备知识产权的实施主要采用计划使用的形式。(3)装备知识产权主要是高科技型知识产权。从科技发展史上来看,许多具有划时代意义和全局性影响的重大科技成就都是因为军事的需要,通过研制武器装备而取得突破的。武器装备的技术含量明显地高于一般的民品。自然而然地,装备专利等就成了高技术的象征。(4)一般具有保密的要求。为了国家安全的需要,军队往往需要分时、分类、分段独占某些智力劳动成果,以保证其战斗力,因此,大量的国防科学技术都处于高度机密或半秘密状态。[①]

自主创新能力不强、原始创新能力薄弱,一直是制约国防科技和武器装备建设发展的瓶颈。在国防领域建立知识产权制度,制定合理的知识产权政策,使许多武器装备技术获得了国防专利保护,能确保我军掌握了一批具有自主知识产权的国防关键技术和核心技术。在国防专利制度的牵引下,装备的研发与改进,既使发明者的合法权益得到保护,也使研发单位节省了经费,缩短了研制周期。经过 20 多年的发展,我国已初步构建了装备知识产权制度体系,装备知识产权工作取得了比较显著的成效,对于推动装备科技自主创新起到了积极作用,基本建成了新型主战装备、电子信息装备和保障装备协调发展,具有中国特色的现代化武器装备体系,自主知识产权装备比 10 年前增加了 15 倍。[②]

一、我国装备知识产权制度立法概况

我国知识产权立法起步较晚,但发展迅速,现已建立起符合国际先进标准的知识产权法律体系。

专利是知识产权的核心内容之一,1984 年 3 月第六届全国人大常委会第四次会议通

---

① 欧阳国华:《加强国防知识产权管理》,2009 年 6 月 11 日《科技日报》。
② 陈舟:《2009 年中国军事报告》,2009 年 12 月 28 日《瞭望新闻周刊》。

过了《中华人民共和国专利法》，标志着我国专利制度的正式确立。2008年12月27日，第十一届全国人大常委会第六次会议审议通过了《关于修改〈中华人民共和国专利法〉的决定(第三次修正)》，这也就是现行的专利法。《专利法实施细则》是与《专利法》相配套的重要法规，为了保证修改后的《专利法》的顺利实施，2009年12月30日，国务院第95次常务会议通过了《国务院关于修改〈中华人民共和国专利法实施细则〉的决定》。

商标权也是知识产权的重要内容。商标法是确认商标专用权，规定商标注册、使用、转让、保护和管理的法律规范的总称。1982年8月23日，第五届全国人大常委会第二十四次会议通过《中华人民共和国商标法》。但是随着经济的迅速发展，商标法也有待进一步完善，虽然已经历经1993年、2001年两次修改，但是目前中国所面临的国际国内形势有了很大变化，商标法的一些条款已不再适应新形势的发展需要，中国将进行第三次商标法修改。

另外，我国还制定了其他的知识产权法规，如《计算机软件保护条例》、《知识产权海关保护条例》、《集成电路布图设计保护条例》等。我国在制订国内知识产权法律法规的同时，也加强了与世界各国在知识产权领域的交往与合作，加入了十多项知识产权保护的国际公约。

作为我国专利制度的一个重要组成部分，国防专利制度自我国实行专利制度之始就开始运行，这在我国《专利法》第4条和专利实施细则第8条均作了原则规定。1990年经国务院、中央军委批准，原国防科工委发布施行了《国防专利条例》，我国国防专利制度得以确立。《国防专利条例》的批准、发布，是我国国防专利发展史上的一件里程碑式的大事，标志着我国国防专利工作有了自己的法规，为进一步开展国防专利工作奠定了坚实的法律基础。近年来，随着我国社会主义市场经济体制的确立和中国特色军事变革的发展，特别是随着国防科研体制的改革创新，国防专利事业在我国国防科技发展和武器装备建设中的重要作用日益凸显，客观形势要求进一步完善国防专利制度，使之与发展变化的新形势相适应，为推动国防科技进步和武器装备建设创造更为有利的条件。2004年9月，国务院、中央军事委员会批准发布了新制定的《国防专利条例》，该条例共5章36条，包括总则，国防专利的申请、审查和授权，国防专利的实施，国防专利的管理和保护及附则等内容。该条例是根据新形势下国防专利工作的需要和《中华人民共和国专利法》制定的，与原《国防专利条例》相比，增加了必须由指定的专利代理机构办理国防专利事务的条款，重点修改了国防专利管理体制、国防专利指定实施、国防专利实施费用、国防专利补偿费的设立与发放、国防专利纠纷调处、查阅国防专利说明书等方面的内容。目前我国正在积极加快制定国家知识产权战略，国防专利事业是我国知识产权事业的重要组成部分，国家知识产权局将继续与国防专利局一同努力加快制定和实施我国国防领域知识产权战略。新《国防专利条例》的施行，对促进我国国防专利事业的建设，增强对国防科技的知识产权保护，汇集众多国防科研人才并激发他们的发明创造热情，起到了重要的作用。

2008 年 6 月 5 日,国务院发布了《国家知识产权战略纲要》。总装备部会同工业和信息化部、科技部、国家国防科工局、国家知识产权局等部门,成立国防知识产权战略实施领导小组,制定了《国防知识产权战略实施方案》。实施方案紧密结合国防科技和武器装备发展需求,立足国情军情,确立了建立完善国防知识产权制度、规范营造国防知识产权制度运行环境、提高国防知识产权数量质量等工作重点,《实施方案》将在国防科技和武器装备建设领域全面实施。目前,总装备部正加紧制定相关法规,努力推动与武器装备建设相关的知识产权管理办法早日出台。

二、国防专利法律制度的主要内容

国防专利是指涉及国防利益以及对国防建设具有潜在作用需要保密的发明专利。专利制度的实质是依据专利法,对申请专利的发明,经过审查和批准,授予专利权,同时,把申请专利的发明公诸于世,并使发明创造者享有独占实施该发明创造的权利,以此来保护发明创造者的利益和促进发明创造的信息交流及有偿技术转让。国防专利是国家专利工作的重要组成部分,是依法保护与国防利益有关的发明创造、调动广大科技人员从事国防科研创新积极性的重要工作,对形成自主知识产权,防止国防科技成果流失,维护国家安全有重要作用。通过国防专利条例的贯彻执行,激励装备技术创新和促进装备科技成果向战斗力转化,是开展国防专利工作永恒的主题。多年来,国防专利局受理、审批了一大批火炮、雷达、飞机、导弹、隐身材料和工程装备方面的国防专利,它们的实施对提高现有装备的作战能力作出了较大贡献。①

(一) 国防专利的申请和审查

按照我国专利法的规定,申请专利有三种类型:发明专利、实用新型专利和外观设计专利。

发明专利指对产品、方法或者其改进所提出的新的技术方案。它分为产品和方法发明两大类。产品发明是指人工制造的各种产品,如机器、设备、仪器、装置等,可以是独立产品,也可以是一个产品中的部件。方法发明是指把一种对象或物质变成另一种状态或另一种物质所采用的手段,它包括产品的制造方法、使用方法及不改变物质状态的方法,如测试方法或化验方法等。

实用新型专利指对产品的形状、构造或者其结合所提出的适于实用的新的技术方案。必须具备两个要素:其一必须是产品,而不是方法;其二必须具有一定形状和结构。因此对于粉末、饮料等无固定形状的产品,不能得到实用新型专利的保护。实用新型专利与发明专利的区别是:发明专利可以是产品,也可以是方法或工艺技术,产品可以是固定形状,也可以是不定形的,而实用新型专利仅限于保护产品,而且该产品必须有一定形状和结

---

① 林建成:《国防专利》,北京:国防工业出版社,2005 年版,第 108 页。

构;发明专利创造性水平比实用新型专利高;发明专利的审批程序比实用新型专利长,且须经过严格的实质性审查;发明专利的保护期限为 20 年,实用新型专利和外观设计保护期为 10 年。

外观设计专利指对产品的形状、图案、色彩或其结合所作出的富有美感并适用于工业应用的新设计。它应具备 4 个要素:(1)必须与产品有关。即产品是它的载体,因此单独的风景画、雕塑或美术作品,由于不是用于物品上的不能算作外观设计。但如果把画用到茶杯、脸盆上,成为该物品的装饰就可申请外观设计专利。(2)必须是有关形状、图案和装饰的设计。形状是指产品或零部件的外表轮廓,它可以是立体的,如录音机、电视机等的外壳,也可以是平面的,如地毯、花布图案等。图案是通过绘画或其他各种手段设计的各种线条的各种排列组合,往往是二维的平面设计。色彩指用于该图案的产品颜色或其结合,一般指制造产品的材料本色以外的装饰性颜色。(3)适于工业应用,能够成批生产。(4)能产生美感。

如果涉及国防秘密的发明创造需要申请国防专利的,只能申请发明专利,因为按照《国防专利条例》的规定,实用新型和外观设计不能申请国防专利。而申请普通专利,可以根据发明创造的特点选择以上三种类型的专利。

根据《国防专利条例》第 12 条的规定,授予国防专利权的发明,应当具备新颖性、创造性和实用性。

(1)新颖性。是指在申请日之前没有同样的发明在国外出版物上公开发表过、在国内出版物上发表过、在国内使用过或者以其他方式为公众所知,也没有同样的发明由他人提出过申请并在申请日以后获得国防专利权。

(2)创造性。是指同申请日之前已有的技术相比,该发明有突出的实质性特点和显著的进步。判断创造性主要是与已有技术比较发明创造的技术高度,对于新颖性主要是与已有技术比较发明创造的差异,而创造性是比较这个高度所达到的程序。

(3)实用性。是指该发明能够制造或者使用,并且能够产生积极效果。

按照专利法的规定,单位或个人申请专利可以委托专利代理机构,也可以自行到专利局办理。但对于国防科技创新成果,涉及的技术内容较复杂,如果不熟悉专利法及实施细则,即使搞出了优秀的发明创造,也仍然有可能得不到专利的保护或得不到充分有效的保护。因为申请专利是一项具有复杂程序的工作,从申请文件格式到内容要求都很严格,特别是权利要求书的起草要有一定的技巧,申请后还须按期办理各种手续,要及时和专利局取得联系,随时答复审查员提出的各种问题,修正申请中的缺陷。需要委托专利代理机构申请国防专利和办理其他国防专利事务的,必须委托国防专利机构指定的专利代理机构办理。专利代理机构及其工作人员对在办理国防专利申请和其他国防专利事务过程中知悉的国家秘密,负有保密义务。

申请国防专利的,应当向国防专利机构提交请求书、说明书及其摘要和权利要求书等文件。申请人对其国防专利申请文件进行修改不得超出原说明书和权利要求书记载的范围。国防专利申请人应当按照国防专利机构规定的要求和统一格式撰写申请文件,并亲自送交或者经过机要通信以及其他保密方式传交国防专利机构,不得按普通函件邮寄。国防专利机构收到国防专利申请文件之日为申请日;申请文件通过机要通信邮寄的,以寄出的邮戳日为申请日。

国防专利机构对国防专利申请进行审查后,认为不符合本条例规定的,应当通知国防专利申请人在指定的期限内陈述意见或者对其国防专利申请进行修改、补正;无正当理由逾期不答复的,该国防专利申请即被视为撤回。国防专利申请人在自申请日起 6 个月内或者在对第一次审查意见通知书进行答复时,可以对其国防专利申请主动提出修改。国防专利申请人陈述意见或者对国防专利申请进行修改、补正后,国防专利机构认为仍然不符合本条例规定的,应当予以驳回。任何单位或者个人认为国防专利权的授予不符合本条例规定的,可以向国防专利复审委员会提出宣告该国防专利权无效的请求。

国务院国防科学技术工业主管部门、总装备部应当自国防专利机构受理申请之日起 30 日内作出批准或者不批准的决定;作出不批准决定的,应当书面通知申请人并说明理由。国防专利申请人对国防专利机构驳回申请的决定不服的,可以自收到通知之日起 3 个月内,向国防专利复审委员会请求复审。国防专利复审委员会复审并作出决定后,通知国防专利申请人。

另外,对国家知识产权局受理的国内发明专利申请,国防专利局定期派人去进行保密筛选,认为需要保密的,由国家知识产权局移交国防专利局。另一方面国防专利局对所受理的专利申请,经保密审查认为不需要保密的,移交国家知识产权局。两局相互移交的专利申请,保留原申请日、申请号。较之外国,我国国防专利制度的最大特点,是体现了专利制度的基本原理。也就是说,在保密范围内运行的"特别专利"。国防专利局也定期出版有关国防专利的内部通报,并在一定范围内发放。

(二) 国防专利的转让和实施

国防专利授权后,专利权人可依据《国防专利条例》、《国防专利补偿费发放办法》的有关规定,申请国防专利补偿费。新的《国防专利条条例》规定国家对国防专利权人给予补偿,并提高了国防专利补偿费的数额。国防专利机构在颁发国防专利证书后,向国防专利权人支付国防专利补偿费,具体数额由国防专利机构确定。属于职务发明的,国防专利权人应当将不少于 50% 的补偿费发给发明人。

国防专利申请权和国防专利权经批准可以向国内的中国单位和个人转让。值得指出的是,转让国防专利申请权或者国防专利权,应当确保国家秘密不被泄露,保证国防和军队建设不受影响,并向国防专利机构提出书面申请,由国防专利机构进行初步审查后及时报送国务院国防科学技术工业主管部门、总装备部审批。国务院国防科学技术工业主管部门、总装备部应当自国防专利机构受理申请之日起 30 日内作出批准或者不批准的决定;作出不批准决定的,应当书面通知申请人并说明理由。

需要注意,经批准转让国防专利申请权或者国防专利权的,当事人应当订立书面合同,并向国防专利机构登记,由国防专利机构在《国防专利内部通报》上刊登。国防专利申请权或者国防专利权的转让自登记之日起生效。此外,禁止向国外的单位和个人以及在国内的外国人和外国机构转让国防专利的申请权和国防专利权。

专利制度的初衷很重要的一个方面是激励知识的产生、创新、应用。就普通专利而言,专利权人可以根据市场的需要实施自己的专利或向别人转让专利实施权,而国防专利基于其应用场合的特殊性,专利实施权受一定的限制。

国务院有关主管部门、中国人民解放军有关主管部门,可以允许其指定的单位实施本系统或者本部门内的国防专利;需要指定实施本系统或者本部门以外的国防专利的,应当向国防专利机构提出书面申请,由国防专利机构依照法律规定的职责分工,报国务院国防科学技术工业主管部门、总装备部批准后实施。国防专利机构对国防专利的指定实施予以登记,并在《国防专利内部通报》上刊登。实施他人国防专利的单位应当与国防专利权人订立书面实施合同,并按规定向国防专利权人支付费用,报国防专利机构备案。实施单位不得允许合同规定以外的单位实施该国防专利。国防专利权人许可国外的单位或者个人实施其国防专利的,应当确保国家秘密不被泄露,保证国防和军队建设不受影响,并向国防专利机构提出书面申请,由国防专利机构进行初步审查后,及时报送国务院国防科学技术工业主管部门、总装备部审批。

(三)国防专利技术的信息交流

国防专利的最大特点是保密,如何在保密状态下实现国防专利技术的信息交流,是条例所要解决的最基本问题。处理这个问题的原则是:在保证国家秘密不被泄露的前提下,在尽可能广的范围内进行国防专利技术信息交流,从而达到促进国防专利实施、保护国防专利权、提高国防科研起点和避免重复研制的目的。为此,专利条例规定了三种信息交流方式。一是国防专利局授予国防专利权后,应当将该国防专利有关文件副本送交国务院有关部委或者军队有关部门。收到文件副本的部门,应当在4个月内就该国防专利的实施提出书面意见,并通知国防专利局。原国防科工委先后制定颁布了一些法规,各国防科技工作主管部门、省市国防科工办也结合本部门、地区的实际,制定了若干法规。航空、兵器、船舶、核工业总公司制定了本部门的科技成果推广管理办法,各省的国防科工办也制定了本地区的国防技术市场管理办法或技术合同登记管理办法。二是出版国防专利内部通报。国防专利局定期出版《国防专利内部通报》来公开国防专利的有关内容,这是我国国防专利制度的一大特点。该内部通报刊登国防专利申请的著录事项、权利要求书、说明书摘要等12项内容,不刊登说明书。其发放范围由国防专利局确定。该《通告》分甲、乙两种版本。甲种本为机密级,主要刊登说明书摘要、权利要求书;乙种本为秘密级,主要刊登国防专利名称、国防专利人姓名和名称。三是建立有关的数据库。为了完善国防科技成果推广体系,原国防科工委于 1995 年 4 月发出了《关于建设国防科技成果综合推广数据库的通知》,并于同年启动了这项工作。此外,原国防科工委不定期建设了《军转民数据库》和《国防科技成果奖励项目数据库》,目前,这些数据库目前已经有了相当的规模,促进了成果信息的传播。

三、其他装备知识产权法律制度

(一)国防商标

商标通常是指生产者、经营者生产或经营的商品同他人的商品相区别的一种专用标记。这种标记通常用文字、图形或文字、图形的组合构成,置于商品表面或商品包装上。另外,代表厂商、商品产地或原产地以及服务性行业等的标志,通过注册,也可以成为商标。

国防商标,是指与国家防卫活动有关的并用于交换的防务产品的标志。它主要通过商标注册或自然使用而形成,如坦克、火炮、军舰的名称、型号等。由于武器装备的特殊性,军事专用商标多以文字、数字为主,如空警 2000、歼 - 10 战机等。设立军事专用商标便于促进军品贸易,同时,也有利于树立品牌效应,起到国防威慑作用。很多武器装备由于只供本国军队使用,采办部门是唯一的买主,实行的是计划管理,不用担心其他企业鱼目混珠,因而这些装备型号往往没有进行注册,而直接在流通领域中使用。

国防商标权,是指国家和军队通过商标注册或防务产品的使用与交换取得的对国防商标的专有权和专用权,它是国防知识产权的一个重要内容。在现代商标制度下,商标一般要按一定的法律程序进行注册,表现为注册商标,才能得到法律保护。而武器装备在国家管制的情况下,买卖双方都具有单一性,其他企业通过抢注商标的方式来争夺市场的可能性微乎其微。不过,随着我国军工企业军民结合、寓军于民的发展,企业会把更多的军转民和军民两用产品推向国际市场,像美国波音公司那样对武器装备品牌实施注册,有利于推动军转民和军民两用产品进入国际市场。

第一,国防商标权的主体。它是指依法获得国防商标权的国家和有武器装备生产资质的单位。国防商标权的主体,一部分必须符合我国《商标法》的有关规定,必须是依法成立的且从事生产、制造、加工、经销商品活动的团体;另一部分则是国家和军队认可的生产集团或国防科研单位。

第二,国防商标权的客体。它是指经国家商标局依法核准注册的国防商标。未经注册的军民通用商标,其使用者不享有专用权,该商标也不能成为国防商标权的客体。

第三,国防商标权的内容。它是指国家和军队单位对其注册的国防商标依法享有的各种权利和应该承担的义务。在权利方面主要有:一是国防商标专用权。国防商标权取得后,国家和军队单位有权在使用其取得注册或自然形成的商标的那种商品上,以及在经营与那种商品有关的广告、商业信函、包装、说明书等上面使用该商标,而且是一种独占、专用的使用。二是禁止权。取得国防商标权的国家和军队单位。有权禁止他人在相同或相似的商品上以及与该商品有关的广告等上面使用相同或相似的商标,有权禁止其他擅自制造或销售有关的商标标识。三是国防商标转让权。军队或军队单位依法将自己注册的国防商标按一定条件全部或部分转让给其他单位使用的一种权利。四是许可使用权。经注册或自然取得国防商标权的国家、军队单位所享有的通过签订使用许可合同,许可他人使用其国防商标的权利。但是,国家和军队单位仍是该国防商标的所有人,享有该国防商标的专用权,而被许可人仅享有使用权,而且要缴纳一定数额的使用费。在义务方面,国家和军队单位应依法使用其注册的国防商标,还应保证使用该商标的商品的质量,并且缴纳相关的费用。①

（二）技术秘密权

国际商会理事会 1961 年通过的《保护技术秘密标准条款》规定:"所谓技术秘密,是指单独或结合在一起,为了完成某种具有工业目的的技术,或者是为了实际应用这种技术所必须的秘密技术知识和经验。"国际联盟 1969 年在布达佩斯召开的保护工业产权会议上给技术秘密下的定义是:"技术秘密是指享有一定价值的、可以利用的、为有限范围专家知道的、未在任何地方公开过其完整形式和不作为工业产权取得任何形式保护的技术知识、经验、数据、方法、或者其组合。"技术秘密是一种特殊的知识产权,虽然它是一种没有取得工业产权保护的技术,但它却受到相关法律保护,且有一个保密问题。

由于国防科技工业是一个高技术知识密集型保密行业,从事国防科技事业的科技工作者的科技成果大多关系到国家的安全和利益,一旦泄露会削弱国家的防御和治安能力,特别是对于关系到国防全局的、关键性的科技成果,一旦泄露会使国防遭受特别严重危害,因此,对于这种绝密级科技成果,是不能申请国防专利的,其研制、开发方必须采取合理措施对技术信息予以保密,享有技术秘密权。

四、装备知识产权法律制度的完善

目前,在国防高新技术领域,发达国家采用"跑马圈地式"的专利垄断战略,抢先在我国申请和注册专利,占领制高点,妄图制约我国国防高新技术的生存和发展。面对此种现状,我军必须站在国家主权和国家安全的高度认识装备知识产权问题,加强装备科技知识产权保护和管理,提高自主知识产权的产出能力,促进我国装备高新技术的发展。由于受长期计划经济的影响,我国对市场环境下的国防知识产权制度缺乏应有的认识和经验,装备知识产权保护与管理工作还存在不少问题,与军事强国相比还存在不小的差距。比如,知识产权重视程度不够,管理机构还没有完全建立,管理职能还未充分发挥,管理制度还不完善;知识产权专门人才还很匮乏,运用知识产权的能力较弱;装备知识产权产出数量

---

① 欧阳国华、闻晓歌、范刚伟:《国防商标浅论》,载《军事经济研究》,1998 年第 11 期,第 21 页。

少;装备知识产权法规不完善;装备知识产权权利归属与利益分配不明确等等,这些问题导致目前我国装备知识产权缺乏系统的管理,低水平的重复研究,严重制约了装备自主创新的健康发展。因此,完善我国的装备知识产权制度势在必行。

(一)进一步建立完善的装备知识产权法规体系

当前,可考虑由国务院制定《国防知识产权管理条例》,作为统筹管理国防知识产权工作的法律依据,其中明确规定国防知识产权管理的目的、原则、战略等,并对国防知识产权的保护、激励和补偿等制度做出总的规定。在此基础上,制定和完善下属的一系列子法,如《国防知识产权保护实施细则》,主要规定国防知识产权保护的原则、形式、手段等;《国防知识产权交易实施细则》,对涉及国防知识产权交易的行为做出包括权利界定等规定;《国防知识产权补偿实施细则》,制定合理的有利于平衡国家、科研生产单位和个人的补偿规定;《国防秘密保护条例》,制定国防秘密保护的单行法规,特别是要明确对非公有制领域的国防秘密如何保护。另外,还可制定《国防著作权条例》,根据国防著作的特点,对国防著作权的归属、保护做出规定,以营造有利于实现国防科技自主创新的法制环境。

(二)完善装备知识产权权利归属和分配制度

国防科技多属于高科技产业,而智力资本在现代高科技产业的资本结构中占据着核心地位。但在有关国防知识产权归属与分享的层面上,长期存在着权益和责任不清的问题,严重挫伤了承担国防科研项目的单位或个人进行技术创新和成果转化的积极性,不利于国防自主知识产权的形成,并使得一些重要的国防科技成果疏于管理。因此,需要建立良好的能够有效平衡各方面利益的国防知识产权归属与分配的新机制,这是国防科研机构、企业和科技人员多年来的强烈愿望,也是增加我国国防自主知识产权总量,提升我国国防科技国际竞争力的迫切需要。

首先,应确保国家对国防知识产权的绝对控制权。对于国家全额拨款的国防科研重大项目,如核武器、战略导弹、核潜艇等涉及国家军事战略的核心武器装备系统,这类项目对国家安全和国防事业有重大的影响,且多为尖端技术和敏感技术。为维护国家安全,保障国家的核心机密不至于泄漏,国家应当掌握这些核心技术的知识产权。在国家对国防智力成果拥有充分、明晰的产权基础上,国家应对国防智力成果保值增值管理拥有充分的权利;明确国家在国防专用领域里使用国防智力成果拥有一定的权利。

其次,应保障国防科研成果完成单位和个人的合法权益。在国防科研成果完成方不具有任何转让权的情况下,只有通过单独确定适当范围的收益权,才有可能在一定程度上弥补因不允许其自由交易而带来的损失,这样在保证国家的特殊需求与减少成果方损失之间取得一种平衡;收益权与补偿制度相得益彰,使国防科研成果完成方的有关权益得到保护;完善国防科研成果的制度化解密工作,解密后成果完成方就可以通过在市场上许可或转让,获得一定的收益。

最后,应考虑国防科研成果使用方的权利。国防科研成果的使用方主要承担着使无形资产转为有形资产,并促使其产生经济效益的重要任务。通过产权交易合同来确定使用方对交易客体的使用权、相对的排他权以及收益权,由此来保证使用方在成果商业化过程中的合法权益。①

(三)建立科学的装备知识产权管理制度

装备知识产权管理是新时期摆在我们面前的又一艰巨任务。计划经济时代,我国国防专利存在"重保密轻应用"、"重论文轻成果"的科研导向,迄今为止,我国国防专利解密只有4件,专利实施率大约为30%,推广转化率不到20%,而日本、美国等发达国家国防科技成果转化率高达70%~80%。② 如何提高国防专利实施利用率成为当前国防专利制度急需改进的关键。对此,我国应该逐步建立起一个科学有效的装备知识产权管理制度。第二次世界大战前后,美国、西欧等发达国家国防部对装备建设的知识产权进行了管理,它在降低采办费用,缩短采办周期,保障军方权益等方面起到了重要作用。在我国,装备知识产权是一个新的问题,总装备部、军兵种装备部相继开展了相应的研究工作,举办了培训班并正在制定相关的管理办法。在《中国人民解放军装备条例》中,对装备知识产权工作作出了明确规定。装备知识产权管理工作将作为今后国防专利管理工作的延伸,争取在较短的历史时期内,达到国外管理的先进水平。③ 因此,我们可借鉴美、日等发达国家的成功经验,对一些实施难度大或实施不利的成果项目(除国防专用项目外),国家可以许可转让的形式,指定或招标有实力的或合适的单位进行实施,但应明确国家对国防知识产权拥有终极的所有权。同时,促进科技要素在军民之间的双向流动和转移,实现智力资本的优化配置,可避免低水平的重复开发和有限资源的浪费现象。实践中,要高度重视国防专利解密的意义,使一些已经不需要保密的国防专利及时解密。比如美国国防专利保密的时间为1年,1年后大都转为普通专利。我们还可借鉴美国的做法,以商业成功作为高科技研究评价体系的依据。科研获得成功就能得到大企业的支持,就能从中得到丰厚的回报。④

(四)建立有效的激励与补偿机制

在国防领域,我国投入了大量资金,产生了大量科技成果,而申请专利的相对较少。国家高技术研究与发展计划("863"计划)涉及的研究领域很大一部分与国防科技工业相关,开展了15年,发表论文4.7万篇,其中申请专利的仅2000余件。⑤ 我国在国防知识产权上面临的严峻形势其实在很大程度上是与激励措施的实施不力有关的。一是国家拨付的国防专利补偿费年增长率低于国防专利年授权量的增长率,因此国防专利补偿费的均

---

① 王林,等:《对国防知识产权归属制度的思考》,载《科技进步与对策》,2006年第4期,第46页。
② 李泽红、陈云良:《国防专利管理》,载《国防科技》,2006年第7期,第78-80页。
③ 林建成:《国防专利》,北京:国防工业出版社,2005年版,第109页。
④ 张慧、刘云:《国防科技工业专利研究》,载《国防技术基础》,2007年第3期,第33页。
⑤ 李泽红、陈云良:《国防专利管理》,载《国防科技》,2006年第7期,第78-80页。

项额在减少,使事实上确有相当价值的国防专利项目没有得到有份量的补偿,没有真正体现国防专利补偿的奖励作用;二是未落实对发明人的补偿,在已经发放的国防专利补偿费中,属于职务发明的,有些单位付给发明人的数额不足,有的甚至没有付给发明人;三是在补偿费评定过程中,也存在补偿等级过多,补偿程序过于复杂,补偿指标有所偏差等问题。对于受托方而言,在国防专利上"二次付费"问题上的博弈得不到很好的解决,同时每年还要支付相当的费用以维持专利权,并且在其转让、使用等方面还存在着很多的约束因素,承担着巨大的责任,因此受托方往往也不愿意进行专利申请,而是将其作为自身的技术秘密进行保管,一方面可以避免相当的费用支出,规避有关法规对于国防专利的约束,同时也增强了自身进行技术处置时的灵活性,而且也降低了使用中的风险。可见,要充分调动国防科研人员技术创新的热情,就必须加大对发明人的奖励和补偿力度。我国可参照外国的经验,提高国防专利补偿标准,通过立法规定,将国防专利使用费或转让费中确定一定比例给发明人。这不仅可以使科研人员以更高的热情投身国防科技事业,同时对国防专利的实施、推广和转化起到推动作用。

第九章　军事装备与技术合作交流法律制度

装备与技术合作交流包括装备及其技术的引进,装备对外军事援助、军品出口和军备控制等。装备与技术合作交流对装备建设有着推动和制约的双重作用,它涉及国家政治、军事、经济等重要领域,政策性、时限性极强,其对决策、谈判、签约、履约等重大活动的管理要求很严,不能掉以轻心,否则,会给国家和军队造成难以估量的损失。

第一节　装备及技术引进制度

装备及其技术引进是指国家和企业引进外国先进的装备和技术、知识、经验以及所必须附带的设备、仪器和器材,用来发展本国装备和推动军事科学技术进步。装备及其技术引进是装备建设的重要内容,是一项具有全局性的工作,其任务是引进军队急需的先进装备及其技术,提高装备现代化水平。由于高技术武器装备技术日益复杂,费用日益昂贵,技术落后的国家单纯依靠本国技术发展来超越世界先进军事技术水平已越来越困难,即使是军事技术领先的国家也需要通过国际合作来研制和生产最先进的武器装备。当今世界全球经济科技的一体化,使科学技术在国际间的转移加快,也为武器装备发展走国际化道路提供了现实基础。因此,加强军事技术引进与国际合作已成为各国武器装备发展的共同取向,特别是对军事相对落后的国家来说,可以提高其研制起点,缩小差距,减少其盲目性;可以获取先进的国防科研生产的管理经验,提高本国军工部门的技术和生产能力,为发展本国军事工业奠定基础。中国作为一个经济基础和技术实力仍比较薄弱的发展中国家,在独立进行高科技现代化军事装备的发展上存在很大困难。为了提高我国军事技术的发展水平,增强武装部队的作战实力,采取与国外进行技术交流和合作的方法不失为提高国家国防实力的有效方法。

一、装备及技术引进立法概况

装备及技术引进属于国家对外贸易的重要内容。1994 年 5 月 12 日,第八届全国人大常委会第七次会议通过了《对外贸易法》,其中规定:"国家对与裂变、聚变物质或者衍生此类物质的物质有关的货物、技术进出口,以及与武器、弹药或者其他军用物资有关的进出口,可以采取任何必要的措施,维护国家安全。在战时或者为维护国际和平与安全,

260

国家在货物、技术进出口方面可以采取任何必要的措施。"可见,《对外贸易法》对维护我国装备及技术引进秩序发挥了重要的作用。为了履行我国入世有关承诺,充分运用世贸组织规则促进我国对外贸易健康发展,同时根据我国对外贸易工作的实际需要,2004年4月第十届全国人大会常委会对该法进行了修订。另外,我军的《装备条例》对装备及其技术的对外合作与交流作了明确规定,《装备预先条例》、《装备采购条例》还分别对装备预先研究技术引进及国外装备采购作了规定。

为了规范技术进出口管理,维护技术进出口秩序,促进国民经济和社会发展,国务院于2001年发布了《技术进出口管理条例》。

二、装备及技术引进的法律规定

装备及技术引进工作政策性很强,须集中统一领导,各有关部门密切配合,在统一政策的指导下,统一计划,统一对外。

(一) 军事装备引进的法律规定

根据我军《装备条例》的规定,装备及其技术的引进必须坚持集中统一管理、注重配套建设,有利于自主创新,发挥军事效益。装备引进实行立项、审批制度。装备引进项目的立项申请(含技术经济可行性论证报告)由军兵种、总部分管有关装备的部门提出,报总装备部审批;重大装备引进项目的立项申请,由总装备部报中央军委审批。总装备部还负责技术引进项目的管理。

另外,根据我军《装备采购条例》的规定,符合下列情形之一的,海军、空军、第二炮兵和总部分管有关装备的部门可以拟制国外装备采购立项申请,并提出装备引进渠道的建议,报总装备部审批:(1)军事斗争急需且国内无法满足需要的;(2)为已引进装备配套需要且国内暂时难以解决的;(3)其他特殊情况需要的。

我国对军事装备引进实行统一的管理制度。装备引进管理主要包括计划管理、立项审查、订货管理以及运输、验收和索赔等。装备引进工作通常由军队主管装备的部门归口管理,其管理程序是:装备业务部门根据装备建设需要按有关规定编制项目建议书和可行性报告,向军队主管装备的部门申报立项,经批准后即为初审立项,可列入装备引进年度计划;军队主管装备的部门组织装备业务部门编制装备引进年度计划,经综合平衡后拟制全军装备引进计划,送国家计划部门审查纳入国家计划,统一报批;年度计划下达后,凡列入年度引进计划的项目须进行可行性论证,经审批后即为终审立项,即可正式办理引进装备订货的组织实施工作。总装备部按照规定的权限各程序审批国外装备采购立项申请,重大的国外装备采购立项申请经总装备部审查后报中央军委审批。国外装备采购立项申请经批准后,由总装备部择优确定装备引进渠道,组织技术和商务谈判,并签发报关证明。

装备业务部门按有关规定通过外贸公司或军内有权对外签订合同的单位实施订货,通过谈判签订订货合同,按合同要求组织人员参与引进装备监造,对产品进行质量监督和检验,组织使用部队有关人员参加技术培训;装备业务部门对交付的引进装备实施接收、转运和验收,并及时做好索赔工作。[①] 如果国外采购的装备经检验达不到合同规定的技术指标或者其他要求的,要及时通过对外订立合同的单位与外方交涉、索赔。索赔方案由总部分管有关装备的部门、军兵种装备部拟制,报总装备部审核后由对外订立合同的单位执行。

（二）技术引进的法律规定

我国在加入世贸组织后,为了促进技术贸易发展,规范技术进出口管理,特制定了《技术进出口管理条例》。它主要规定了以下内容。

1. 技术引进管理制度

技术引进,是指从中华人民共和国境外向中华人民共和国境内,通过贸易、投资或者经济技术合作的方式转移技术的行为,包括专利权转让、专利申请权转让、专利实施许可、技术秘密转让、技术服务和其他方式的技术转移。

国家将技术分为禁止进出口技术、限制进出口技术以及自由进出口技术。国家鼓励先进、适用的技术进口。但是,如果有《对外贸易法》第16条、第17条规定情形之一的技术,禁止或者限制进口。国务院外经贸主管部门会同国务院有关部门,制定、调整并公布禁止或者限制进口的技术目录。对属于禁止进出口的技术,不得进口或出口;对属于限制进出口的技术,实行许可证审批管理;对属于自由进出口的技术,实行合同登记管理制度。

进口属于限制进口的技术,应当向国务院外经贸主管部门提出技术进口申请并附有关文件。而且,技术进口项目需经有关部门批准的,还应当提交有关部门的批准文件。具体的审批程序是:国务院外经贸主管部门收到技术进口申请后,应当会同国务院有关部门对申请进行审查,并自收到申请之日起30个工作日内作出批准或者不批准的决定。技术进口申请经批准的,由国务院外经贸主管部门发给技术进口许可意向书。进口经营者取得技术进口许可意向书后,可以对外签订技术进口合同。进口经营者签订技术进口合同后,应当向国务院外经贸主管部门提交技术进口合同副本及有关文件,申请技术进口许可证。国务院外经贸主管部门对技术进口合同的真实性进行审查,并自收到前款规定的文件之日起10个工作日内,对技术进口作出许可或者不许可的决定。

国务院外经贸主管部门应当依照《技术进出口管理条例》第12条和第14条的规定对申请及其技术进口合同的真实性一并进行审查,并自收到文件之日起40个工作日内,对技术进口作出许可或者不许可的决定。技术进口经许可的,由国务院外经贸主管部门颁发技术进口许可证。技术进口合同自技术进口许可证颁发之日起生效。

对属于自由进口的技术,实行合同登记管理。进口属于自由进口的技术,合同自依法成立时生效,不以登记为合同生效的条件。进口属于自由进口的技术,应当向国务院外经

---

① 焦秋光:《军事装备管理学》,北京:军事科学出版社,2003年版,第329页。

贸主管部门办理登记,并提交下列文件:(1)技术进口合同登记申请书;(2)技术进口合同副本;(3)签约双方法律地位的证明文件。国务院外经贸主管部门应当自收到文件之日起 3 个工作日内,对技术进口合同进行登记,颁发技术进口合同登记证。申请人凭技术进口许可证或者技术进口合同登记证,办理外汇、银行、税务、海关等相关手续。凡依照《技术进出口管理条例》的规定,经许可或者登记的技术进口合同,合同的主要内容发生变更的,应当重新办理许可或者登记手续。经许可或者登记的技术进口合同终止的,应当及时向国务院外经贸主管部门备案。国务院外经贸主管部门和有关部门及其工作人员在履行技术进口管理职责中,对所知悉的商业秘密负有保密义务。对外经济贸易部及其各省、自治区、直辖市的外经贸主管部门负责全国及各行政区域内的技术进出口管理工作。

另外,我军《装备预先研究条例》也规定,装备研究技术引进实行立项审批和合同审批制度。对符合下列条件之一的,总部分管有关装备的部门、军兵种装备部或者总装备部授权的单位可以向总装备部提出装备研究技术引进项目的立项申请:(1)先期技术开发背景项目急需的关键技术;(2)长期制约装备发展的基础技术;(3)新概念武器技术及必需的关键仪器设备。经批准立项的装备研究技术引进项目,由总部分管有关装备的部门、军兵种装备部或者总装备部授权的单位拟制谈判预案,报总装备部审核后,按照总装备部的要求实施对外谈判并订立合同。装备研究技术引进项目完成后,总部分管有关装备的部门、军兵种装备部或者总装备部授权的单位,应当按照规定验收,并将有关情况报总装备部。

2. 技术引进合同的管理制度

《技术进出口管理条例》对技术引进合同的若干重要方面作了相应的规定,其主要内容有:技术引进在法律上又叫做技术转让,指技术所有权人将自己的技术转让给他人的法律行为,其中转让技术的一方称为转让方,而接受技术的一方称为受让方。技术引进合同的让与方应当保证自己是所提供技术的合法拥有者或者有权转让、许可者。这表明技术进口合同的技术让与方亦即出口方所让与的技术既可以是其合法拥有的技术,也可以是其仅仅合法地享有转让权或许可权的技术。

技术引进合同的受让方按照合同约定使用让与方提供的技术,被第三方指控侵权的,受让方应当立即通知让与方;让与方接到通知后,应当协助受让方排除妨碍。而且,技术进口合同的受让方按照合同约定使用让与方提供的技术,侵害他人合法权益的,由让与方承担责任。技术引进合同的让与方应当保证所提供的技术完整、无误、有效,能够达到约定的技术目标。《技术进出口管理条例》第 27 条规定了技术进口合同中的保密义务:技术进口合同的受让方、让与方应当在合同约定的保密范围和保密期限内,对让与方提供的技术中尚未公开的秘密部分承担保密义务。在保密期限内,承担保密义务的一方在保密技术非因自己的原因被公开后,其承担的保密义务即予终止。

在技术进口合同有效期内,改进技术的成果属于改进方。技术进口合同期满后,技术让与方和受让方可以依照公平合理的原则,就技术的继续使用进行协商。

《技术进出口管理条例》第 29 条规定关于限制性条款的制度。根据该条的规定,在技术进口合同中,不得含有下列限制性条款:(1)要求受让人接受并非技术进口必不可少的附带条件,包括购买非必需的技术、原材料、产品、设备或者服务;(2)要求受让人为专利权有效期限届满或者专利权被宣布无效的技术支付使用费或者承担相关义务;(3)限制受让人改进让与人提供的技术或者限制受让人使用所改进的技术;(4)限制受让人从其他来源获得与让与人提供的技术类似的技术或者与其竞争的技术;(5)不合理地限制受让人购买原材料、零部件、产品或者设备的渠道或者来源;(6)不合理地限制受让人产品的生产数量、品种或者销售价格;(7)不合理地限制受让人利用进口的技术生产产品的出口渠道。

三、装备科研技术引进的管理

凡使用国防科研试制费、武器装备科学研究费、国家有关专项经费的承制单位自筹经费开展装备科研技术引进的项目,均应按照立项论证与审批、确定外贸代理公司、制定合同谈判预案、合同订立与生效、合同履行、项目验收与成果推广等程序进行管理和实施。

使用国防科研试制费、武器装备科学研究费和国家有关专项经费的技术引进项目,均应由军队装备使用部门和装备研制部门(军工集团公司等)报总装备部批准立项后实施。具备与装备研制项目配套实施条件的技术引进项目立项申请,须随装备研制项目立项申请一并报总装备部审批。承研承制单位自筹经费,且拟用于发展我军武器装备的技术引进项目,应由其主管部门(军工集团公司等)报总装备部综合计划部核准后实施。

装备使用部门和装备研制部门应根据批准的技术引进项目,组织承研承制单位和总装备部委托的外贸代理公司拟制合同谈判预案(或谈判实施方案),报总装备部综合计划部审核后,由总装备部综合计划部组织或委托装备使用部门和装备研制部门组织外贸代理公司和承研承制单位实施合同的谈判、签订工作。技术引进合同订立后,应向总装备部申请办理合同生效批准手续。合同生效后,由总装备部综合计划部直接支付经费,专款专用,自筹经费的技术引进项目可由承研承制单位的主管部门办理合同生效手续,并自行组织对外支付。

所有装备科研技术引进项目均应通过总装备部综合计划部办理军事装备海关报关与免税手续。办理军事装备最终用户证明手续时,应由装备使用部门或装备研制部门向总装备部综合计划部提出申请,并按有关规定办理。

装备科研技术引进项目有关引进合同和国内配套工作完成后,应进行项目验收。一般性项目的验收工作由装备使用部门和装备研制部门依据有关批复文件,按照总装备部的有关规定组织实施,并将项目验收情况报总装备部综合计划部登记、归档。重大引进项目由总装备部组织有关单位实施验收。自筹经费的引进项目的验收工作,由承研承制单位主管部门组织实施。

第二节　装备对外军事援助制度

装备对外援助,是指一个国家对另外一个国家(地区或政治集团)提供以军事为目的的装备援助。军队武器装备援外工作是国家和军队对外援助工作的重要方面,是军队武器装备工作的重要任务和组成部分,这种方式主要是配合国家和军队的外交工作,促进对外友好关系的发展,完全服从并服务于双边或多边的政治关系,与国际战略形势、地区紧张形势、受援国安全利益的迫切需要程度有密切关系,对发展与受援国的政治、军事、经济等外交关系有重要的作用,对实现本国的外交政策和战略目标能产生积极的效应。

2000年3月,总参谋部与总装备部联合发布了《军队武器装备援外工作管理规定》,以确保军队武器装备援外工作正常有序地进行。

一、装备援外管理机构及其职责

装备对外援外工作的管理实行集中统一领导和分工负责制,由总参谋部负责归口管理与计划协调,总装备部负责具体承办,并按照军队武器装备工作的运行机制和有关规定组织实施。总装备部装备技术合作局负责承办武器装备援外工作,各军兵种装备部和总部分管有关装备的部门负责本系统、本部门武器装备援外工作。

总参谋部分管装备外援机构的职责有:制定对外军援工作有关政策法规和规章制度,拟制对外军援工作规划;制定对外军援工作年度计划,负责对外军援计划的组织与实施;负责提出对外军事援助的具体国家、方式、项目、类别和经费等方案;负责对外军援计划的个案报批,组织军援协议对外谈判和签约工作;向总装备部装备技术合作局下达武器装备援外计划和任务;指导、监督、管理各项军援任务,编报事业成果;归口管理和统筹计划外国军事人员的培训和外派军事专家工作;具体组织援外综合性项目的技术和价格谈判及供货项目补充协议的签约工作。

总装备部分管装备外援机构的职责有:根据军委和总部的有关规定和要求,组织拟制军队武器装备援外工作有关规章制度;负责办理军队援外武器装备供货项目审核和报批工作;根据总参谋部有关机构下达的武器装备援外计划和任务,具体组织承办援外武器装备的对外技术和价格谈判、负责援外武器装备供货项目补充协议文本的准备并参加签约组织工作;会同有关部门办理援外武器装备的年度、临时订货计划和库存实力统计工作;会同有关部门办理援外武器装备的国内调拨工作,下达援外武器装备的筹措通知;负责办理援外武器装备的外运及对外交付工作,下达援外武器装备的启运通知,会同国家交通部门管理特资口岸并向口岸下达援外武器装备外运出口及装船(机)通知;负责援外武器装备供货项目补充协议的执行工作,组织援外武器装备的技术培训、使用和维修等后续服务工作;归口管理军队驻特资口岸的特运办事处的各项业务工作;指导全军涉及援外武器装备使用及维修人员培训的院校、基地和储存援外武器装备仓库的有关业务工作。

各军兵种装备部和总部分管有关装备的部门有下列职责:根据军委和总部的有关规定和要求,组织拟制本系统、本部门武器装备援外工作有关规定和实施细则;负责拟制本系统、本部门武器装备援外项目谈判技术方案,并参与谈判;负责承办本系统、本部门武器装备的国内审价、订货、验收、储存、保管、整修、国内运输、国外安装、交验、技术服务,外文教材和资料编译等工作;负责承办本系统、本部门援外武器装备实力统计;负责管理本系统、本部门涉及援外武器装备使用和维修人员培训的院校、基地和储存外援武器装备仓库的业务建设工作;负责本系统、本部门援外武器装备出国团组的组织和人员选派工作。

二、装备对外援助管理制度

军队武器装备援外工作是国家和军队对外援助工作的重要方面,是军队武器装备工作的重要任务和组成部分,必须服从和服务于国家总体外交和军事外交,服从和服务于军队现代化建设,认真贯彻我国对外方针政策,严格执行国家和军队的有关规定。

军事装备援助工作,通常由政府和军队的主管部门具体负责承办。军援管理主要包括任务审批,谈判签约以及履行合同,即备货、报关、运输和售后服务等管理活动。军事装备国际合作的主管部门根据上级的指示精神下达对外援助的任务和签订有关的援助协议,具体组织有关援助项目的谈判、商定具体供货品种、数量,以及有关援助装备的筹措、储备、交付和技术服务等工作。同时,还应制定援助装备的对外运输计划,会同政府有关部门向外运口岸下达军援装备的对外运输通知及组织有关单位实施援助装备的口岸转运。[①] 其管理程序是:军队主管军援的部门,负责审批军援计划和重大军援项目,军队负责装备对外合作与交流的业务部门根据下达的计划具体承办;供货单位负责援助装备的备货、报关、运输和售后服务。

第三节　军品出口贸易法律制度

军品贸易,是以货币为媒介或以物易物的军品转让行为,亦称军火贸易,简称军贸。军事技术合作并不是单纯地引进来,同样还要有能力走出去。将装备投入到国际市场中不仅可以创造巨大的经济价值,为装备后续发展提供动力;军事装备的输出还可以为国家带来一定的政治利益,改善本国的国际环境并增加对国际事务的影响力。更加重要的是,将国内研制生产的先进军事装备出口后,一旦这些装备在战争中使用,就可以通过实战的检验来判断装备和技术对现代化战争的适应能力和实战效果,从而确定装备发展或改进

---

① 余高达、赵潞生主编:《军事装备学》,北京:国防大学出版社,2000年版,第382页。

的方向。军事装备的技术改进和提高必须建立在实战的基础上,而我国军队本身很难投入到实际的战争之中,出口军事装备能为我国在和平时期获得军事装备实战使用经验提供良好机会,这个机会是无论做多少次模拟和演习都无法获得的。可见,通过军事装备的出口不但可以获得经济上和政治上的收益,更加重要的是通过实战检验的装备可以提供更好、更合理的发展方向,形成一个"改进—实践—发展"的良性循环,提高我国军事技术的发展水平。由于军品贸易出口带有浓厚的政治色彩,政策性很强,因此必须在国家统一的方针政策指导下进行。

一、我国军品出口贸易立法概况

军品出口是对外贸易的重要组成部分,对武器装备发展和国民经济建设具有十分重要的意义。军品是一种特殊商品,军品出口对于国家安全、外交政策,比一般民用商品出口有着更加直接、更加密切的关系。从国家安全的整体利益出发,制订国家统一的军品出口政策显得尤为重要。我们必须从战略高度来认识军贸立法的重要性,增强军贸立法意识,使军贸工作逐步纳入正规化、法制化轨道。

党的十一届三中全会以来,我国积极开展了军品出口立法工作。1997 年 10 月,国务院、中央军委发布了《军品出口管理条例》,对促进军品出口的发展发挥了重要作用。经过多年努力,我国的军品出口管制完成了从行政管理向法制化管理的转变,相关出口管制做法已与国际通行做法基本一致。为进一步促进军品贸易,国务院、中央军委于 2002 年 10 月对《军品出口管理条例》作了相应修改。目前,我国逐步建立起涵盖核、生物、化学、导弹等相关敏感物项和技术及所有军品的完备的出口管制法规体系。

在核出口领域,我国政府发布了《核出口管制条例》、《核两用品及相关技术出口管制条例》。在生化出口领域,发布了《生物两用品及相关设备和技术出口管制条例》、《监控化学品管理条例》及《实施细则》、《各类监控化学品名录》、《有关化学品及相关设备和技术出口管制办法》。在导弹领域,发布了《导弹及相关物项和技术出口管制条例》。我国的出口管制法规广泛采取国际通行的许可证管理制度、最终用户和最终用途证明制度、清单控制方法、全面控制原则等。此外,《对外贸易法》、《海关法》、《刑法》、《行政处罚法》、《货物进出口管理条例》、《技术进出口管理条例》等,也为我国的防扩散出口管制提供了法律依据。

但总的来看,我国军贸立法同军贸工作的实际需要尚存在较大的差距。军品出口的一些重要环节还无法可依,有些法规、规章已不适应新形势的需要,现行法规还存在着内容重复、交叉、不规范的现象,无法可依、立法不全、执法不严等问题比较突出,因此,我国军贸立法还有大量艰苦细致的工作要做。在遵循国家利益原则、联合国宪章原则、中立原则、维护稳定原则的基础上,首先要进一步放松对军品出口的限制,简化出口程序,部分军品出口审查权力应该适当下放;第二要适当增加对军工企业军品出口的激励政策,对军品出口提供一定的补贴;第三要制定相应的军品补偿贸易法规,并设立相应军品补偿贸易的协调机构,运用国家经济的力量来推动军品出口。

二、我国军品出口贸易法律制度的主要内容

(一) 军品出口的原则

我国是一个爱好和平的国家,是世界和平的重要维护力量。我国充分认识到武器严重威胁着有关地区和国家的安全与稳定,危及平民生命、财产安全。因此,我国对军品出口一向采取慎重、负责的态度,实行统一的军品出口管理制度,禁止任何损害国家利益和安全的军品出口行为,依法保障正常的军品出口秩序,并遵循以下三项原则:有助于接受国的正当防卫能力;不损害有关地区和世界的和平、安全与稳定;不干涉接受国内政。我国所有常规军品的出口管制均以《军品出口管理条例》、《军品出口管理清单》为准,实行统一的军品出口管理制度。我国还建立了武器出口的最终使用制度,防止武器通过第三方流落到热点和敏感地区。同时,严格遵守联合国有关决议,不向受安理会武器禁运的国家和地区出口军品。

(二) 军品出口管理制度

我国历来采取慎重、负责的态度,对军品出口实行严格控制。我国的军品出口由依法取得军品出口经营权的军贸公司在核定的经营范围内开展经营,未取得军品出口经营授权的任何单位或组织,不得从事军品出口经营活动。国家禁止个人从事军品出口经营活动。军品出口管理应当根据国家和军队的有关规定,服从外交和国防政策、军事安全以及装备发展的需要,严格执行审查、审批制度。

军品出口管理主要包括计划审批、定价报价、谈判签约、履行合同等管理活动。军品出口工作由军队主管装备的部门统一管制。其管理程序是:军队负责装备对外合作与交流的业务部门组织有关部门编报年度出口货源计划和重大出口项目,报军队主管装备的部门审批;年度计划下达后,经官方渠道出口装备由军队负责装备对外合作与交流的业务部门组织对外报价、谈判和签约,经非官方渠道出口装备由外贸公司向军队负责装备对外合作与交流的业务部门呈报书面申请,经批准后组织对外报价、谈判和签约;履行官方合同由军队负责装备对外合作与交流的业务部门直接向供货单位下达备货及启运通知,履行非官方合同由外贸公司向军队负责装备对外合作与交流的业务部门依据合同提出发货申请,由军队负责装备对外合作与交流的业务部门向供货单位下达备货及启运通知;供货单位按备货及启运通知要求备货和组织发运、并做好供货前后的售后服务工作。①

1. 出口审批

总装备部是全军装备出口的管制机关,负责审批年度出口货源(品种和数量)计划和

---

① 焦秋光:《军事装备管理学》,北京:军事科学出版社,2003年版,第330-331页。

重大出口项目,必要时向中央军委报告。总装备部外事局是全军装备出口工作的承办单位,负责组织各军兵种和总部分管有关装备的部门编报年度出口货源计划,审批武器装备出口合同。出口装备的外贸公司需向总装备部外事局书面呈报装备出口申请。申请通常包括下列各项内容:签约方、合同(草签)号;最终用户;品名及数量、年代要示、价格、支付方式、交货期、装运港和目的地等。总装备部外事局对外贸公司提出的申请经审核后批准下达,外贸公司据此与外商签订正式合同。

军品出口项目、合同,应当依照《军品出口管理条例》规定,申请国家军品出口主管部门或者由国家军品出口主管部门会同国务院、中央军事委员会的有关部门审查批准。总装备部负责审批军队装备体制内的装备及其相关技术等军品的首次出口立项,参与审批军队装备体制外的装备及其相关技术等军品的首次出口立项。军品出口项目经批准后,军品贸易公司可以对外签订军品出口合同,然后向国家军品出口主管部门申请审查批准;国家军品出口主管部门应当自收到申请之日起 20 日内作出决定。军品出口合同获得批准,方可生效。军品贸易公司向国家军品出口主管部门申请批准军品出口合同时,应当附送接受国的有效证明文件。军品出口,由国家军品出口主管部门会同有关部门下达军品出口通知。有关部门和地方人民政府收到军品出口通知后,应当按照国家有关规定认真履行职责,保证军品出口的安全、迅速、准确。

重大的军品出口项目、合同,应当经国家军品出口主管部门会同国务院、中央军事委员会的有关部门审查,报国务院和中央军事委员会批准。

总装备部负责审批的军品出口项目、合同有:(1)军品贸易公司出售军队(含武警部队)在役装备的出口项目、合同;(2)军队或者军队委托的军品贸易公司执行两国政府、军队之间军事合作的军品出口项目、合同。总装备部参与审批的军品出口项目、合同包括:(1)向周边国家和敏感国家(地区)出口的军品项目、合同;(2)可用于军事目的的民用航天新产品及其相关技术的出口项目、合同;(3)军工企事业单位首次出口的军队装备体制内的装备及其相关技术的项目。

国家对军品出口实行许可制度。军品出口,应当凭军品出口许可证。军品贸易公司在军品出口前,应当凭军品出口合同批准文件,向国家军品出口主管部门申请领取军品出口许可证;符合军品出口合同规定的,国家军品出口主管部门应当自收到申请之日起 10 日内签发军品出口许可证。总装备部按规定签发、管理职责范围内的军品出口许可证,承办出口军品的返修保函业务。海关凭军品出口许可证接受申报,并按照国家有关规定验放。

2. 定价和报价

装备的出口价格以控制最低价格为原则,而最低价格视国内价格和国际市场行情由总装备部外事局统一制订。装备的零备件以及维修、装备改造等服务项目的价格,由各军兵种和总部分管有关装备的部门自行制订,但需报总装备部外事局备案。装备的出口报价实行统一领导,由总装备部外事局和外贸公司分别执行。对于官方报价,由总装备部外事局报价;对于非官方报价,则由外贸公司报价。其他单位不得自行对外报价,更不允许竞价销售,损害国家利益。

3. 谈判和签约

装备出口的谈判和签约是装备出口的一个非常关键的环节,必须加强管理。谈判和签约分官方和非官方两个渠道,分别由总装备部外事局和外贸公司组织。通过官方渠道进行的装备出口,由总装备部外事局组织对外谈判和签约;通过非官方渠道进行的装备出口,主要由外贸公司组织对外谈判签约,必要时总装备部外事局可委托其他公司代售。未经许可,任何单位和个人不得代军队出售装备。

在谈判过程中,必然涉及技术谈判。技术谈判是商务谈判的基础,不可忽视。各军兵种和总部分管有关装备的部门负责装备出口的技术谈判。为此,须组织专业人员参与谈判,向对方详细介绍待售装备的战术技术性能、使用维修保障等方面的情况,取得对方的信任,为商务谈判赢得最大的经济利益服务。

4. 履行合同

装备出口履约包括备货、报关、特运和售后服务等内容。外贸公司正式对外签约后,需书面向总装备部外事局申请发货。总装备部外事局依据官方合同和外贸公司发货申请,向供货单位下达备货及启运通知,并以总装备部名义与交通部会签后向有关单位下达发运特资通知。

供货单位按照备货通知的要求备货,并及时申报铁路运输计划,保质、保量、按时将出口的装备物资安全运抵指定口岸、交特运办事处或总装备部外事局指定的单位接收。此前对外签约单位负责向交通部编报海运计划,落实运输船只、港口码头和装船时间等有关事宜,为装备出口做好发运前的一切准备工作。出口装备物资出境前,对外签约单位须向总装备部外事局申领“出口许可证明”。海关凭报关证明放行出口装备物资。特运办事处根据发运通知负责出口装备物资的接收、质量检查、保管和装船工作,保证出口装备物资能按时发运。

售后服务是维护军贸信誉的重要保证,必须认真做好。供货前,供货单位应该按照装备出口随机外文技术资料的有关规定和要求,负责编译、提供出口武器装备的战术技术指标、使用维护等方面的中、外文资料。供货后,供货单位应按合同规定,做好人员培训、装备维修、零备件供应和技术支援等售后服务工作。

军品贸易公司在军品出口经营活动中,不得有下列行为:(1)危害国家安全或者社会公共利益;(2)以不正当竞争手段排挤竞争对手;(3)侵害中华人民共和国法律保护的知识产权;(4)伪造、变造、骗取或者转让军品出口项目批准文件、合同批准文件、许可证和接受国的有效证明文件等单证;(5)超越核定的经营范围经营;(6)违反法律和行政法规规定的其他行为。

（三）出口管制制度

所谓出口管制,是一国或者多个国家为达到特定的政治、军事和经济目的,利用行政和法律的强制手段,以限制和禁止某些物质、技术出口流向和规模的行为。出口管制的主要对象是军用物资和技术及其他战略性敏感物资。近年来,国际防扩散、反恐形势发生重大变化,防止大规模杀伤性武器及其运载工具扩散在国际政治与安全事务中的重要性凸显。出口管制是实现防扩散目标最主要的手段。作为一个负责任的大国,中国忠实履行了国际防扩散公约的各项义务,初步形成以维护国家安全和社会公共利益为主要目的、以法制化管理为手段、以核、生物、化学、导弹等敏感领域的军民两用品和技术为管制内容的防扩散出口管制法规体系。以 1994 年出台的《对外贸易法》为标志,中国开始加强对外出口管制的建设,颁布实施了若干法规及相应的管制清单。我国出口管制法律法规既是出于国际社会防止大规模杀伤性武器扩散、维护世界和平与稳定的根本需要,也是确保自己国家安全利益以及在市场经济条件下规范敏感物项与技术的必然选择。

随着经济全球化的深入发展以及中国改革开放进程的不断深入和扩大,中国的经济体制发生了根本变化。市场经济取代计划经济在国家整个经济体系中占据主导地位。私营企业和其他非国有企业在国民经济中所占比重越来越大,并越来越多地参与对外贸易活动。这使国家的敏感物项与技术的出口呈现出空前复杂的形势:一方面中国参与出口贸易的公司愈益增多,不仅有国营企业,还有大量的民营企业和科研部门,以及合资和外资企业;另一方面,出于利益驱动,有个别公司和个人采取不负责任的做法,违反相关法规和政策,进行违法的出口活动。对中国政府来说,这既增大了出口管制的难度,也增大了加强出口管制的必要性和紧迫性。①

自 1995 年以来,为了加强对与大规模杀伤性武器相关的军民两用物项和技术的出口管制,我国先后发布了《核出口管制条例》、《核两用品及相关技术出口管制条例》、《生物两用品及相关设备和技术出口管制条例》、《导弹及相关物项和技术出口管制条例》、《监控化学品管理条例》等一系列法规,构成了中国防扩散出口管制法规体系。为配合这些法规的实施,相关部门制定了配套规章,如 2002 年 11 月,商务部制定了《敏感物项和技术出口经营登记管理办法》,2003 年 12 月,商务部与海关总署联合制定了《敏感物项和技术出口许可证暂行管理办法》。上述办法规范了敏感物项和技术的出口经营及许可证的申请、审批、发放、使用和验核工作。2004 年 1 月,商务部和海关总署启动敏感物项和技术出口计算机管理系统,实现了许可证的审批、发证机关与海关监管部门的联网,大幅提高了对敏感物项和技术出口的监督管理能力。商务部和海关总署依据核、生物、化学和导弹领域的出口管制清单编制了包括 658 项物项和技术的《敏感物项和技术出口许可证管理

---

① 李根信、孙晋忠:《论中国的出口管制政策》,载《国际问题研究》,2007 年第 3 期,第 12 页。

目录》,其中 34% 已确定海关编码。[①] 2006 年商务部发布了经修订的《生物两用品及相关设备和技术出口管制清单》,参照国际通行出口管制清单,结合中国出口管制管理需要,完善了防扩散出口管制法律法规。这一法规体系涵盖核、生物、化学、导弹及军品各个领域,广泛采取许可证制度、清单控制办法、全面控制原则、出口经营登记制度、最终用户和最终用途证明制度等国际通行的做法。

上述条例规定,中国的核出口项目由政府指定的专门公司经营,对核出口实行许可证制度,不向未接受国际原子能机构保障监督的核设施提供任何帮助。为加强保障监督制度的有效性和履行防扩散义务,中国于 2002 年 3 月 28 日正式通知国际原子能机构,中国已完成保障监督附加议定书生效的国内法律程序,该附加议定书同日起对中国生效。中国是核武器国家中第一个完成上述程序的国家。

为了确保出口管制的有效性,国务院各相关部委建立了出口会商审批制度,商务部负责在核、生物、化学、导弹等领域的军民两用物项出口审批和执法。为了防止违法案件发生,查堵违规出口,外交部、商务部、国防科工局、国家发改委、安全部、公安部等部门成立了防扩散出口管制应急协调机制。

为降低扩散风险,相关法规还规定,核出口、监控化学品及军品出口只能由政府指定的少数贸易公司专营,管制范围与国际通行做法基本保持一致。例如:核领域清单已与"桑戈委员会"、"核供应国集团"的清单完全一致,并根据"桑戈委员会"及"核供应国集团"清单的变化不断进行相应调整;生化领域清单与"澳大利亚集团"的清单基本一致;导弹领域清单与"导弹及其技术控制制度"的附件基本一致。在出口管制实践中,中国政府的出口管制主管部门还可依法对上述清单外物项和技术的出口实施临时管制。所有法规均对违法出口行为规定了具体的处罚措施。

在防扩散出口管制工作中,中国政府坚持执法必严、违法必究。对于涉嫌违法出口敏感物项和技术的个案,政府主管部门均进行认真调查,并依法处理。2004 年 5 月,中国政府建立了跨部门防扩散出口管制应急协调机制,详细规定了相关出口管制部门在处理紧急防扩散出口管制案件时的职责、分工及处理程序,为迅速、有效地处理此类案件提供了机制保障。有关出口管制法规颁布后,商务部对地方各级商务主管官员进行了全面的政策法规培训。在违法出口案件的多发地区,商务部还不定期举办出口管制政策法规和执法专项培训。

第四节　军备控制制度

军备控制,通常指相关国家或军事集团共同采取行动对各方军队或武器装备进行的

---

① 见 2005 年 9 月中国国务院新闻办公室发布的《中国的军控、裁军与防扩散努力》白皮书。

限制与裁减,一般通过谈判达成协定或条约来保证实施,也有一国单方面采取军备控制与裁军措施的情况。当今世界,和平、发展、合作已成为时代潮流,国际军控、裁军与防扩散体系作为全球安全秩序的有机组成部分,为维护世界和平与稳定依然发挥着重要作用。我国奉行独立自主的和平外交政策,高度重视军控与裁军,一贯反对军备竞赛,积极维护世界的和平与稳定。我国认为,军控与裁军的目的在于增进安全,而安全必须是各国的普遍安全。军控与裁军不应成为强国控制弱国的工具,更不应成为少数国家优化军备,进而谋求单方面安全优势的手段。军控与裁军的另一个目的在于促进世界经济的发展,为各国特别是广大发展中国家的经济发展节省更多的资源,创造更好的条件。判断一项军控与裁军条约的好坏,一个重要标准就是看它是否有利于促进各国特别是发展中国家的经济发展,是否有利于加强国际科学技术合作。[①] 因此,我国主张全面禁止和彻底销毁核武器等大规模毁伤性武器,并把各国常规军备减到只用于自卫防御的水平,通过军控与裁军减少和消除战争危险。

自 20 世纪 90 年代以来,军控、裁军与防扩散取得了新的积极成果,在禁止化学武器、禁止核试验等领域相继达成了一系列重要条约。国际社会在防止大规模杀伤性武器扩散问题上的共识不断加强。国际军控、裁军与防扩散体系继续为维护世界和平与稳定发挥着重要作用,国际防扩散的共识进一步凝聚,各种安全对话方兴未艾,区域安全合作蓬勃开展。

一、常规武器军控制度

核武器、化学武器、生物武器等有大规模杀伤破坏性武器以外的武器,通常称为常规武器。它包括地面常规武器、航空常规武器和海上常规武器。在现代,常规武器仍然是进行战争的基本手段,尤其是在作战双方均有核武器,而使用核武器的可能性又较小的情况下,武器装备发展的重点,进一步转向常规武器。

(一) 特定常规武器控制

特定常规武器是指具有过分伤害力或滥杀滥伤作用的常规武器。所谓过分伤害力,是指该种武器不仅可使人丧失战斗力,而且使被杀伤者承受难以治疗或过度、不必要的痛苦。所谓滥杀滥伤,是指使用这种武器可使军人和平民不加区别地受到杀伤。这些武器的发展和大量使用,引起了国际社会的强烈关注。常见的这类武器有地雷、燃烧武器、特种碎片武器、燃料空气弹、激光致盲武器等。1979 年和 1980 年,联合国在日内瓦举行会议,讨论通过了旨在停止使用可被认为是具有过度不人道或滥杀滥伤作用的某些类型武器的《特定常规武器公约》。该公约现由四个议定书和一个协议组成,分别是《关于无法检测的碎片的议定书》、《关于禁止或限制使用地雷(水雷)、饵雷和其他装置的议定书》、

---

① 刘华秋:《国际军备控制面临新的挑战》,载《现代军事》,2001 年第 5 期,第 44 页。

《关于禁止或限制使用燃烧武器的议定书》、《关于禁止使用激光致盲武器的议定书》及《关于条约适用范围、与其他国际协定的关系及加入、生效等具体规定的协议》。2003 年 11 月 28 日,《特定常规武器公约》缔约国经过两年多谈判,在日内瓦举行的年会上通过了一项关于"战争遗留爆炸物"的议定书。议定书规定,交战方必须记录爆炸物的使用和存放地点,战争结束后,必须清除和销毁这些爆炸物,以免伤及无辜。《战争遗留爆炸物议定书》是国际军控领域的一大突破,对预防和减少遗留爆炸物、清除现有和将来可能产生的遗留爆炸物具有积极作用。因此,该议定书被认为可以较全面地解决战争遗留爆炸物引起的人道主义问题。

　　一个国家的军备控制工作,通常由该国军队主管装备的装备部门协同政府有关部门组织研究、拟制有关装备的军备控制政策与对策。对已签署的国际军备控制条约由主管装备部门负责统一安排,组织有关部门、单位接待有关装备系统的核查和实施对外核查。我国于 1981 年 9 月 14 日在联合国总部签署了《禁止或限制使用某些可被认为具有过分伤害力或滥杀滥伤作用的常规武器公约》(《特定常规武器公约》),1982 年 4 月 7 日交存批准书,1983 年 12 月 2 日该公约对我国生效。我国政府不仅积极参与和支持国际社会为禁止或限制使用具有过分伤害力或滥杀滥伤作用常规武器所作的努力,而且认真履行了《特定常规武器公约》及其附加议定书各项义务,采取切实措施确保现役杀伤人员地雷达到经修订的《地雷议定书》有关技术要求,积极参与集束弹药问题政府专家组谈判工作,继续开展公约所附《战争遗留爆炸物议定书》批约筹备工作。我国还积极参与了国际人道主义扫雷援助,分别为安哥拉、莫桑比克、乍得、布隆迪、几内亚比绍以及苏丹北南方培训扫雷技术人员,并无偿向上述国家和埃及捐赠扫雷器材,向秘鲁、厄瓜多尔、埃塞俄比亚提供地雷行动资金。

(二) 轻小武器出口国际管制机制

　　冷战结束后,国际社会面临着在世界许多地区爆发国内冲突的可能性。在冲突中所选择的是小武器和轻武器。这些武器虽然并非是冲突的根本原因,但它们加剧了暴力,助长了儿童兵的使用,阻碍了人道主义救援,延误了冲突后的重建和发展。据估计,世界上小武器的贸易中有 40% ～ 60% 正在或将变成违法。因此,控制非法武器的扩散是提高国际、地区或国家对所有小武器问题控制的必要措施。

　　按照 1997 年 8 月联合国秘书长向联合国第五十二届大会提交的小型武器问题政府专家小组《全面彻底裁军:小型武器》报告所下定义,小型武器包括左轮手枪和自动手枪、步枪和卡宾枪、冲锋枪、突击步枪、轻机枪。轻武器包括重机枪、手提下管和可架起的榴弹发射器、移动式高射炮、移动式反坦克炮、无后座力炮、移动式反坦克导弹和火箭系统发射器、移动式防空导弹系统发射器、口径不到 100 毫米的迫击炮。弹药和炸弹包括:小型武器子弹(发)、轻武器炮弹和导弹、装有单动式防空和反坦克系统导弹或炮弹的机动容器、杀伤性和反坦克手榴弹、地雷、炸药。1997 年以后联合国通过的关于轻小武器的一系列文件和决议都沿用该定义。

与核武器、化学武器和生物武器不同的是,目前没有各国同意的国际准则和标准来直接规范小武器和轻武器问题。同时,在不出口这些武器的一百多个国家中,有许多要依赖它们去满足其正当的国家和集体自卫和内部安全方面的需要。各国都维护《联合国宪章》第51条所确认的单独和集体自卫权,并主张所有国家都有正当的安全需要。各国还普遍承认,在全球范围买卖小武器是出于正当的安全和商业上的考虑。

基于上述原因,联合国关于小型武器和轻武器的违禁贸易以及所有相关问题会议于2001年7月在美国召开,大会通过了《从各个方面防止、打击和消除小武器和轻武器非法贸易的行动纲领》(POA,以下简称《行动纲领》),这是轻小武器出口国际监管合作取得的重要成果。该纲领鼓励成员国政府依靠自身努力、区域合作、全球合作等各种途径来打击小武器和轻武器非法贸易。

但是,轻小武器出口国际管制机制迄今在联合国层面上仍然没有取得实质性突破。当前轻小武器出口国际管制机制存在的问题主要是:(1)机制不健全。联合国没有成立应对轻小武器问题的专门机构,一切关于轻小武器问题的联合国报告都是联合国委托临时专家小组或下属研究机构来完成,并在一年一次的联合国大会上审议。除联合国大会期间外,联合国的轻小武器出口管制工作基本处于停滞状态,轻小武器出口管制国际机制缺乏连续性和常态性。(2)标准不统一。联合国对轻小武器的定义与其他区域性国际组织和成员国对轻小武器的定义存在分歧,对轻小武器出口、转运、储藏、销毁等概念的定义也存在不同。对以上概念的界定也是联合国各成员国争论的焦点之一。实际上,一些国家希望通过概念模糊化来冲淡轻小武器出口国际管制机制管理的范围。(3)监管不充分。联合国只能依据各国提供的书面报告来了解各成员国的轻小武器出口情况,无法强制性地对成员国的轻小武器出口情况进行核查和监管。在监管问题上联合国各成员国间存在严重的分歧,北欧等国家认为没有强制性的监管措施,轻小武器出口国际管制机制如同虚设,而一些非洲动荡国家则认为对分布极为广泛的轻小武器进行核查和监管是不可想象的。(4)数据不准确。由于标准不统一、监管不充分以及成员国申报不及时等原因,联合国每年根据《联合国常规武器转让登记》统计的国际轻小武器出口数量存在很大的漏报和误差,这一点联合国自身也承认。(5)法律不清晰。轻小武器出口国际管制机制与联合国成员国自身主权、自卫权力的关系一直没有理清。联合国只能一边强调联合国成员国自身主权、自卫权力的至上性,一边强调轻小武器出口国际管制机制的重要性。这也导致联合国对成员国在轻小武器出口管制问题上的态度是自愿性的,而不像在核武器或化学武器等大规模杀伤性武器上那样强硬。①

中国2002年印发的《军品出口管制清单》对轻武器作了详细定义。轻武器包括小型

---

① 赵裴:《轻小武器出口国际管制机制的现状与问题》,载《现代国际关系》,2009年第7期,第11－12页。

武器和轻武器,即口径小于20毫米的身管武器、各种枪械、榴弹武器、单兵或班组携行使用的特种装备、轻便激光干扰装置、冷兵器以及上述产品的瞄准器、夜瞄具、消声器、抑制器和闪光抑制器。与联合国对轻小武器的定义不同,中国对轻小武器的定义不包括各种小口径火炮和轻小武器弹药、地雷、炸弹等装置,但包括上述轻小武器的零件、配件、半成品及相关原料、配料和技术,这是联合国对轻小武器定义所没有的。

中国政府充分认识到非法小武器严重威胁着有关地区和国家的安全与稳定,危及平民生命、财产安全,对军品出口一向采取慎重、负责的态度,中国积极参与打击轻小武器非法贸易的国际努力,认真落实联合国轻小武器《行动纲领》与《识别和追查非法轻小武器国际文书》,制订实施了轻小武器标志细则,并于2002年12月签署《枪支议定书》。

二、大规模杀伤性武器禁止、限制制度

大规模杀伤性武器,是指用来大规模屠杀的武器,一般针对的是平民,但是也可以针对军事人员。它包括三类武器:核武器(包括放射性武器)、化学武器、生物武器。

(一) 生物、化学武器的国际控制机制

鉴于生物、化学武器破坏威力巨大、难以控制、不能精确打击或者限定准确打击,容易使军事目标与非军事目标、战斗员与平民不加区别地遭受破坏和受到伤害,1971年联合国大会通过了第一部全面禁止和彻底销毁生物武器的国际公约,即《禁止发展、生产、储存细菌(生物)及毒素武器和销毁此种武器公约》(简称《禁止生物武器公约》)。公约共15条,主要内容是:缔约国在任何情况下不发展、不生产、不储存、不取得除和平用途外的微生物制剂、毒素及其武器;也不协助、鼓励或引导他国取得这类制剂、毒素及其武器;缔约国在公约生效后9个月内销毁一切这类制剂、毒素及其武器;缔约国可向联合国安理会控诉其他国家违反该公约的行为。该公约对拥有生物武器能力的国家有一定制约作用,但还存在一些缺陷,如只规定"禁止发展、生产和储存",而未提禁止使用;只规定销毁这类武器,却未提销毁生产这类武器的工厂和设备;对于监督和核查以及对违约事件的控拆程序等问题,未规定具体有效的措施。

2001年上半年,国际社会在历经了7年的谈判之后拟订了《禁止生物武器公约》核查议定书草案,其中要求采取措施监督禁止生物武器。2001年7月,联合国在瑞士日内瓦召开了《禁止生物武器公约》审议会,旨在通过包括加强生物武器国际核查在内的实质性新措施。不过,美国代表在此次会议最后一刻突然宣布,美方决定"停止"对完善公约的核查机制进行讨论,宣布拒绝签署该议定书草案,使得此次审议无果而终。案后,同年11月美国在《禁止生物武器公约》第五次审议大会上再次重申其反对立场,从而使国际社会近期达成生物武器核查议定书的希望彻底落空。

1992年联合国大会通过了第一部全面禁止和彻底销毁化学武器的国际公约,即《禁止发展、生产、储存和使用化学武器及销毁此种武器的公约》(简称《禁止化学武器公

约》)。公约包括 24 个条款和 3 个附件。主要内容是签约国将禁止使用、生产、购买、储存和转移各类化学武器;将所有化学武器生产设施拆除或转作他用;提供关于各自化学武器库、武器装备及销毁计划的详细信息;保证不把除莠剂、防暴剂等化学物质用于战争目的等。为了达到《禁止化学武器公约》规定的目标,该公约规定了比较严格的核查制度,还专门建立了一个新的国际组织——禁止化学武器组织。该组织总部设在荷兰海牙,由缔约方大会、执行理事会和技术秘书处组成,主要负责《禁止化学武器公约》的履行和核查工作。公约并要求每个缔约国建立或指定一个履行本条约的国家主管当局作为政府和有关私人企业与禁止化学武器组织的联系机关。国家主管当局应负责向禁止化学武器组织收集和提供有关信息并协调现场核查工作。《禁止化学武器公约》第 9 条和有关核查制度的附件二对该条约的核查机制和程序作了具体规定,主要包括以下几个方面:(1)对缔约国所宣布和销毁的化学武器和设施的核查;(2)对缔约国所宣布和销毁的化学生产设施的核查;(3)通过核查防止"两用化学物质"用于化学武器;(4)临时质疑检查;(5)对使用化学武器指控的调查;(6)有关违反条约义务的制裁和救济措施等。一般认为,《禁止化学武器公约》中的核查制度,是现行裁军和军控条约中一种最为典型和有效的核查制度。公约生效后,缔约国应接受国际公约组织对有关设施现场的初始核查、例行性核查和质疑性核查。初始核查及例行性核查是对初始宣布的企业进行现场核查,质疑性核查是指某一缔约国在受到其他缔约国怀疑拥有化武生产设施或进行了违反公约的活动时,国际公约组织进行的强制性的核查。公约组织从 1998 年 8 月开始,实施了对缔约国的核查。禁止化学武器组织已对 77 个缔约国的近 200 处化学武器相关设施和 850 多个工业设施进行了 2800 次视察。[①]

不过,《禁止化学武器公约》限制的毒剂只是现实中存在的一些化学毒物和毒素,限制的数量对于庞大的毒物群而言是微乎其微,而且许多新的化学毒剂还在不断出现。另外,尽管一些拥有化学武器的国家已签约《禁止化学武器公约》,但化学武器销毁需要的经费庞大,并受环境等各种因素的影响,销毁日程难以确定。

总的看来,现有的多种有关禁止生化武器的国际公约虽提供了消除现存生化武器和控制扩散与发展的重要政治基础与运作机制,但是"生效"并不等于"有效","实施"也不等于"实效",而只有"有效实施"才能对生化武器的今后发展和控制起重要作用。目前应主要关注的关键问题是:化学武器大国美国、俄罗斯是否确能彻底销毁其现有化学武器及其设施;热点地区与国家的生化武器扩散趋势能否控制及制止;未签约国的扩散问题如何解决;能否尽快制定适当有效的生物武器核查措施;是否存在及能否控制公约核查清单以外的隐蔽生化武器等。

我国于 1984 年 11 月 15 日加入了《禁止生物武器公约》,保证在任何条件下都不发

---

① 张国宝:《严格履行〈禁止化学武器公约〉,树立负责任国家的形象》,2007 年 4 月 28 日《人民日报》。

展、生产、储存或以其他方法取得或保有类型和数量不属于和平用途所正当需要的微生物剂或其他生物剂(或毒素),以及为这类物剂或毒素所设计的武器、设备及运输工具。中国政府坚持认为,生物领域的一切科学技术发展只能用于和平目的,造福于人类。中国曾经是生化武器的受害者,坚决主张全面禁止和彻底销毁生化武器,坚决反对以任何方式向任何国家、实体或个人扩散这类武器。对于化学武器,我国不仅于1997年成为了原始缔约国,而且一贯主张全面禁止和彻底销毁,呼吁拥有庞大化学武器库的国家尽早批准《禁止化学武器公约》,早日实现《禁止化学武器公约》的宗旨、目标和原则。这种立场同世界爱好和平的国家和人民反对侵略、维护世界和平的要求与愿望是一致的。

(二)核武器的国际控制机制

国际社会为了限制核武器的研制、发展以及扩散,做出了不懈的努力,并取得了一些进展。主要有:1961年联大通过了《禁止使用核武器和热核武器宣言》;1963年签署了《部分禁止核试验条约》;1968年签署了《不扩散核武器条约》,该条约至2000年已有187个缔约国;1972年,联大通过决议,宣布"永远禁止核武器"等。1996年,国际法院应联合国大会的要求,就使用核武器的合法性问题发表了咨询意见。"使用或威胁使用核武器一般来说是与适用于武装冲突的战争法规,尤其是人道主义法的原则和规定相违背的。""但是,考虑到它所涉及事实诸因素,在整个国家存亡攸关的特别情况下采取自卫时,(国际)法院不能得出使用或威胁使用核武器是合法抑或是非法的确切结论。"目前国际上存在有关限制核武器试验、在特定地区禁止核武器或安置核武器,以及禁止向无核国家转让核武器的条约。

近年来,世界上关于全面禁止核试验的谈判步伐正在加快。1994年1月,日内瓦裁军谈判会议正式开始了全面禁止核试验条约的谈判。1995年,联合国大会通过决议,明确要求这项谈判不迟于1996年达成协议,并在1996年9月的第51届联大上通过。通过几年的谈判,这项协议的条约虽已基本定型,但充满了西方核大国与其他国家之间激烈的斗争,目前尚有分歧。

中国一贯主张全面禁止和彻底销毁核武器,并单方面承诺,在任何时候、任何条件下,都不首先使用核武器。中国政府还声明,从1996年7月30日起,中国开始暂停核武器试验,并无条件地承诺不对无核国家和无核区使用或威胁使用核武器。中国是五个核武器国家中唯一作出并恪守这一承诺的国家,并呼吁其他四个核武器国家作出同样保证。此外,中国赞成在多边军控机制内讨论和处理"恐怖主义与大规模杀伤性武器"、"放射性武器"以及"遵守国际裁军、军控与防扩散条约"等问题,主张维护《不扩散核武器条约》的权威性,努力促进条约的普遍性,支持和参与国际原子能机构的保障监督活动。

另外,中国已加入《禁止在海床洋底及其底土安置核武器和其他大规模杀伤性武器条约》,承担了有关条约义务。中国坚定支持《全面禁止核试验条约》,为推动达成条约作出了重要贡献,是首批签署条约的国家之一。

（三）大规模杀伤性武器的司法审查机制

司法审查是控制大规模杀伤性武器的最后手段。《国际刑事法院罗马规约》在列举属于"战争罪"的行为中，第 20 项是关于"违反武装冲突国际法规，使用具有造成过分伤害或不必要痛苦的性质，或基本上为滥杀滥伤的武器、射弹、装备或作战方法"，但是，这种行为构成"战争罪"还必须满足一个条件，即"这些武器、射弹、装备或作战方法应当已被全面禁止"，并列于规约的附件内。显然，目前国际社会很难，甚至可以说不可能在短期内达成全面禁止某种新式武器或大规模杀伤性武器的国际条约，更不用说将其列入规约的附件。可见，司法制裁手段对于某些新式武器来说，是十分无力的。

关于是否将使用或威胁使用包括核武器在内的大规模杀伤武器列入国际刑事法院管辖的战争罪之中，也曾经是批准《国际刑事法院罗马规约》会议中存在意见分歧的另一重要问题。在一般性大会上，有多名代表坚持，应将使用或威胁使用核武器、化学武器、生物武器、激光致盲武器等大规模杀伤性武器列入法院管辖的战争罪之中，因为这些武器是给人类造成惨剧的战争手段，而且它们本质上是没有区别的。有的发言者还一针见血地指出，如果拟设的国际刑事法院对某人用毒箭杀害平民有管辖权，而对用核武器毁灭成千上万的平民百姓反而无能为力，这将是一种"荒谬"的结局。然而，最后交付签署的《国际刑事法院罗马规约》并未将上述意见吸收进去，以致成为一些国家反对或弃权的理由。印度代表甚至认为，这传递了"国际社会已认定使用核武器不是一种犯罪"的信息。[1] 在法国的解释性声明中，法国认为规约仅涉及常规武器，不涉及核武器。也有人认为，法国的声明仅表明法国的态度，不能代表国际社会的观点。新西兰则认为，规约仅涉及常规武器是不公正的。这些争论都说明在目前情况下，使用核武器是否合法仍存有争议。

总之，解决大规模杀伤性武器问题不能脱离国际环境。当前，最根本的是建立一个公正、合理的国际政治经济新秩序，国家不分大小、强弱，均应平等相待，不应以强凌弱、以大欺小，不应在国际事务中动辄使用武力或威胁使用武力，只有这样，才能从根本上减少各国谋求发展大规模杀伤性武器的动因。[2]

三、国际防扩散体制

防扩散是防止大规模杀伤性武器扩散的简要说法。防扩散，包括有两方面内涵：一是横向扩散，即"有"向"无"的扩散；二是指纵向扩散，即"有"向"有"的扩散，使受扩散国的技术水平上到新台阶。现在人们更多关注的是横向扩散，即第一种扩散。第二次世界大战以前虽然也有防止武器扩散的理论和实践，但真正意义上的防扩散还是在第二次世界

---

[1]　曾令良：《国际法发展的历史性突破——〈国际刑事法院规约〉述评》，载《中国社会科学》，1999 年第 2 期，第 14 页。

[2]　2000 年中国外交部军控司司长沙祖康在美国卡内基研讨会上的发言。

大战结束以后,即核武器问世后,防扩散才被正式列入国际军备控制与裁军进程中,而且早期的防扩散主要是指防止核武器及其技术的扩散。20 世纪 80 年代后,西方发达国家扩大了防扩散的范围,把生物武器和化学武器的扩散也列入了其中,随后防止导弹及其他运载工具的扩散也包括其中。

防止大规模杀伤性武器扩散攸关世界和平与安全大局,符合世界各国的根本利益,是国际社会的普遍愿望与共同要求。20 世纪 60 年代末以来,防扩散即成为国际社会安全建设的中心环节之一。为了有效达到防扩散的目的,在联合国的主导和各国的共同努力下,国际社会先后通过了《核不扩散条约》、《全面禁止核试验条约》、《禁止生物武器公约》、《禁止化学武器公约》、《特定常规武器公约》、《导弹及其技术控制制度》等条约和法规,建立起一个相对完整的国际防扩散法规体系。这些防扩散法规是当代国际法体系不可或缺的重要分支,对防止和减少大规模杀伤性武器及其运载工具的扩散,维护世界及地区的和平与安全,有极其重要的意义和作用。

现有国际防扩散体制主要由以下几个方面构成:《不扩散核武器条约》(NPT)、国际原子能机构(IAEA)保障监督制度、核供应国出口管制制度、导弹及其技术控制制度(MT-CR)、无核区条约。其中《不扩散核武器条约》是 1968 年签署、1970 年生效的国际防扩散法律性文件,是国际防扩散体制的基石,它规定了"有核国家"、"无核国家"以及获取核能力的界限。国际原子能机构是 1957 年建立的国际组织,任务是促进核能的和平利用和实施保障监督,以确保接受监督的核材料和核设施未被转用于军事核爆炸目的。导弹及其技术控制制度则对出口导弹的射程、战斗部重量都有相当严格的规定。

多年来国际防扩散制度为控制核生化武器及其运载工具的扩散做出了重大贡献,但批评者则认为,部分条约和制度是大国垄断核生化技术而制订的,具有不公平性,因此部分国家拒绝接受或参加这样一些制度。

防止大规模杀伤性武器及其运载工具扩散是国际社会面临的共同任务。中国坚决反对大规模杀伤性武器及其运载工具的扩散,积极参与国际防扩散进程。中国已参加了防扩散领域的所有国际条约和相关国际组织,并与其他国家和有关多国出口控制机制积极开展交流与合作。中国积极参与国际社会解决有关防扩散问题的外交努力,推动通过对话与合作,以和平方式解决相关问题。自 1992 年加入《不扩散核武器条约》以来,中国忠实履行条约各项义务,致力于维护和加强条约的普遍性、有效性和权威性,努力实现条约防止核武器扩散、推进核裁军进程、促进和平利用核能的三大目标。1984 年,中国加入国际原子能机构。1988 年,中国与该机构签订了《中华人民共和国和国际原子能机构关于在中国实施保障的协定》,自愿将部分民用核设施置于机构的保障监督之下。1998 年,中国与国际原子能机构签署了保障监督协定的附加议定书。2002 年初,中国正式完成该议定书生效的国内法律程序,成为第一个完成该程序的核武器国家。1991 年 11 月,中国政府宣布,在连续的基础上向国际原子能机构通报中国向无核武器国家出口或从无核武国家进口大于 1 有效千克核材料的情况。1993 年 7 月,中国正式承诺,在自愿基础上向国际原子能机构通报所有核材料的进出口、核设备及相关非核材料的出口情况。1996 年 5 月,中国承诺不向无核武器国家未接受国际原子能机构保障监督的核设施提供帮助,包括不对其进行核出口,不与其进行人员与技术的交流与合作。目前,中国已将进口国接受国际原子能机构全面保障监督作为核出口条件。

防扩散一直是双边合作的重要领域。为了加强全球及地区的战略稳定,维护军控和裁军领域业已形成的条约体系,推进防止大规模杀伤性武器及其运载工具扩散的进程,不向外空扩散武器,中国与周边国家还签订了双边条约。如中国与俄罗斯 2000 年 7 月 18 日在北京签署了《关于反导问题的联合声明》,强调《限制反弹道导弹系统条约》至关重要,是战略稳定的基石和削减进攻性战略武器的基础,赞成维护条约的现有形式,并主张在维护和遵守《限制反弹道导弹系统条约》的前提下进一步削减进攻性战略武器。2004 年 12 月,中国与欧盟签署《中华人民共和国与欧洲联盟关于防扩散和军备控制问题的联合声明》,双方相互确认对方为裁军和防扩散领域的重要战略伙伴,并确定了优先合作领域。

四、外层空间军备控制制度

1957 年 10 月,苏联第一颗人造地球卫星上天,标志着人类进入了太空时代。外层空间科学技术的发展及其和平利用虽然已经给人类带来了许多好处,但外层空间科技成果很快就蒙上了以军事应用为主要目的的阴影。在冷战时期,争夺世界霸权的美苏两国将航天科技成果大量应用于军事,把控制外空作为争夺军事优势的一个重要领域。现在冷战虽然结束了,但许多外层空间科技成果被应用于军事的状况并未根本改变。超级大国为了强化战略优势,实现自身的绝对安全,加快了对太空军事利用的步伐。其他一些国家也在努力发展外层空间科技能力,包括军事利用的能力。外空技术和外层空间的军事利用,特别是外空武器的发展,引起了国际社会的不安。绝大多数国家特别是发展中国家要求采取有效措施限制外空武器的发展,防止外空的军事化。

长期以来,国际社会在外层空间军备控制方面做了许多努力。早在 1959 年联合国就曾成立了旨在保证太空和平利用的联合国和平利用外层空间委员会。经过联合国和 18 国裁军委员会的多年努力,1966 年 12 月 19 日,第 21 届联合国大会通过了《关于各国探索和利用包括月球和其他天体在内的外层空间活动的原则条约》,简称《外空条约》。1967 年 1 月 27 日在伦敦、莫斯科、华盛顿开放签署,同年 10 月 10 日生效。至 1997 年已有 127 个国家加入了该条约。中国 1983 年 12 月 30 日加入。

《外空条约》的主要内容包括:(1)开发和使用外层空间应该造福于所有国家和有利于所有国家;(2)缔约国承诺不在围绕地球的轨道上安置任何载有核武器或其他任何大规模杀伤性武器的物体;(3)不在天体上安置这些武器,并不以任何其他方式在外层空间安置这些武器;(4)月球和其他天体只能被用于和平目的;禁止在月球和其他天体上建立军事基地、军事装置和防御工事或试验任何类型的武器和进行军事演习;(5)月球或其他天体上的所有台站、装置设备和空间交通工具应在相互的基础上向其他国家的代表开放;(6)这些代表对于他们计划要进行的访问应给予适当的事先通知,以便能进行适当的磋商,并采取适当的预防措施以保证安全和不干涉被参观设施的正常运行。该条约是迄今为止外空法领域的第一个成文法,也是关于外层空间军备控制的最重要的国际条约,它所确立的有关外空活动的原则对于防止和限制外层空间的核军备竞赛、指导各国和平探索和利用外空有一定的作用。

其他与外层空间军备控制有关的国际条约包括:(1)《部分禁止核试验条约》(1963年)。该条约禁止在外空进行核武器试验和其他任何核试验。(2)《限制反弹道导弹系统条约》(1972年)。该条约禁止研制、试验、部署除固定的陆基系统以外的其他任何反导系统,包括海基、空基、天基或机动陆基反弹道导弹系统及其部件。

从1982年起,日内瓦裁军谈判会议把防止外空军备竞赛问题列入议程,此后每届会议均有该项议程。从1985年至1994年,裁军谈判会议还设有防止外空军备竞赛特设委员会(简称外空特委会),专门审议外空问题。

联合国大会也考虑过采取进一步措施防止外空军备竞赛。1993年,一项根据1990年联合国大会决议进行的关于在外层空间应用建立信任措施的研究完成,并提交给联合国大会。参加该项研究的一个由政府专家组成的小组得出的结论是:自从《外空条约》1967年生效以来,可能需要适时进一步强化法律标准,以对付空间技术的进一步发展以及对付应用这种技术的普遍兴趣的增加。在这种情况下,该研究报告认为,需要建立一种框架来促进国家间合作和建立信任措施。1993年联合国大会通过决议向全体会员国推荐注意该研究报告。

1994年,联合国大会重申,需要加强和增强能应用于外层空间的法律体系;强调应在这方面采取进一步的措施,这种措施需要有适当的和有效的核查条款;要求裁军谈判会议加紧考虑在外层空间的所有方面防止军备竞赛的问题。1995年和1996年联合国大会又重申了强化外层空间法律体系的需要,并要求日内瓦裁军谈判会议重建防止外空军备竞赛特设委员会。

20世纪90年代下半期,美国为了部署"国家导弹防御系统"(NMD),企图修改甚至抛弃《限制反弹道导弹系统条约》,使防止外空军备竞赛的问题再次突出起来。1999年,第54届联合国大会再次以压倒多数通过了防止外空军备竞赛的决议。决议强调谈判缔结一项或多项防止外空军备竞赛的国际协定仍是裁军谈判会议外空特委会的首要任务,这反映了国际社会对防止外空军备竞赛的普遍愿望和迫切要求。2001年12月13日,时任美国总统的布什宣布美国将在6个月后退出《限制反弹道导弹系统条约》。这种单方面退出国际军控体系中重要条约的做法不仅给国际战略平衡带来严重负面影响,而且刺激太空军备发展,甚至导致太空军备竞赛。中国政府认为,外层空间是全人类的共同财富。当前,外空武器化的危险与日俱增。将武器引入外空,将导致外空军备竞赛,使之成为军事对抗的新领域,这一前景不符合世界各国的利益。中国一贯主张和平利用外空,现有关于外空的国际法律文书不足以有效防止外空武器化和外空军备竞赛,国际社会应采取有效的预防措施,谈判达成相关国际法律文书,禁止在外空部署武器、对外空物体使用或威胁使用武力,确保外空完全用于和平目的。因此,中国政府主张日内瓦裁军谈判会议设立防止外空军备竞赛问题特委会,谈判相关国际法律文书,并达成防止外太空军备竞赛的有法律效力的条约协议。条约应至少包括以下条款:禁止在外太空试验、部署和使用任何武器、武器系统或其组成部分;禁止在陆地、海上和大气层试验、部署和使用任何用于外太空作战的武器、武器系统及其组成部分;禁止对外太空物体使用或威胁使用武力;禁止帮助和鼓励其他国家、集团或国际组织参与被该条约所禁止的活动。

2004 年 8 月 26 日,中国裁军大使胡小笛在日内瓦举行的 2004 年裁军谈判会议第三期会议上发言重申,当务之急是要以法律承诺或法律文书的形式,进一步凝聚防止外空武器化和外空军备竞赛的国际共识。中国支持裁谈会尽快就防止外层空间军备竞赛问题开展实质性工作,最终谈判制定必要的法律文书,并一直与各方一道为此积极努力。中国已与俄罗斯就双方拟提出的"关于防止在外层空间放置武器、对外层空间物体使用或威胁使用武力条约"草案征询有关国家意见,并向联合国大会提出了预防外层空间军备竞赛的决议草案。

总之,太空是 21 世纪的战略制高点,随着太空军事活动日益增多,太空法律战将成为太空领域军事斗争的一种重要形式。太空面临的法律问题主要涉及太空主权、太空资源、太空环境、太空运输、太空责任、太空军备控制、太空遥感和空间站等。这些都与各国的利益和人类社会的发展息息相关,因而也是太空法律战的重要领域。为进一步推进防止外空武器化和外空军备竞赛的工作,建立健全国际太空法规体系,是应对未来太空法律战的法律依据。

参考文献

[1] [德]克劳塞维茨. 战争论(第1卷). 北京:商务印书馆,1982.

[2] 温熙森,匡兴华,陈英武. 军事装备学导论. 长沙:国防科技大学出版社,2002.

[3] 余高达,赵潞生. 军事装备学. 北京:国防大学出版社,2000.

[4] 钱海浩. 武器装备学教程. 北京:军事科学出版社,2000.

[5] 中国军事百科全书·军事法总论(学科分册I). 北京:中国大百科全书出版社,2008.

[6] 苏志荣. 国防体制教程. 北京:军事科学出版社,1999.

[7] 沈雪哉. 军制学. 北京:军事科学出版社,2000.

[8] 欧阳国华. 军事经济法原理. 北京:军事科学出版社,2008.

[9] 蒋宝琪. 中国国防经济宏观分析. 北京:国防大学出版社,1991.

[10] 陈学会. 军事法学. 北京:解放军出版社,1995.

[11] 陈小君. 合同法学. 北京:中国政法大学出版社,1999.

[12] 张万年. 当代世界军事与中国国防. 北京:军事科学出版社,2000.

[13] [美]约翰·亚历山大. 未来战争——21世纪战争中的非致命武器. 北京:知识产权出版社,2004.

[14] [美]科斯,哈特,斯蒂格利茨,等. 契约经济学. 北京:经济科学出版社,2003.

[15] 于连坤. 中国国防经济运行与管理. 北京:国防大学出版社,2002.

[16] 邹国晨. 武器装备采办管理. 北京:国防工业出版社,2003.

[17] 张连超. 美军高技术项目的管理. 北京:国防工业出版社,1998.

[18] 魏刚,艾克武. 武器装备采办合同管理导论. 北京:国防工业出版社,2005.

[19] 魏刚,陈浩光. 武器装备采办制度概论. 北京:国防工业出版社,2008.

[20] 孙国华. 法理学. 北京:法律出版社,1995.

[21] 陈耿. 军事经济法学. 北京:军事科学出版社,2003.

[22] 姜鲁鸣. 现代国防经济学导论. 北京:国防大学出版社,2002.

[23] 杨俊生,薛国强,史长磊,等. 新时期军队武器装备管理研究. 北京:军事谊文出版社,1996.

[24] 焦秋光. 军事装备管理学. 北京:军事科学出版社,2003.

[25] 张明楷. 刑法学. 第3版. 北京:法律出版社,2007.

[26] 高铭暄,马克昌. 刑法学. 北京:北京大学出版社,2002.

[27] 陈东营,张旅天. 信息化战争军事装备动员. 北京:军事科学出版社,2005.

[28] 宋华文. 装备动员体制研究. 北京:国防大学出版社,2005.

[29] 孔宪伦. 军用标准化. 北京:国防工业出版社,2003.

[30] 郭群芳.国防计量.北京:国防工业出版社,2003.

[31] 王汉功,徐远国,张玉民,等.装备全面质量管理.北京:国防工业出版社,2003.

[32] 林建成.国防专利.北京:国防工业出版社,2005.

[33] 韦建南,周光明,关祥武.驻厂军事代表工作概论.北京:总装备部综合计划部,2001.

[34] 常显奇,程永生.常规武器装备试验学.北京:国防工业出版社,2007.

内 容 简 介

    《军事装备法律制度概论》以马克思主义法学与军事装备基本理论为指导，依据我国现行的军事装备法律法规规章，深入研究了军事装备法学理论、我军装备领导体制以及军事装备全系统全寿命管理中的法律制度，总结了新中国成立60多年来我国军事装备立法的经验以及军事装备法制建设的规律。全书共分为9章，内容包括军事装备法律制度概述、军事装备领导管理体制、军事装备科研法律制度、军事装备生产法律制度、军事装备采购法律制度、军事装备管理法律制度、军事装备保障、动员法律制度、军事装备技术基础法律制度、军事装备与技术合作交流法律制度。

    本书紧扣军民融合式发展的形势与需求，贴近军事装备法制工作实践，尽可能融思想性、知识性和可操作性于一体。本书可作为军事法学、军事装备学、国防经济等专业的教材，也可作为军事学相关专业的阅读书目，是从事军事装备法学教学研究人员的重要参考书，同时能为机关和部队有关人员从事装备工作提供参考。